ARRANCADOS DA TERRA

LIRA NETO

Arrancados da terra

Perseguidos pela Inquisição na Península Ibérica, refugiaram-se na Holanda, ocuparam o Brasil e fizeram Nova York

2ª *reimpressão*

COMPANHIA DAS LETRAS

Copyright © 2021 by Lira Neto

Grafia atualizada segundo o Acordo Ortográfico da Língua Portuguesa de 1990, que entrou em vigor no Brasil em 2009.

Capa e cadernos de fotos
Victor Burton

Foto de capa
The Return to Amsterdam of the Second Expedition to the East Indies, óleo sobre tela de Hendrik Cornelisz Vroom, 1599, 99.5 × 216 cm, Rijksmuseum, Amsterdam

Preparação
Leny Cordeiro

Checagem
Érico Melo

Índice remissivo
Luciano Marchiori

Revisão
Ana Maria Barbosa
Angela das Neves

Dados Internacionais de Catalogação na Publicação (CIP)
(Câmara Brasileira do Livro, SP, Brasil)

Lira Neto
    Arrancados da terra : Perseguidos pela Inquisição na Península Ibérica, refugiaram-se na Holanda, ocuparam o Brasil e fizeram Nova York / Lira Neto. — 1ª ed. — São Paulo : Companhia das Letras, 2021.

    ISBN 978-65-5921-009-1

    1. Judeu-cristãos – Ibérica, Península (Espanha e Portugal) 2. Judeus – História 3. Judeus – História – Ibérica, Península (Espanha e Portugal). 4. Sefarditas – História I. Título.

20-52602   CDD-909.04924082

    Índice para catálogo sistemático:
1. Judeus sefarditas : Século 20 : História 909.04924082

Cibele Maria Dias – Bibliotecária – CRB-8/9427

[2022]
Todos os direitos desta edição reservados à
EDITORA SCHWARCZ S.A.
Rua Bandeira Paulista, 702, cj. 32
04532-002 — São Paulo — SP
Telefone: (11) 3707-3500
www.companhiadasletras.com.br
www.blogdacompanhia.com.br
facebook.com/companhiadasletras
instagram.com/companhiadasletras
twitter.com/cialetras

*Para todos os desterrados, retirantes,
refugiados, apátridas, proscritos, exilados,
imigrantes, degredados, foragidos, expatriados,
fugitivos e desenraizados do mundo.*

Eu os plantarei em seu próprio solo, e não serão mais arranca-dos da terra que lhes dei.

Amós, 9:15

Eu não pretendia simplesmente oferecer um inventário do que encontrara ao examinar a documentação, estabelecer um mero processo verbal, um relato da minha exploração. Propunha-me também a compartilhar com os leitores uma emoção, aquela mesma que eu experimentara no momento em que, vasculhan-do entre os vestígios mortos, julgava ouvir novamente as vozes extintas.

Georges Duby

Sumário

Prólogo: "Para viver o sem-fim da eternidade" (Dias atuais)..... 11

1. "Que o medo os retraia do delito" (1492-1594) 19
2. "Um fogo e um bicho no meu coração" (1594-98).......... 39
3. "Ninguém seja investigado por sua religião" (1614-16)...... 55
4. "Maldito seja de dia; maldito seja de noite" (1617-22)....... 69
5. "Contra a peçonha que vai vomitando" (1623-24).......... 86
6. "O rei tecerá maus fios" (1623-24) 103
7. "São tidos entre nós como infames" (1624)............... 120
8. "Ninguém se atreva a perturbá-los" (1625-29) 133
9. "Parecia um Dia do Juízo" (1630-31)................... 147
10. "Assim ardeu a infeliz Olinda" (1631-36) 160
11. "Sem escravos não se faz coisa alguma no Brasil" (1636-40) 173
12. "Eles são uma peste neste país" (1640-41)................ 190
13. "Sugam o sangue do povo" (1642-43).................. 207
14. "Desejosos de tornar ao reino" (1641-44) 219
15. "Vem e olha para Teu povo" (1644-45) 231

16. "Gatos e cachorros, finos petiscos" (1646-48) 246

17. "O Eterno é o senhor da guerra" (1646-54) 265

18. "Onde a terra emana leite e mel" (1654-64) 285

Epílogo 299

Pós-escrito 307

Agradecimentos 319

Notas 323

Fontes 363

Créditos das imagens 381

Índice remissivo 385

Prólogo

"Para viver o sem-fim da eternidade" (Dias atuais)

Quem segue a pé de Chinatown em direção ao Distrito Financeiro de Nova York talvez passe inadvertido, à altura do número 55 da St. James Place, diante dos 22 metros de comprimento de uma mureta feita de pedras superpostas, encimada por grades pontiagudas e enferrujadas. Por trás dela, nada de excepcional parece chamar a atenção no pequeno descampado estabelecido metro e meio acima do plano da calçada, o solo coberto de musgo e ervas daninhas. À primeira vista, aparenta ser apenas um terreno baldio, simples vazio urbano dando para os fundos deteriorados de prédios populares de três e cinco andares.

Assim de passagem, só mesmo uma dose singular de atenção e curiosidade irá discernir a placa retangular ao rés do chão interno, as letras em alto-relevo recobertas pela pátina própria ao tempo:

PRIMEIRO CEMITÉRIO

DA

SINAGOGA ESPANHOLA E PORTUGUESA

SHEARITH ISRAEL

DA CIDADE DE NOVA YORK

1656-1833[1]

Shearith Israel, nome da congregação mais antiga de Manhattan, significa "Remanescente de Israel", referência ao povo judeu, presumidos descendentes do personagem bíblico Jacó, o último dos patriarcas, que segundo a Torá — o livro sagrado do judaísmo — foi rebatizado de Yisrael ("aquele que luta com Deus"), depois de medir forças com um anjo guardião disfarçado de ser humano. Seus doze filhos teriam dado origem às doze tribos israelitas, ou seja, ao "povo de Israel".[2]

Se atraído pela discreta tabuleta, o observador mais atento perceberá que os blocos cinzentos dispostos de modo simétrico no terreno, do outro lado do gradil, são na verdade velhos túmulos e lápides funerárias, alguns deles quase ocultos pela vegetação rasteira. As inscrições dos jazigos, obscurecidas por sucessivas camadas de fuligem e poeira, em sua maioria revelam caracteres em hebraico.

À esquerda, outra chapa metálica, ainda mais afetada pela oxidação fosco-esverdeada que denuncia a ausência de manutenção, apresenta breve informe adicional. Cravado no recôndito de um pórtico de tijolos, meio oculto pela gambiarra da fiação exposta que sai da parede do prédio vizinho, o letreiro indica que ali está "o que resta do primeiro cemitério judeu nos Estados Unidos, consagrado no ano de 1656, quando foi descrito como 'fora da cidade'".[3]

Difícil imaginar que uma região feérica como essa se situou, algum dia, ainda que há cerca de três séculos e meio, em zona rural. De fato, os registros históricos dão conta de que — muito antes de os nivelamentos, aterros e drenagens alterarem de forma radical a topografia da ilha — as catacumbas dos judeus se encontravam mesmo "fora da cidade", jazendo ao sopé da colina de uma bucólica fazenda, com vista privilegiada e imediata para o East River.

Hoje, as sepulturas da St. James Place são uma relíquia histórica quase ignorada. Até princípios do século XIX, as dimensões do espaço eram bem maiores, embora já não se possa mais defini-las com precisão. A progressiva expansão urbana acabou tragando todo o entorno, inclusive os próprios sepulcros, forçando a exumação paulatina de centenas de restos mortais, transferidos para outros locais à medida que a cidade se agigantava.

Reduzido a menos de duzentos metros quadrados de área, o terreno submergiu em relativa obscuridade. O cadeado no portão impede a frequência espontânea de visitantes. O mau estado de conservação e a presença de eventuais usuários de crack pelas redondezas apressam o passo dos pedestres, inibindo olhares mais contemplativos.

Os poucos que têm oportunidade de adentrar o lugar, com a devida autorização do reservado administrador oficial, constatam que, entre as covas remanescentes, a mais antiga está datada de 1683 — portanto, decorridas quase três décadas da fundação do cemitério. A lápide original de pedra tosca, com epitáfio em versos hebraicos, foi posteriormente substituída por outra, de metal, com texto em ladino, a língua semelhante ao espanhol arcaico falada pelos judeus sefarditas, isto é, os naturais de Sefarad, o nome citado no Antigo Testamento para uma terra que seria, segundo a tradição judaica, a Península Ibérica. Numa tradução livre, indica:

DEBAIXO DESTA LOUSA SEPULTADO

BENJAMIN BUENO DE MESQUITA

FALECEU E DESTE MUNDO FOI TOMADO

NO 4 DE CHESHVAN SUA ALMA BENDITA

AQUI DOS VIVENTES SEPARADA

ESPERA POR SEU DEUS, QUE RESSUSCITA

OS MORTOS DO SEU POVO COM PIEDADE

PARA VIVER O SEM-FIM DA ETERNIDADE

(1683)[4]

Cheshvan é o oitavo mês do calendário eclesiástico judaico. Além do idioma, o sobrenome do morto atesta sua origem ibérica.

Os que continuam a seguir pela St. James com destino ao extremo sul de Manhattan mal desconfiam que, talvez por não terem reparado no pequeno cemitério, deixaram para trás um dos possíveis limiares para uma história tão terrível quanto admirável, cheia de peripécias, reviravoltas e lances trágicos que beiram o inacreditável — e, por isso mesmo, constituída por muitas incertezas, controvérsias e incógnitas.

Nesse ponto, o que mais chama a atenção são os grandes condomínios de uso misto plantados lado a lado da rua. Caso do sinuoso Chatham Green, prédio de 21 andares e arquitetura modernista, construído em forma de "S". Nada mais nessas paragens remete à época da instalação do cemitério.

A ilha de Manhattan era atravessada por regatos, pântanos e cachoeiras, entremeada por florestas de pinheiros, carvalhos e castanheiras imemoriais. Os copiosos estuários abrigavam colônias de mexilhões e mariscos. Alces e veados pastavam incautos pelos bosques, espreitados por lobos selvagens. Os ursos também eram numerosos e ameaçadores. Cisnes, patos e gansos nadavam em rios entupidos de salmões, trutas e linguados, compartilhando os alagadiços com mergulhões, garças e castores de pele lustrosa.[5]

O pequeno núcleo habitacional existente no século XVII situava-se para além da área onde, agora, a St. James Street sofre duas suaves inclinações à direita, mudando de nome e se convertendo, primeiro, em Pearl Street ("rua da Pérola", batizada assim pelas muitas ostras peroladas encontradas na região pelos antigos colonizadores); depois, em Water Street ("rua da Água", pelo fato de, no passado, antes de os aterros centenários a terem distanciado cada vez mais das bordas do East River, ela ter demarcado a costa da porção inferior a leste da ilha).

Hoje, a rua tangencia, a cerca de duzentos metros de distância, os armazéns e galpões da antiga zona portuária, os mesmos que, revitalizados, no presente abrigam lojas de grife, restaurantes sofisticados e as instalações do museu marítimo da cidade. A velha Water Street, que antes margeava o rio, tornou-se um corredor de titãs arquitetônicos de vidro, concreto e aço. Na altura em que ela cruza a célebre Wall Street, chega-se enfim ao limite geográfico do que, em 1656 — a data da fundação da necrópole dos judeus — era então considerado o início da área urbana da Manhattan colonial.

Wall Street, a "rua da Muralha", recebeu esse nome pela paliçada de madeira que existia, na retaguarda do povoado, para servir de proteção contra o ataque de índios, corsários, piratas e demais invasores. Composto por estacas sólidas de pontas afiadas, com três metros de altura e fincado a mais de um metro de profundidade abaixo da superfície do solo, o paredão tinha cerca de setecentos metros de extensão.[6] Atravessava a ilha de ponta a ponta no sentido longitudinal, desde a bordadura do East River até as imediações da atual Trinity Church, a tradicional igreja anglicana na esquina da Wall Street com a Broadway, faixa de território então banhada pelas águas do rio Hudson (todo o restante a oeste dessa parte da ilha também é fruto de aterros posteriores).

No local em que havia a tosca amurada, os oito quarteirões da moderna Wall Street tornaram-se o símbolo máximo do poder financeiro. A exemplo do que ocorre nos demais cruzamentos da rua, a intersecção com a Water Street é assinalada pela presença de executivos e operadores de ternos sóbrios que se misturam a turistas de máquina fotográfica a tiracolo. De instante em instante, do alto dos ônibus de dois andares lotados de excursionistas, câmeras de celulares apontam em todas as direções. Cinco quadras adiante, desvencilhando-se dos engravatados de ar impaciente e dos forasteiros que caminham abismados de pescoço erguido para cima, alcança-se a Peter Minuit Plaza, no ponto mais meridional da ilha.

Basta olhar ao redor para constatar que quase ninguém se detém, por um minuto sequer, diante de um pequeno bloco de granito bruto disposto a um dos cantos da praça. Nele está afixada a maquete em bronze de uma velha cidade colonial chamada Nova Amsterdam — o nome com o qual os holandeses, primeiros colonizadores de uma região que os nativos chamavam de *Manna-hata* ou *Man-a-ha-tonh* ("lugar onde se colhe madeira para fazer arcos [de flechas]", segundo alguns; "ilha de muitas colinas", para outros), batizaram o que viria a ser a futura Nova York.[7]

Embora o mapa tridimensional em bronze seja detalhado, retratando casas de padrão holandês com telhados inclinados, sistemas de canais navegáveis, uma fortaleza à beira da água e até mesmo um típico moinho de vento, ele não parece despertar maior interesse dos passantes. Estes se mostram mais interessados em seguir céleres à esquerda, para tomar a próxima balsa com destino a Staten Island, passeio com direito à visão do *skyline* de Manhattan sobre as águas; ou sobretudo à direita, a fim de enfrentar a fila quilométrica da bilheteria dos barcos que levam à Estátua da Liberdade.

Mesmo entre os nova-iorquinos, a história de Nova Amsterdam ainda é cercada por uma aura de mistério e desconhecimento. É provável que muitos dos cidadãos da ilha não associem as cores branca, azul e laranja da atual bandeira de Nova York ao pavilhão tricolor da Holanda no século XVII — as mesmas que também estão estampadas no escudo de um dos principais times de beisebol da cidade, o New York Mets, assim como no emblema do New York Knicks, a franquia mais valiosa da NBA (National Basketball Association), segundo a revista *Forbes*.[8]

Na Peter Minuit Plaza — que recebeu esse nome, aliás, em homenagem a um dos diretores da colônia holandesa em Manhattan —, encontra-se outro portal do tempo para a história de que trata este livro. Bem na entrada da praça, na base do mastro onde tremulam as estrelas e listras da bandeira dos Estados Unidos, uma placa inaugurada em 1954, no tricentenário de um episódio quase mítico ocorrido em Nova Amsterdam, apresenta a imagem de dois leões ladeando a estrela de Davi, símbolos do judaísmo. Logo abaixo deles, lê-se a inscrição:

EDIFICADO

PELO

ESTADO DE NOVA YORK

PARA HONRAR A MEMÓRIA

DOS VINTE E TRÊS HOMENS, MULHERES E CRIANÇAS

QUE DESEMBARCARAM

EM SETEMBRO DE 1654

E

FUNDARAM A PRIMEIRA

COMUNIDADE JUDAICA

NA

AMÉRICA DO NORTE

Quem eram, afinal de contas, as tais 23 pessoas que aportaram em Manhattan no longínquo ano de 1654? Em que navio chegaram? De onde vinham? Seriam mesmo procedentes do Brasil, como muitos querem crer? Esses homens, mulheres e crianças deixaram evidências concretas, marcas incontestes de suas existências? É possível estabelecer, com solidez de fontes, suas identidades e reconstituir suas respectivas trajetórias? Ou tudo não passaria de uma epopeia tão heroica quanto inverídica, contrafação histórica, mito de origem, como querem pesquisadores mais céticos?[9]

É preciso garimpar os fragmentos de um intrincado quebra-cabeça para tentar recompor as possíveis circunstâncias do episódio celebrado em bronze. Peças desse enigma ainda parecem não se encaixar, outras talvez permaneçam perdidas para sempre. Os documentos são esparsos, fugidios, exigindo múltiplos esforços de interpretação para produzir uma narrativa consistente, um relato que faça o mínimo sentido.

O cemitério judaico da St. James Place é um dos poucos vestígios dessa aventura que persiste envolta em brumas. Uma saga que, caso considerada, permite estabelecer uma conexão direta entre as fogueiras da Inquisição na Península Ibérica, a opulência da época de ouro dos

Países Baixos, as guerras sangrentas do chamado "Brasil holandês" e os primórdios da cosmopolita Nova York. Como pano de fundo para toda essa trama, sobressai a vida eternamente à deriva dos que, para fugir à morte, se lançavam aos confins de outras terras e ao desconhecido de novos mundos.

1. "Que o medo os retraia do delito" (1492-1594)

Aos 23 dias de fevereiro do ano do nascimento de Nosso Senhor Jesus Cristo de 1597 — o quinto dia do mês de *Adar* de 5357, no calendário judaico —, um friorento domingo de inverno, Gaspar Rodrigues Nunes, 39 anos, comerciante com negócio instalado próximo ao Arco dos Pregos — pórtico de pedra da antiga muralha medieval de Lisboa —, constava do grupo de noventa penitentes obrigados a envergar o traje da infâmia, a marca da desonra.[1]

A túnica de linho tingido de amarelo sem golas ou mangas, com meras aberturas para a cabeça e os braços, o chamado "sambenito" (corruptela provável de *saccus benedictus*, "saco bendito"), era o sinal imposto pela Inquisição para identificar os hereges, os blasfemos, os apóstatas, os bígamos, os devassos, os sodomitas e, sobretudo, os que haviam "atentado contra a fé em Cristo" ao professar o judaísmo.[2]

Uma forma de distinguir e apartar os perversos, as "almas desviadas do rebanho de Deus", do convívio com os ditos bons cristãos e homens de bem do reino. Separar, a partir daquele momento e para todo o sempre, "os que andam nas trevas dos que caminham na luz". Pela exibição ostensiva de suas culpas, os infiéis seriam expostos ao escárnio e ao desprezo dos considerados puros de coração. *Quid enim magis persequitu vitam bonorum quam vita iniquinorum?* "Que coisa persegue mais a vida dos bons que a maldade dos maus?" — indagava, em sermões, d. Afonso de Castelo Branco, bispo de Coimbra.[3]

Na penumbra, antes dos primeiros raios da manhã, Gaspar e os demais sentenciados foram postos a caminhar em fila, pés descalços e velas amarelas nas mãos, cada um deles ladeado por dois servidores do Tribunal do Santo Ofício. À frente do grupo iam os frades dominicanos com seus hábitos brancos e negros, trazendo o estandarte da Inquisição, no qual constavam a cruz de madeira, símbolo da cristandade; a espada, distintivo do castigo contra os ímpios; e o ramo de oliveira, insígnia da "benevolência" com os pecadores arrependidos. "Misericórdia e justiça", lia-se, a propósito, na divisa bordada às margens da flâmula.[4]

Em um cortejo subsequente à procissão dos condenados, planejado para sublinhar a autodeclarada dignidade de seus componentes, seguia a tropa de comissários do Santo Ofício, alguns à sela de cavalos ornamentados com penachos e arreios solenes. Abriam passagem para os mais altos dignitários da instituição, bem como para os juízes dos tribunais seculares e, por fim, para o inquisidor-geral, Antônio de Matos de Noronha — "por mercê de Deus e da Santa Igreja de Roma, bispo de Elvas" —, gorro negro à cabeça, escoltado à luz de tochas empunhadas por nobres de destacada linhagem.[5]

A fileira humana na qual marchava o inditoso Gaspar Rodrigues tinha início na saída dos cárceres do Tribunal, no Palácio dos Estaus — prédio mandado erguer em 1449 para albergar membros e convidados da corte, mas que desde 1571 servia de sede à Inquisição. Da praça do Rossio, a malta atravessou ruas e esplanadas centrais da cidade — sob os apupos e chacotas dirigidos pelos populares — até chegar ao Terreiro do Paço, defronte ao palácio real, junto ao Tejo.[6]

Ali, havia sido armado um cadafalso de madeira, estrutura em forma de palco flanqueada por um conjunto de arquibancadas, reservadas aos sentenciados. À margem do quadrilátero, espalhada por toda a redondeza, uma multidão aguardava, excitada, a chegada do préstito ao lugar no qual seria celebrada a sequência do auto de fé, ritual maior da Inquisição, evento carregado de simbologias encenadas de modo minucioso para despertar sentimentos de respeito, admiração e temor.[7] "Parece muito aceitado celebrar essa solenidade nos dias festivos, sendo proveitoso que muita gente presencie o suplício e o tormento dos réus para que o medo os retraia do delito", previa o *Directorium inquisitorum*, o *Manual dos inquisidores*.[8]

O vozerio do populacho era entrecortado pelo repicar dos sinos das igrejas, pelo estrépito das matracas e pelo entoar contínuo de cânticos religiosos, a exemplo do *Te Deum laudamus* ("Nós te louvamos, Senhor") e o *Veni Creator Spiritus* ("Vem, espírito criador") — sobreposição de sons que conferia uma atmosfera ainda mais fragorosa ao espetáculo, a essa altura já iluminado pelo lusco-fusco do alvorecer.

Era costume o próprio rei, sentado ao lado da rainha e dos filhos, assistir à cerimônia do alto das janelas do palácio, convertidas em camarotes. Porém, havia dezesseis anos isso não ocorria, pois desde 1581 Portugal passara a ser governado pelo monarca espanhol, sua majestade Filipe II — decorrência da União Ibérica, instituída após a crise dinástica provocada pelo trágico desaparecimento do jovem d. Sebastião na batalha contra os mouros nas areias do Marrocos. Com Filipe II governando a partir de Madri, os lugares da sacada real, durante os autos de fé realizados em Lisboa, passaram a ser honrados pela assistência do Conselho de Governadores do Reino.[9]

Lá embaixo, cabia aos eclesiásticos de maior hierarquia ocupar os assentos principais do tablado armado na praça. Reservava-se ao inquisidor-geral uma espécie de trono acolchoado e de madeira torneada, instalado em local altivo, decorado por alcatifas e dosséis de cetins, damascos e veludos, nas cores vermelha e dourada. Os penitentes eram acomodados à frente deles, em área do estrado mais despojada, adornado por simples tecido negro. Ficavam dispostos conforme a gravidade das respectivas acusações: os sujeitos a penas tidas como mais brandas — penitências espirituais, prisões, desterros, galés, exílios ou açoites — ocupavam as filas inferiores da arquibancada; os destinados a penas de maior severidade, o que em suma significava a morte pela fogueira, as superiores.[10]

Os sambenitos dos que deviam escapar ao fogo vinham assinalados com a cruz de santo André, em diagonal, na forma de *x*, de cor vermelha. As vestes dos condenados à pena máxima apresentavam imagens de labaredas desenhadas e coloridas à mão. Se as chamas se mostrassem voltadas para baixo, entendia-se que uma providencial confissão de ter praticado o judaísmo em segredo, depois da condenação, resultara na clemência por parte dos inquisidores. Se as flamas estivessem direcionadas para cima — rodeadas por figuras de cães, serpentes, grifos, demônios e de uma estampa representando o rosto do próprio penitente —, o destino inexorável seria a fogueira, *purgatorius ignis*, a entrega do herege ao fogo purificador. Nesse caso, para maior vexame, o sambenito era complementado pela carocha, chapéu alto e pontudo, feito de papel, ilustrado com motivos idênticos aos das vestes.[11]

Tais sortes, contudo, podiam ser alteradas ao longo da cerimônia, a depender das atitudes e do comportamento do penitente. Um súbito pedido de confissão íntima aos inquisidores, mesmo à última hora, poderia provocar a interrupção momentânea do auto e a revisão da sentença prévia. Quando menos, uma declaração de arrependimento considerada sincera resultaria na "caridade" de se mandar estrangular o réu por meio do garrote antes de atirá-lo ao fogo. Estabelecia-se assim um círculo de incertezas que provocava suspense e mantinha inflamado o interesse da plateia.[12]

Rezado o introito da Santa Missa, coube naquela manhã ao padre Francisco Ferreira, sacerdote da Companhia de Jesus, pregar o sermão aos presentes, em nome da redenção dos pecados humanos. As prédicas dos autos de fé em Portugal tinham como mote a censura à lei mosaica — a Lei de Moisés, o judaísmo —, a exortação à Paixão de Cristo, a alusão ao Juízo Final e a referência aos castigos eternos prognosticados para os que se desvirtuassem dos mandamentos da Igreja, abraçando "falsas doutrinas".[13]

Seguia-se ao sermão a leitura do édito de fé, no qual todos os moradores locais eram advertidos a confessar as próprias culpas e a dar notícia, nos dias subsequentes, de quaisquer outras pessoas conhecidas incursas em delitos passíveis de investigação por parte dos inquisidores. Chegava-se, enfim, ao momento pelo qual a multidão mais ansiava: a leitura das sentenças dos acusados, feita por clérigos de voz altissonante, previamente escolhidos para a função.

Um a um, ao ouvirem os respectivos nomes, os prisioneiros deviam levantar-se de seu lugar e caminhar para o centro do cadafalso, à vista de todos, a fim de ouvirem a súmula de seu processo e o consequente veredicto. Como eram muitos os réus, a cerimônia podia prolongar-se por horas e, às vezes, mesmo alguns dias. Mas a atenção da plateia jamais arrefecia.

O público acompanhava, com sádico regozijo, as reações dos penitentes. Alguns deles choravam, baixavam a cabeça, tentavam esconder o rosto com as mãos. Outros, impetuosos, gritavam impropérios e atiravam pragas aos juízes, sendo de pronto amordaçados pelos guardas. Havia ainda os que se ajoelhavam, em desespero, implorando por misericórdia. Mas também os que permaneciam impassíveis diante da hora final — o que podia ser interpretado como gesto de derradeira arrogância.

Quando Gaspar Rodrigues foi chamado ao meio do tablado, o clérigo encarregado de ler a súmula de seu processo passou em revista todas as circunstâncias que o haviam levado a ser arrancado de casa, diante dos filhos pequenos, havia três anos e quatro meses, pelo meirinho e pelos guardas do Santo Ofício. A acusação: praticar o judaísmo em segredo, mesmo sendo batizado na fé de Cristo. Era tido e havido na conta de herege. Vivia como católico em público, mas prestaria culto, na intimidade do lar, à Lei de Moisés. Tinha sido denunciado, portanto, como criptojudeu.

"Todo herege e cismático há de ser lançado ao fogo eterno, na companhia do Diabo e dos seus anjos, a não ser que, antes da morte, seja incorporado e reintegrado à Igreja", dispunha o *Directorium inquisitorum*.[14]

A presença judaica na Península Ibérica remonta à noite dos tempos. Entre os diversos mitos de origem, fala-se de um neto do bíblico Noé, de nome Tubal, que teria chegado ao lugar dois séculos após o presumido dilúvio universal, para então povoar o território a partir da fundação da cidade de Setúbal. Mas há relatos históricos que creditam o advento do judaísmo aos mercadores embarcados nos navios fenícios que alcançaram a região por volta de 1200 a.C., na escala de rotas comerciais rumo às ilhas da Grã-Bretanha. Outras narrativas míticas atribuem o momento da chegada em torno do ano 900 a.C., a bordo das embarcações de longo curso construídas pelo rei Salomão, supostamente originárias do porto de Társis, cidade aludida no Antigo Testamento, da qual se desconhece a localização exata.[15]

Existem também versões que dão conta de os hebreus lusitanos serem os descendentes de alguma das dez tribos de Israel dispersas e perdidas para sempre quando da invasão dos assírios à cidade de Samaria, em 722 a.C. Em outra variante, poderiam vir a ser os sucedâneos da grande diáspora provocada pela primeira destruição de Jerusalém pelo imperador babilônico Nabucodonosor II, em 587 a.C. Ou, ainda, procedentes da segunda destruição, em 70 d.C., depois da ocupação da cidade pelas tropas do comandante Tito — filho do imperador romano Vespasiano, a quem aquele sucederia no trono.[16]

Malgrado tantas controvérsias e especulações, é certo afirmar que os judeus já estavam instalados na Península desde o período no qual esta viveu sob o domínio do Império Romano e era conhecida pelo nome comum de Hispânia. Achados arqueológicos mais remotos indicam a ocorrência de lápides funerárias judaicas na atual Espanha datadas dos séculos II e III d.C. Na Lusitânia, província a oeste, no território que é hoje Portugal, foi desenterrada das ruínas de uma antiga vila romana, nas imediações da cidade de Silves, no Algarve, uma plaqueta de mármore, provavelmente do final do século IV d.C., onde se lê, em hebraico, o nome próprio Yehiel.[17] Mais categórica ainda é a chamada "Pedra de Mértola", fragmento de uma inscrição tumular encontrada na região do Alentejo e no qual se pode observar o desenho de uma menorá — o candelabro judeu de sete braços, símbolo máximo do judaísmo na Antiguidade, antes de a estrela de Davi ser adotada como tal, em tempos modernos —, encimado por caracteres e números que indicam uma datação exata do calendário latino, equivalente ao ano de 482 d.C.[18]

Os vestígios do antissemitismo na Península são tão antigos quanto tais artefatos. No início do século IV, pouco antes de o cristianismo vir a se tornar a religião oficial do Império Romano, um total de dezenove bispos católicos da antiga Hispânia já se reunia no Concílio de Elvira para firmar 81 cânones, a serem seguidos como preceitos obrigatórios da vida devota. Além de legislar sobre temas como a castidade e o celibato clericais, o documento disciplinava a coexistência — ou melhor, o isolamento — entre cristãos e judeus. Um judeu ficava proibido de casar e de manter relações sexuais com uma cristã. O mesmo valia para uma judia em relação a um cristão. O indivíduo de uma religião não poderia sequer comer à mesma mesa com o adepto da outra.[19]

Ao longo dos séculos, a política ibérica em relação aos judeus alternou instantes de tolerância com momentos de perseguição extrema. Com a derrocada do Império Romano do Ocidente e a ocupação da Península pelos "bárbaros" visigodos — povo de origem germânica que a dominou por três séculos, entre 418 e 711 d.C. —, os judeus locais conseguiram viver em relativa tranquilidade. Pelo menos até que o reino visigótico também aderisse ao cristianismo e o rei Sisebuto ensaiasse, em 613 d.C., a primeira tentativa de conversão em massa, punindo os mais obstinados com o degredo e o corretivo de cem chibatadas. Centenas foram deportados, outros tantos morreram espancados, mas a maior parte passou a praticar o judaísmo em segredo.[20]

A instabilidade interna e a crescente ameaça de ocupação dos territórios ibéricos por parte dos muçulmanos — a partir de cidades situadas no Norte da África — desestabilizaram o poderio visigodo. Nos estertores do reinado cristão de ascendência germânica, sucessivos concílios realizados em Toledo elegeram os judeus como bodes expiatórios, acusando-os de conspirar a favor da entrada dos islâmicos na Península. A cada conclave da Igreja, a intolerância mostrava-se mais aguda. De início, determinou-se que os filhos de criptojudeus deveriam ser retirados dos pais e entregues a um monastério. Em seguida, deliberou-se que os falsos conversos receberiam como castigo a morte por apedrejamento. Por fim, decidiu-se que os judeus renitentes deveriam ser conservados vivos, mas mantidos como escravos de senhores cristãos.[21]

Assim, a ofensiva muçulmana na Península, no início do século VIII, foi recebida como um providencial lenitivo pelos judeus, contribuindo para sedimentar o preconceito nutrido contra eles pelos católicos, que, sobrepujados, batiam em retirada, vendo os seguidores da Lei de Moisés estabelecerem alianças estratégicas com os discípulos de Maomé. Embora de início continuassem a ser considerados pelos novos conquistadores como cidadãos de segunda classe — *dhimmis*, na transliteração do termo árabe —, não havia uma política oficial islâmica antijudaica. Ao contrário, sob o califado de Al-Andalus, sediado em Córdoba até o final do século X, floresceu uma civilização mourisca cosmopolita e sofisticada, e nela os judeus viveram uma espécie de "Idade do Ouro". Ocuparam posições sociais de destaque, incluindo a de secretários de Estado de príncipes e califas, exercendo os ofícios da medicina, astronomia, finanças e cartografia, além de os mais sábios entre eles despontarem como poetas e filósofos.[22]

Tudo iria mudar no período conhecido como "Reconquista", quando os cristãos, então limitados ao norte da Península, nas Astúrias, iniciaram a investida para retomar o controle territorial perdido. Enquanto o califado de Al-Andalus ruía, cindido em pequenos principados, esgotado por disputas entre dinastias rivais, os judeus voltaram a ser alvo de perseguição, dessa feita por mulçumanos fundamentalistas, que destruíam suas sinagogas e confiscavam seus bens. Ao longo de dois séculos da acirrada luta entre cristãos e mouros — durante os quais os adeptos do judaísmo, premidos pelos dois algozes, eram hostilizados de parte a parte —, foram sendo instalados progressivamente os reinos católicos de Navarra, Castela, Aragão, Leão e Portugal, restando aos islâmicos apenas o pequeno enclave de Granada, ao sul, que viria a cair também em 1492.[23]

No caso específico de Portugal, cujo reino foi reconhecido pela Santa Sé em 1179, o procedimento dos sucessivos monarcas em relação aos judeus oscilou da benevolência à iniquidade, do oportunismo à intransigência. O grau de tolerância dos reis variava de acordo com as conveniências e interesses de cada ocupante do trono. Houve momentos de maior flexibilidade, nos quais famílias hebreias desfrutaram de grande poder e prestígio, na condição de tesoureiros, embaixadores, conselheiros, astrólogos ou médicos reais. Mas também houve percalços e humilhações, como quando da obrigatoriedade da adoção de distintivos segregacionistas por parte dos judeus e do confinamento residencial destes em locais específicos das cidades, as chamadas judiarias, guetos cujos portões deveriam ser fechados ao anoitecer, à hora da Ave-Maria, conforme prescrevia o IV Concílio de Latrão, realizado em 1215.[24]

Havia um antissemitismo difuso em meio à sociedade portuguesa, fruto da propagação sistemática de mitos e preconceitos, por intermédio de sermões de clérigos virulentos, panfletos populares, anedotas venenosas, obras literárias e espetáculos teatrais. Nessa perspectiva difamatória, os judeus seriam protagonistas de uma seita satânica secreta, em cujas cerimônias se fariam sacrifícios sangrentos de crianças católicas. Eles teriam matado Cristo, seriam indivíduos avarentos por natureza, parasitas sociais que desprezariam o trabalho árduo. Exalariam mau cheiro, envenenariam poços que abasteciam aldeias, teriam até mesmo provocado a peste negra.[25]

Em 1496, os soberanos Fernando ii, de Aragão, e Isabel i, de Castela — os "Reis Católicos", cuja unificação de reinados dera origem à Espanha —, impuseram ao noivo da filha, o monarca português d. Manuel i, a condição de fazer o mesmo que eles próprios haviam feito em 1492: expulsar de seus domínios todos os judeus ou convertê-los a qualquer custo à fé em Cristo.[26]

Assim foi exigido, assim se fez. Para estabelecer uma aliança estável com os vizinhos, d. Manuel cedeu à imposição. Um mês depois do casamento com a infanta Isabel de Castela e Aragão, decretou-se em Portugal o desterro geral dos adeptos da lei mosaica. Estes receberam o prazo de dez meses para abandonar o reino. Foi-lhes prometido que, nesse meio-tempo, teriam franqueadas embarcações para seguirem rumo ao destino que lhes aprouvesse. Depois disso, estariam sujeitos a punições que iriam do confisco de bens à pena de morte. Só poderiam permanecer os que se convertessem à fé cristã, por meio do sacramento do batismo — advindo daí a expressão "batizado em pé", em contraposição aos batizados logo em seguida ao nascimento.[27]

"Rogamos, encomendamos e mandamos por nossa bênção, e sob pena de maldição aos nossos reis sucessores, que nunca em tempo algum deixem morar, nem estar nestes nossos reinos, [...] nenhum judeu por nenhuma cousa nem razão que seja", determinava a ordenação manuelina.[28]

Sinagogas foram interditadas e cedidas a ordens religiosas católicas. Proibiram-se livros sagrados em hebraico e confiscaram-se bibliotecas inteiras. Profanaram-se cemitérios israelitas, que tiveram as lajes funerárias arrancadas e reutilizadas como material ordinário de construção.[29]

Terminara ali o histórico de relativa tolerância com os judeus em solo português. Pouco antes, o reino servira de abrigo para milhares de judeus foragidos quando da expulsão da Espanha. Os números são controversos, mas se estima que entre 30 mil e 120 mil deles atravessaram a fronteira para se abrigar em acampamentos de refugiados no território português. Com a decisão de d. Manuel de seguir o exemplo dos Reis Católicos, aqueles se viram mais uma vez na contingência de partir — e mais rápido do que o anunciado.[30]

Em um Domingo de Páscoa, cerca de sete meses antes de findar o período de licença previsto pelo decreto régio de expulsão de Portugal, baixara-se nova medida, determinando que todos os meninos e meninas judaicos com menos de catorze anos deveriam ser retirados dos braços das mães, batizados à revelia e depois redistribuídos entre famílias cristãs. "Procuraram as crianças até nos cantos e recessos [das suas casas] à luz de velas e tochas", registrou um contemporâneo. "As crianças foram levadas para longe, para nunca mais serem vistas pelos pais."[31]

D. Manuel calculara que, pressionados, os judeus se submeteriam ao batismo compulsório, o que evitaria a fuga de divisas e de mão de obra qualificada em decorrência do êxodo de milhares de mercadores, financistas, coletores de impostos, alfaiates, sapateiros, tecelões, merceeiros, retalhistas, joalheiros e outros profissionais de categorias intrínsecas ao grupo. Por idêntico motivo, o rei postergara a cessão dos prometidos navios, com o objetivo evidente de que o prazo fatídico se exaurisse.[32]

Às vésperas da data estabelecida como limite para a partida, multidões apinharam-se no porto de Lisboa, à espera das naus que as levariam para fora das fronteiras marítimas do reino. Os barcos, porém, jamais apareceram. Em vez disso, os judeus foram comunicados de que o tempo se esgotara e, a partir daquele momento, todos eles seriam considerados escravos do rei, a menos que se convertessem. Houve relatos de pais que, desesperados e dispostos a morrer livres e na fé mosaica, estrangularam os próprios filhos, para depois se suicidarem, atirando-se em poços ou à correnteza dos rios. Enquanto isso, jovens e velhos eram arrastados por guardas, debaixo da lâmina da espada, para serem batizados à força.[33]

Mesmo um observador católico, d. Fernando Coutinho, bispo de Lamego, mostrou-se chocado com as cenas: "Vi com os meus próprios olhos como os judeus foram arrastados pelos cabelos para as pias batismais", escreveu, "como um pai, com a cabeça tapada [por um xale de orações], em sinal de profundo pesar e de coração destroçado, [que] foi para a pia batismal acompanhado do filho, protestando e chamando Deus como testemunha de que eles desejavam morrer segundo a Lei de Moisés".[34]

Exceto os que haviam conseguido fugir por um ou outro meio, todos os judeus remanescentes passaram a ser denominados "cristãos-novos", termo pejorativo empregado para diferenciá-los dos autoproclamados cristãos autênticos, os "cristãos-velhos". A expressão passaria a constar no vocabulário oficial dos documentos eclesiásticos desde, pelo menos, 1536. Coagidos a adotar o catolicismo, nem assim os batizados em pé escaparam ao estigma que os acompanharia séculos afora. Eram rotulados também de "marranos", designação injuriosa, de etimologia controvertida, cujo significado bem poderia derivar do castelhano e significar "porco", como por outro lado proceder da raiz hebraica *mumar* ("converso"), acrescida do sufixo ibérico *ano*, originando *mumrrano* e, por abreviação, *marrano*, amaldiçoado por apostasia, ou seja, pelo abandono da fé.[35]

Boa parte deles, na verdade, havia abraçado o cristianismo como estratégia de sobrevivência, tendo permanecido na prática clandestina do judaísmo. Passado um século daqueles terríveis episódios, era sobre essa conjuntura, o cristianismo de aparência, o "perigo converso", que a Inquisição — instituída em Portugal no ano de 1536, por d. João III, sucessor de d. Manuel — mantinha a mais severa vigilância, sob o argumento de zelar pela unidade, correção e pureza da fé: *Ubi unus do-*

minus ibi una sit religio. Onde há um só senhor, que haja uma única religião.[36]

Não por acaso o Arco dos Pregos era conhecido por aquele nome. Ali, no burburinho de um dos becos que dava acesso ao Terreiro do Paço e ao cais de pedra, situados para além das muralhas históricas da cidade, se concentrava uma série de tendas e lojas que comercializavam exatamente isto, pregos. Era esse, aliás, o ofício de Gaspar Rodrigues, bem como de muitos membros de sua família, donos de pequenos estabelecimentos do gênero, instalados pela vizinhança.[37]

A poucos passos ficava a rua da Confeitaria e, em seguida, a rua Nova dos Mercadores, onde pontificavam oficinas e vendas das mais variadas mercadorias, de tecidos a porcelanas, de produtos de botica a gêneros alimentícios. Em geral, a moradia e o local de trabalho superpunham-se no mesmo imóvel, não raro um sobradinho estreito de frente e comprido de fundo, nos quais o andar de cima era destinado ao serviço doméstico, e o térreo, ao comércio ou manufatura.[38]

Gaspar foi preso em um dia rotineiro de trabalho. A ordem de detenção, expedida pelos inquisidores em 29 de outubro de 1593, foi cumprida pelo meirinho Damião Mendes de Vasconcelos em 5 de novembro, uma sexta-feira. Encaminhado sob a escolta dos guardas até o Palácio dos Estaus, ele foi exposto ao longo do caminho por algumas das ruas mais coalhadas de gente do centro nervoso da capital portuguesa.[39]

A prisão tinha sido, de certo modo, previsível. Ficara evidente que, mais cedo ou mais tarde, os representantes da Inquisição poriam os olhos — e as mãos — sobre ele. Afinal, o pai de Gaspar, o septuagenário Álvaro Rodrigues, calceteiro (trabalhador que reveste ruas e caminhos com pedras), havia mais de dois anos estava encarcerado nos Estaus. Três meses depois disso, os guardas do Santo Ofício tinham vindo buscar Filipa, a mulher de Gaspar, mãe de seus três filhos, Violante, onze anos; Catarina, nove; e Álvaro, sete.[40]

Como os processos na Inquisição tramitavam no mais absoluto sigilo e os detidos ficavam incomunicáveis em suas celas, o vendedor de pregos não tinha informações sobre as vicissitudes sofridas pelo pai e a esposa nas dependências dos Estaus. Mas, por certo, dadas as ligações familiares, já devia imaginar que se fechava um círculo de suspeitas a sua volta.

Um dos métodos da Inquisição era exigir que os réus delatassem o maior número possível de pessoas, sob a promessa de em troca obterem misericórdia ou, no mínimo, a redução das penas. Quanto mais próximos os denunciados fossem do denunciante, mais valorizada era a delação. Filipa e Álvaro haviam sido apontados por parentes imediatos. Ela, por uma sobrinha homônima, Filipa Rodrigues; ele, pela própria filha, Branca Marques — ambas então sob a guarda da Inquisição.[41]

No caso do velho Álvaro, ele vinha resistindo às seguidas intimidações dos três interrogadores sediados em Lisboa: Bartolomeu da Fonseca, Luís Gonçalves de Ribafria e o temido Manuel Álvares Tavares, que se orgulhava de ser o mais severo dos inquisidores, tendo conduzido mais audiências e assinado mais documentos no Santo Ofício do que qualquer outro religioso de seu tempo.[42]

Indagado pelo padre Manuel Álvares se sabia o motivo pelo qual havia sido preso, Álvaro disse que não — e negou que estivesse incurso em qualquer delito contra a fé em Cristo. Nas três vezes em que foi chamado perante a mesa dos inquisidores, reafirmou ser bom cristão e, inclusive, fazer parte de fraternidades religiosas católicas. Como de praxe, a cada novo interrogatório, tinha sido admoestado a confessar de livre e espontânea vontade as suas culpas. Em todos eles, persistiu em jurar inocência, com a mão direita posta sobre os Evangelhos.

"Se o acusado teimar em negar o seu crime, deverá o inquisidor dizer-lhe que vai partir brevemente para longe, que não sabe quando virá, que lhe desagrada o ter que se ver obrigado a deixá-lo apodrecer nas prisões", orientava o *Directorium inquisitorum*, "e que bem desejava tirar a limpo toda a verdade de sua boca, a fim de o poder mandar embora e dar por findo o processo."[43]

Depois de mantê-lo trancafiado por mais de um ano numa cela escura, úmida e embolorada, tendo por cama apenas um feixe de palha e a companhia exclusiva de ratos, baratas e percevejos, os inquisidores decidiram submeter Álvaro à Casa do Tormento, a sala de tortura, localizada no piso térreo, junto aos cárceres e à escadaria que dava para as celas do pavimento superior. Pelo regimento da Inquisição, era necessário que pelo menos duas testemunhas o incriminassem. Como até então só havia contra ele um único depoimento — o da filha, Branca —, precisavam arrancar a confissão "de sua própria vontade".[44]

"Os verdugos procederão ao despimento do criminoso com certa turbação, precipitação e tristeza, para que assim ele se atemorize; já depois de estar despido, leve-se de parte e seja exortado novamente a confessar", instruía o *Manual dos inquisidores*. "Se enfim o acusado nada confessar, pode continuar-se a tortura um segundo dia e um terceiro."[45]

Álvaro, mesmo alquebrado pelo peso da idade, suportou em silêncio o martírio de ser colocado no "potro" — prancha horizontal de madeira na qual o réu era deitado e amarrado por correias nos pulsos, braços, antebraços, coxas, canelas e tornozelos. Roldanas giravam e, de acordo com o número de voltas determinado pelo inquisidor, as cordas eram esticadas e fincavam-se no corpo, infligindo intensa dor à vítima, a ponto de provocar frequentes rompimentos de tendões, lesões de carnes, dilacerações de fibras musculares e deslocamentos de articulações.[46]

Filipa — descrita no processo como "uma mulher de rosto comprido, boca grande e olhos encovados"[47] — não conseguira demonstrar a mesma resistência. Nos três interrogatórios previstos pelo regulamento inquisitorial, ela ainda se manteve firme na declaração de que era católica convicta, assim como acreditava na divindade de Jesus Cristo e na castidade da Virgem Maria, conforme questionaram os inquisidores. Foi-lhe então indagado se por acaso saberia recitar alguma oração judaica, o que ela negou. Depois a arguíram sobre a possibilidade de já ter feito alguns jejuns rituais próprios ao judaísmo, hipótese que do mesmo modo repeliu.[48]

Ela não sabia que estivera sob estreita vigilância desde o momento em que chegara à prisão. Haviam-na colocado na companhia de outra prisioneira, Beatriz Mendes, também "marrana", na cela de um dos corredores do segundo piso dos Estaus. Por uma fresta na parede — a "vigia", utilizada de forma recursiva para espionar os réus —, os carcereiros observaram seus movimentos e puderam ouvir os diálogos entre as duas mulheres, ao longo de meses a fio. Flagraram-nas, por exemplo, em diversas ocasiões, guardando o jejum das segundas e quintas-feiras, ritual de abstinência difundido em particular pela comunidade de cristãos-novos sefarditas.[49]

Em tais dias, de acordo com o relato dos guardas orientados a espreitá-las, elas atiravam parte da ração diária pela janela e despejavam outra parte no "cântaro das imundícies" — recipiente utilizado para coletar as urinas e fezes da cela, recolhido apenas uma vez por semana. Do mesmo modo, os carcereiros as observaram lavar as mãos pela manhã e antes das refeições, conforme o preceito judaico. Jamais as viram rezar e benzer-se à hora da Ave-Maria. Ao contrário, ouviram Filipa recitar uma prece estranha, da qual tinham certeza não se tratar de oração cristã.[50]

"Admoestada por [...] muitas vezes nesta mesa [a] confessar suas culpas e dizer a verdade delas para com isso merecer [a] misericórdia que a Madre Santa Igreja costuma dar aos verdadeiros confitentes [os réus que confessavam suas culpas], ela o não quer fazer, mas antes persiste em seus danados erros e heresias, pelo que merece que se use com ela de todo o rigor", fizeram constar nos autos os inquisidores.

No dia 26 de setembro de 1592, um sábado, depois de quase um ano de cárcere, Filipa foi advertida de que seu processo estava por chegar à fase de publicação do libelo acusatório, o que significava já estar em poder do tribunal um número de informações suficientes para incriminá-la de modo robusto. Seis semanas depois, alarmada, ela pediu audiência aos inquisidores, sob o argumento de que queria "desencarregar sua consciência", "confessar suas culpas e [...] dizer a verdade".[51]

Ouvida pelos inquisidores, Filipa contou que, cerca de quinze anos antes, uma tia, Leonor Álvares, já falecida, a orientara a acreditar apenas em um único Deus — e, portanto, a não ter fé na divindade de Cristo e na existência do Espírito Santo —, a guardar o sábado como dia sagrado, a fazer jejuns rituais e a rezar orações judaicas. Confessou ter passado a crer na Lei de Moisés, a não fazer reverência a imagens de santos para não pecar por idolatria, a não orar em louvor à Virgem Maria. Mas jurou nunca ter compartilhado tais ações e preceitos com nenhum parente, guardando tudo em segredo apenas consigo mesma.[52]

Decorridos dez dias, os inquisidores voltaram à carga, exigindo-lhe que fizesse uma confissão mais completa. Estavam insatisfeitos por ela ter delatado apenas uma única pessoa, e ainda por cima uma defunta. Foi quando Filipa, angustiada, disse ter lembrado que jejuara no cárcere, em companhia da companheira de cela, Beatriz, que lhe revelara também ser judia. Os interrogadores perceberam ali um manifesto contrassenso na versão da prisioneira. Como pudera ocultar por tanto tempo seu judaísmo a pessoas de seu círculo de "sangue e amizade", enquanto o expusera de forma tão rápida e franca para uma até então desconhecida, ainda que parceira de infortúnio?[53]

"Descubra todas as pessoas que sabe andarem erradas na fé", ordenaram. "Nesta mesa não se [quer] outra coisa senão a verdade."[54]

A confissão completa e a respectiva declaração de arrependimento eram os únicos caminhos para evitar a condenação máxima, uma vez que o tribunal estivesse convencido da culpabilidade do réu. A menos que conseguisse acertar os nomes de todos os que o haviam denunciado, alegando assim ser vítima de alguma inimizade ou ódio pessoal por parte do delator, era muito improvável que o prisioneiro escapasse de uma sentença desfavorável. O pior destino era ser declarado um "negativo", ou seja, um réu que negasse todas as culpas — ou as revelasse de modo insatisfatório. Para os obstinados e os que acobertavam outros hereges, os inquisidores reservavam a pena capital: a entrega do prisioneiro à Justiça secular, para que fosse queimado na fogueira.[55]

Quando respondeu sobre a possibilidade de ter sido indiciada por malícia de algum inimigo, alguém que porventura lhe quisesse fazer o mal de modo premeditado, Filipa errou o alvo. Citou o sogro, Álvaro Fernandes, com quem havia se indisposto por motivos de dinheiro. Aludiu também à cunhada, Branca Marques — a irmã de Gaspar —, e ao marido desta, Fernão Lopes, com quem certa vez também discutira de modo áspero. Mencionou ainda outros parentes distantes e um concorrente de negócios do marido, mas não lhe ocorrera então a hipótese de ter sido a sobrinha homônima quem a denunciara, ao ser presa antes dela.[56]

No dia 30 de setembro de 1593, quinta-feira, prestes a completar dois anos de prisão, Filipa foi pressionada pela última vez a entregar todos os que judaizavam em seu círculo mais íntimo. Ao perceber que seu tempo estava se exaurindo na mesma proporção em que se esgotava a paciência dos inquisidores, ela nomeou como "cúmplices" a cunhada Branca Marques, o concunhado Fernão Lopes e a sobrinha que tinha nome idêntico ao seu. Como não ofereceu muito mais do que os inquisidores soubessem, pois todos estes já haviam sido presos, decidiu-se que lhe arrancariam a verdade sob tortura, para que lhe fossem aplicados "os *tratos espertos* [expressão usada para definir uma volta completa em todas as cordas do potro] que puder sofrer".[57]

Dali a menos de uma semana, em 6 de outubro, quarta-feira, Filipa foi levada à porta da Casa do Tormento. Admoestada — "com muita caridade", segundo consta nos autos — e tendo diante de si os instrumentos de tortura, foi-lhe dito que iriam proceder a "certa diligência trabalhosa e perigosa", cuja natureza ela "já devia entender [qual era], pelo lugar em que se encontrava". Caso lhe viesse a ocorrer algum ferimento grave ou mesmo que viesse a morrer por não suportar o rigor do procedimento a que iriam submetê-la, a culpa não seria deles, inquisidores, nem mesmo dos carrascos, mas dela própria, por guardar silêncio.[58]

Dito isso, arrancaram-lhes as vestes e deixaram-na nua. Em seguida, deitaram-na no potro e amarraram-na pelos pulsos e calcanhares. "Estando atada, e sendo admoestada [para] que falasse a verdade e acabasse de fazer inteiramente a sua confissão, disse que o queria fazer", narrou o texto do processo. Os inquisidores mandaram então os verdugos saírem da sala e deram a palavra à ré. Porém, tão logo se viu desamarrada, Filipa clamou por misericórdia e voltou a declarar que nada mais tinha a expor.[59]

Foi de novo atada ao potro e, dessa vez, quando enunciada a ordem para que se desse uma volta completa nas roldanas com o objetivo de retesar as cordas, ela entrou em desespero e disse que, se a poupassem do suplício, iria confessar tudo o que sabia. Livre das amarras pela segunda vez, de fato, desmoronou.

Revelou que, desde o casamento com Gaspar, havia doze anos, na cidade de Elvas, os dois vinham judaizando em segredo. Tanto ela quanto o marido acreditavam na Lei de Moisés, na qual depositavam a certeza na salvação de suas respectivas almas. À época do casamento, Elvas estivera sob o flagelo da peste, e por causa disso o casal havia jejuado muitas vezes, pedindo indulto aos céus. Em suas orações, haviam se juntado a eles o sogro, Álvaro, e uma tia, a madrasta de Gaspar, Mor Rodrigues, já falecida.[60]

"Por haver muito tempo que a ré estava atada e estar satisfeito ao assento e sessão de seu processo, os senhores inquisidores a mandaram desatar, e [ordenaram] que fosse levada a seu cárcere", dizem os autos. Ainda haveriam de decidir o destino que iriam reservar a ela.[61]

Ao fim de dois dias, Filipa quis desmentir o que dissera, alegando ter denunciado o marido sob ameaça de tortura. Mas, ante a advertência dos inquisidores de que não demonstrariam mais a mesma "compaixão" com seus recuos, ela concordou em assinar um termo no qual garantia ter testemunhado "sem medo, temor nem violência, mas de sua própria e livre vontade".[62]

Era o suficiente para o tribunal expedir a ordem de prisão contra Gaspar, "por culpas que dele há nesta Inquisição contra nossa santa fé católica".[63]

2. "Um fogo e um bicho no meu coração" (1594-98)

"Abra os olhos da alma, procure trazer à memória todas as suas culpas", recomendou o reverendo Manuel Álvares Tavares a Gaspar, na sala de interrogatório, aposento sem janelas, situado no segundo piso dos Estaus.[1] Na parede principal, entre os círios acesos, um enorme crucifixo de madeira dominava o cenário. Acomodado em uma cadeira de espaldar alto, colocada em plano superior ao banquinho em que sentava o réu do outro lado da extensa mesa, o padre Manuel Álvares seguia à risca o que propunham as páginas do *Directorium inquisitorum*: "Se se vier a presumir que um acusado acabado de prender tem intenção de esconder seu crime, [...] será então necessário que o inquisidor fale com muita doçura ao herege".[2]

A tática de simular benevolência fazia parte da estratégia de ganhar a confiança prévia do encarcerado, para que ele confessasse seus presumidos pecados e delatasse o maior número de pessoas no tempo mais abreviado possível, a fim de acelerar os trâmites do processo: "Numa palavra, devem ser utilizadas todas as artimanhas que não tragam em si aparência de mentira", autorizava o *Manual dos inquisidores*, que chegava ao pormenor de sugerir frases com as quais o recluso deveria ser aliciado: "Repara, meu filho, tenho pena de ti"; "Por mais criminoso que tu sejas, mais criminoso é quem te ensinou"; "Para conservares a tua boa reputação, para te mandar em paz para tua casa, para em breve te libertar e absolver, tens que me dizer quem foi que te corrompeu".[3]

Era a manhã de 11 de maio de 1594, quarta-feira. Gaspar estava naquela sala pela segunda vez. A primeira fora em 22 de novembro do ano anterior, cerca de três semanas depois do dia de sua prisão. Em ambas as ocasiões, não se deixou enredar pelos estratagemas do interrogador. Ao contrário, tentou demonstrar sua alegada inocência. Jurou sobre os Evangelhos e se benzeu traçando com o polegar três cruzes sucessivas sobre a testa, os lábios e o peito. Recitou, em seguida, três orações cristãs — o credo, a ave-maria e a salve-rainha. Enumerou os cinco mandamentos da Igreja católica, mencionou os sete sacramentos, os sete pecados capitais, as sete virtudes sagradas.[4]

Sentado ao lado do inquisidor, o escrivão Manuel Marinho transcrevia as palavras do réu a bico de pena. Gaspar garantia nada ter a confessar — "tem dito que não tem culpa nenhuma", anotou Marinho, sublinhando o trecho específico. Era cristão, batizado na cidade de Beja, onde nascera, e crismado na paróquia de São Gião, em Lisboa, informou. Conhecia bem a doutrina, frequentava a missa aos domingos, confessava-se e comungava com frequência, em especial por ocasião da Quaresma. Padre Manuel, contudo, não pareceu convencido daquilo que ouviu. Admoestou Gaspar mais uma vez, antes de fazê-lo assinar a súmula do interrogatório e determinar que os guardas o levassem de volta ao cárcere.[5]

Pela assinatura que deixou na folha de papel, firmada em caligrafia bem desenhada, de linhas rápidas, onduladas e firmes, podia-se atestar que Gaspar Rodrigues Nunes era homem de alguma instrução, a despeito do modesto ofício de vendedor de pregos. A confiar na legitimidade de tal assinatura, este seria um dado significativo em uma época marcada pela oralidade, na qual a escrita era sinal distintivo de poder, a maior parte da população se mantinha analfabeta e, por rotina, escrivães assinavam pelos réus. A pequena elite intelectual que sabia ler e escrever em geral o fizera em ambientes ligados ao clero: escolas paroquiais, colégios jesuítas, mosteiros. Afora isso, o domínio da palavra escrita na Península Ibérica era característica inerente aos povos árabes e judeus, educados na leitura de livros de oração e textos sagrados. Aos cristãos, a própria Inquisição proibia a leitura da tradução da Bíblia em língua vernácula, permitindo apenas a circulação da variante em latim.[6]

Após deixá-lo incomunicável por mais três meses na cela escura e fria, com o conselho de que "cuide bem em suas culpas e as procure trazer à memória", padre Manuel convocou o prisioneiro para a terceira e última sessão regulamentar de interrogatório, na tarde de 18 de agosto de 1594, quinta-feira. Em vez da docilidade e da *bona verba* — das "boas palavras" — empregadas na vez anterior, recorreu ao expediente de bombardeá-lo com uma minuta de questões relativas a condutas reconhecidas como sinais inequívocos de judaísmo.

Gaspar guardava os sábados como dia sagrado? — quis saber, por exemplo, o inquisidor. Para tanto, começava os preparativos nas sextas-feiras à tarde, limpando os candeeiros, pondo-lhes azeite limpo e pavios novos, deixando-os depois acesos durante toda a noite, até apagarem por si próprios? Em tais dias, punha lençóis limpos na cama e vestia camisa lavada? Na refeição da Páscoa, comia o pão ázimo, o tradicional cordeiro, as alfaces amargas? Quantos jejuns rituais fazia por ano? Deixava de ingerir alimentos em certas datas, do pôr do sol de um dia até a aparição da primeira estrela no céu da noite do dia posterior? Quando falecia alguém em casa ou na vizinhança, mandava deitar fora toda a água que tinha armazenada para beber? Amortalhava os defuntos, perfumando-lhes o corpo, sepultando-os em terra virgem? Rejeitava comer carne de porco, lebre, coelho, peixes sem escamas ou de rês e ave que não fossem abatidas ao modo judaico?[7]

Ao ouvir essas e outras perguntas do gênero, Gaspar pareceu demonstrar estranheza. Deu a entender que não fazia a mais remota ideia do que o inquisidor estava falando. Nunca tinha praticado nenhuma daquelas ações tão inauditas — nem jamais conhecera alguém que as cometesse. Não via, aliás, sentido algum em tais perguntas. Não conseguiria atinar com o significado e o cabimento delas.[8]

"Abra os olhos da alma", repetiu o inquisidor, em provável tom de gravidade. "Esta é a derradeira admoestação que lhe há de ser feita sobre suas culpas, pelas quais a Justiça pretende o acusar", advertiu, para informar que o libelo acusatório, a peça decisiva do processo, estava prestes a ser publicado. "Se confessar agora, […] terá mais misericórdia do que confessando depois", rematou padre Manuel, antes de receber o silêncio como resposta. Diante disso, mandou os guardas atirarem o interrogado de volta à cela. A seu tempo vêm as uvas, quando serão maduras — previa o dito popular da Lisboa quinhentista.[9]

Dali a cerca de um mês, 19 de setembro, segunda-feira, o inquisidor Manuel Álvares conclamou de novo Gaspar Rodrigues, dessa vez à formal sala de despachos. A fase de interrogatórios estava concluída, observou. Chamara-o apenas para que ouvisse os termos oficiais da acusação, que foram lidos em voz alta pelo promotor, ali também presente. No documento, constava que mesmo aconselhado a admitir seus crimes contra a fé, o acusado estaria "persistindo em seus danados erros", "pelos quais merece [que] se use com ele de todo o rigor e não de misericórdia". Ao final do arrazoado, Gaspar era declarado "negativo" e "herege". Por consequência, a mesa pedia a sua excomunhão da Igreja, aplicando-lhe a pena máxima, com o consequente "relaxamento" do réu à justiça secular, para a devida execução.

Ao final da leitura, Gaspar exasperou-se. Contestou o libelo. Era e sempre fora cristão, reafirmou, "com palavras muito descomedidas", segundo constou nos autos. "Repreendido, não quis nunca obedecer nem calar-se", registrou o escrivão, acrescendo que, conforme previa o regulamento do Santo Ofício, iriam lhe oferecer os serviços de um procurador, para que este providenciasse a sua defesa. Mantinham-se, dessa forma, as aparências e formalidades de um processo jurídico convencional, embora a comunicação entre acusado e defensor, de acordo com o mesmo estatuto, só pudesse ser feita na presença ostensiva de um dos inquisidores.[10]

"Assim está regulado em favor da fé", determinava o *Directorium inquisitorum*.[11]

Enquanto o marido enfrentava os trâmites devastadores do processo inquisitorial, Filipa usufruía dos "benefícios" reservados aos que admitiam suas culpas, mostravam-se arrependidos e haviam delatado pessoas próximas, consideradas alvos mais relevantes pelo Santo Ofício.

Depois que denunciara o nome de Gaspar — e, em seguida, também os de uma tia, Isabel, e de uma prima, Maria —, os inquisidores haviam decidido considerá-la "reconciliada com a Igreja". Impuseram-lhe, porém, que saísse em um auto de fé envergando o sambenito com a cruz vermelha, símbolo dos penitentes absolvidos e dispensados da morte pela fogueira. Teria de adotar a túnica amarela da infâmia pelo resto da vida, aonde quer que fosse. Jamais poderia vestir qualquer outra indumentária sobre ela, para tentar escondê-la ou camuflá-la. No cadafalso, foi obrigada a "abjurar em forma" — confessar as culpas de modo cabal e renunciar de modo solene às crenças judaicas, "aos erros contra a fé católica":

"Eu, Filipa Rodrigues, cristã-nova dessa cidade, perante vós inquisidores, juro, nestes Santos Evangelhos em que tenho minhas mãos, que de minha própria e livre vontade anatematizo e aparto de mim toda espécie de heresia e apostasia que for ou se levantar contra nossa fé católica", recitou, diante da multidão. "Juro sempre ter e guardar a Santa Fé Católica que tem e ensina a Santa Madre Igreja de Roma, e que serei sempre muito obediente ao nosso mui Santo Padre, papa Clemente VIII."[12]

Filipa fora orientada a manter segredo sobre tudo o que vira, ouvira e vivera na prisão. Nunca, em tempo algum, revelasse o que dissera à mesa de interrogatório, nem levasse para fora possíveis recados ou notícias de presos que haviam permanecido no cárcere. Não poderia, do mesmo modo, divulgar o estado de infortúnio em que viviam os prisioneiros, "sob pena de ser por isso severamente castigada". As determinações, extensivas a todos os que eram soltos, faziam parte do cuidado que tinha o Santo Ofício de manter seus procedimentos sob a capa do mais austero sigilo.[13]

Também como de praxe, em vez de lhe concederem a liberdade imediata, ordenaram que Filipa fosse recolhida às dependências das chamadas Escolas Gerais, lugar para onde eram remetidos todos os "reconciliados", com o objetivo de serem "instruídos na doutrina cristã e nas cousas necessárias à salvação de suas almas", antes de serem mandados para casa. Porém, passados seis meses da internação compulsória, os inquisidores receberam a informação de que a mulher de Gaspar apresentava comportamentos estranhos e, segundo o diagnóstico médico, mostrava-se "alienada do juízo".[14]

Ao longo dos três anos de encarceramento, afastada dos filhos, amargando o possível remorso de haver entregado o próprio marido aos torturadores e condenada ao uso perpétuo do sambenito, Filipa estava com os nervos devastados. Por esse motivo, o inquisidor Bartolomeu da Fonseca decidiu libertá-la em definitivo, entregando-a aos cuidados de um tio, Afonso Rodrigues, que ficara responsável pela guarda das crianças do casal de prisioneiros. Ao alternar momentos de momentânea vivacidade com surtos depressivos, a mulher de Gaspar jamais voltaria a um nível estável de sanidade. O médico do Santo Ofício, João Álvares Pinheiro, encarregado de fazer-lhe visitas periódicas para atestar a situação de sua saúde, terminou por declará-la "mentecapta" e vítima de "melancolia mórbida" — *Melancholia morbus* —, enfermidade que nos compêndios da época era definida como "depravação da faculdade imaginativa e alienação da faculdade intelectiva".[15]

Quando por acaso lhe perguntavam a respeito das perturbações que sentia, Filipa apenas reiterava a mesma lamúria:

"Tenho um fogo e um bicho dentro do meu coração."[16]

* * *

De nada valeram as declarações do rol de testemunhas, todas cristãs-velhas, apresentadas pelo chamado "procurador dos presos" — espécie de defensor público, eleito por mera formalidade pela própria Inquisição, pois não tinha acesso aos autos e nem sequer podia falar a sós com o réu. As testemunhas foram convocadas a prestar depoimentos em favor de Gaspar Rodrigues, nos dias 16 e 17 de janeiro de 1595. Eram doze ao todo, entre elas duas ex-criadas e alguns velhos conhecidos seus, moradores nas adjacências do Arco dos Pregos. Na verdade, ao ouvi-los, os inquisidores apenas cumpriam protocolos. Tanto era assim que, nos autos, os registros de seus interrogatórios foram lacônicos e vagos, restringindo-se a escassas e apressadas linhas.

Se os interrogadores tinham pouco a perguntar, menos ainda tinham a declarar as testemunhas. O temor de se comprometer resultava quase sempre em falas permeadas de evasivas e cautelas. "Disse que viu o dito Gaspar Rodrigues [em] missas e pregações", constou, sem mais detalhes, tanto no depoimento de Manuel Dias, confeiteiro, como no de Sebastião Marques, alfaiate. "Disse que tinha [o réu] por bom cristão", anotou-se nas declarações do tosador Álvaro Dias, sem mais nada lhe ser indagado. "Nenhuma cousa sabia do conteúdo [da acusação]", esquivou-se Catarina Jorge, viúva, vizinha de Gaspar. Uma das ex-criadas declarou que havia doze anos não trabalhava para o réu — "e mais não disse". A outra também nada acrescentou, pois "há nove anos que está fora da casa [do implicado]".[17]

Por consequência, Gaspar mofou na cadeia por mais um ano, antes que os inquisidores voltassem a se ocupar dele. Apenas em março de 1596 mandaram chamá-lo da cela. Restava-lhe apelar para o recurso das "contraditas", livrar-se das acusações adivinhando quem o delatara e provando que a denúncia teria sido motivada por rancor, malquerença ou vingança. Depois de citar mercadores concorrentes com quem se desentendera, ocorreu enfim a Gaspar que a esposa, acossada pelos interrogadores, poderia ter sido a verdadeira responsável por sua prisão. Nesse caso, para desacreditar a palavra da própria mulher ante os inquisidores, precisava convencê-los de que Filipa teria motivos de sobra para detestá-lo.

Começou então por dizer que, desde o casamento em Elvas, jamais teriam se dado bem. Por causa de suas saídas noturnas, pelo fato de ele retornar sempre tarde à casa, os dois costumavam se desentender, por vezes chegando mesmo às vias de fato. Gaspar já teria lhe dado, inclusive, algumas bofetadas, o que a levara a pedir proteção aos vizinhos. Certa ocasião, até investira contra ela armado de uma espada. De outra feita, atirara-lhe uma cadeira contra a cabeça, provocando um grande ferimento, que precisou ser suturado por sete ou oito pontos cirúrgicos. Por tudo isso e muito mais, ela o odiaria — e não cansaria de jurá-lo de morte. Haviam se tornado, portanto, inimigos capitais.[18]

Os inquisidores decidiram tirar as histórias de Gaspar a limpo, pela forma considerada mais eficaz no âmbito dos inquéritos do Santo Ofício: a Casa do Tormento. No dia 29 de agosto de 1596, quinta-feira, depois de seu processo já ter se arrastado por três anos, arrancaram-lhe as roupas, agarraram-no pelas pernas e braços para o amarrarem no potro, depois de o fazerem jurar sobre os Evangelhos que diria somente a verdade, nada mais que a verdade.

"Estando assim, [o réu] foi pelo senhor inquisidor admoestado com a mesma caridade, [para] que confessasse suas culpas, e que fazendo assim não iria o tormento por diante e se usaria com ele de misericórdia", anotou o escrivão. "E por [ele] dizer que não tinha culpas que confessar nesta mesa, pelo senhor inquisidor foi protestado que se ele réu morresse no tormento ou quebrasse algum membro a culpa seria dele, réu, e não dos senhores inquisidores."[19]

Cumpridos assim os ritos de praxe exigidos pelo regulamento, e sob as ordens expressas do padre Bartolomeu da Fonseca, os carrascos deram uma volta inteira no eixo das cordas que garroteavam o braço, o pulso, a coxa e a canela do lado esquerdo, bem como o pulso, a coxa e a canela do lado direito do corpo de Gaspar. "Estando assim dada a primeira volta nas ditas partes, ele réu, sempre gritando que lhe acudissem, foi outra vez admoestado com muita caridade, a [...] confessar suas culpas", registraram os autos do processo, com burocrática frieza.[20]

Como Gaspar Rodrigues ainda jurasse que nada tinha a dizer aos algozes, o padre Bartolomeu ordenou que se desse a seguir uma volta inicial no eixo da corda amarrada ao braço direito, até então não retesada, e uma segunda no relativo ao braço esquerdo, já premido por intensa tração. Gaspar, provavelmente urrando de dor, repetiu que não havia o que confessar, nem ninguém a delatar. Foi dada então mais uma volta na corda sobre o pulso direito. Ao médico — sempre havia um, supervisionando as sessões de tortura — foi indagado se o prisioneiro chegara ao limite da agonia ou se por acaso suportaria mais alguns minutos de tormento.

Com a devida anuência do clínico, foi aplicada uma segunda torção na canela esquerda. Dessa vez, Gaspar não gritou. Permaneceu imóvel, sem dizer palavra, mesmo com as cordas prestes a lhe dilacerarem carnes, ligamentos e músculos. Deixara de exprimir reações ao suplício. "Por o réu não dizer nada nem mostrar senti-lo, e parecer estar com acidente", anotou-se. Era a forma padrão de o escrivão registrar que o torturado perdera os sentidos, ante a intensidade da dor infligida.

"O senhor inquisidor mandou que o réu fosse desatado e [...] levado a seu cárcere para que se o curasse", arrematou o notário.[21]

Frustrado o padre Bartolomeu em conseguir extrair a confissão de Gaspar, coube a outro religioso, Manuel Álvares, comandar a segunda sessão de tormentos, realizada em 16 de dezembro daquele mesmo ano, 1596. E como o prisioneiro demonstrara resistência ao potro, decidiu-se que seria supliciado em outro instrumento de tortura, ainda mais pavoroso: a "polé".

Nele, o acusado era posto de pé sobre um pequeno banco, com as mãos amarradas pelas costas. A corda era içada por uma polia presa ao teto, erguendo a vítima no ar, para aumentar a intensidade da dor. Braços e ombros, torcidos no sentido contrário ao natural, suportavam todo o peso do corpo. A um sinal do inquisidor, a corda era descida de modo brusco, deixando o réu com os pés oscilando a poucos centímetros do solo. O tranco costumava desencaixar ossos e dilacerar músculos.[22]

"Logo foi começado a levantar-se, e estando com os pés alevantados do chão um pouco, pediu que o descessem, [...] [pois] queria confessar suas culpas", relatou o escrivão. O padre Manuel determinou que o carrasco baixasse por inteiro a corda, para que o preso pudesse firmar os pés sobre a banqueta. A essa altura, a dor da sevícia já abatera Gaspar. Com a rotação forçada do ombro, a cabeça do úmero direito se deslocara do interstício entre a clavícula e a escápula. Confessou então que era judeu e, até aquele momento, acreditara na salvação de sua alma pela Lei de Moisés. Mas estaria arrependido. Pedia clemência.[23]

Disse mais: quem lhe ensinara os princípios do judaísmo fora sua madrasta, a cristã-nova Mor Rodrigues, segunda mulher de seu pai, já falecida. Ela o instruíra a guardar o sábado, a fazer jejuns rituais, a respeitar as leis alimentares de seu povo. A mulher, Filipa Rodrigues, sobrinha de Mor, era igualmente judia, admitiu. Do mesmo modo, outros parentes dela: a tia, Isabel; a irmã, Maria; o irmão João, e a sobrinha, também chamada Filipa. Além disso, outra agregada da família da esposa, Inês Dias, lhe emprestara certa vez um "livro de devoção" judaica.[24]

Para que o inquisidor se convencesse de que falava toda a verdade, sem ocultar o nome de ninguém, Gaspar também delatou integrantes de seu próprio círculo de sangue. Um meio-irmão, Manuel Rodrigues, "já defunto", filho de seu pai, Álvaro, e de sua madrasta, Mor, sempre praticara a religião dos judeus. Um primo materno, Manuel Dias, mercador que morava nas "Índias de Castela" — nas Antilhas — e que

havia algum tempo lhe fizera uma visita em Lisboa, tentara persuadir-
-lhe a embarcar para as ilhas da Nova Espanha, porque lá "não se especulava como cada um vivia". Gaspar então lhe respondera que não poderia abandonar tudo, pois tinha a vida assentada na cidade.[25]

Quanto mais revelava, mais o padre Manuel desejava arrancar dele. "O senhor inquisidor o admoestou que acabasse de confessar suas culpas e dizer toda a verdade delas, não encobrindo nada [...], porque fazendo assim e desencarregando em tudo sua consciência terá misericórdia e o tormento não irá por diante", expuseram os autos.[26]

Gaspar retorquiu que confessara tudo. Constatada a gravidade das lesões, o padre Manuel Álvares mandou, enfim, que o desamarrassem e o levassem de volta à cela. Na hora de assinar o termo de confissão, não pôde fazê-lo. A luxação no ombro o impediu. O interrogatório foi assinado apenas pelo inquisidor e pelo notário, Simão Lopes.[27]

Cerca de duas semanas depois, em 4 de janeiro de 1597, um sábado, o padre Bartolomeu convocou Gaspar à mesa para indagar se por acaso queria acrescentar algum detalhe à admissão de culpas que fizera ao padre Manuel. Ele disse que não. De novo, não conseguiu garatujar o próprio nome. O braço continuava imprestável. Na verdade, Gaspar Rodrigues jamais voltaria a escrever. O Santo Ofício o mutilara para o resto da vida.[28]

Os inquisidores ainda não estavam satisfeitos. Em 15 de janeiro de 1597, quarta-feira, argumentaram que a confissão de Gaspar fora demasiado vaga e apresentava "muitas faltas", pois se resumira a entregar o nome de alguns mortos e de alguns ímpios já sob o jugo da Inquisição. Ele também não entrara em detalhes a respeito dos termos e expressões com os quais as pessoas delatadas se referiam à honra de Jesus e à crença cristã.[29]

Chamado naquele mês em outras quatro ocasiões extraordinárias à mesa de interrogatório, implorou para que acreditassem em suas palavras e mais uma vez pediu misericórdia, pois já dissera tudo o que sabia e estava arrependido de ter se deixado arrastar para o caminho da perdição. Poupassem-lhe a existência. Queria viver, a partir dali, na fé e na glória de Nosso Senhor.[30]

Em 10 de fevereiro de 1597, segunda-feira, Gaspar foi levado outra vez à Casa do Tormento, para ser arguido pelo padre Manuel Álvares. Quando o inquisidor ordenou que fosse amarrado com as mãos às costas e submetido à polé, Gaspar implorou que não o torturassem. Estava com o ombro desfigurado. Não suportaria uma dose adicional de aflições. Haviam lhe aplicado um emplastro, à guisa de medicação, mas o osso continuava desencaixado do ombro, o braço inchado, suspenso apenas pelo feixe de nervos. O médico, instado a examiná-lo, reconheceu que o réu não estava em condições de aguentar novo suplício.[31]

Diante do exposto, os inquisidores emitiram a sentença. Gaspar Rodrigues foi declarado "herege apóstata de nossa Santa Fé Católica" e, assim, todos os seus bens materiais deveriam ser embargados e incorporados aos cofres do Santo Ofício. O confisco de bens e o pagamento das custas processuais pelo réu — algumas das principais fontes de renda da Inquisição — eram um dispositivo legal largamente aplicado. Mas, como ele usara "de melhor conselho", confessando suas culpas, "pedindo delas perdão e misericórdia, com mostras e sinais de arrependimento", o tribunal iria poupá-lo da excomunhão e da pena máxima.[32]

Não iria morrer na fogueira. Mas estava condenado a abjurar seus "heréticos erros" em um auto de fé, devendo usar o hábito penitencial como punição perpétua. *Fabrum esse suae quemque fortunae.* Cada um é artífice do seu destino.[33]

Foi assim que naquele domingo friorento, 23 de fevereiro de 1597, Gaspar ostentou o sambenito com a cruz diagonal de santo André. No centro do cadafalso, diante da multidão, ouviu a sentença e foi obrigado a recitar o juramento dos "reconciliados": "Se em algum tempo tornar a cair nesses erros, ou em outra qualquer espécie de heresia, ou não cumprir a sentença que me é ou for imposta, quero, e me apraz, que seja havido por relapso e castigado conforme o direito".[34]

Ao final daquele dia, oito dos réus saídos no mesmo auto de fé, todos cristãos-novos, não tiveram a mesma sorte de Gaspar. Foram condenados à morte nas piras armadas na Ribeira, tendo ao fundo da paisagem os mastros dos navios ancorados no Tejo. Três por serem declarados "negativos", isto é, por não terem admitido suas culpas em nenhum momento do processo. Outros três, executados como "confitentes diminutos", ou seja, por serem alvo de prova considerada robusta e, mesmo assim, haverem omitido alguns fatos que seriam do conhecimento prévio do tribunal. O sétimo, como "diminuto revogante", por ter citado apenas de forma parcial os nomes de seus "cúmplices". O último, "contumaz", réu confesso, tendo se revelado adepto do judaísmo e não mostrado arrependimento por seus "erros contra a fé".[35]

"Façamos as barbas aos hereges", gritava o povaréu, ao chamuscar com archotes e tições acesos o rosto dos condenados, já atados aos respectivos pelourinhos. Um costume que antecedia o ápice da cerimônia, no qual se ateava fogo à lenha empilhada aos pés dos infelizes. Em seguida ao funesto alarido, ao longo da noite, o crepitar das labaredas, a fumaça espessa e o odor de carne queimada tomavam conta das ruelas tortuosas de Lisboa.[36]

Em 16 de maio de 1597, Gaspar deixou o prédio das Escolas Gerais, para onde havia sido levado depois do auto de fé, a título de ser "doutrinado na fé católica". A ordem de soltura ponderava que ele era um homem "muito doente", com "necessidade de ser curado".[37]

Ao ser posto em liberdade, padre Manuel Álvares lhe disse para jamais sair da cidade sem autorização prévia — a mesma determinação imposta a Filipa e ao pai, Álvaro, também libertado após sair como "reconciliado" em um auto de fé. Deveria "[apartar-se] da comunicação de pessoas suspeitas na fé que lhe pudessem causar dano em sua alma". Teria de frequentar as missas e pregações dos domingos, além de receber os sacramentos da comunhão e se confessar pelo menos quatro vezes ao ano, nas grandes festas do Espírito Santo, Assunção de Nossa Senhora, Natal e Páscoa. Ao fim de cada doze meses, enviasse para o Santo Ofício certidões de que havia cumprido tais determinações, emitidas pelo cura da igreja de Santa Marinha, padre Antônio Fernandes, que ficaria responsável por sua reintegração ao rebanho cristão. Por fim, o mais importante, não andasse sem o hábito penitencial, o sambenito.[38]

Gaspar Rodrigues retornou para casa e tentou retomar a rotina. Mas a existência que levara antes da passagem pelos cárceres da Inquisição estava para sempre perdida. A deformidade do braço o incapacitara para a maioria dos ofícios. A esposa estava cada vez mais insana. Devido ao confisco dos bens — incluindo a loja de pregos —, o casal e os três filhos passaram a viver no estado da mais absoluta pobreza. Como se não bastasse, o uso compulsório do sambenito eliminava, na prática, todas as possibilidades de Gaspar encontrar trabalho decente.[39]

Um "reabilitado", a rigor, se transformava em um pária. Era apontado na rua, alvo de ultrajes por parte de adultos e de pedradas desferidas por meninos em algazarra. Um ano depois de ter saído do cárcere, em 17 de maio de 1598, um domingo, o meirinho encarregado de investigar a conduta de Gaspar o encontrou vagando pelo bairro da Alfama, sem o sambenito. Deu-lhe imediata voz de prisão e o conduziu de volta ao prédio das Escolas Gerais.[40]

Notificado pelo meirinho, o padre Manuel Álvares mandou chamar Gaspar Rodrigues para interrogá-lo a respeito. A denúncia era considerada gravíssima e, a depender da decisão do inquisidor, poderia levar à condenação do querelado à fogueira, como reincidente. Ao ser inquirido se era verdadeiro o relato do meirinho, Gaspar disse que sim.

Justificou que, ao ser flagrado, acabara de sair da igreja de Santa Marinha, onde participara da missa, e estaria a caminho de casa. Levava o sambenito dobrado debaixo do braço, por temor de ser apedrejado pela chusma de moleques do bairro. O padre Manuel o advertiu que não voltasse a cometer tamanho desacato e resolveu dar-lhe uma segunda chance. Do contrário, teria de tratá-lo com o devido rigor.[41]

O inquisidor Manuel Álvares decidiu também convocar o padre Antônio Fernandes, vigário da paróquia de Santa Marinha, para indagar se o reabilitado Gaspar Rodrigues Nunes estaria cumprindo a penitência que lhe fora aplicada pelo Santo Ofício. O escrivão registrou a resposta: "O dito Gaspar continua a ouvir missa [...] aos domingos e, quando lá vai, leva sempre seu hábito penitencial sobre todas [as] suas vestiduras". O padre Fernandes não poderia garantir se o cristão-novo continuava a envergá-lo na rua, ao sair do templo. Por fim, comentou que aquela ovelha reintegrada eventualmente "tem deixado de ir ali ouvir missa", e "dava por desculpa que tinha sua mulher doente".[42]

Como consequência da revelação, o médico inquisitorial, João Álvares Pinheiro, foi mandado em diligências à casa de Gaspar e Filipa. Na primeira vez que lhes bateu à porta, encontrou a mulher em estado avançado de gravidez. Ela lhe pareceu bem, embora "com alguma melancolia". Numa segunda ocasião, quando o quarto filho do casal já acabara de nascer, atestou: "Por estar novamente parida [e] com a evacuação do sangue menstrual, me pareceu ter muita melhoria, ainda que [falasse] sempre naquele fogo e bicho que tinha no coração". O médico ressalvou que não podia considerá-la curada, prevendo que a menor contrariedade poderia fazê-la "tornar a cair na doidice".[43]

Entre uma diligência e outra, o Santo Ofício recebeu petição em nome de Filipa, implorando que lhe fossem levantadas as penas de não se ausentar de Lisboa e de usar o sambenito, "porquanto ela, suplicante, está muito enferma de grandes melancolias e inflamações no coração, [e] com falta no juízo". O documento acrescentava que o marido estaria "aleijado do braço e mão direita" — e que o casal tinha "muitos filhos e muita pobreza".[44]

O pedido foi analisado pelo padre Manuel Tavares, que apesar de sua proverbial rigidez, resolveu acatar a súplica. Recomendou ao tribunal que, dado o estado de saúde mental deteriorado, as penas de Filipa fossem comutadas em penitências espirituais. O caso, remetido ao juízo do bispo de Elvas, recebeu decisão favorável: "Havemos por bem dispensá-la do hábito perpétuo a que está condenada", deliberou d. Antônio de Matos de Noronha.[45]

A esse ponto, os dados de Gaspar e Filipa desaparecem dos registros da Inquisição, arquivados na Torre do Tombo, em Lisboa. Nunca se soube o que aconteceu com ela depois disso. Não há vestígios seguros a respeito de seu destino, tampouco dos quatro filhos. Quanto ao marido, documentos de outras procedências são mais fecundos e reveladores. Dão conta de que, após episódios tão tenebrosos, seu principal intento passou a ser escapar de Portugal. Deixar para trás o sambenito e a desonra, mas também a família — e a própria identidade. Em vez de Gaspar Rodrigues Nunes, atender pelo nome hebraico de Joseph ben Israel.

3. "Ninguém seja investigado por sua religião" (1614-16)

Há um hiato documental sobre o paradeiro de Gaspar Rodrigues Nunes durante os anos imediatamente subsequentes ao dia em que foi visto caminhando, sem envergar o sambenito, pelo bairro lisboeta de Alfama. Lacuna cronológica compreensível, por se tratar de indivíduo que decidira viver pelas sombras, apagando os rastros da própria narrativa, em constante despistamento para escapar à vigilância dos inquisidores.

Presume-se que a esposa enferma tenha falecido pouco tempo depois de ter a sentença comutada em penitências espirituais. Em 1602, decorridos quatro anos do último registro do nome de Filipa nos arquivos do Santo Ofício, Gaspar foi pai mais uma vez, já casado com uma segunda mulher, Antônia Soeira. A criança — uma menina, nascida em Lisboa, mas da qual não se sabe o nome católico de batismo (se é que foi batizada) — seria criada longe dos quatro meios-irmãos, frutos do primeiro casamento do pai, cujos destinos também são ignorados.[1]

É possível que Gaspar e a nova esposa tenham fugido de Portugal com o bebê no ano seguinte, tão logo um primo de Antônia, Pero Nunes Soeiro, foi capturado pela Inquisição por suspeitas de criptojudaísmo, em junho de 1603. Existe a hipótese de que pai, mãe e filha tenham se dirigido à Ilha da Madeira, lá permanecendo apenas por breve período, uma vez que a Inquisição mantinha espiões, representantes e visitadores para além dos limites continentais portugueses. Fazia-se necessário, portanto, escapar para mais longe, fora das "terras da idolatria" — expressão pela qual os judeus se referiam à Península Ibérica, católica — e imune ao raio de ação do Santo Ofício.[2]

É admissível também que, a exemplo de milhares de outros patrícios, Gaspar, Antônia e a pequena filha tenham se utilizado dos fluxos de fuga mantidos por redes de auxílio da comunidade sefardita sediada em diferentes pontos do mundo, na Europa, no Noroeste da África e no Oriente Médio. Da grega Salônica, antiga capital da Macedônia, à marroquina Fez; das cidades-Estados italianas Veneza e Ferrara à rota do norte que levava a Hamburgo e Antuérpia; da Península Balcânica às terras da Turquia e Palestina, os judeus de origem ibérica encontravam-se dispersos desde as perseguições que haviam culminado, um século antes, nos éditos de expulsão da Península — e na conversão compulsória para os remanescentes.[3]

Há indícios de que o segundo filho de Gaspar e Antônia, nascido em 1604 e registrado com o nome cristão de Manuel Dias Soeiro, tenha vindo ao mundo na cidade portuária francesa de La Rochelle, outro notório abrigo para famílias de refugiados cristãos-novos. Embora os judeus praticantes tivessem sido expulsos oficialmente da França desde o século XIV, algumas localidades, como Bordeaux, Lyon, Rouen, Saint-Jean-de-Luz e Toulouse — além da própria La Rochelle —, toleravam os conversos sem maiores perguntas, desconfianças ou reservas. O que fazia do território francês um "porto de escala" para regiões de liberdade mais absoluta.[4]

Entretanto, em 1613, com a publicação em Lisboa de um novo regimento do Santo Ofício, compilado pelo então inquisidor-geral, d. Pedro de Castilho, bispo de Leiria, mesmo os portugueses que judaizavam fora do território do reino passaram a ser alvos passíveis de punição. Os espiões da Inquisição que identificassem algum condenado ao uso perpétuo do sambenito sem o hábito penitencial — e longe da cidade onde deveria estar cumprindo a pena — poderiam dar-lhe imediata voz de prisão em terras estrangeiras e conduzi-lo debaixo de ferros a Portugal, cabendo aos inquisidores aplicar a devida sentença, a morte pela fogueira, em caso de reincidência. Além disso, o estigma e a teia do terror passaram a ser extensivos aos descendentes dos "reconciliados", que tiveram embargado o acesso a cargos públicos e ao exercício de certos ofícios, como os de boticário, rendeiro, cirurgião, piloto e mestre de naus, atividades de tradicional presença judaica.[5]

No ano seguinte à entrada em vigor das novas regras, o nome de Gaspar Rodrigues Nunes reaparece, enfim, em um documento público. Não nos arquivos históricos de La Rochelle, muito menos nos fólios da Inquisição em Lisboa, na Madeira ou em qualquer outro território sob jurisdição portuguesa. Mas sim nos registros notariais da cidade de Amsterdam, na Holanda, uma das sete Províncias Unidas dos Países Baixos, confederação de territórios então conflagrados em uma guerra de independência contra o domínio espanhol de Filipe III — representante da poderosa Casa de Habsburgo, dinastia cujas possessões então incluíam, além da Espanha, o Sacro Império Romano-Germânico, a Borgonha, a Hungria, a Croácia, os reinos italianos de Nápoles, Sicília e Sardenha, além dos Países Baixos do Sul, região correspondente aos atuais Luxemburgo e Bélgica. O conflito se arrastaria por oito décadas, de 1568 a 1648, passando à história com a designação de "Guerra dos Oitenta Anos".

Desde 1609, uma trégua fora selada entre as partes em refrega. As sete Províncias Unidas — Frísia, Groningen, Gueldres, Holanda, Overijssel, Utrech e Zelândia (outras dez províncias dos Países Baixos permaneceram sob o domínio dos Habsburgo) — assinaram um armistício com a Espanha. O cessar-fogo estendeu-se por doze anos, contribuindo para liberar o intercâmbio econômico internacional das Províncias Unidas das pressões militares espanholas. Valendo-se desse interregno, Gaspar e um grupo de mercadores — portugueses e holandeses — lavraram em outubro de 1614 uma procuração coletiva para que um agente baseado em Rouen adquirisse, em nome deles, as mercadorias e bens que se encontravam no convés e nos porões de um navio neerlandês, comandado pelo capitão Pieter Fransz, encalhado na costa francesa, em Boulogne. Para quem saíra de Portugal foragido, com os bens confiscados e na mais absoluta miséria, o documento vislumbrava o início de uma nova vida.[6]

Amsterdam recendia a peixe — fresco, defumado ou frito. A cada esquina havia uma loja com barris repletos de arenques nas calçadas. Não obstante, a cidade impressionava os visitantes pela limpeza das ruas pavimentadas de tijolos, em surpreendente contraste com os demais centros europeus e suas vielas de terra cheias de lixo, entulho, lama e dejetos humanos. Em uma civilização que nascera graças ao domínio técnico sobre as águas, erguida em terras abaixo do nível do mar — daí a denominação Países Baixos —, o asseio das vias públicas constituía um dos orgulhos de sua gente. Os moradores lavavam, a cada manhã, calçamentos, calçadas e degraus em frente à entrada das casas. A escova, a vassoura e o esfregão eram quase símbolos patrióticos, índices de virtude cívica.[7]

Com a tomada do porto de Antuérpia pelos espanhóis em 1576 — na sequência de um ataque sangrento que ficou conhecido como "Fúria Espanhola", que resultou em 7 mil mortos e saque generalizado à cidade —, Amsterdam assumiu o papel que antes coubera àquele entreposto comercial belga como grande centro financeiro do continente europeu. A Holanda monopolizava o comércio de cereais e a indústria pesqueira a partir do chamado "mar do Norte", desde as proximidades das ilhas britânicas às costas escandinavas, prolongando-se rumo às águas do Báltico.[8]

A expansão marítima trouxe consigo ondas contínuas de imigração. Pelo acordo assinado em 1579 na cidade de Utrecht pelas províncias rebeldes dos Países Baixos, nenhum indivíduo deveria ser molestado por motivo de crença: "Cada pessoa deve permanecer livre [...], ninguém seja perseguido ou investigado por causa de sua religião", dizia o artigo 13 do documento, considerado uma espécie de Constituição pelos cidadãos locais.[9] Essa circunstância atraiu para o lugar tanto refugiados protestantes da Europa Central quanto membros da ativa comunidade ibérica de cristãos-novos dedicada ao comércio marítimo transatlântico, familiarizada com as grandes rotas de navegação que traziam especiarias do Oriente e açúcar do Novo Mundo.[10]

Respirava-se um ar cosmopolita naquelas ruas em que era comum se ouvirem dezenas de idiomas simultâneos. Enquanto os demais Estados europeus adotavam o absolutismo como norma, o federalismo das Províncias Unidas constituía outra notável exceção. A opulência econômica transformou a Holanda naquela que pode ser considerada a primeira economia moderna do mundo. O Banco de Câmbio e a Bolsa de Valores eram organizações fundamentais a uma sociedade essencialmente urbana, com o grau de alfabetização mais elevado do continente e a maior média salarial paga a funcionários públicos e trabalhadores em geral.[11]

"Nesta grande cidade onde moro, [...] todos, menos eu, estão envolvidos no comércio e, portanto, estão tão focados em seu próprio lucro que eu poderia viver aqui toda a minha vida sem nunca ser notado por ninguém", escreveu um então morador de Amsterdam, o filósofo francês René Descartes, em carta a um amigo, o escritor compatriota Jean-Louis Guez de Balzac. "Onde mais você poderia encontrar, tão facilmente quanto aqui, todas as conveniências da vida e todas as curiosidades que poderia esperar?", indagaria o autor do *Discurso sobre o método*, aludindo aos navios que chegavam "carregados com todos os produtos da Índia e todas as raridades da Europa".[12]

Na correspondência, Guez de Balzac dizia-se ansioso por novos escritos do amigo e, ao mesmo tempo, agradecia a remessa dos tabletes de manteiga holandesa enviados por Descartes — tão perfumados "como se as vacas tivessem sido nutridas com manjerona e violeta" e os prados fossem "cobertos de cana-de-açúcar".[13]

O modo de vida dos holandeses desafiava o teor dos sermões dos pregadores calvinistas — sob a influência da Reforma Protestante e da guerra com a Espanha católica, o calvinismo era a religião oficial no país —, que condenavam a esbórnia, incitavam à sobriedade e advertiam o rebanho contra os perigos morais do excesso e da destemperança. Os moradores eram dados a banquetes pantagruélicos. Comia-se e bebia-se de forma descomedida, sob qualquer pretexto: aniversários, batizados, casamentos, chegadas e partidas. Tais festins domésticos podiam durar de três a quatro dias. "Não creio que se encontre entre eles um homem sóbrio", ironizava o viajante inglês William Brereton.[14]

Ministrava-se a cerveja, de preferência a escura e inclusive nos desjejuns, como tônico para adultos e crianças, fosse pura ou com adição de açúcar. O produto brasileiro, a propósito, de alto valor nas demais cidades europeias, era consumido largamente em Amsterdam, polvilhado sobre pães e bolos ou utilizado no preparo de caldas caramelizadas para serem entornadas sobre as características panquecas holandesas. Os próprios médicos recomendavam o tabaco, igualmente proveniente do Brasil, como panaceia para os mais diversos males, das dores de dente às infestações por lombrigas.[15]

A liberalidade do cotidiano holandês chocava os que desembarcavam pela primeira vez no porto de Amsterdam. As mulheres não tinham acesso aos cargos públicos, mas frequentavam tavernas, liam livros, controlavam o orçamento doméstico, andavam sozinhas pela rua. Podiam fazer negócios, assinar contratos comerciais e pedir a anulação do casamento em caso de adultério. Os que chegavam de outras plagas escandalizavam-se ao vê-las desenvoltas em público, trocando beijos e passeando de mãos dadas com acompanhantes masculinos. Da mesma forma, os estrangeiros de passagem pelo país consideravam impróprio o costume de pais e mães holandesas "estragarem" a educação dos filhos, mimando-os com beijos no rosto.[16]

Mulheres e crianças, por sinal, constituíam temas recorrentes nas gravuras e pinturas dos artistas das Províncias Unidas. Quando retratadas em cenas familiares, fugiam aos estereótipos comuns à arte pictórica europeia da época. Pintavam-se casais com homem e mulher lado a lado, marido e esposa em posturas informais, sem hierarquias explícitas de gênero. Meninos e meninas eram representados não como anjinhos barrocos, mas entretidos em brincadeiras domésticas e folguedos de rua, a exemplo do célebre óleo sobre tela *Jogos infantis*, de Pieter Bruegel, o Velho, que exibia cerca de duzentas crianças em algazarra, nas mais variadas atividades lúdicas, como cabo de guerra, cabra-cega e esconde-esconde, além de envolvidas em pular corda, soltar pião, rodar aros, brincar de casinha e fazer bolhas de sabão.[17]

A pujança econômica das Províncias Unidas refletia-se na cultura, o que possibilitou o surgimento de toda uma notável geração de pintores, incluindo Frans Hals, Johannes Vermeer, Pieter de Hooch e, o maior de todos, Rembrandt van Rijn. "Não há talvez nenhum país no mundo onde haja tantos, nem tão excelentes quadros", testemunharia o francês Jean-Nicolas de Parival, comerciante de vinhos e professor da Universidade de Leiden, autor de *As delícias da Holanda, contendo uma descrição exata do país, costumes e hábitos dos habitantes*.[18]

O retrato, as cenas interiores, as naturezas-mortas e as paisagens enfeitavam as paredes das residências holandesas, fosse na mansão do rico comerciante que encomendava um quadro a um pintor de renome ou na casinhola do operário que pendurava na sala gravuras compradas por alguns poucos florins — a moeda nacional — aos artistas de rua. O interior dos lares primava pela utilização de farto mobiliário e objetos de decoração, fator que mais uma vez distinguia o modelo de vida privada nas Províncias Unidas do austero padrão comum europeu.[19]

A cama com colchão de penas, os armários para guardar roupa branca e as prateleiras para exibir conjuntos de porcelana esmaltada azul e branca — fabricados na cidade de Delft — eram índices de conforto e prosperidade. Na cozinha, reluzentes apetrechos de cobre e estanho faziam companhia ao fogão de chama alimentada por turfa, material de origem vegetal encontrado nos subsolos pantanosos. Nas janelas voltadas para a rua, vitrais coloridos conferiam aos cômodos uma luz filtrada, repleta de nuances e matizes. Não faltavam também espelhos, disseminados por todos os compartimentos da casa, a refletirem o fulgor e atestarem a vaidade de uma civilização profundamente orgulhosa de si.[20]

Não havia gueto ou judiaria em Amsterdam, que chegou a ser apelidada de "Jerusalém do Norte". Entretanto, para manter os laços de sociabilidade, os adeptos da Lei de Moisés se concentravam no Vlooienburg, agitado quadrilátero residencial construído sobre o aterro de um antigo pântano e rodeado, ao sul, pelo rio Amstel (*Aeme-stelle*, em neerlandês antigo, "área com água em abundância") e a norte, leste e oeste, por três dos muitos canais que faziam dos bairros da cidade pequenas ilhas artificiais, com enclaves de quarteirões e blocos de casas cercados de água por todos os lados. Os judeus de maior posse preferiam morar ao longo da elegante Sint Antoniesbreestraat, alameda nascida sobre a linha de um dique erguido para conter inundações, ligada ao reduto judaico por uma ponte levadiça de madeira.[21]

A exemplo da maioria dos integrantes mais modestos da comunidade, Gaspar fixou-se em uma das casas do Vlooienburg, às margens do canal ao norte do bairro, o Houtgracht, onde estavam instaladas muitas companhias madeireiras. Na chegada à cidade, a família permutou os nomes cristãos por outros, de origem hebraica, como era próprio aos impelidos à diáspora. Assim, o português Gaspar Rodrigues Nunes passou a se chamar Joseph ben Israel, ou seja, "José filho de Israel". A esposa, Antônia, ficou sendo Rachel. A filha mais velha, aquela da qual não se sabe o nome católico, virou Ester. O segundo filho, Manuel, a partir dali, seria Menasseh. O caçula, do qual também se ignora a eventual graça cristã recebida à pia batismal, Efraim.[22]

Todavia, assim como acontecia aos outros mercadores patrícios, o ex-comerciante de pregos não iria abandonar de vez o antigo nome, preservando-o para efeitos mercantis na Holanda, mas ocultando-o sempre que era necessário fazer contatos com eventuais conhecidos e familiares na Península Ibérica, a fim de protegê-los da vigilância dos agentes da Inquisição. Era corriqueiro que os sefarditas fugidos das ditas terras da idolatria consignassem a dupla identidade com o termo "aliás" — no caso, Joseph ben Israel, *aliás* Gaspar Rodrigues Nunes —, prática que deixava evidente a circunstância de indivíduos marcados ora pela fragmentação, ora pelo hibridismo de dois universos espirituais oscilantes.[23]

Em 1615, um ano depois da chegada de Gaspar, diante do número crescente de judeus desembarcados em Amsterdam, as autoridades holandesas encomendaram ao jurista Hugo Grotius — que em 1625 escreveria *O direito da guerra e da paz*, marco fundador do direito internacional — a minuta de um documento oficial que regulasse a presença judaica naquelas terras de maioria protestante, dividida entre calvinistas conservadores e arminianos humanistas.

Grotius lançou-se à missão e, ao final de quase um ano de trabalho, sugeriu um código detalhado, com 49 artigos, especificando os direitos e deveres que deveriam caber aos adeptos da lei mosaica. Por um lado, o texto reiterava a liberdade de credo já expressa nos princípios constitutivos da federação. Por outro, condicionava a realização dos cultos hebraicos ao ambiente privado, vetando rituais públicos, para acompanhar a mesma regra já imposta a outras minorias religiosas locais, como a católica.[24]

No conjunto, o regulamento proposto por Grotius previa uma série de liberalidades, mas outras tantas interdições. Os judeus deveriam ficar livres para negociar, sem que lhes fosse imposta nenhuma tributação especial, ao contrário do observado em outras nações europeias. Poderiam imprimir seus livros, circuncidar suas crianças, guardar o sábado, seguir as próprias leis alimentares. Não seriam estigmatizados por distintivos ou vestimentas ultrajantes.[25]

Porém, ficariam proibidos de contratar empregados cristãos. Não poderiam tentar persuadir ninguém a aderir ao judaísmo. Deveriam respeitar o domingo como dia santo. Estariam inaptos para integrar a guarda cívica, embora ficassem sujeitos ao respectivo imposto que custeava a instituição. Crianças judias não seriam aceitas, sob nenhuma hipótese, em escolas cristãs. Judeus jamais poderiam casar ou manter relações sexuais com pessoas de fora da própria comunidade. Por fim, não poderiam blasfemar, insultar a figura de Jesus, mostrar desprezo pelos preceitos sagrados do cristianismo.[26]

Da quase meia centena de recomendações de Grotius, apenas três seriam adotadas pelas autoridades de Amsterdam: os judeus não poderiam fazer proselitismo religioso, manter relações conjugais e carnais com cristãos, usar de blasfêmia contra a fé em Jesus Cristo. A construção de sinagogas e o culto público também ficaram proibidos, embora permanecessem toleradas celebrações coletivas, em residências particulares, a portas fechadas.[27]

O cumprimento adequado dos rituais já era uma questão problemática para a comunidade judaico-portuguesa, que se autointitulava "Gente da Nação". Na maioria das vezes, dados os percalços e proibições dos tempos de clandestinidade, gerações inteiras de cristãos-novos não tiveram acesso aos textos sagrados ou não haviam recebido nenhuma formação doutrinária. Não liam o hebraico, os homens não eram necessariamente circuncidados, nunca sequer tinham posto os olhos em um pergaminho da Torá. Desconheciam, assim, o conteúdo do Pentateuco — os cinco primeiros livros da Bíblia, atribuídos a Moisés, Gênesis, Êxodo, Levítico, Números e Deuteronômio, que por sua vez os teria recebido de Deus —, já que a circulação das Escrituras no mundo católico só era permitida aos clérigos e na versão em latim, inacessível aos leigos.[28]

Quando muito, seus conhecimentos resumiam-se a leituras ralas e indiretas de almanaques e folhetos devocionais, a maioria escrita e publicada por autores antissemitas. De tal modo, exerciam um judaísmo insipiente, desfigurado e, na melhor das hipóteses, sincrético, mesclado a usos e costumes cristãos, transmitidos de boca em boca pelos pais e avós. Daí, na nova situação, precisarem ser submetidos ao aprendizado da liturgia e dos preceitos judaicos tradicionais, para então se converterem, da condição de cristãos-novos na qual viviam incursos na Península Ibérica, à qualidade de, por assim dizer, "judeus novos" na Holanda.[29]

Era essa a principal dificuldade enfrentada pelos líderes espirituais da comunidade em Amsterdam: incutir nos recém-chegados, criados no criptojudaísmo, as obrigações concernentes à lei mosaica, com seu amplo arco de prescrições e mandamentos. Mostrar-lhes que o pertencimento ao judaísmo implicava compromissos mais densos do que cumprir jejuns periódicos, acender vela, vestir roupa branca na sexta-feira à noite e seguir determinados ritos funerários.

Havia duas congregações na cidade à época da chegada de Gaspar: a Beth Jacob (Casa de Jacó) e a Neve Shalom (Morada da Paz). Cada uma tinha o seu próprio conselho governativo, ou *mahamad*, formado por sete membros, os *parnasim* (chefes da comunidade ou "senhores do *mahamad*"), escolhidos entre os religiosos e os leigos de maior passe para definir as regras e impor limites de comportamento, bem como lidar com eventuais desvios de conduta. Ambas realizavam os rituais em privado, como determinavam as autoridades locais, e enfrentavam o mesmo desafio de submeter os respectivos fiéis às normas religiosas milenares de seu povo.[30]

Gaspar juntou-se à Beth Jacob, a congregação pioneira, que se situava quase em frente à sua casa, só que na margem oposta do canal Houtgracht. Ganhara tal nome por estar instalada na residência de um de seus fundadores, Jacob Tirado, aliás, Jaime Lopes da Costa. Rico comerciante nascido na cidade do Porto, em Portugal, que por volta dos quarenta anos de idade se mudara para o Brasil, onde foi senhor de um próspero engenho de açúcar na várzea do rio Capibaribe, em Pernambuco. Denunciado ao padre visitador do Santo Ofício na colônia portuguesa de além-mar como "onzeneiro" — agiota que cobrava 11% de juros a quem lhe pedisse dinheiro por empréstimo, acusação de usura recorrente contra os suspeitos de judaísmo —, Tirado retornou à Europa, resguardando-se em Amsterdam, de onde estabeleceu uma conexão comercial Veneza-Lisboa-Recife e agenciou a importação de figos secos produzidos na região lusitana do Algarve.[31]

Além de adquirir com recursos próprios o rolo de Torá empregado na Beth Jacob, Tirado financiou a vinda do rabino da congregação, Joseph Pardo, judeu sefardita versado nos livros sagrados, natural da Salônica e oriundo de Veneza. Ele chegou a Amsterdam na companhia do filho David Pardo, contratado para a função de *hazan*, oficiante assistente encarregado de recitar as orações e leituras da Bíblia hebraica durante o culto. Em 1612, por volta dos setenta anos de idade, Tirado deixou os Países Baixos para realizar uma peregrinação a Jerusalém, onde veio a falecer, passando a ser relembrado para sempre pelos integrantes da comunidade como "o nosso pai".[32]

A outra congregação, Neve Shalom, na mesma rua e a poucos metros da primeira, era mantida também por um mercador portuense abastado, Isaac Franco, aliás, Francisco Mendes Medeiros — que por sua vez se associara a Samuel Palache, natural de Fez, agente de um sultão marroquino que em 1610 acertara contrato de compra e venda de armas e munição para combater o inimigo comum a holandeses e muçulmanos, a Espanha. Do mesmo modo que a Beth Jacob mandara buscar Joseph Pardo em Veneza, a Neve Shalom cuidou de contratar um erudito estrangeiro, o pregador sefardita Judá Vega, natural de Constantinopla. Tanto em um caso quanto em outro, para serem entendidos pelas respectivas comunidades, os sermões desses rabinos "importados" precisavam ser traduzidos para o português.[33]

Pressupõe-se que as duas congregações vizinhas representavam os interesses de dois grandes grupos ligados a poderosas rotas comerciais do Mediterrâneo, centradas em Amsterdam, mas com ramificações distintas. Uma, a Beth Jacob, relacionada às navegações para a Península Itálica e o Brasil. Outra, a Neve Shalom, com negócios marítimos que iam do Magrebe, no Noroeste da África, às chamadas terras do Levante, no Oriente Médio. Apesar da rivalidade entre os financiadores, as congregações por vezes relevavam as diferenças para se lançarem a objetivos comuns. Foi assim em 1614, quando se uniram para comprar o terreno no qual seria instalado o cemitério da comunidade judaico-portuguesa, o Beth Haim (Casa da Vida), em Ouderkerk, nos arredores de Amsterdam — para onde os mortos eram transportados de barco, ao longo de um dos canais do rio Amstel.[34]

No ano seguinte, a Beth Jacob e a Neve Shalom voltariam a somar esforços para a fundação da Santa Companhia de Dotar Órfãs e Donzelas Pobres, que, como o próprio nome deixava evidente, tinha por objetivo amparar as jovens noivas sem pais ou filhas de famílias desprovidas de recursos para bancar o "dote", conjunto de bens transferidos ao marido para prover os encargos matrimoniais. Também constituíram em parceria, à mesma época, a Bikur Holim (Visitar os Doentes), instituição de amparo médico aos enfermos, e a Talmude Torá (Estudo da Lei), escola religiosa de ensino primário para os meninos aprenderem o hebraico e começarem a conhecer as Escrituras.[35]

Tão logo ele passou a frequentar a Beth Jacob, a referência a Gaspar Rodrigues Nunes, como Joseph ben Israel, constou do livro de registros da congregação. Pagara o valor anual de seis florins a título de "finta", o tributo proporcional ao rendimento de cada indivíduo. Para efeitos comparativos, o valor mínimo a ser honrado pelos congregantes mais carentes era de dois florins, enquanto os mais endinheirados contribuíam com até trinta florins. Se não fizera fortuna, também não era um completo miserável. Os números parecem indicar um estilo de vida remediado, em especial se comparado à deplorável situação na qual Gaspar deixara Lisboa.[36]

O filho Manuel Dias Soeiro, aliás, Menasseh ben Israel, ingressou na Talmude Torá — a escola comum às duas congregações — em 1616, aos doze anos. Lá, teria como professor o médico, matemático, poeta, músico e gramático Isaac Uziel — filho do grande rabino de Fez, Judá Uziel —, trazido da cidade argelina de Orã por Samuel Palache, o mecenas da Neve Shalom. Apesar da provável ausência de qualquer educação formal anterior, o garoto surpreenderia o mestre pela inteligência e pela facilidade com que absorvia os ensinamentos recebidos nas aulas e palestras diárias.[37]

Não à toa, o mundo ainda iria ouvir falar muito de Menasseh.

4. "Maldito seja de dia; maldito seja de noite" (1617-22)

Isaac Uziel, o professor de Menasseh na escola de ensino primário Talmude Torá, era descrito pelos contemporâneos como um homem "severo e sombrio". Com voz imponente, capaz de fazer estremecer qualquer audiência, empenhava-se em denunciar as degenerações, pecados e vícios nos quais a comunidade portuguesa em Amsterdam, segundo acusava, viveria imersa. Os que o conheceram chegavam a compará-lo ao profeta Elias, aquele que no Melachim, o bíblico Livro dos Reis, movido por ira sagrada, exortara o povo de Israel a abandonar a idolatria e passara no fio da espada os adeptos de um falso deus cananeu, Baal.[1]

Uziel exasperava-se com o desconhecimento dos imigrantes lusitanos em relação à literatura e aos princípios mais elementares da fé judaica. O mestre erudito não demonstrava complacência ante tamanha falta coletiva de repertório, embora ele próprio fosse originário de uma família ibérica refugiada no Marrocos — e, portanto, tivesse ciência dos infortúnios e causas históricas das ambiguidades religiosas comuns à maioria dos ditos marranos. No papel de "rubi", professor de meninos, procurava formar uma nova geração de judeus instruídos no rigor das leituras sagradas. "Se não há sabedoria, não há temor a Deus; se não há temor a Deus, não há sabedoria", dizia o provérbio da tradição hebraica.[2]

Menasseh e os demais colegas recebiam aulas pela manhã e à tarde, em dois turnos de três horas, durante as quais eram submetidos a lições do Talmude, compilação de exegeses, comentários e ensinamentos rabínicos transmitidos pelos sábios ao longo dos séculos. Mas a primeira providência religiosa e acadêmica de Uziel era educá-los no hebraico clássico, idioma alegadamente escolhido para transmitir ao povo eleito a mensagem de Deus — ou de *D'us*, forma lusófona usada para evitar a profanação do nome da divindade quando escrito em objeto perecível, como o papel, sujeito a ser consumido pelo fogo.[3]

Assim, Isaac Uziel ministrava aos alunos o conteúdo da *Maaneh lashon* ("O dom da fala"), gramática sintética de sua autoria, que circulava de mão em mão entre os pupilos em cópias manuscritas, desenhadas a bico de pena sobre papel e encadernadas na forma de livretos pelos discípulos mais velhos, com transliterações da caligrafia em espanhol. Se o hebraico era a língua litúrgica, o castelhano era considerado o idioma da instrução e da cultura entre os sefarditas de Amsterdam. O português era reservado aos mercadores e ao linguajar das ruas do bairro judeu — em uma época, aliás, na qual o próprio neerlandês, falado pelos naturais da Holanda, ainda se encontrava em fase de normatização.[4]

Além de Menasseh, outro garoto se destacava em meio à turma de iniciantes: o pequeno Isaac Aboab da Fonseca, um ano mais novo que ele, nascido na vila de Castro Daire, Norte de Portugal. Batizado na Igreja católica com o nome de Simão, o colega chegara a Amsterdam aos sete anos, depois de a família cristã-nova refugiar-se da Inquisição na cidade francesa de Saint-Jean-de-Luz, próximo à fronteira espanhola. Embora nenhum dos dois tenha deixado registros sobre a convivência mútua nos bancos da Talmude Torá, as respectivas trajetórias de Menasseh e Aboab permaneceriam entrelaçadas pelo resto da vida deles. É razoável supor que a ferrenha rivalidade que viriam a protagonizar no futuro tivesse origem na disputa juvenil pelas preferências do austero mestre.[5]

Além dos jovens estudantes da Talmude Torá, os demais membros da comunidade portuguesa também eram alvo das exaltações verbais de Uziel. Quando o venerável líder espiritual Judá Vega se aposentou e retornou a Constantinopla em 1610, coube ao instrutor de Menasseh e Aboab a missão de substituí-lo à frente da congregação Neve Shalom, acumulando a partir daí as funções de professor e primeiro rabino. Os sermões do novo pregador constrangiam os presentes, em especial os negociantes mais abastados da colônia lusitana, que se sentiam ofendidos pelas censuras disparadas contra as ambivalências típicas da condição marrana.[6]

Para quem antes padecera toda sorte de intolerâncias por parte da Inquisição, e só então começava a respirar ares de liberdade e se constituir em uma nova e poderosa elite social — emulando inclusive os modos de vestir, morar e viver dos holandeses —, toda aquela ortodoxia só podia ser encarada com evidente desassossego. Além disso, os membros da "Gente da Nação", os provenientes de Portugal, guardavam traços de uma herança cultural ibérica à parte. Como um rabino marroquino, que nem sequer falava português, poderia querer persuadi-los a aceitar uma filiação compulsória a uma identidade judaica de caráter universal?[7]

Em 1617, depois do primeiro ano de instrução sob os cuidados de Uziel, Menasseh comemorou o bar mitsvá (literalmente, "filho do mandamento"), a cerimônia pela qual o rapaz judeu, aos treze anos, ingressa na maioria religiosa, passando a ser considerado um indivíduo responsável por seus atos, com as mesmas obrigações dos adultos perante a fé. A solenidade do rito de passagem foi celebrada pelo rabino Joseph

Pardo, da Beth Jacob, congregação que logo iria se encontrar à beira de um cisma.[8]

Havia uma guerra surda pelo controle do grupo. De um lado, perfilava-se Pardo, que a exemplo de Isaac Uziel também propagava um entendimento inflexível da fé judaica. Do outro, o médico David Farrar, aliás, Francisco Lopes Henriques, médico português formado pela Universidade de Coimbra, membro destacado da comunidade e um dos integrantes leigos do *mahamad*, o conselho administrativo da congregação.[9]

O nível intelectual de Farrar era bem superior ao dos compatriotas exilados em Amsterdam. Ele chegara a debater em latim, em 1610, com o célebre teólogo inglês Hugh Broughton, pregador protestante em Midelburgo, então de passagem por Amsterdam. Na ocasião, Farrar questionara a autenticidade da genealogia de Jesus descrita no Evangelho de Mateus, para tentar desconstruir a afirmação de que o fundador do cristianismo pertencia à linhagem sagrada do rei bíblico Davi. Diante disso, argumentara, Cristo jamais poderia ter sido o verdadeiro Messias, o Salvador prometido pelas Escrituras, ainda aguardado pelos judeus.[10]

Mas os rabinos olhavam com desconfiança para aquele polemista engenhoso, que muitos tinham na conta de um livre-pensador, alguém que no íntimo, desconfiava-se, punha mais crédito na razão que na fé, na lógica que no dogma, na ciência que na tradição. Circunstância embaraçosa, pois, além de médico, Farrar era comerciante, proprietário do açougue que fornecia carne às duas congregações, devendo assim seguir os preceitos da *kashrut*, as regras alimentares judaicas. De acordo com a prescrição do Talmude, a vaca deve ser abatida com uma incisão na garganta, rápida e precisa, feita por uma faca especial, a *chalaf*. Logo depois, o sangue do animal precisa ser extraído por meio de imersões e salgamentos, para só então poder ser consumido por um judeu.[11]

Em 1618, Farrar foi denunciado por contratar um funcionário que desrespeitava tais procedimentos e, assim, recebeu forte advertência de Joseph Pardo. Repeliu a acusação com veemência, acrescentando que caberia ao conjunto do *mahamad*, do qual era parte integrante — e não ao rabino, de forma unipessoal —, julgar e repreender qualquer membro da comunidade por eventual desvio de conduta. Afinal, competia ao conselho de administração regular os assuntos políticos, comerciais, judiciais e até mesmo religiosos, restando ao rabino o papel de funcionário assalariado do próprio *mahamad*.[12]

Ao que tudo indica, os demais leigos do conselho da Beth Jacob, comerciantes como Farrar, parecem ter ficado ao lado dele. Isso explica por que, em vez de insistir na intimidação, Joseph Pardo tenha preferido sair do grupo e fundar uma nova irmandade. Não sem antes retirar os arquivos e alfaias rituais da sala de celebrações. Transferiu-os para outro imóvel, onde passou a funcionar uma terceira congregação em Amsterdam, denominada provisoriamente de Ets Haim (Árvore da vida), localizada, a exemplo das duas primeiras, na rua defronte ao canal Houtgracht.[13]

Para substituir Pardo, os administradores da Beth Jacob convidaram um veneziano recém-chegado à cidade, Saul Levi Mortera, de apenas 22 anos, mas que chamava a atenção de todos pela erudição, tão vasta quanto precoce. Ele nascera em uma família de judeus asquenazes, ou seja, originários da Europa Central e Oriental, em contraposição aos sefarditas, oriundos da Península Ibérica. Segundo consta, teria sido iniciado nas Escrituras pelo sábio Leon de Modena, rabino e poeta, um dos principais nomes do judaísmo em Veneza. Aos dezesseis anos, transferira-se para Paris, na função de secretário particular de Elias Rodrigues Montalto, cristão-novo e médico oficial da corte da rainha regente da França, Maria de Médici. Quando Montalto morreu, reconvertido à Lei de Moisés, Mortera decidiu providenciar o embalsamento do corpo para sepultá-lo no cemitério judaico de Ouderkerk, obedecendo aos ritos hebraicos.[14]

Desse modo, o rapaz chegara a Amsterdam em setembro de 1616.

Após o funeral, sem querer correr o risco de retornar a Paris devido à crescente onda de antissemitismo na França, resolveu permanecer na cidade. Conseguiu integrar-se rápido à comunidade local. Ele, que era fluente em italiano e francês, leitor de hebraico e aramaico, não demoraria a aprender também o espanhol e o português. Em três meses, já estava casado com uma imigrante lusitana, Ester Rodrigues, dezoito anos, órfã de pai e, por coincidência, a primeira sorteada pela Santa Companhia de Dotar Órfãs e Donzelas Pobres, beneficiada com o prêmio de trezentos florins — o equivalente ao preço médio de uma pequena casa na cidade.[15]

Investido na função de rabino da Beth Jacob, o jovem e impulsivo Saul Levi Mortera tentou reaver, a todo custo, os arquivos e alfaias levadas por Pardo para instituir a nova congregação, que acabaria por receber o nome definitivo de Beth Israel (Casa de Israel). De início, apresentou queixa às autoridades civis de Amsterdam, que demoraram a investigar o caso e analisar o processo. Enquanto aguardava os trâmites da justiça comum, Mortera conseguiu convencer os lados em disputa a nomear dois procuradores cada um para que, juntos, constituíssem uma comissão mista destinada a levar a divergência ao juízo da comunidade judaica de Veneza, cuja estrutura organizacional e autoridade filosófica eram tidas como referencial para toda a diáspora.[16]

A comitiva, que viajou na companhia de Mortera, voltaria de lá como testemunha indireta de um traumático episódio, destinado a marcar a comunidade para sempre.

Não era apenas a colônia judaico-portuguesa que estava mergulhada em desavenças. Enquanto a comissão organizada por Mortera partia para Veneza, a Holanda enfrentava uma crise política e institucional que traria consequências drásticas para o país.

Tudo começara com uma discrepância doutrinária entre as duas principais correntes do protestantismo local. Os calvinistas, inspirados no pensamento do teólogo francês João Calvino e na ortodoxia do belga Franciscus Gomarus, acreditavam na predestinação. Defendiam que o destino das almas já estaria determinado. Deus, com Sua suprema soberania e sagrada onisciência, já escolhera aqueles que seriam salvos e os que deveriam ser condenados. Os arminianos, ao contrário, apoiados nas teses do neerlandês Jacob Armínio, confiavam no livre-arbítrio. Todo indivíduo teria a possibilidade de alcançar a salvação eterna pela perseverança na fé, mas também de recusar o chamado de Deus, ao conservar-se na descrença.[17]

O que parecia uma simples questão teológica tomou rumos inesperados quando os ortodoxos conseguiram a adesão decisiva do *stadhouder* — comandante em chefe do Exército e da frota —, o príncipe Maurício de Orange-Nassau. Convenceram-no de que o calvinismo seria uma arma providencial, a mais eficaz para dar combate a quaisquer influências nocivas do catolicismo, a religião dos inimigos espanhóis, também adepta da tese do livre-arbítrio. No polo oposto estava o *raadpensionaris* [grande pensionário em neerlandês, espécie de primeiro-ministro] Johan van Oldenbarnevelt, arminiano e líder político moderado, que costurara a trégua firmada com a Espanha em 1609.[18]

Comandante militar, o príncipe Maurício desejava pôr fim imediato ao cessar-fogo e retomar o confronto aberto com a Espanha. Por trás do interesse, havia a intenção de açambarcar as rotas comerciais para o Oriente e, do mesmo modo, obter o controle sobre as riquezas das possessões coloniais espanholas — o que sob a égide da União Ibérica incluía as terras do Brasil. O desfecho da questão se deu na forma de um golpe de Estado, desferido pela aliança estratégica entre o calvinismo ortodoxo e os partidários da guerra.[19]

Arminianos célebres foram perseguidos e presos. Entre eles, Hugo Grotius, o jurisconsulto que elaborara a minuta do regulamento sugerindo prerrogativas e interdições à presença dos judeus em Amsterdam. Sentenciado à prisão perpétua, Grotius conseguiu fugir de forma rocambolesca do castelo de Loevestein, presídio político localizado na

cidade de Zaltbommel, escondido dentro de uma arca de livros. Exilou-
-se em Paris.[20]

Oldenbarnevelt, julgado por traição à pátria, recebeu a condenação à morte. Foi decapitado em Haia, na praça principal da cidade,
esplanada que abrigava, em um só quadrilátero, o templo calvinista, o
prédio do governo e o palácio do príncipe. Em uma gravura da época,
de autoria do desenhista, gravador e cartógrafo Claes Janszoon Visscher, o réu aparecia sobre o patíbulo de joelhos, aos pés do carrasco que
lhe decepou a cabeça com um golpe de espada.[21]

A execução atraiu uma multidão de curiosos. A imagem de Visscher registrava o regozijo de centenas de homens trajados com o típico
chapelão e a capa holandesa, mas também assinalava a presença de
mulheres e crianças na plateia do suplício. Nas torres, varandas e janelas das edificações no entorno, autoridades e religiosos acompanhavam
a cena, como se instalados em confortáveis camarotes.[22]

A rica, culta e sofisticada Holanda não estava imune a espetáculos
funestos nos quais a intolerância e o sadismo, em certa medida, repe-
tiam a sanha inquisitorial dos autos de fé da Península Ibérica. Ali
também se matava, com pompa e sem piedade, sob as honras da nobreza — e o beneplácito da fé.

Tão logo chegaram a Veneza, os integrantes da comissão mista
organizada em Amsterdam expuseram os motivos da divergência entre
o rabino Joseph Pardo e o médico e comerciante David Farrar. Cada
lado defendeu a própria versão dos fatos. Competiu ao sábio Leon de
Modena analisar o caso, ponderar as motivações de parte a parte e, por
fim, emitir o veredicto.[23]

No documento de arbitragem, Modena preferiu não tomar partido de nenhuma facção em disputa, ordenando que procurassem aco-
modar as diferenças e "com limpeza de coração" resolvessem aquele
"pernicioso incêndio" de forma amigável. Determinou, de tal modo,

que fossem feitos pedidos mútuos de desculpas, entre Pardo, definido como "prudentíssimo, venerando [e] perfeito em sua doutrina", e Farrar, descrito como "bom judeu, temente a Dio e entendido na Lei".[24]

"Todos os sobreditos irmãos depois de terem dado [...] satisfação, por sinal e confirmação de amor e paz, se tocarão as mãos, ficando daí por diante conformes e amigos", sentenciou Modena. Ele não deixou de censurar, porém, a atitude do jovem rabino Saul Levi Mortera, por ter rebaixado o episódio ao âmbito das autoridades leigas de Amsterdam. Exigiu que se declarasse arrependido por promover um "escândalo" externo à comunidade e pedisse perdão a todos — e, em particular, a Deus — pelo ato irrefletido. Quanto aos arquivos e alfaias transferidos de uma sinagoga para outra, estes deveriam ser objeto de partilha consensual. Na eventualidade de alguma das partes desobedecer às cláusulas do acordo, incidiria sobre ela o mais alto grau de punição religiosa do judaísmo, o *chérem* — o equivalente à excomunhão.[25]

Para que não restassem dúvidas sobre a gravidade da pena, Modena deixou claro que, caso adotada, ela deveria ser imposta ao faltoso em termos idênticos aos que seriam aplicados, por aqueles mesmos dias, contra um indivíduo também de origem portuguesa, Gabriel da Costa, aliás, Adam Romez — ou, ainda por outro nome, pelo qual viria a ficar mais conhecido, Uriel da Costa.

A história do desafortunado Uriel seria contada e recontada em prosa e verso séculos afora, na forma de contos, poemas, novelas, biografias romanceadas e textos teatrais. Ele nascera na cidade do Porto, na rua de São Miguel, nos resquícios de uma antiga judiaria, mas em família cristã velha, católica praticante, sem vestígio de sangue judeu. O pai, Bento da Costa Brandão, havia sido um próspero comerciante, exportador de vinho do Porto e importador de açúcar brasileiro, além de administrador de bens eclesiásticos e cavaleiro fidalgo, título de nobreza conferido a homens de posse por sanção de reis, príncipes e infantes. Quando o velho Bento morreu, o filho o sucedeu nos negócios, motivo provavelmente pelo qual deixou de concluir o curso de direito canônico na Universidade de Coimbra, depois de uma série de interrupções na matrícula.[26]

A rede mercantil montada pela família Costa envolvia interesses em múltiplas cidades portuárias da Europa, incluindo Hamburgo, para onde Uriel se transferiu em 1615, depois de abandonar o catolicismo e, por motivos incertos, aproximar-se do judaísmo, submetendo-se à circuncisão. Dois de seus irmãos, Miguel e João, fixaram-se em Amsterdam, estabelecendo uma conexão internacional que tinha, como terceiro eixo, o Porto, onde a irmã, Maria, organizava ao lado do marido os recebimentos e as remessas de mercadorias em Portugal. Havia representações e uma rede de agentes da companhia atuando ainda em Middelburg, Rotterdam e La Rochelle.[27]

Contudo, a conversão de Uriel não se deu sem conflitos pessoais e contestações de ordem doutrinária. Em 1616, ele enviara aos dirigentes da congregação da comunidade lusitana de Hamburgo um documento, escrito em português, no qual refutava alguns pontos sensíveis à fé judaica. No memorando conhecido como *Propostas contra a tradição*, questionara sobretudo o caráter normativo do Talmude. De acordo com sua argumentação, só haveria um texto sagrado, a Torá, a Lei Escrita, reunião dos cinco primeiros livros bíblicos, atribuídos a Moisés. Portanto, para Uriel, o Talmude, a Lei Oral, conjunto da sabedoria rabínica compilado ao longo de milhares de anos, com a intenção de elucidar o conteúdo das Escrituras e alicerçar leis e rituais judaicos, seria uma obra humana e, portanto, falível. "Não se deve dizer que haja Lei de Boca, nem outra que não a Escrita", propusera, na frase que contribuiria para lhe selar a sorte.[28]

No entendimento de Uriel, determinadas práticas tradicionais só dariam pretexto para que os judeus fossem alvo de zombarias para os *goyim* — plural de *goy* —, os que não professavam sua fé. Como exemplo, citava o ritual ortodoxo do *periah*, no qual o rabino suga a ferida proveniente da circuncisão para tirar o sangue do corte. "É desonestidade dizer que a boca que pronuncia cousas divinas deve inundar-se recebendo em si aquela parte vergonhosa."[29]

Uriel rejeitava também o uso obrigatório dos filactérios ou *tefilin*, as duas caixinhas pretas de couro contendo pergaminhos com trechos da Torá, uma para ser utilizada sobre o bíceps, próximo ao coração, com tiras atadas em volta do braço e da mão, outra, na cabeça, alinhada no espaço entre os olhos, com as faixas percorrendo a linha do cabelo e penduradas sobre o peito. De acordo com a tradição, colocadas à hora da prece matinal ou no máximo até o pôr do sol, elas seriam uma forma de estabelecer uma conexão direta com a divindade. "O preceito dos *tefilin* não é da ordem da Lei, mas humano", sustentavam as *Propostas contra a tradição*, avançando contra uma das práticas consideradas essenciais à vida judaica.[30]

No conjunto, as proposições de Uriel acusavam o judaísmo de ter se distanciado de um estado divino de pureza original, anterior às "tradições inventadas" pelos rabinos. Por essa perspectiva, os judeus seguiriam mais a autoridade dos líderes espirituais, seres humanos, portanto imperfeitos, do que a própria palavra de Deus. "Bendizer segundo os mandamentos dos rabinos não foi Deus que ordenou, foram eles próprios que ordenaram essas bendições."[31]

Ao final do memorando, Uriel lançara um desafio aos administradores da congregação de Hamburgo, cobrando-lhes uma tomada de posição: "Todas essas propostas nos levam a esperar uma resposta ao dilema que elas põem: ou bem seus fundamentos serão arruinados ao serem refutados a partir da Torá e do raciocínio, ou bem se deve concordar com eles", escrevera. "Que isso não seja controvérsia, mas louvor do nome de Deus e glorificação de sua santa Torá."[32]

Os rabinos da cidade, surpreendidos por afirmações tão heterodoxas, decidiram recorrer à apreciação de uma instância superior. Traduziram o arrazoado de Uriel para o hebraico e o remeteram a Leon de Modena. Em resposta, o sábio de Veneza escreveu um parecer, *Magen ve-sina* (O escudo e a adarga), no qual, entre outros tantos adjetivos pejorativos, classificava Uriel de "desgarrado", "estúpido", "insensato" e "indigno". Definia-o ainda como "sábio apenas para si mesmo" e "misto de ateu, herege e licencioso".[33]

Modena associou as *Propostas contra as tradições* à "crença maligna" do caraísmo, antiga ramificação do judaísmo que não aceitava a autoridade do Talmude e considerava a Torá como única fonte da revelação divina. Para os caraítas, nenhuma pessoa, por mais sábia que fosse, teria autoridade para arvorar-se como intérprete do texto sagrado.[34]

Na réplica, Modena asseverou que Deus deixara vários pontos da Torá envoltos em alegoria e mistério, exatamente para que houvesse guias espirituais capazes de estabelecer os ritos e prescrever os caminhos éticos e morais a serem satisfeitos pelo povo de Israel. Além do mais, seria uma forma de os sábios rabinos fornecerem interpretações autorizadas das Escrituras, a fim de evitar que, de modo contrário, cada indivíduo pudesse interpretá-las ao bel-prazer.[35]

Leon de Modena recomendara aos líderes da congregação hamburguesa que lançassem uma advertência severa contra o autor daqueles desatinos. Se ele insistisse em sustentar tais proposições, deveria ser excomungado. Dois anos depois, como Uriel não se retratara e voltara a manifestar as mesmas ideias, chegara a hora de ser sentenciado ao *chérem* em Hamburgo. Em simultâneo, em Veneza, Modena cuidou de reger cerimônia similar, in absentia (em ausência) do réu.[36]

"Por sentença dos anjos e por mandado dos santos, excomungamos e esconjuramos, apartamos, destruímos e maldizemos a Uriel da Costa, com consentimento do D[eus] B[endito]", leu o sábio e rabino, ao som do *shofar*, trombeta cerimonial milenar, feita com chifre curvo de animal. "Maldito seja ele de dia, maldito seja ele de noite; maldito seja ao entrar, maldito seja ao sair; maldito seja em seu deitar; maldito seja em seu levantar", prosseguiu, ecoando os versículos do Deuteronômio. "Não quererá *Adonai* ['meu Senhor'] perdoar a ele [...] e cairão sobre ele todas as maldições do livro da Lei, e arremeterá *Adonai* o seu nome debaixo dos céus e apartá-lo-á por mal de todas as tribos de Israel, com todas as maldições do firmamento." Por fim, Modena lançou uma advertência a todos os demais judeus: "Ninguém lhe pode falar [oralmente] ou por escrito, nem dar-lhe nenhum favor, nem debaixo do teto estar com ele, [...] nem ler papel algum feito ou redigido por ele".[37]

Os membros da comissão de Amsterdam ainda estavam presentes na cidade e testemunharam a leitura do texto de excomunhão. Levaram de volta para casa o exemplo da execração reservada a todo aquele que ousava desafiar a autoridade do Talmude. Levi Saul Mortera e seus companheiros de viagem não podiam imaginar que os caminhos da "Gente da Nação" muito em breve voltariam a se cruzar, de forma ainda mais direta, com as insolências do maldito Uriel da Costa.[38]

Menasseh ben Israel aprendia rápido. "Na minha juventude, eu era tão dedicado à retórica e fluente na língua lusitana que, aos quinze anos, os meus discursos já eram muito agradáveis, aplaudidos e bem recebidos", contou ele mais tarde, em um dos muitos livros que viria a escrever, referindo-se às preleções de adolescente nas aulas do professor Isaac Uziel e, como parecia querer fazer crer, aos sermões que já proferia nas reuniões da congregação Beth Jacob.[39]

A modéstia, percebe-se, não era um dos atributos da inquieta personalidade de Menasseh. "Aos dezessete anos, comecei [a compor] uma gramática hebraica chamada *Safah berurá* [A língua clara], que, manuscrita, circulou de mão em mão", também registrou. Altivo, conferiu ao trabalho o mesmo título de uma obra afamada, de autoria de um rabino medieval do século XII, o hispânico Aben-Ezra, filósofo, matemático, astrônomo e teólogo.[40]

Uma cópia da *Safah berurá* de Menasseh, datada do século XVII, passou à posteridade, preservada até hoje na biblioteca da comunidade judaica de Amsterdam. Trata-se de um pequeno volume encadernado, de 9,8 por 14,8 centímetros, com 74 fólios (folhas manuscritas, anotadas em frente e verso), amarelados pelo tempo e divididos em quatro partes: "1. Trata das letras e pontos"; "2. Trata do nome e pronome"; "3. Trata dos verbos e conjugações"; "4. Trata dos advérbios". Ao término da unidade inicial, Menasseh fazia rogos a Deus, ou "Dio", a forma sefardita de grafar a forma lusófona "D'us": "Fim deste primeiro tratado, pedindo a Dio que nos ajudou [que] nos dê vida e saúde, [para] acabar e aperfeiçoar esta obra; Amém".[41]

Escrita em português para facilitar o entendimento dos mais novos e dos adultos que não dominavam outro idioma, a obra seria o primeiro tomo de um trabalho de maior monta, que continuaria a ser redigido nos anos subsequentes. O exemplar em questão, recheado de tabelas de equivalências entre os caracteres quadrangulares do hebraico e os do português, foi copiado pelo aluno Salomon de Oliveira, um dos primeiros pupilos de Menasseh, que aos dezessete anos também passara a exercer o cargo de professor assistente na Talmude Torá.[42]

O colega — e rival — Isaac Aboab da Fonseca não ficaria para trás. Aos catorze anos, treinado pelo rabino Isaac Uziel, tornara-se oficiante litúrgico na congregação Neve Shalom. Logo lhe seria confiada uma turma de alunos, e assumiria igualmente a função de mestre-escola, aos dezoito anos de idade. Por volta dos vinte, elaborou um calendário perpétuo, o mais antigo do gênero que se conhece em língua portuguesa.[43]

Mas, no instante em que uma nova e ilustre geração começava a galgar os primeiros degraus na liderança intelectual e espiritual da colônia de origem portuguesa em Amsterdam, os desdobramentos da instabilidade política holandesa começariam a produzir abalos diretos na vida da comunidade judaica da cidade.

Com o triunfo dos calvinistas sobre os arminianos, sacerdotes mais ortodoxos faziam pressão sobre as autoridades para que as congregações dos judeus fossem proibidas de celebrar ritos, mesmo que a portas fechadas. Até conseguiram impor sua vontade por alguns meses entre o final de 1619 e o início de 1620, mas a reação e a influência da emergente classe mercantil judaica se fizeram mais fortes e as congregações voltaram a funcionar, sempre com a mesma discrição.[44]

Nesse meio-tempo, conforme planejou o príncipe Maurício de Orange, a trégua com a Espanha foi quebrada e, ao final de doze anos de armistício, as duas nações retomaram as agressões recíprocas, no início de 1621. Os espanhóis ainda tentaram coibir o tráfego de navios mercantes holandeses nas rotas do Caribe, de onde provinha o sal, artigo essencial para a conservação dos pescados, e do Brasil, principal colônia produtora de açúcar.[45]

Em resposta, os Estados Gerais — colegiado de representantes das sete Províncias Unidas — autorizaram a fundação da Companhia das Índias Ocidentais (em holandês, West-Indische Compagnie, WIC), empresa de navegação dedicada a apoderar-se, pela força das armas, do monopólio das redes de comércio colonial para as Américas e a África Ocidental.[46]

Pela concessão, ao longo de um prazo de 24 anos, ninguém mais poderia negociar ou navegar nas costas africanas desde o Trópico de Câncer, à altura do Saara Ocidental, até o cabo da Boa Esperança; e no litoral americano entre a chamada Terra Nova, no atual Canadá, e o estreito de Magalhães, a "cauda do dragão", no extremo da América do Sul. Os infratores estavam passíveis de bombardeio, captura e confisco dos eventuais navios encontrados na área delimitada. Com isso, pretendia-se implodir duas das principais fontes de renda da União Ibérica: o açúcar brasileiro e o tráfico de escravos africanos. "Cortar à Espanha o nervo, por assim dizer, de suas rendas anuais, e com o tempo estancar as fontes, donde o sangue e a vida se derramam naquele grande corpo", conforme a metáfora proposta por um de seus próprios fundadores, o geógrafo e etnógrafo Joannes de Laet.[47]

Enquanto viveu, Oldenbarnevelt tentara embargar, a todo custo, a formação daquela corporação, em tudo análoga à Companhia das

Índias Orientais (Vereenigde Oost-Indische Compagnie, VOC), uma das primeiras sociedades anônimas de que se tem notícia na história, criada em Amsterdam cerca de duas décadas antes, com o objetivo de sobrepujar as demais nações europeias na exploração das rotas comerciais de especiarias do Oriente. Oldenbarnevelt sempre entendeu que isso jogaria por terra os tratados de paz costurados com a Espanha.

Com a execução em praça pública do principal opositor da medida e com o consequente reatamento da guerra, ficou aberto o caminho para a organização da poderosa empresa, híbrido de força militar e companhia comercial. Os Estados Gerais estavam encarregados de fornecer-lhe tropas, enquanto a Companhia deveria levantar recursos financeiros próprios, mediante subscrições. Durante três anos, a WIC começou a reunir capital para executar um de seus planos basilares: atacar, ocupar e colonizar o Brasil.[48]

Em meio àquela vertiginosa sucessão de acontecimentos, Menasseh ben Israel experimentava também, ele próprio, uma série de contratempos pessoais. Em abril de 1622, perdeu o mentor Isaac Uziel — falecido em circunstâncias desconhecidas —, fato que deixou vago o cargo de primeiro rabino da Neve Shalom. A confiar no testemunho que Menasseh deixou por escrito, em vez de recrutar algum sábio em Veneza ou em qualquer outro centro sefardita da diáspora, a comunidade decidiu elegê-lo para a função. Tinha então apenas dezoito anos de idade.[49]

O filho de Joseph ben Israel — aliás, Gaspar Rodrigues Nunes, o português que escapara da morte na fogueira e chegara como refugiado a Amsterdam — era alçado a uma posição significativa na hierarquia religiosa da proclamada Jerusalém do Norte. Aos 64 anos, contudo, o pai mal teve tempo de orgulhar-se de ver Menasseh começar a redimir a história e a honra familiar. Com a saúde comprometida desde os tempos das masmorras na Inquisição, Gaspar morreu em outubro daquele mesmo ano de 1622. Como novo sinal de prestígio do filho, foi sepultado ao lado do rabino Uziel, no cemitério de Ouderkerk.[50]

Rachel, a esposa, faleceu poucos dias depois do marido. A família, enlutada, passou a resumir-se a ele, Menasseh; à irmã mais velha, Ester; e ao irmão mais novo, Efraim. Os pais não haviam deixado nada de herança. Os três irmãos seguiriam vivendo de forma humilde, tendo como única fonte de renda o salário de Menasseh ben Israel como rabino da Neve Shalom. O trabalho até podia ser honroso, mas a paga era irrisória: sessenta florins por ano, cinco vezes menos que o valor do dote sorteado em favor da noiva do rabino Saul Levi Mortera.[51]

Além das limitações particulares de ordem material, Menasseh logo teria outros graves motivos de preocupação à frente da liderança espiritual da congregação. No início de 1623, soube-se que o excomungado Uriel da Costa, depois de se tornar um pária junto à comunidade judaica de Hamburgo, estava morando em Amsterdam.[52]

Havia uma máxima holandesa que parecia adequada à melindrosa situação: "Quando o portão está aberto, os porcos vão correr para o milho". Mas talvez Menasseh preferisse definir a circunstância com a sábia advertência do *Mishlê Shelomoh*, o livro sagrado dos provérbios do rei Salomão: "Pela bênção dos justos, uma cidade é elevada; mas, pela boca dos ímpios, será destruída".[53]

5. "Contra a peçonha que vai vomitando" (1623-24)

Uriel da Costa enfrentava o limiar de um novo desastre. Em algum momento entre a partida de Hamburgo e a chegada a Amsterdam, um de seus cadernos de anotações foi sorrateiramente roubado e, àquela altura, encontrava-se em mãos incertas. Os papéis eram incriminatórios e poderiam lhe trazer implicações até mais funestas que a excomunhão. Pois, em vez de demonstrar arrependimento, ensaiar algum recuo e buscar o eventual perdão, ele se dispusera a esquadrinhar as Escrituras em busca de corroborar e fortalecer as opiniões que haviam feito dele um proscrito. Com base em leituras minuciosas do texto sagrado, enchera páginas e mais páginas com argumentos que avançavam em terreno ainda mais perigoso.[1]

Caso o manuscrito surrupiado fosse entregue aos líderes religiosos da comunidade judaica, isso já seria algo em si comprometedor. Mas, por certo, as próprias autoridades civis de Amsterdam também ficariam escandalizadas se pusessem os olhos naquelas folhas redigidas de próprio punho por Uriel. A rigor, o conteúdo do caderno podia ser lido como uma ofensa não só ao judaísmo, mas também como um ultraje à fé cristã. Na medida em que uma das condições para a permanência dos judeus na cidade era a de que jamais blasfemassem contra o cristianismo, uma afronta de tal ordem ameaçaria pôr em risco a segurança de toda a comunidade.[2]

O calhamaço levado pelo ladrão gravitava em torno de um ponto capital, contrariando um dogma comum tanto a judeus quanto a cristãos: a imortalidade da alma humana. Consistia em três grandes blocos de textos numerados em algarismos romanos — XXIII, XXIV e XXV —, como se fossem capítulos de uma obra maior em execução. O primeiro deles tinha como subtítulo "Em que se trata que cousa seja a alma do homem, quem a gera, se é mortal, ou pelo contrário imortal". Ao longo de oito parágrafos, Uriel argumentava que não haveria uma alma peculiar, gerada por graça divina, a diferenciar o ser humano dos animais irracionais.[3]

"É claro como o sol gerar o homem a alma doutro homem por geração natural, da mesma maneira que um elefante gera outro elefante tão prudente; a raposa outra raposa tão sagaz; o cavalo outro cavalo tão forte, obediente e brioso." Uriel muito menos acreditava que o suposto sopro divino já estivesse presente desde o feto, no recôndito do útero materno. "Os que dizem que as almas são entes apartados do corpo, os quais Deus criou por junto, [...] donde os manda meter nos ventres das prenhes, não merecem ser ouvidos." Depois de classificar por antecipação os possíveis raciocínios em contrário de "fracos e caducos", Uriel era peremptório: "Não consta da Lei [as Escrituras] que a alma do homem seja imortal, ou [que] para ela esteja guardada outra vida, pena, ou glória".[4]

No segundo grande bloco de texto — "Em que se põem os fundamentos que costumam trazer por si os que dizem ser a alma do homem imortal, e haver ressurreição dos mortos, com as respostas a eles" —, Uriel buscava desconstruir os argumentos de quem lançava mão de trechos bíblicos como evidência da vida eterna. "Os que apregoam [a] imortalidade da alma e [a] ressurreição dos mortos são como homens que querem subir pela parede lisa sem escada que, não tendo em que se apegar, todas as vezes que estendem a mão, e vão para pôr o pé, escorregam", comparava.[5]

Refutava, por exemplo, a possível alegação de que, tendo os seres humanos sido criados à imagem e semelhança de Deus, conforme está no Gênesis, então a alma do homem deveria ser tão imortal quanto o próprio Criador. "É doidice querer que o homem seja imagem de Deus em tudo", ironizava, "porque Deus é onipotente, nem por isso o homem, sua imagem, é."[6]

Quanto aos demais livros bíblicos que narravam diálogos de vivos com mortos e prognosticavam defuntos levantando das sepulturas no final dos tempos, estes não passariam de escritos "mentirosos e vãos", contrafações adicionadas ao texto sagrado de modo casuístico pelos fariseus, grupo de israelitas que modelou o judaísmo rabínico após a segunda destruição do templo de Jerusalém, no ano 70 d.C. Ou, nas palavras de Uriel, "homens […] que tomaram por ofício ou por loucura trocar palavras, mudar, torcer, interpretar avessadamente as Escrituras para confirmação e firmeza de seus confusos sonhos".[7]

Como exemplo de documento apócrifo, citava o Livro de Samuel, em que o espírito do profeta, evocado por uma feiticeira iniciada nas artes da necromancia, aparece na forma de um ancião enrolado em um manto para Saul, rei de Israel. "Quem emprestou a Samuel aquela capa para se cobrir, quem lhe deu corpo e aquelas barbas brancas que de poucos dias estavam metidas debaixo da terra, se ele quando saiu desse mundo foi nu?", questionava Uriel, contrapondo a isso um versículo do Eclesiastes: "O que és capaz de realizar com tua força, faze-o, pois na tumba para onde te diriges não há feitos nem registros, sabedoria ou conhecimento".[8]

Uriel recusava-se, sobretudo, a aceitar como autêntico o Livro de Daniel, no qual consta textualmente que "muitos dos que repousam sob a terra serão despertados; alguns para uma vida eterna de méritos, e outros para o opróbio eterno". Ele contra-argumentava: "Os fariseus ensinam que no tempo que vier o Messias se levantarão os mortos, cada um para possuir sua herança na terra de Israel, doidice e loucura desatinada, para cuja prova se aproveitaram da falsa Escritura".[9]

No caderno de Uriel, do qual se ignorava o paradeiro, estava dito de modo categórico: não havia vida após a morte. Não existiria céu, inferno ou purgatório. Por idêntico motivo, não haveria a proclamada ressurreição dos mortos quando do Juízo Final, conforme prenunciavam de modo indistinto rabinos, padres e pastores protestantes. O espírito seria finito, morreria junto com a matéria. Viraria pó, debaixo da terra, comido pelos vermes, por ser perecível como a carne e os ossos.

As falsas interpolações às Escrituras, argumentava, seriam uma maneira maliciosa de os líderes espirituais buscarem manter os fiéis sob estrito controle, submetendo-os à obediência pelo temor a Deus. Tudo isso em nome do pressuposto de que, sem a crença no céu e no inferno, na glória eterna e na danação perpétua, na prometida recompensa divina para o bem e na punição demoníaca para o mal, a humanidade tenderia a se entregar aos instintos mais primitivos. Para Uriel, a premissa que sustentava esse tipo de lógica não era só falaciosa, mas também subestimava a capacidade humana de trilhar, por consciência própria, o caminho da retidão e da verdade.[10]

O que Uriel da Costa propunha no terceiro e último bloco de texto — "Em que se põem os erros e males que procedem de se ter a alma do homem por imortal" — era a adoção de uma ética terrena, indiferente a possíveis prêmios celestes ou castigos infernais. "Vivo, pois, contente de conhecer meu fim e saber as condições da lei que Deus me deu para guardar; nem fabrico torres no vento alegrando-me ou enganando-me vãmente com esperanças falsas de sonhados bens, também me não entristeço nem perturbo com o pavor de maiores males", concluía Uriel, citando indiretamente um poeta patrício e contemporâneo, Luís Vaz de Camões, e os versos do soneto "Horas breves de meu contentamento": "As altas torres, que fundei no vento,/ Levou, enfim, o vento que as sustinha;/ Do mal, que me ficou, a culpa é minha,/ Pois sobre cousas vãs fiz fundamento".[11]

A essa altura, contudo, o sentido original do manuscrito já não pertencia mais às intenções do autor. Sem que Uriel soubesse, o responsável pelo roubo dos papéis preparava-se para torná-los públicos, debaixo de grande escarcéu.

A colônia lusitana de Amsterdam estava em festa, com a celebração de duplo casamento. Aos dezenove anos, Menasseh ben Israel recebeu como esposa a jovem Rachel Abravanel, 21 anos, nascida na cidade portuguesa de Guimarães. Por sua vez, o irmão da noiva, Jonah Abravanel, trinta anos, contraiu núpcias no mesmo dia com Ester ben Israel, a irmã de Menasseh, de 21. Embora não haja registros detalhados da cerimônia — a não ser as assinaturas dos dois casais no livro de assentos do comissariado para assuntos matrimoniais da cidade —, é de supor que o enlace em dobro tenha mobilizado as atenções do bairro judeu, Vlooienburg.[12]

Afinal, além de Menasseh estar recém-investido da função de rabino da congregação Neve Shalom, a família Abravanel desfrutava de grande prestígio junto à comunidade. Não só porque a profissão do pai de Rachel e Jonah, o médico Joseph Abravanel, aliás, Luís Gomez de Medeiros, sugeria elevada posição social em um país que ficaria conhecido, naquele século XVII, como um centro de vanguarda da medicina científica moderna. Também não apenas pelo fato de Jonah Abravanel, o cunhado de Menasseh, ser um ativo corretor da Bolsa de Valores de Amsterdam, instituição que movimentava grandes fortunas diárias.[13]

Mas, em especial, pela ascendência familiar dos Abravanel, linhagem respeitada em todo o mundo judaico. O trisavô de Rachel Abravanel, o estadista, financista e filósofo d. Isaac Abravanel, foi um dos maiores exegetas judaicos medievais, além de tesoureiro e conselheiro da Coroa portuguesa na Lisboa do século XV. Um personagem histórico quase mítico, com uma vida marcada por peripécias e lances aventurescos.[14]

"O Senhor havia-me concedido prosperidade, honra e todas as felicidades terrestres", ele deixou registrado, na introdução de um de seus mais famosos tratados, *Comentários ao livro de Josué*. "Construí residências e faustosos balcões; meu lar tornou-se ponto de encontro dos sábios e juízes, difundia-se ali, através de livros e autores, a cultura, a ciência e o temor a Deus."[15]

Porém, devido aos laços de amizade com o duque de Bragança — nobre decapitado sob a acusação de conspirar contra o monarca d. João II —, Isaac Abravanel teve de fugir do reino lusitano em 1483, aos 46 anos, acusado de cumplicidade e de financiar a conjura com ofertas de ouro e prata. Refugiou-se em Toledo, deixando para trás as riquezas, os pergaminhos e incunábulos da colossal biblioteca particular. "Desamparei e abandonei minhas posses, a esposa que o Senhor designara para mim, os filhos com que D'us agraciou-me e tudo o que me pertencia, e só eu escapei."[16]

Do outro lado da fronteira, proferiu conferências e começou a escrever compêndios sobre textos bíblicos, nos quais citava de memória filósofos e autores não judaicos como Sêneca, Cícero, Tomás de Aquino, Santo Agostinho e São Jerônimo. Sua fama de sábio e financista correu rápido. Recebido em audiência pelos reis Fernando de Aragão e Isabel de Castela, fundadores da Espanha, foi contratado para servir como uma espécie de ministro das Finanças, após atuar como arrematador dos impostos para o duque Iñigo López de Mendoza, com jurisdição sobre mais de 90 mil vassalos contribuintes.[17]

Refez a biblioteca e parte do patrimônio perdido, a ponto de poder emprestar ao trono espanhol grandes quantias de dinheiro, usadas para financiar o cerco de Granada contra os mouros. "Conquistei o respeito dos reis e príncipes da terra. [...] D'us favoreceu-me junto a eles. [...] Próximo e engajado em suas obras durante oito anos; riqueza e honrarias adquiri em suas cortes e castelos."[18]

Contudo, mais uma vez Isaac se viu forçado a partir, quando os católicos Fernando e Isabel assinaram, em 1492, o édito de expulsão dos judeus da Espanha. Foram frustradas todas as intercessões pessoais de d. Isaac, junto ao rei e à rainha, para evitar o desterro coletivo. "Eu [...] me empenhei tanto em suplicar, até enrouquecer minha voz. Três vezes falei com o monarca e implorei. [...] Mas, ele, como surda víbora, tapou seus ouvidos. Além disso, a rainha, que estava à sua direita [...] o impediu com poderosa persuasão. [...] Não tive tranquilidade nem repouso. Mas a desgraça chegou."[19]

Em vez de retornar a Portugal, onde d. João II ainda reinava, Abravanel encaixotou a segunda biblioteca e, aos 55 anos, rumou para Nápoles, onde logo estaria a serviço de dois monarcas — sucessivamente, Ferrante I e Afonso II —, sempre na condição de tesoureiro real. Quando Carlos VIII, soberano francês, invadiu os reinos italianos, deixou mais uma vez tudo para trás, incluindo dinheiro e livros. Viveu algum tempo na ilha de Corfu, passou por Monopoli, Gênova, Barletta e, finalmente, fixou-se em Veneza, onde terminaria seus dias, em 1508, aos 71 anos, queixando-se das falhas de visão, da fraqueza nas mãos e das consequentes dificuldades em ler e escrever.[20]

Apesar das atribulações e tantas reviravoltas, Isaac Abravanel construíra uma sólida obra intelectual, impregnada de misticismo e erudição, em que articulava com argúcia os campos da filosofia, da história, da política e da teologia. Contudo, de todos os atributos de tão ilustre antepassado, nenhum seria tão glorificado pelos predecessores quanto o fato, segundo rezava a mitologia familiar, de ele provir em linha direta do tronco dinástico do rei Davi. Nesse caso, de acordo com a esperança calcada nos livros dos profetas, o prometido Messias teria grandes chances de vir ao mundo no seio do clã Abravanel.[21]

Naquele dia em Amsterdam, portanto, com a celebração do casamento simultâneo de dois trinetos de d. Isaac, comemorava-se também a garantia de continuidade da descendência sagrada. "Sejam fecundos, multipliquem-se", ordenava o Gênesis. Quando os dois pares de noivos — Menasseh e Rachel, Jonah e Ester — recitaram as sete bênçãos sobre o cálice de vinho, cumprindo um dos rituais do matrimônio judaico, o *Nissuin*, eles estariam, na verdade, assegurando o destino de todo o povo de Israel. E salvaguardando a própria redenção do mundo.

Um pequeno livro publicado em Amsterdam provocou forte comoção naquele mesmo ano de 1623 — ou, conforme indicado na folha de rosto, "ano da criação do mundo 5383". A datação com base no calendário judaico, assim como o idioma no qual a obra foi lançada, o português, não deixava dúvidas sobre o universo de leitores visados pelo impressor responsável pela publicação, cujo nome era referido de modo aportuguesado junto ao frontispício, logo acima da data de edição: "Impresso em casa de Paulo de Ravesteyn".[22]

O holandês Paulus Aertsz van Ravesteyn, como ele assinava nos documentos oficiais, direcionou as vendas do livro à cada vez mais numerosa, abastada e influente comunidade lusitana do bairro judeu, contingente que a essa altura já somava mais de mil pessoas em uma metrópole multiétnica de cerca de 100 mil habitantes.[23]

A chancela de Ravesteyn representava um selo de qualidade. Ele montara sua oficina por volta de 1610 e, em pouco tempo, dera origem a um dos mais prestigiosos negócios familiares de impressão e comércio livreiro da cidade, então prestes a se tornar o principal centro de edição de toda a Europa. O título em questão, dirigido aos judeus portugueses, acabou por despertar interesse para além dos limites do Vlooienburg, por fatores bem distintos dos que, em geral, costumavam impulsionar as vendas do vigoroso mercado editorial das Províncias Unidas.[24]

Não se tratava, por exemplo, de uma narrativa de viagem ricamente ilustrada, escrita por algum navegante que houvesse percorrido, ao leme de um dos navios da Companhia das Índias Orientais, paisagens exóticas como as Índias, as ilhas Molucas ou a costa ártica da Rússia. Também não era mais um dos inúmeros manuais de conduta recheados de sentenças morais, uma brochura de orientações para os cuidados do lar, um vade--mécum de receitas médicas caseiras, um almanaque de provérbios ou mesmo um breviário de oração e catecismo, modelos de potenciais best--sellers, impressos em papel barato, comprados em qualquer esquina pela metade do preço de uma caneca de cerveja.[25]

Por outro lado, não era uma edição luxuosa, de maravilhar os olhos, disputada pelos holandeses de maiores posses, aptos a desembolsar centenas de florins para exibir, na biblioteca doméstica, o exemplar de um atlas impresso em fino pergaminho ou a edição original de um manual de navegação com cartas náuticas coloridas à mão — duas especialidades da indústria editorial holandesa, joias tornadas possíveis pelo extraordinário desenvolvimento nacional nas artes marítimas e pela reconhecida escola de excelentes cartógrafos, como Willem e Joan Blaeu, pai e filho, idealizadores do *Atlas maior*, o lançamento bibliográfico mais caro de todo aquele século, publicado em nove volumes.[26]

O livro que provocou grande furor em Amsterdam não era uma coisa nem outra. Nem um relato popular, a exemplo do eletrizante *Diário ou descrição memorável da viagem das Índias Orientais de Willem Bontekoe no navio* Nieuw Hoorn, *incluindo muitas coisas notáveis e perigosas que lhe aconteceram por lá*, nem um tesouro gráfico como a Bíblia oficial que seria impressa sob encomenda para o governo pelo próprio Paulus Ravesteyn em 1636, em dois volumes, republicada em sucessivas edições, com mapas coloridos desdobráveis e centenas de ilustrações.[27]

Ao contrário disso, era apenas um livreto de aparência comum, de 178 páginas e escassos recursos visuais, editado no formato in-oitavo — resultante de uma tripla dobra na folha de impressão convencional, gerando assim um pequeno volume, de quinze por dez centímetros. Em geral detalhista e caprichoso ao extremo, Ravenstein foi econômico daquela vez na utilização de frisos, cercaduras e outros artifícios característicos das obras saídas de sua prensa. Para atrair a atenção dos leitores, bastaram o título, *Tratado da imortalidade da alma*, e em particular a longa extensão deste, à moda da época: *Em que também se mostra a ignorância de certo contrariador de nosso tempo que entre outros muitos erros deu neste delírio de ter para si e publicar que a alma do homem acaba juntamente com o corpo.*[28]

Do autor da obra, um certo português chamado Samuel da Silva, sabe-se pouco, além do fato de ter sido médico, nascido no Porto, provavelmente formado em Coimbra e, outra das únicas certezas a seu respeito, ter publicado em 1613, na cidade de Hamburgo, onde morava, uma tradução para o espanhol de um texto original em hebraico do filósofo judeu Moisés Maimônides — *Tratado do Teshuvá* — sobre a importância da contrição para a salvação dos homens.[29]

Quanto ao alvo do ruidoso livro editado pelo impressor Paulus Ravesteyn em Amsterdam, não havia dúvidas. Embora o "certo contrariador de nosso tempo" citado no título não fosse nominado em nenhuma das páginas — "não nomeio por honra do sangue donde procede, ainda que ele o não mereça", justificava o autor —, as circunstâncias deixavam evidente contra quem o libelo se insurgia: o excomungado Uriel da Costa.[30]

Na obra, Samuel da Silva assumia-se, espontaneamente, como o culpado pelo roubo dos manuscritos do judeu herético. "Tendo notícia que o contrariador que nos obriga a escrever tratava de imprimir um livro, e desejando muito vê-lo, alcançamos um só caderno, que testemunhamos fielmente ser escrito de sua própria mão", admitiu, sem contudo detalhar as circunstâncias do episódio, que permaneceriam para sempre nebulosas.[31]

Não se sabe, por exemplo, de quais artifícios Samuel terá lançado mão para se apoderar dos papéis, embora ele próprio sugerisse, na introdução do trabalho, que tenha chegado a desfrutar de certa intimidade com Uriel, o que pode lhe ter oferecido a oportunidade de cometer o furto. "Não faltaram amigos e zelosos do seu bem que lhe pediram e o admoestaram uma e muitas vezes", escreveu Samuel, "para ver se tornava em contrição e emenda de seus erros." Porém, "em lugar disso, vi eu, e viram outras pessoas dos nossos", Uriel insistir em "tantos escândalos e insolências".[32]

"Por algum tempo, ele frequentou nossas congregações, fingindo estar pelas santas ordens e estatutos delas", deplorou Samuel, para acrescentar que logo aquela "ovelha desgarrada e perdida" teria dado "mostras do veneno que trazia". Por isso, o autor do *Tratado da imortalidade da alma* comparava Uriel a uma espécie de "empestado", metáfora expressiva em uma época na qual a sombra recorrente da peste negra rondava o continente. De tal modo, para evitar que a "alma leprosa" viesse a contaminar os demais membros da comunidade, o autor recomendava a aplicação de remédios severos "contra a peçonha que [ele] vai vomitando".[33]

O principal antídoto, argumentava Samuel, seria dar combate direto à "bestial e injuriosa opinião" de que "a alma do homem é mortal e corruptível, e que acaba juntamente com o corpo, assim como as almas dos cavalos e dos mulos, em que não há entendimento".[34] Por isso escrevera aquele livro, uma violenta contestação aos escritos contidos no caderno que roubara a Uriel. Textos, aliás, que o livro não se poupava de reproduzir na íntegra — em caracteres em itálico, na edição impressa por Ravesteyn —, para refutá-los ao longo de 31 capítulos, por intermédio de uma retórica explosiva, sem contemporizações ou meios-tons.

"Oh, desengane-se já o miserável e infeliz bicho da terra tão ignorante que por pura soberba nega a vantagem com que Deus o apartou das bestas", recriminava Samuel. "Ainda que as cousas deste falso comentador mereçam ira e indignação pela liberdade e desacato com que fala, por outra parte se lhe pode ter lástima e compaixão, pela ignorância e cegueira."[35]

A ética terrena proposta por Uriel era contestada por Samuel, em nome da necessidade da fé como fonte do verdadeiro saber: "Quem nega a imortalidade da alma está muito perto de negar o mesmo Deus, porque quem nada teme nem espera doutra vida não tem temor de Deus, e onde este falta não há conhecimento de Deus, porque o temor de Deus é a porta da sabedoria".[36]

Uma das principais acusações que lançava contra Uriel — "um falto de letras",[37] "um idiota que sem saber o alfabeto da filosofia se atreve a definir almas, sendo sua ignorância tanta e tão crassa"[38] — era a de que não leria em hebraico e, sendo assim, não teria autoridade para escrever nenhuma linha ou emitir qualquer opinião sobre o verdadeiro conteúdo das Escrituras. "Aqui se vê bem quantos erros nascem de não saber a língua santa para seguir a verdade", "não saber buscar a fonte limpa", resumir-se a "[ficar] enganado com a errada versão latina". "Os que tratam disso sem lume da língua santa é força que andem às escuras, apalpando como cegos e quebrando a cada passo os focinhos."[39]

Samuel citava trechos bíblicos para legitimar a tese da imortalidade da alma. Ao se dizer que Deus criara o homem à Sua imagem e semelhança, por exemplo, isso não conteria nenhuma alusão ao corpo físico, já que o próprio Altíssimo não teria corporalidade. Portanto, a similaridade entre Criador e criatura dizia respeito tão somente ao espírito — "e por conseguinte a alma do homem é semelhante a Deus", isto é, imortal. "Não se pode imaginar que está em seu juízo perfeito" qualquer comentador contrário a tal pressuposto, fundamentado apenas em "razões de vento".[40]

A propósito da resistência de Uriel a aceitar determinados trechos sagrados como autênticos, Samuel da Silva afirmava que "bem enlouquecido e frenético está quem já nega [...] os livros santos aprovados e recebidos por toda a antiga e sábia congregação de Israel e pelos sábios das gentes".[41] Quanto a conversas com mortos e outros prodígios narrados na Bíblia, estas seriam maravilhas produzidas pela capacidade ilimitada de Deus. "Não é Ele infinito no poder para as criar como e quando quiser?", indagava Samuel, retoricamente.[42]

O autor do livreto não poderia deixar de lembrar a Uriel de que, por muito menos, ele já fora excomungado em Hamburgo e Veneza: "Padeces o desterro, a soledade, a injúria, o ódio e a desventura em que andas assombrado de fantasmas que te inquietam de dia e de noite, e que, enfim, te farão perder o juízo". Recomendava, portanto, que ele revisse tais ideias, sob pena de ser amaldiçoado não apenas pelos homens e pelo resto da vida, mas também pelos céus e por toda a eternidade.[43]

"Aparecerá tua alma em juízo de Deus para receber seu merecido [castigo], e assim te acharás com dois infernos", pressagiava Samuel. "Mas eu desejo tirar-te deles, te admoesto que te arrependas, te tires de teu mau caminho, peças perdão a teu Criador do muito que te rebelaste, [e] a Suas criaturas do muito que [as] ofendeste e escandalizaste."[44]

Uriel, entretanto, não iria lhe seguir os conselhos.

As revelações de Samuel da Silva levaram os administradores das três congregações da nação judaico-portuguesa na cidade — Beth Jacob, Neve Shalom e Beth Israel — a suspenderem temporariamente as divergências para intimar o autor do famigerado manuscrito que negava a imortalidade da alma. Ele deveria comparecer diante dos deputados do *mahamadot*, a junta diretiva de representantes da comunidade. Os jovens rabinos Menasseh ben Israel e Saul Levi Mortera juntaram-se aos anciãos das irmandades para inquirir e aconselhar Uriel da Costa, que desde a chegada a Amsterdam passara a usar o codinome Uriel Abadat.[45]

Durante as confabulações e interrogatórios, todas as tentativas de persuadi-lo a abandonar as ideias consideradas sacrílegas resultaram em vão. Assim, ficou assentado no livro de registro comum às três irmandades uma proclamação pública, para o devido conhecimento de todos:

> Os senhores deputados fazem saber a vossas mercês, como tendo notícia que era vindo a esta cidade um homem que se pôs por nome Uriel Aba-

dat e que trazia muitas opiniões erradas, falsas e heréticas contra nossa santíssima Lei — pelas quais já em Hamburgo e Veneza foi declarado por herege e excomungado —, e desejando reduzi-lo à verdade, fizeram todas as diligências necessárias, por vezes, com toda a suavidade e brandura, por meio dos *hahamim* [plural de *haham*, sábio] e velhos de nossa nação, a que os ditos senhores deputados se acharam presentes.[46]

O documento prosseguia, na mesma inflexão: "E vendo que por pura pertinácia e arrogância persiste em sua maldade e falsas opiniões, ordenam [...] apartá-lo como homem já *enhermado* [amaldiçoado] e maldito da lei de Dio". Isso posto, o *mahamadot* sentenciara: "Que não lhe fale pessoa alguma de nenhuma qualidade, nem homem, nem mulher, nem parente, nem estranho [...] nem o comuniquem, com pena de ser compreendido no mesmo *chérem* e de ser apartado de nossa comunicação". Era uma ratificação das excomunhões anteriores em Hamburgo e Veneza, a partir daquele instante extensivas também a Amsterdam.[47]

Depois disso, durante quase um ano, afastado de todo e qualquer contato social com a comunidade, sofrendo as consequências morais, psicológicas e financeiras do banimento, Uriel acalentou o desejo de defesa e projetou uma revanche. Refugiou-se nos seus cadernos, vasculhou alfarrábios, dedicou-se a leituras, continuou a escrever compulsivamente, por meses a fio. Não se teve mais notícias dele até certo dia, no início de maio de 1624, no qual o impressor Paulus Aertsz van Ravesteyn tirou da prensa e pôs à venda mais um título composto em sua tipografia.[48]

O novo livro, ainda recendendo a tinta, reproduzia as mesmas dimensões, formato e aparência do *Tratado da imortalidade da alma*, de Samuel da Silva. O tipo de letra, a qualidade do papel, as margens das páginas, a diagramação, tudo era semelhante em um e outro, até mesmo o ornamento alegórico presente à folha de rosto, um brasão envolto em folhagens, com duas figuras humanas ladeando uma águia de asas abertas. Na tradicional referência ao lugar e data de impressão, lia-se: "Amsterdam, em casa de Paulo Ravesteyn, ano da criação do mundo 5384". No alto da página, o título não poderia ser mais explícito: *Exame das tradições farisaicas conferidas com a Lei escrita, por Uriel jurista hebreu, com resposta a um Samuel da Silva, que faz ofício de médico, seu falso caluniador.*[49]

Na introdução, "Ao leitor", em que explicava as motivações da obra, Uriel fazia um paralelo de sua situação com a história do bíblico Calebe, um dos emissários de Moisés a Canaã, quase apedrejado pelos israelitas por proferir palavras que contradiziam a voz corrente. "Comecei eu a abrir a boca e [a] querer falar pela verdade da Lei, [mas] estavam os corações inabilitados para suportar", comparava o autor. "Continuei a querer falar [...] e com força quis mostrar a verdade do que dizia; [mas] ensinou-me o tempo que tudo o que nisto gastasse seria perdido, e não era conveniente perseverar em querer dar bom conselho a quem não queria ouvir."[50]

O tom inicial era de lamento, mas também de repulsa. "Saiu nesse meio-tempo um médico com um tratado cheio de calúnia, que intitulou *Da imortalidade da alma*; e assim, para ele não ficar de todo sem alguma resposta ao muito que merece [...] e desviar a falsa voz de homens maus [...], me pareceu necessário fazer [este] breve compêndio."[51]

O livro, destinado a produzir ainda maior escândalo junto à comunidade portuguesa em Amsterdam, dividia-se em duas partes. Na primeira, Uriel retomava as teses que haviam lhe rendido a excomunhão em Hamburgo e Veneza. Nela, reiterava a rejeição ao Talmude e voltava a questionar as interpretações e o poder dos rabinos. Na segunda parte, escrita em tom ainda mais exaltado, cuidava de rebater as acusações de Samuel da Silva, a quem classificava como "velhaco", "espírito mofino", "mentiroso filósofo", "toupeira cega" e "bicho peçonhento".

"Tratarei de curar com palavras as feridas injuriosas de tua má língua", propunha-se, dirigindo-se diretamente a Samuel. Em síntese, repetia as mesmas ideias já expostas no caderno roubado, acrescentando alguns argumentos, aprofundando outros. Mas, ultrajado pelas palavras do opositor, escrevera com redobrada audácia. "Que sinais achaste para poder chamar a minha alma de leprosa?", indagava, para então fazer referência à enfermidade física da qual Samuel supostamente padecia: "A lepra com que Deus feriu teu corpo e a comichão imunda, fedorenta e sarnosa que te andas comendo e desfazendo pelas ruas, consumido e sem figura, mostra bem e dá a entender ao mundo a imundície e fealdade de teu mau coração".[52]

Uriel repelia, do mesmo modo, as acusações de que seria um homem ignorante, falho de conhecimentos. Estudara a ciência do direito em Coimbra, conhecia bem o latim, estava acostumado à leitura de tratados filosóficos e teológicos. "Até onde se há de se estender a malícia e o desenvergonhado atrevimento de um desventurado, desonra da medicina, pesado e torpe de entendimento, que, sem ter como, se atreve a querer dar coices e a falar em letras?"[53]

Uriel não só se assumia como um dissidente, como fazia aberto elogio aos saduceus históricos, judeus que, assim como os caraítas, haviam rejeitado a tradição talmúdica e, na Antiguidade, tinham sido os principais oponentes dos fariseus. Daí, inclusive, o título da obra — *Exame das tradições farisaicas*. "Não me apartei de Israel, aparto-me dos bastardos de Israel", fulminava.[54]

O livro foi denunciado às autoridades civis da cidade, e Uriel acabou sendo levado preso e posto a ferros, sob acusação de blasfêmia. Dois de seus irmãos, João e Miguel, conseguiram libertá-lo ao final de poucos dias, pagando a elevada fiança de 1200 florins — vinte vezes mais, por exemplo, do que o salário anual do rabino Menasseh. "Uriel da Costa, aliás, Adam Romez, foi posto em liberdade pelo tribunal da cidade sob a condição e a promessa de comparecer em pessoa [...] todos os dias em que for chamado pelos senhores oficiais", constou no ato de soltura.[55]

Não se atiravam hereges à fogueira em Amsterdam. Mas o livro de Uriel, após todos os exemplares terem sido confiscados da oficina de Ravesteyn, foi queimado em praça pública, em enorme pira, debaixo de clamor popular. "Ó gente cega e miserável, não te queixes dos tiranos do mundo nem te queixes dos inquisidores; queixa-te de ti mesma", dizia um dos trechos da obra incinerada.[56]

6. "O rei tecerá maus fios" (1623-24)

O vozerio de marujos e o fluxo ininterrupto de fardos, caixotes e tonéis içados a bordo eram típicos ao cotidiano de qualquer cidade portuária dos Países Baixos. A partida de uma frota envolvia uma série de preparativos meticulosos, mas não menos frenéticos. Antes de se lançar à jornada oceânica, era preciso selecionar e recrutar toda uma multidão: pilotos, mestres, marinheiros, soldados, grumetes, pajens, despenseiros, escrivães, carpinteiros, calafates, tanoeiros, cirurgiões, capelães, corneteiros, cozinheiros e uma infinidade de outros profissionais especializados, indispensáveis às navegações de longo curso.[1]

Eram muitas sedes e fomes. Os porões deviam estar abastecidos de água e comida para dar de comer e beber a toda aquela gente. Centenas de pipas de água e vinho, arrobas de carne defumada e peixe salgado, farnéis de toucinho, farinha, manteiga, azeite, pão, biscoitos, arroz, queijos e condimentos, em quantidades suficientes a quantos fossem os meses previstos para o curso da viagem.[2]

Não era tudo. Fazia-se necessário aprovisionar os navios de material sobressalente para os reparos e substituições em alto-mar, provocados tanto pelo desgaste natural das peças expostas à maresia e à água salgada quanto pelo efeito das inevitáveis tempestades e dos frequentes ataques de piratas e corsários. Armazenavam-se, como estoque de reserva, velames, madeiras, cordas, lonas, cartuchos, pólvora, chumbo, archotes, cavilhas, pregos e lanternas, além de estopa e piche para a calafetagem contínua dos cascos.[3]

Havia mais. Levavam-se cargas extras, a depender da missão. No caso de navios mercantes enviados para negociar madeira com nativos de além-mar, enchiam-se arcas e baús de quinquilharias: facas, espelhos, tesouras, machados, roupas, tecidos, sinetas, colares e braceletes de metal barato. Na hipótese de assalto a territórios de algum provável inimigo, as belonaves conduziam, além dos arcabuzes, lanças e mosquetes, carregamentos de pás, enxadas, picaretas, escadas e demais apetrechos úteis à abertura de trincheiras e à construção de pequenas fortificações.[4]

Nem assim o trabalho prévio havia terminado. Uma vez tudo embarcado, conferia-se o estado dos lemes, mastros, quilhas, âncoras, cordames, lastros, calhas e bombas de sucção de água. Fiscalizavam-se, por fim, os níveis dos paióis de alimento e munição. Enquanto isso, nas tabernas em torno do cais, bandos de marítimos de todas as procedências, atraídos pelo chamamento geral, entornavam barris de vinho e cerveja, à espera do sinal da trombeta e do rufar dos tambores para subir ao convés.[5]

Embora nada daquela agitação fosse novidade, ficou evidente que algo de muito singular estava a ocorrer, ao longo de todo o segundo semestre de 1623, em três portos distintos das Províncias Unidas: Texel, situado em uma das ilhas da Frísia; Mosa, na embocadura do rio homônimo no mar do Norte, e Goerée, em um dos deltas fluviais ao sul de Rotterdam. Seria impossível dissimular o aprovisionamento simultâneo de 26 embarcações — uma dúzia delas pertencentes à própria força da Companhia das Índias Ocidentais, as demais fretadas a terceiros. Pelo número de bocas de fogo subidas a bordo, era fácil antecipar a natureza da expedição.[6]

Aqueles navios estavam de partida para a guerra. Contavam ao todo cerca de quinhentas peças de artilharia pesada, incluindo canhões de ferro, cobre e bronze, todos pintados de vermelho, e versáteis colubrinas — espécie de canhonetas longas e finas, de menor potência de tiro, mas de maior alcance, para linhas de combate a média e longa distância. Por todas as sete Províncias Unidas, mercenários de várias nacionalidades haviam sido recrutados em massa: franceses, dinamarqueses, suecos, italianos, alemães, escoceses, ingleses. Ao final, a tripulação ficaria composta por 1600 marinheiros e artilheiros, reforçada por mais 1700 soldados de infantaria armados e treinados, encarregados de formar as tropas de desembarque.[7]

O alvo do ataque daqueles 3300 homens despachados ao oceano, contudo, ainda era um mistério. Nem mesmo os capitães dos respectivos navios conheciam o destino final da viagem. O almirante encarregado do comando-geral da esquadra, o corsário Jacob Willekens, sessenta anos, levava no camarote da nau capitânia uma carta lacrada, a ser aberta somente em alto-mar. No papel estavam as instruções detalhadas a respeito do alvo da armada.[8]

O experiente Willekens, nascido em Amsterdam, aposentara-se havia algum tempo das aventuras e peripécias nos sete mares. Ganhava então a vida como próspero e pacato comerciante de arenque. Apesar da barba branca e dos cabelos grisalhos, aceitou de pronto a incumbência de liderar a nova façanha, que lhe prometia avultados lucros. A Companhia das Índias Ocidentais concedeu ao veterano a prerrogativa, extensiva a todos os demais comandados, de apossar-se do butim tomado ao inimigo.[9]

O auxiliar imediato de Willekens, Piet Heyn, 46 anos, cavanhaque, barba e bigodes ruivos, investido do posto de vice-almirante, também tinha sido atraído pela promessa de fortuna. Nascido na cidade de Delfshaven — hoje convertida em um bairro de Rotterdam —, filho de um capitão de navio, marinheiro desde a adolescência, caíra prisioneiro de guerra e passara quatro anos da juventude como remador e ajudante de cozinha em uma galera espanhola. Libertado em uma negociação de troca de presos, navegou para a Ásia como corsário. Voltou de lá como comandante da própria embarcação e, em 1621, já homem rico de tanto amealhar despojos de guerra, tornou-se diretor da Companhia das Índias Ocidentais. Integrar a nova e misteriosa expedição, a bordo do *Neptunus*, fortaleza flutuante com capacidade para 460 toneladas e equipada com 28 canhões, acenava-lhe com a possibilidade de multiplicar os volumosos cabedais.[10]

Para confundir possíveis espiões, os navios componentes da frota lançaram-se ao mar em datas diferentes — como se fossem autônomos e não estivessem ligados a um único objetivo. Partiram entre a última semana de dezembro de 1623 e os primeiros dias de janeiro de 1624. Pelo combinado, um por vez, os barcos deveriam ganhar o mar do Norte, alcançar o Atlântico pelo canal da Mancha, rumar depois para o sul, margear as ilhas Canárias e, após esperar uns pelos outros, encontrarem-se todos dali a cerca de um mês, à altura do paralelo 17, nas imediações da então despovoada ilha de São Vicente, no arquipélago de Cabo Verde, próximo à costa noroeste da África.[11]

Porém, a navegação à vela era sujeita a fatores alheios à vontade de pilotos e contramestres. Dependia, por exemplo, da presença de ventos favoráveis, da ocorrência de calmarias, dos caprichos das correntes marítimas, dos casuais redemoinhos e das imprevisíveis variações atmosféricas. À partida, a maioria da frota navegou em mar propício até as imediações de Plymouth, no Sudoeste da Inglaterra, quando então sofreu as arremetidas de feroz tempestade, que acabou por dispersar ainda mais as naus, alterando-lhes a rota.[12]

Quando borrascas chegavam assim de repente, sem dar chances a marinheiros e grumetes de manejar cabos e arriar velas a tempo, podia-se perder o controle completo de uma embarcação. Os mares estavam cheios de histórias de naufrágios, galeras à deriva, navios perdidos e barcos fantasmas. No mais famoso de todos, contava-se a maldição do *Holandês Voador*, o sinistro veleiro neerlandês que vagaria eternamente pelos oceanos a esmo, sempre a povoar os pesadelos dos marítimos, imagem onírica interpretada como símbolo de mau agouro, aviso de desditas, prenúncio de desastres.

Superado o temporal no canal da Mancha, a frota do almirante Willekens bordejou as ilhas vulcânicas de Cabo Verde ainda por quinze dias, devido aos ventos contrários, para só então reunir-se praticamente completa, em 28 de janeiro, no ponto de encontro combinado. Apenas um navio não apareceu ao largo da ilha de São Vicente: o *Holandia*. Justamente aquele no qual viajava o coronel Johan van Dorth, cinquenta anos, oficial de família nobre e administrador da cidade de Lochem, nomeado para liderar as tropas de desembarque e assumir o cargo de governador do território a ser conquistado.[13]

Durante dois meses, o almirante Jacob Willekens e o imediato Piet Heyn alimentaram a esperança de que o retardatário Johan van Dorth se juntasse a eles — mas as correntes o haviam jogado em direção à costa africana, à altura de Serra Leoa, e seu barco só reapareceria quando a missão estivesse concluída. Enquanto aguardavam, baixaram velas, lançaram âncoras e desceram à terra. Embora deserta e um tanto quanto árida, a ilha rochosa forneceu condições para o reabastecimento mínimo da frota.

Encheram tonéis de água já vazios, colheram laranjas e limões — fontes de vitamina C, o principal preventivo contra o escorbuto —, pescaram peixes frescos e abateram cabras selvagens para renovar os estoques de carne a bordo. Mesmo na ausência do coronel Van Dorth, as tropas submeteram-se a operações diárias de treinamento nas praias ensolaradas da ilha. As sete chalupas — embarcações de pequeno porte, a remo ou à vela —, que se prestariam à comunicação entre os navios e vinham desmontadas, foram armadas e postas na água.[14]

Em 26 de março, enfim, depois de perscrutar o horizonte com a luneta e continuar sem notícias do barco extraviado, Willekens desistiu da espera. Deu ordem de levantar âncora e içar velas. Os 25 navios remanescentes, acompanhados das chalupas, prosseguiram juntos e em linha reta até o segundo ponto de encontro, acertado para os seis graus de latitude sul, no meio da imensidão azul do Atlântico. Cruzar o equador era sempre um desafio para as tripulações europeias, particularmente aquelas provindas de terras de invernos frios e verões frescos, a exemplo das Províncias Unidas. O calor forte e o racionamento de água potável costumavam provocar desidratações severas, que por vezes resultavam em grande número de mortes.[15]

Debaixo de um sol tórrido, em 21 de abril de 1624, tendo chegado às coordenadas indicadas, sempre navegando com o auxílio de instrumentos como a bússola e o astrolábio — este último, utilizado para determinar a latitude a partir do ângulo de inclinação solar ao meio-dia —, Willekens mandou chamar o escrivão e reuniu o conselho de bordo no convés da nau capitânia. Toda esquadra possuía o seu respectivo conselho, formado por representantes de cada navio, nomeados para votar na hipótese de decisões compartilhadas ou tomar conhecimento de resoluções superiores. No caso, estavam sendo convocados para assistir à abertura da carta secreta com as instruções emitidas pela Companhia das Índias Ocidentais.[16]

Rompido o lacre, desdobrado o papel e lido o conteúdo, todos foram cientificados da finalidade da missão pela qual estavam responsáveis. As ordens eram para descer ainda mais ao sul, até os catorze graus negativos de latitude, investir depois a oeste, a plena vela, e atacar a baía de Todos os Santos. Tomar, à bala de canhão, a "cidade do São Salvador", então capital colonial do Brasil.[17]

Exatamente um ano antes disso, em abril de 1623, lera-se um documento ao príncipe Maurício de Orange-Nassau, em reunião reservada, ocorrida em Haia. Intitulava-se "Motivos por que a Companhia das Índias Ocidentais deve tentar tirar ao rei da Espanha a terra do Brasil, e isto quanto antes". Dividido em 21 alíneas numeradas em algarismos romanos, o relatório afirmava um pressuposto geral em relação à rivalidade das nações que compunham a União Ibérica: "Os portugueses que oferecerão maior resistência ou defesas são, na sua maior parte, da religião judaica e, além disto, inimigos natos e jurados da nação espanhola, razão por que se submeterão de boa vontade a vossa excelência, ou facilmente serão levados a isto".[18]

Detalhava-se: "Para conseguir tal coisa é absolutamente necessário que a Companhia se mostre muito amigável e cortês para com a mesma nação [judaica], deixando a cada um liberdade de religião, fazendo aí boas leis e bom policiamento, administrando a cada um direito e justiça". Redigida por Jan Andries Moerbeeck, comerciante estabelecido em Amsterdam, a exposição de motivos era, na verdade, um detalhado plano para a conquista do Brasil.[19]

"[O] país é dominado e habitado por duas nações ou povos, isto é, brasileiros e portugueses, que no momento são totalmente inexperientes em assuntos militares e, além disto, não têm a prática nem a coragem de defendê-lo contra o poderio da Companhia das Índias Ocidentais", sugeria Moerbeeck, "principalmente quando forem agredidos ou assaltados com coragem varonil, magnanimidade neerlandesa, bom procedimento e prudência."[20]

O argumento básico de Moerbeeck era o de que, embora o tamanho do Brasil fosse análogo ao de um continente, "maior do que toda a Alemanha, França, Inglaterra, Espanha, Escócia, Irlanda e os dezessete Países Baixos juntos", os colonizadores portugueses haviam se restringido a povoar algumas franjas do litoral. Como só existiam dois lugares verdadeiramente guarnecidos por fortificações de pedra, Bahia e Pernambuco, bastava atacá-las com a intensidade necessária para que a Companhia viesse a se tornar "senhora do país inteiro", por obra e graça de "oficiais corajosos, bons soldados, mestres ou engenheiros experimentados e adequados instrumentos de guerra".[21]

Sendo Salvador e Recife cidades marítimas, o plano previa sitiá-las e canhoneá-las a partir de navios, para quebrar resistências prévias e evitar os desgastes de longos deslocamentos de homens e armas, próprios à guerra terrestre. Os investimentos materiais para equipar as esquadras de combate seriam rapidamente recompensados, calculava Moerbeeck. O assalto resultaria na apreensão de "moeda corrente, joias, prata e ouro", fruto do saque imediato das casas dos moradores e dos prédios públicos locais. Além disso, as autoridades, o clero e os negociantes particulares do Brasil dispunham de grandes capitais, na forma de terras, rendas e mercadorias, que podiam ser "atacadas, confiscadas e conquistadas".[22]

Não faltariam mercenários a dar braços à empreitada. "Os soldados e marinheiros obterão também muita presa, tanto em moeda corrente como em joias, pratarias, vestidos preciosos, linho e outras coisas", detalhava Moerbeeck. "Se a Companhia das Índias Ocidentais permitir, de boa vontade, essas pilhagens, obterá tão grande reputação que, em todos os tempos, poderá dispor de tanto pessoal quanto precisar."[23]

O mais importante, porém, deveria vir a médio prazo. A produção anual das plantações de cana-de-açúcar, tabaco e gengibre, cujos produtos possuíam alta cotação no mercado europeu, aliada à cobrança de impostos aos proprietários instalados em terras brasileiras, garantiria um fluxo permanente de receita para a Companhia. "Tal imposto [...] será pago sem grandes oposições, visto que aquelas pessoas, bem como todos os residentes portugueses, serão, em troca, libertadas da tirania e da Inquisição", previa Moerbeeck.[24]

Pelas estimativas expostas no plano, poderiam ser transportadas anualmente para as Províncias Unidas cerca de 60 mil caixas de açúcar brasileiro, o que significava um lucro equivalente a 53 toneladas de ouro. A venda de mercadorias europeias manufaturadas para o Brasil, mesmo se comercializadas por preço 30% inferior aos praticados pelos mercadores portugueses, asseguraria um lucro adicional de outras dez toneladas de ouro por ano. As cargas de pau-brasil, sozinhas, representariam, livres de despesas, o valor de mais uma tonelada de ouro a cada temporada. O tabaco, o gengibre, os xaropes e os doces provenientes de Salvador e Recife, colocados nos mercados europeus, renderiam outras três ou quatro toneladas de ouro. Idênticas quantias seriam obtidas, individualmente, com a cobrança de impostos, o recebimento dos dízimos pelo clero e o confisco de terras e rendas.[25]

"Tudo isso junto importa em cerca de 77 toneladas de ouro, que a Companhia das Índias Ocidentais poderá tirar anualmente destas terras", avaliava a exposição de motivos de Moerbeeck. "Além disso, assim se poderá aperfeiçoar o comércio com Cabo Verde, Guiné e Angola, porque, então, os navios que geralmente vêm vazios da África poderão vir pelo Brasil, [...] carregados de açúcar." Do mesmo modo, embarcações mercantis das Províncias Unidas fariam a função de barcos negreiros. "Poderemos, igualmente, negociar escravos, os quais são muito necessários no Brasil, para produzir açúcar e fazer outros trabalhos."[26]

O volume da riqueza revertida para os Países Baixos seria diretamente proporcional ao tamanho da asfixia financeira infligida a Madri, sede política da União Ibérica. "Não somente a república obterá [...] maior brilho e esplendor, sendo mais estimada pelos reis, príncipes e potentados, quando possuirmos esse grande país, como o seu estado ficará totalmente garantido, em vista do grande prejuízo que com isso sofrerá o rei da Espanha."[27]

Além da esperança depositada na força das armas, o plano esquadrinhado por Moerbeeck fiava-se também na eficácia da justiça divina. A Providência estaria do lado do príncipe Manuel de Portugal, um dos trinetos do rei d. Manuel I — bisavô do desaparecido d. Sebastião —, que reclamava para si o direito ao trono lusitano e considerava Filipe II, o monarca espanhol que instituíra a União Ibérica em 1580, um usurpador da Coroa. À época da crise dinástica, a legitimidade real do tronco familiar de Manuel fora contestada pelo fato de o pai, d. Antônio, prior do Crato, ser filho bastardo do infante d. Luís com uma cristã-nova, Violante Gomes. Preterido, Manuel de Portugal vivia exilado na Holanda, onde casara com Emília de Nassau, princesa de Orange, irmã do príncipe Maurício de Orange-Nassau. Enquanto isso, a Península já vivia sob a égide de Filipe IV, que ascendera ao reinado espanhol em 1621.[28]

"Visto como o rei da Espanha, nosso inimigo, possui ilegalmente estas terras e cidades, tendo destituído de modo inconveniente e pouco cristão o verdadeiro dono do reino de Portugal (ao qual pertence o Brasil), e também os legítimos herdeiros deste, isto é, s. exa. o príncipe [Manuel] de Portugal, que atualmente reside em Haia, há razões de sobra para esperar a assistência da Divina Justiça na obra da Companhia", justificava Moerbeeck.[29]

Pelas presunções do documento, o império dos Filipes teria apenas duas possibilidades de tentar recuperar o território brasileiro: enviar portugueses para a guerra da reconquista da colônia ou recrutar soldados espanhóis para realizar a tarefa. No primeiro caso, Moerbeeck não acreditava que Portugal tivesse poderio militar suficiente para enfrentar as esquadras dos Países Baixos. No segundo, a Espanha encontraria resistências por parte dos lusitanos, anticastelhanos por índole, residentes em Salvador e Recife.[30]

"Ora, se o rei empregar para isso os portugueses, pouco poderá fazer e não conseguirá reaver esses países [do Brasil]; e se ele mandar para lá espanhóis, deverá temer que os portugueses do Brasil entrem em acordo com a Companhia das Índias Ocidentais", pressagiou. De uma forma ou de outra, "o resultado é que o rei tecerá maus fios".[31]

Por fim, Moerbeeck previa que a Espanha estaria obrigada a desviar recursos materiais significativos e voltar maior atenção militar para o Atlântico, deixando desguarnecidas as posições de combate na Europa. Conjuntura que representaria uma chance significativa para que os demais Países Baixos, aqueles que ainda viviam sob o jugo da Casa dos Habsburgo, conquistassem também a própria independência.[32]

"Assim ficará patente em todo o mundo a coragem indomável de vossa majestade, bem como a grande e firme resolução da Companhia das Índias Ocidentais e a sua boa administração", concluía

Moerbeeck ao final do texto apresentado ao príncipe Maurício, "o que levará o desânimo ao coração dos nossos inimigos e coragem aos ânimos dos vossos súditos, assim como uma viva esperança a todos os vossos amigos."[33]

Duas semanas e meia depois de tomar conhecimento das ordens de ataque e seguir o rumo indicado na carta secreta, a esquadra comandada pelo corsário Jacob Willekens avistou, ao longe, as costas da Bahia. Era o dia 8 de maio de 1624, uma quarta-feira. Pelo menos um dos tripulantes a bordo conhecia bem aquelas paisagens tropicais. O capitão Dierick Ruiters, nascido na província da Zelândia, já estivera por muito tempo no Brasil. Tratava-se de um velho lobo do mar, com uma história pessoal cheia de aventuras, lendas e mistérios.

No outono de 1616, ao comando do navio mercante *De Blauwe Zeeu* (O Zelandês Azul), ele desembarcara para abastecer-se de água doce em uma praia da ilha Grande, em Angra dos Reis, região litorânea próxima ao Rio de Janeiro. Vivia-se então a trégua de doze anos na guerra entre Espanha e os Países Baixos. Pelo armistício, ficara acertado entre as partes que os neerlandeses não fariam viagens de nenhuma espécie para possessões ultramarinas da União Ibérica. Assim, ao avistarem a bandeira tricolor dos Países Baixos tremulando no mastro do navio de Ruiters, patrulhas portuguesas, coadjuvadas por indígenas, atacaram os tripulantes que encontraram em terra. Na refrega, a maioria dos neerlandeses foi morta. Entre os poucos que escaparam à matança estavam o capitão Dierick Ruiters e um grumete, Rodolfo Baro, de apenas sete anos, além de dois marinheiros.[34]

Os nativos levaram o pequeno Baro para o interior da aldeia, e os demais sobreviventes, incluindo Ruiters — que perdeu a mão esquerda, decepada durante a luta —, foram aprisionados pelos portugueses e remetidos sob grilhões para o Rio de Janeiro, na sequência, Pernambuco e, finalmente, Bahia. O capitão passou, ao todo, trinta meses preso.

Ao saber do infortúnio do marido, a esposa, Catharyna Willems, enviou um requerimento aos Estados Gerais, "a rogar muito humildemente" para que as autoridades das Províncias Unidas intercedessem pela sorte de Ruiters junto ao governo colonial da Bahia.[35]

Ela alegava que o *Blauwe Zeeu* não tivera o propósito de deitar âncora no Brasil, mas fora surpreendido por ventos contrários e, antes de seguir o curso original, fizera uma rápida parada de emergência na ilha Grande. Catharyna dizia ter chegado a seu conhecimento que o marido e os dois companheiros de cárcere estavam "na maior miséria e tratados muito pior do que a cães e com medo de serem condenados à morte [...] como piratas, não obstante declararem suas intenções amistosas".[36]

Não há evidências de que a súplica tenha surtido algum efeito ou se Ruiters escapou da prisão, como ele próprio viria a afirmar mais tarde, ao dizer ter "fugido milagrosamente pela graça de Deus". De toda forma, parece certo que, a despeito da circunstância, além do auxílio dos céus, o prisioneiro contou com a ajuda de um amigo brasileiro, o senhor de engenho Manuel Rodrigues Sanches, que tinha casa em Salvador, próximo à igreja de Nossa Senhora da Ajuda. É muito provável ter sido Sanches o responsável por manter Catharyna Willems informada a respeito da situação do marido, bem como, dada a elevada posição social que desfrutava, o facilitador de uma admissível fuga, eventualmente sob suborno dos guardas.[37]

O fato é que, após sair da prisão, o capitão Dierick Ruiters privou ainda mais da amizade de Manuel Sanches, passando a viver sob sua proteção na Bahia. Ruiters parecia tão aclimatado ao Brasil e aos novos amigos que até adotara o codinome de Francisco de Lucena, embora todos o conhecessem muito mais pelo prosaico apelido, "Mãozinha", devido à mutilação de que fora vítima.[38]

O ano em que Ruiters se viu livre da prisão, 1618, coincidiu com a data da visitação do Santo Ofício à Bahia. "A Inquisição, de que o Brasil esteve livre tanto tempo, instalou-se agora desde março, e é tão rigorosa que, à mínima suspeita de que sejam judeus, comerciantes são presos e suas casas arrasadas, como seus bens confiscados", registrou o próprio Ruiters, em suas anotações. "Eu mesmo vi [...] a Inquisição meter na cadeia, sob um só teto, a trinta comerciantes portugueses", contou. "É certamente o que pode acontecer a todos os portugueses do Brasil, a ponto de que se nós, neerlandeses, pudéssemos tomar armas contra o rei da Espanha e liberá-los do jugo da Inquisição católica, não duvido que todos os habitantes deste país (sobretudo os judeus) nada veriam com melhores olhos do que se livrarem do rei e arriscariam corpo e alma por aqueles que os liberassem de jugo tão pesado."[39]

A propósito de judeus e perseguições inquisitoriais, recaíam sobre o amigo Manuel Sanches pelo menos duas graves acusações feitas ao visitador do Santo Ofício na Bahia, o clérigo português Marcos Teixeira, cônego da Sé de Évora, comissário enviado ao Brasil pelo inquisidor geral dos reinos e senhorios de Portugal. Na primeira denúncia, um mercador português natural de Guimarães e residente em Salvador, Miguel de Abreu, autodenominado "cristão-velho", denunciara o vizinho e patrício Fernão Mendes, nascido no Porto, por este receber em casa várias pessoas, entre elas Sanches, para as quais sempre exibia um livro herético muito antigo, impresso em pergaminho e escrito em castelhano, com as folhas já gastas pelo tempo e faltando as páginas iniciais. O principal personagem do livro seria Belial, um "procurador do inferno" que confrontava Cristo, questionava-lhe a divindade e, entre outras blasfêmias, negava a existência do purgatório. A obra tinha sido trazida clandestinamente de Portugal pelo próprio Fernão Mendes, residente havia três anos à rua do Colégio, em Salvador.[40]

Na segunda denúncia contra Miguel Sanches, esta bem mais direta, um judeu marroquino condenado ao degredo no Brasil por assassinato — Melchior de Bragança, que se apresentou ao inquisidor como "converso à nossa santa fé católica" e ex-professor de hebraico na Universidade de Salamanca —, afirmou ter jantado na casa de Sanches e testemunhado um diálogo entre o anfitrião e o caixeiro do engenho de açúcar, um certo Luís Álvares, imigrante portuense que dizia já ter morado em Flandres e ser filho de um prisioneiro do Santo Ofício em Lisboa.[41]

Durante a refeição, Sanches e Álvares teriam o tempo todo trocado ideias sobre o judaísmo e os rituais sagrados das sinagogas. O denunciante acrescentou que um grupo de homens da cidade se reunia de forma suspeita todas as sextas-feiras ao cair da tarde, sempre a portas fechadas, permanecendo trancados até por volta da meia-noite. Possivelmente, "para [a] observância do sábado e para fazerem alguma cerimônia da Lei Velha". De acordo com outra testemunha, o mesmo Álvares já tinha sido flagrado, em uma das procissões da Quaresma, zombando da imagem do Cristo morto na cruz.[42]

Ao final dos interrogatórios na Bahia, o visitador do Santo Ofício arrolou 135 denunciados, incluindo Manuel Sanches e Luís Álvares. Embora o nome de Ruiters não constasse do rol de implicados, ele achou melhor não se arriscar. Não se demorou mais em terras brasileiras. Deve ter partido antes de 1621, ao fim da trégua dos doze anos, quando a situação de um neerlandês no Brasil seria ainda menos confortável.

Mas o que continua um enigma é precisar desde quando ele navegava pelo litoral do país. Presume-se que já o fizesse muito antes de ter sido apanhado naquela manhã do outono de 1616, em Angra dos Reis — e que, portanto, a história de um desembarque de emergência não passasse de uma falsa desculpa. Evidência disso seria que, em 1623, Ruiters publicou na Holanda um guia marítimo, *Toortse der Zee-Vaert* (Tocha da navegação), de quase quinhentas páginas, com subtítulo autoexplicativo. Em português, "Para viajar às costas situadas ao sul do Trópico de Câncer, como o Brasil, as Índias Ocidentais, Guiné, Angola etc.".[43]

As descrições que fazia do litoral brasileiro eram extremamente detalhadas e teriam exigido anos de observação. Traziam, além de aspectos geográficos, informações estratégicas acerca da localização de fortalezas situadas à beira-mar, do conteúdo das cargas que chegavam e partiam das duas principais cidades da colônia e dos preços praticados nos mercados locais. Incluíam também curiosos relatos de caráter etnográfico, com descrição de hábitos de alimentação e outros usos e costumes locais. Por vezes, o autor exibia laivos de naturalista amador, ao discorrer sobre os espécimes originais da fauna e da flora do lugar.

Embora Ruiters tenha se baseado de modo aberto em uma fonte anterior — o livro *Roteiros de Portugal para o Brasil, Rio do Prata, Guiné, São Tomé, Angola e Índias de Portugal e Castela*, publicado em 1614 pelo matemático, cosmógrafo e navegador lusitano Manuel de Figueiredo —, seu texto tinha o colorido próprio das impressões colhidas por uma testemunha ocular. Era obra de um neerlandês arrebatado pelas luzes, cores, cheiros e texturas do Novo Mundo. "Os pássaros neste país e noutras regiões ao sul do Trópico de Câncer têm cores maravilhosas, e não há matiz imaginável que não esteja representado, havendo-os de todos os tipos, de modo que só a propósito deles poder-se-ia encher todo um livro", escreveu, na introdução relativa ao Brasil.[44]

Ruiters, de fato, sabia usar a pena com a mesma maestria com que manejava o leme e o mosquete.[45] Pode-se acrescentar que demonstrava idêntica habilidade com a régua e o compasso, no trabalho de tracejar cartas marítimas. O livro, mais do que um compêndio descritivo das paisagens retratadas, tinha finalidade essencialmente prática. Era um manual de consulta para pilotos levarem consigo a bordo — o que ajuda a explicar o motivo pelo qual tão poucos exemplares alcançaram a posteridade. Expostos ao sol, à chuva, aos respingos de vinho e à água do oceano, muitos devem ter sido inutilizados após servir de guia, por anos, aos viajantes dos mares.

Os títulos de alguns capítulos atestavam a vocação utilitária da obra: "Como navegar para Pernambuco de março a fins de agosto"; "Como navegar até a baía de Todos os Santos de setembro a março";

"Como entrar no Porto Seguro"; "Como navegar através dos abrolhos", "Para entrar no Rio de Janeiro", e assim por diante. O capitão Ruiters cuidava de alertar sobre a mudança do sentido dos ventos de acordo com a época do ano, advertir a respeito da localização de arrecifes, recomendar ângulos de entrada em cada porto, sugerir manobras de velas e acautelar até mesmo quanto às "artimanhas dos portugueses para atraírem à costa um navio". Tudo ilustrado com dados cartográficos, latitudes e longitudes definidas, distâncias minuciosamente calculadas em léguas marítimas.

Assim, não era obra do acaso o fato de Dierick Ruiters, o Mãozinha, estar a bordo da esquadra do almirante e corsário Jacob Willekens. Ele fora escalado, pela Companhia das Índias Ocidentais, para ser o guia secreto da missão. Conhecia o destino como a palma de sua única mão, calejada ao leme de tantas expedições. Ele até havia desenhado um mapa detalhado da baía de Todos os Santos, no qual indicava não só a posição das ilhas e dos bancos de areia, mas também dos fortes, do palácio do governo, das principais igrejas e conventos, da bateria costeira, das pontes e do ancoradouro a ser tomado de assalto.[46]

"Esta baía tem uma largura de mais de três léguas à entrada, com bastante água para bordejar por toda parte; ordinariamente o vento sopra de terra [...], conforme a estação do ano, e há que ir ao seu encontro, depois de deixadas para trás as referidas pedras de Santo Antônio", instruía a *Tocha da navegação*. "Para subir à cidade são quatro os caminhos, dois que vão direito ao centro e dois que entram pelos extremos. Ela mede de comprido a terça parte de uma légua [...], contando com umas 1200 casas, como eu mesmo comprovei. Habitam-na cerca de 1600 homens, entre velhos e adultos, mas, incluindo as mulheres e crianças, são umas 3000 almas."[47]

Portanto, os 3300 marinheiros e soldados a bordo dos navios neerlandeses, que ora despontavam no horizonte de Salvador, dispunham de grande superioridade numérica em relação às forças de defesa. Existia uma vantagem a mais, pelos cálculos de Ruiters. "Toda a costa da América, do rio da Prata ao Amazonas, está ocupada pelos portugueses, na maior parte judeus que preferem duas bandeiras de Orange a um inquisidor", escrevera. Mas tal circunstância poderia se mostrar ilusória, ele próprio conjecturava. "Apesar de preferirem ver o Brasil sob o governo da nossa nação, devemos evitar a aproximação desses judeus, pois para preservar um semblante de fidelidade ao rei, eles são capazes de nos traírem."[48]

7. "São tidos entre nós como infames" (1624)

Existiam olhos e ouvidos bem atentos a tudo o que se passava nos bastidores palacianos dos Países Baixos. Espiões começaram a denunciar às autoridades espanholas os planos dos inimigos já no nascedouro, apenas um mês depois de o comerciante Jan Andries Moerbeeck ter apresentado ao príncipe Maurício de Orange-Nassau, em Amsterdam, os "Motivos por que a Companhia das Índias Ocidentais deve tentar tirar ao rei da Espanha a terra do Brasil, e isto quanto antes".[1]

O poderoso Juan de Ciriza y Balanza, secretário do Conselho de Estado do monarca espanhol Filipe IV, recebia sucessivas advertências sobre a preparação da iminente investida contra o Brasil. Ciriza era homem bem informado. Diariamente, uma fila de até cem vassalos do rei comparecia diante de sua porta, para ser recebida em audiência. Em consequência das denúncias, cartas de aviso urgente foram remetidas de Madri a Lisboa. Os administradores coloniais precisavam ser advertidos de que uma ameaça, de grande monta, estava sendo urdida contra Salvador e Recife.[2]

"Logo que neste Conselho se teve notícia por um papel do secretário Juan de Ciriza, de 13 de maio de passado, dos navios que se armavam em Holanda, e do que se presumia de seus intentos, se despachou correio aos governadores de Portugal advertindo-os, entre outras cousas, que avisassem ao Brasil", notificaram os conselheiros em despacho ao rei. Ante a impossibilidade de patrulhar toda a extensão das costas brasileiras, recomendava-se o entrincheiramento das duas cidades, a construção de fortalezas em regime de urgência e a permanência das tropas em estado de prontidão.[3]

"Com particular aplicação e cuidado, vá fortificando os portos mais perigosos e todos os demais que o inimigo possa atacar", dizia mensagem rubricada pelo próprio Filipe IV ao Conselho do Reino de Portugal, para que este, por sua vez, continuasse a dar ciência dos perigos aos responsáveis diretos pela defesa das capitanias de Pernambuco e Bahia — respectivamente, os governadores Matias de Albuquerque e Diogo de Mendonça Furtado.[4] "Façam ter vigias no mar e na terra, que aparecendo eles [os neerlandeses] naquelas paragens, se acuda com tempo a lhes impedir a desembarcação, e se possa socorrer de umas partes a outras."[5]

Na Corte madrilena, alardeava-se que os cristãos-novos ibéricos refugiados na Holanda — por infidelidade, rancor e desejo de vingança — estavam financiando uma frente atlântica na guerra entre Espanha e Países Baixos. Especulava-se que a Companhia das Índias Ocidentais seria o braço armado de um grande conluio judaico para ferir de morte a cristandade nas colônias das Américas.

Não era verdade. Reeditava-se a eterna mitologia antissemita em torno de hipotéticos complôs para dominar o mundo e destruir o cristianismo. É certo que na lista de subscritores da empresa constava o nome de dezoito judeus portugueses residentes em Amsterdam, mas a participação destes no capital da Companhia das Índias era irrisória. De um total de 2,8 milhões de florins, eles haviam subscrito apenas 36 mil. Somente um único integrante do grupo judaico, de nome Bento Osório, entrara com valor igual ou superior aos 6 mil florins exigidos para se ter direito a tomar parte da diretoria.[6]

Mas as teorias conspiratórias a respeito de uma ação conjugada ganharam corpo quando as visitações do Santo Ofício no Brasil revelaram a existência de extensas redes mercantis entre os judeus portugueses de Amsterdam e os denunciados por judaísmo em terras baianas e pernambucanas. Parte dos senhores de engenho da Bahia, por exemplo, era composta de "gente da nação hebreia", como classificavam os inquisidores. Outros tantos exerciam o ofício de comerciantes de grosso trato, negociantes de grandes volumes de cargas para o mercado europeu.[7]

Uns e outros lançavam mão de intermediários residentes em cidades como Porto e Lisboa, autorizados a manter comércio legítimo com o Brasil, ao contrário dos que moravam nos Países Baixos. A mercadoria era tributada em Portugal, mas desviada para outros destinos. A intermediação mascarava o escoamento ilegal dos produtos coloniais. Estima-se que de metade a dois terços do açúcar brasileiro eram remetidos, por esse tipo de operação, para portos do Norte da Europa, principalmente Amsterdam e Hamburgo.[8]

Não faltavam agentes duplos infiltrados na própria comunidade portuguesa na Holanda. Um dos casos mais peculiares registrados nos escaninhos dos arquivos espanhóis era o de um certo Luís Vaz Pimentel, aliás, Elias Israel, filho de um sentenciado à fogueira pelo Santo Ofício. Em troca de dinheiro, Pimentel delatou nomes de negociantes lusitanos que usavam do expediente da triangulação entre Brasil, Portugal e Holanda para fugir às restrições de comércio impostas pela Espanha. Por valores adicionais, o espião prometeu revelar a identidade de todos os "circuncidados" que faziam negócio com a Península. Garantiu apresentar centenas de nomes, entregou algumas dezenas.[9]

Mas os denunciantes não agiam apenas por razões pecuniárias. Existiam aqueles que, postos no limiar entre as duas identidades, sem conseguir abandonar a herança cultural católica e passar a viver integralmente sob as regras estabelecidas pelos rabinos, acalentavam o desejo de retornar às origens, negociando o perdão dos inquisidores em troca de favores à Coroa espanhola. Um certo Bartolomeu Mendes

Trancoso, por exemplo, solicitou o compromisso de que ele, a esposa e os filhos não fossem de modo algum punidos pela Inquisição na volta para casa. Em contrapartida, ofereceu uma extensa relação de cristãos-novos ibéricos que estariam, segundo ele, contrabandeando mercadorias e derramando moedas falsas na Holanda.[10]

Havia também graves desconfianças, por parte dos espanhóis, de que os judeus portugueses radicados em Amsterdam estivessem tramando pela dissolução da União Ibérica e a favor da condução ao trono lusitano do príncipe proscrito exilado em Haia, d. Manuel de Portugal, cristão-novo pelo lado materno. Aquele mesmo Vaz Pimentel, em troca de mais algumas centenas de escudos, denunciou uma família judia em Amsterdam que servia de pombo-correio e acobertava a correspondência entre um parente, capitão e morador da Paraíba, com d. Manuel. Por fim, outro judeu, Manuel Soeiro, disse às autoridades saber, de fonte segura, que os neerlandeses planejavam enviar, a bordo de um dos navios de guerra destinados a atacar o Brasil, um dos filhos do príncipe decaído que reivindicava o direito à Coroa portuguesa. A informação, porém, jamais se confirmou.[11]

Mas era o quanto bastava. O alarme em torno de uma conspirata de hereges, com judeus e calvinistas mancomunados com uma linhagem de bastardos portugueses, sobressaltava os conselheiros do rei espanhol. "Guarda-te de teu inimigo como do diabo", já recomendava o adágio que constava nos *Refrões e provérbios em romance coligidos pelo comendador Hernán Núñez*, publicados originalmente em 1555, em Salamanca, com a devida licença da Santa Inquisição.[12] "De conhecer o perigo nasce saber vencê-lo."[13]

O plano de ataque neerlandês a Salvador, discutido no conselho de bordo comandado pelo experiente Jacob Willekens, foi posto em execução. As tropas de infantaria passaram-se em peso a quatro navios, ancorados ao sul da cidade, ao abrigo da visão inimiga, ainda à entrada da baía de Todos os Santos, próximo ao descampado onde se erguia o forte de Santo Antônio — estrutura de pedra e cal em que mais tarde seria construído o atual Farol da Barra. Eram nove horas da manhã do dia 8 de maio quando o resto da armada singrou baía adentro, com todas as velas abertas e as bandeiras holandesas desfraldadas nos mastros, para então se posicionar defronte à cidade, de modo espetaculoso.[14]

Para surpresa dos neerlandeses, havia uma nova fortaleza que não constava do mapa desenhado à mão livre por Dierick Ruiters, o Mãozinha. No rascunho, informava-se apenas a existência do forte de Santo Antônio e de mais outros dois, o fortim de São Felipe, cerca de doze quilômetros ao norte da cidade, na ponta de Monte Serrat, e o grande forte de Itapagipe, ainda mais adiante, na ponta da Ribeira. Avisado por Madri, o governador Diogo de Mendonça Furtado mandara terminar de erguer em tempo recorde mais um baluarte — o forte do Mar, depois conhecido como forte de São Marcelo. Era uma formação defensiva em pedra de cantaria branca, construída praticamente dentro da água e sobre um banco de arrecifes, a apenas trezentos metros da costa e fronteiro ao centro da cidade, protegido então com onze bocas de fogo e seiscentos homens.[15]

Mesmo assim, deu-se prosseguimento ao cerco. Ao meio-dia, os vistosos canhões pintados de vermelho a bordo dos navios neerlandeses estavam todos apontados para a capital colonial do Brasil. A imagem intimidadora de duas dezenas de barcos alinhados em posição de ataque era complementada pelo soar de estrepitosas trombetas e pelo rufar de tambores. O objetivo era aterrorizar os moradores e, ao mesmo tempo, demarcar uma posição tática, para evitar que algum barco inimigo levantasse âncora e fugisse do local. A ordem era tomá-los de assalto e incorporá-los à esquadra da Companhia das Índias Ocidentais.[16]

A presença da nova fortificação, contudo, exigiu rápida mudança tática. Sob o comando de Piet Heyn, o vice-almirante ruivo, três navios da frota adiantaram-se, pondo-se à distância de apenas um tiro de mosquete diante do forte, em claro sinal de provocação. Deflagrou-se cerrado canhoneio de parte a parte. Em meio à confusão, debaixo das nuvens de fumaça, Heyn forneceu cobertura a três botes, cada um com vinte marinheiros armados, para que arremetessem ainda mais, no intuito de abordar as cerca de quinze embarcações inimigas ancoradas a bombordo da fortaleza. A ousadia da manobra fez com que, ante à aproximação, os respectivos tripulantes as abandonassem às pressas, ateando fogo à maior de todas, para evitar que caísse nas mãos dos atacantes.[17]

O incêndio alastrou-se às demais, poupando apenas oito, tomadas pelos neerlandeses, que prontamente trataram de hastear bandeiras tricolores nos mastros. Na operação, três soldados, que galgavam os cordames para colocar as flâmulas no alto, despencaram lá de cima, derrubados com tiros de arcabuz. Sob o estrépito e o calor das chamas, Heyn despachou mais quinze botes, dessa vez para tentar conquistar o forte à unha. Ele próprio acompanhou os trezentos homens que, apesar do tiroteio, conseguiram a nado ou com a água à altura do peito acercar-se da pequena muralha que brotava da água e escalá-la, pondo-se uns nos ombros dos outros.[18]

A despeito da posição privilegiada e da momentânea superioridade numérica, os defensores fugiram em debandada, deixando para trás um número incerto de mortos, abatidos à bala e golpes de espada. Do lado neerlandês, as baixas do ataque ao forte do Mar foram mínimas. Uma dezena de feridos e quatro vítimas fatais, entre elas o capitão de um dos navios e o oficial corneteiro, o primeiro a galgar a muralha e, antes de ser atingido por um tiro, anunciar o feito com um toque de clarim.[19]

Em simultâneo, Willekens içara uma bandeirola no mastro da nau capitânia. Era o sinal combinado para que sete chalupas se desgarrassem da frota e fossem ao encontro dos navios que haviam permanecido ao longe, ainda na embocadura da baía. Ocupados em rechaçar o ataque ao forte novo, os luso-brasileiros não se deram conta da artimanha. As tropas de infantaria neerlandesas usaram as chalupas para desembarcar em massa, debaixo dos tiros disparados isoladamente pelos quatro canhões do primeiro forte, o de Santo Antônio. Desceram a terra cerca de 1200 soldados e 240 marinheiros, concentrados em várias baterias, uma delas comandadas por Dierick Ruiters, que lhes serviu de guia.[20]

Ruiters conhecia bem o caminho. Sabia de antemão que a topografia característica do local dividia Salvador entre as chamadas "cidade alta" e "cidade baixa". Depois de tomarem o forte de Santo Antônio sem maiores dificuldades — rendendo cerca de duzentos soldados —, havia ainda um longo terreno a vencer. Era preciso embrenhar-se por veredas, atravessar desfiladeiros e esgueirar-se pelo matagal até alcançar os primeiros arrabaldes. No percurso, forças de resistência atalharam seus passos, infligindo-lhes dezenas de baixas. Os atacantes responderam ao fogo e avançaram em marcha.[21]

Já escurecia. Ao chegarem ao mosteiro de São Bento — o mais antigo do Novo Mundo, que encontraram abandonado pelos monges em fuga —, resolveram pernoitar. Empanturraram-se com os doces, pães, bolos e vinhos encontrados na adega e na despensa dos religiosos. Ao amanhecer, bastaria descerem a ladeira que dava acesso a uma das portas dos flancos da muralha da cidade e consumar a invasão.[22]

Na linha marítima de combate, depois de ocupar o forte do Mar, os homens de Heyn ainda tentaram manter posição e rumar direto para o centro de Salvador, mas foram confrontados por acirrada fuzilaria. Como já era noite e o estoque de munição que conduziam estava próximo ao fim, decidiram retroceder, encravar os canhões da fortaleza, embarcar de volta nos navios e juntar-se novamente à frota. Na manhã seguinte, retomariam o ataque, que prometia ser definitivo, quando unissem forças à infantaria infiltrada por terra.[23]

Era alta madrugada quando os navios incendiados à noitinha, no ancoradouro do forte do Mar, ainda ardiam. As labaredas, alimentadas pelas cargas de açúcar e alcatrão a bordo, lambiam o ar e tingiam de um vermelho alaranjado o céu noturno da orla de Salvador. Rolos de fumaça escura subiam a colina em direção à cidade alta.[24]

Do outro lado da linha de tiro, um jovem jesuíta, de apenas dezesseis anos, assistiu de perto ao desenrolar da luta, mas na perspectiva dos luso-brasileiros. O noviço Antônio Vieira, nascido em Lisboa — e criado desde menino em Salvador, onde o pai era escrivão de justiça —, deixou uma vívida narrativa dos acontecimentos. Ao longo do testemunho, já se prenunciava o talento daquele que viria a ser um dos maiores oradores e estilistas da língua portuguesa.

"E foi tal a tempestade de fogo e ferro, tal o estrondo e confusão, que a muitos, principalmente aos pouco experimentados, causou perturbação e espanto", descreveu Vieira. "Por uma parte os muitos relâmpagos fuzilando feriam os olhos, e com a nuvem espessa do fumo não havia quem visse; por outra, o contínuo trovão da artilharia tolhia o uso das línguas e orelhas", ilustrou. "Tudo junto, de mistura com as trombetas e mais instrumentos bélicos, era terror a muitos e confusão a todos."[25]

A ferocidade do ataque simultâneo, que fez debandarem os homens do forte do Mar e capitularem os guardas do forte de Santo Antônio, provocou uma onda de pavor entre os moradores da cidade. "Já entraram os inimigos, já entram, os inimigos já entram!", gritava-se pelas ruas de Salvador, segundo Vieira. "Como o medo é mui crédulo, verificou-se esta temeridade; e assim, pelejando a noite pela parte contrária, ninguém se conhecia, fugiam uns dos outros, e quantos cada um via tantos holandeses se lhe representavam."[26]

O governador Diogo de Mendonça Furtado, que tinha exercido cargo similar em Malaca, na Malásia, uma das pontas de lança para a expansão portuguesa nas chamadas Índias Orientais, ainda tentou incentivar os soldados e os moradores à reação. Melhor seria morrer com honra a suportar a vida desprovido dela, exortou. Ninguém, entretanto, lhe deu ouvidos. "Estavam já do medo e das trevas da noite tão cegos que, não vendo quanto se infamavam a si e a todo Portugal, desampararam totalmente a cidade, fugindo cada um por onde pôde, deixando suas casas e fazendas, e muitos, para mais ligeireza, as próprias armas", contou Vieira.[27]

D. Marcos Teixeira, o ex-visitador do Santo Ofício que em 1621 havia sido alçado ao posto de bispo da Bahia, também abandonou a cidade, levando consigo quantos castiçais e cálices litúrgicos de prata conseguiu resguardar. Foi seguido pelos demais religiosos, incluindo os jesuítas. "Quem poderá explicar os trabalhos e lástimas desta noite!", lamentou Antônio Vieira, ao reconstruir a grande fuga. "Não se ouviam por entre os matos senão ais sentidos e gemidos lastimosos das mulheres que iam fugindo; as crianças choravam pelas mães, elas pelos maridos, e todas e todos, segundo a fortuna de cada um, lamentavam sua sorte miserável."[28]

O maior obstáculo à evasão para o interior era enfrentar a correnteza do rio Vermelho. Vieira comparou a empreitada à travessia bíblica: "Aqui se viam no aperto em que se viram os filhos de Israel no outro mar Vermelho, quando fugiam do faraó, porque o medo lhes representava os holandeses já nas costas, o rio lhes impedia a passagem, a noite dificultava tudo, e o susto chegava a todos". Sem um Moisés para abrir as águas por milagre, os luso-brasileiros tiveram que vencê-las a nado, antes de ganharem os matos e as praias em busca de guarida, "servindo de casa, a uns, as árvores agrestes, e a outros o céu".[29]

"Sem mais algum abrigo da calma, chuvas e sereno da noite; todos a pé, muitos descalços e despidos, morrendo à fome e sede aqueles que, pouco havia, deixaram casas tão ricas e abastadas de tudo", lastimou Vieira.[30]

Quase quatro meses depois, a 31 de agosto de 1624, em Haia, homens de capa escura, botas reluzentes, chapelões negros e golas brancas

Duas vistas de Lisboa, datadas dos séculos XVI e XVII. Acima, água-forte aquarelada anônima. Abaixo, gravura de George Matthaus.

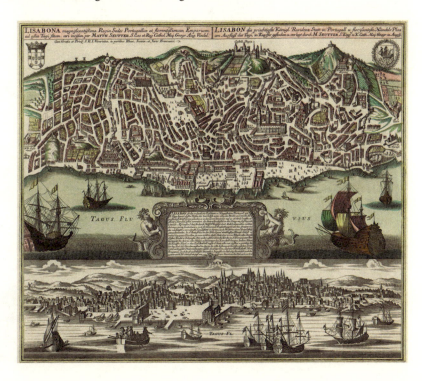

Aspectos da vida urbana da antiga Lisboa. Acima, o Chafariz d'El-Rei, obra de autoria desconhecida. Ao lado, a rua Nova dos Mercadores, em reconstituição de Jaime Martins Barata (1899-1970).

Abertura do processo inquisitorial contra o cristão-novo Gaspar Rodrigues, acusado de judaísmo e condenado ao uso perpétuo do sambenito, o "traje da infâmia".

Abertura do processo contra Filipa Rodrigues, que denunciou o marido, Gaspar, após ser levada à Casa do Tormento, local onde eram torturados os prisioneiros da Inquisição.

Acima, o Palácio dos Estaus, no Rossio, sede da Inquisição, em Lisboa. Ao lado, um prisioneiro é submetido à polé, instrumento de tortura utilizado pelos inquisidores durante os interrogatórios.

Procissão de auto de fé em Lisboa: o cortejo saía do Palácio dos Estaus e percorria a cidade.

Penitentes vestem os sambenitos. À esquerda, um condenado à fogueira tem demônios e o próprio rosto estampado na túnica. No centro, um "reconciliado com a Igreja" enverga a cruz de santo André. À direita, salvo do fogo à última hora, o sentenciado apresenta estampas com chamas voltadas para baixo.

Acima, um grupo de religiosos, com o inquisidor-geral à frente, abre o cortejo do auto de fé. Abaixo, execução dos réus condenados à fogueira, em Lisboa.

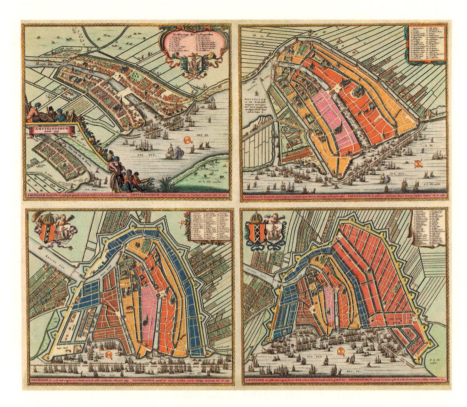

A sequência de mapas acima mostra a evolução da malha urbana de Amsterdam no período entre 1400 e 1612, ao fim do qual a cidade se tornou o epicentro mercantil do mundo moderno. Ao lado, uma vista do canal de Houtgracht, no bairro judeu, onde se vê o prédio de tijolos vermelhos em que funcionava a sinagoga Beth Israel. Óleo sobre tela de Oene Romkes de Jongh.

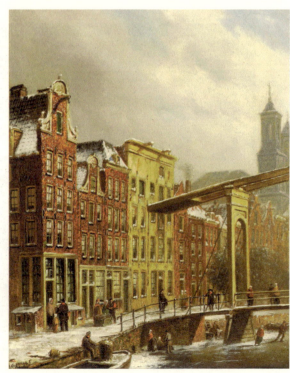

Salão nobre do Binnenhof, sede do parlamento comum das Províncias Unidas. No teto, bandeiras de inimigos tomadas em combate servem de elemento de decoração. Óleo sobre tela e metal de Bartholomeus van Bassen.

Grupo de cavalheiros em trajes neerlandeses característicos ao período: roupas negras, chapelões e golas brancas. Óleo sobre tela de Govert Flinck.

Um próspero comerciante e a esposa. Ao fundo, a frota da Companhia das Índias, com as bandeiras dos Países Baixos hasteadas nos mastros. Óleo de Aelbert Cuyp.

A família feliz, quadro de Jan Havicksz Steen, retrata hábitos neerlandeses criticados pelos estrangeiros: prazeres à mesa, consumo de álcool e liberalidade com as crianças.

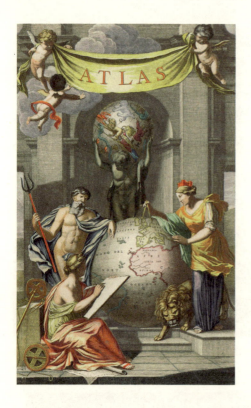

Ao lado, frontispício de um atlas neerlandês mostra Netuno, deus dos mares, em gravura de Johannes Willemsz II. O conhecimento em cartografia e mapas náuticos foi um dos segredos do sucesso da Companhia das Índias Ocidentais (WIC). Abaixo, a sede da empresa em Amsterdam, na gravura de Jan Veenhuysen de 1664.

Acima, chegada em Amsterdam de uma esquadra da Companhia das Índias Ocidentais, em óleo de Hendrick Cornelisz Vroom. Ao lado, um típico navio neerlandês, com velas quadradas, em lápis e aquarela da época, por Jan Brandes.

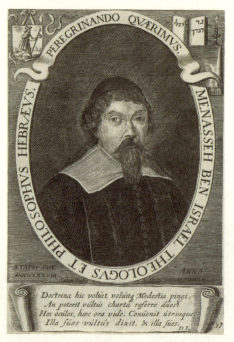

Menasseh ben Israel, por Salomon Italia.

A marca da tipografia de Menasseh: "Como um romeiro apercebido".

Barco funerário chega ao cemitério judaico de Ouderkerk, nos arredores de Amsterdam, em gravura de Romeyn de Hooghe.

A noiva judaica, óleo sobre tela de Rembrandt van Rijn, que morava próximo ao bairro dos judeus portugueses de Amsterdã.

À esquerda, um rabino, por Ary de Vois; à direita, o judeu Efraim Bueno, por Rembrandt.

Duas cenas judaicas, em desenhos de Rembrandt datados entre 1630 e 1648. Acima, *Judeus na sinagoga*. À esquerda, *A circuncisão*.

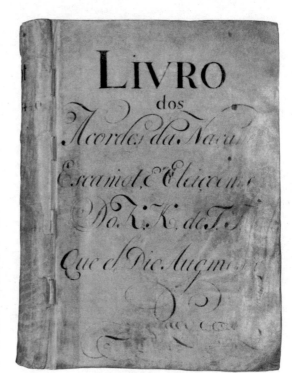

Livro de anotações da congregação Talmude Torá, de Amsterdam, com textos redigidos em português, a língua falada pela comunidade no cotidiano, e em espanhol, considerado o idioma litúrgico.

Interior da sinagoga portuguesa em Amsterdam, óleo sobre tela de Emanuel de Witte (1680).

rendadas foram chamados para receber as boas-novas no Binnenhof, o imponente palácio às margens do lago Hofvijver, sede do parlamento comum das Províncias Unidas.[31]

No elegante pátio com vista para uma vasta planície, nobres e cidadãos comuns faziam seus plácidos passeios diários. Lá dentro, os "altos e poderosos senhores Estados Gerais", como eram cognominados os representantes das repúblicas confederadas, reuniam-se no Salão Gótico dos Cavaleiros — cuja imagem ficou eternizada no quadro pintado por Bartholomeus van Bassen, no qual se vê pender do teto, como troféus, os frangalhos das bandeiras e estandartes tomados aos inimigos nas frentes de batalha. Rotos pavilhões da Espanha, perfurados e rasgados nas bordas, ocupavam lugar de destaque.[32]

Assentados em doze fileiras de bancadas, separadas meio a meio por um vão reservado à mesa diretora, os dignitários do parlamento neerlandês ouviram, naquele dia, o relatório dos delegados da Companhia das Índias Ocidentais, escrito com base nos documentos então recém-chegados do Brasil. "Conforme a ordem de nossos superiores, exporemos respeitosamente a vossos altos poderes os bons resultados que aprouve a Deus Nosso Senhor conceder à Companhia", dizia o preâmbulo.[33]

Depois de narrar os detalhes do primeiro dia de luta até o cair da noite, o relatório ressaltava o pasmo da infantaria neerlandesa ao retomar as posições de fogo, logo ao alvorecer. "Pela manhã, muito cedo, haviam chegado diante das muralhas, avistando aí um português que erguia uma bandeira branca e, dizendo-lhes que habitantes e soldados se haviam retirado da cidade, notificava-os de que podiam entrar sem combate."[34]

Os comandantes que seguiam nos navios tiveram idêntico espanto. "Tendo novamente a intenção de atacar a cidade com seus marinheiros e desembarcando para tal fim, o vice-almirante não encontrou, com grande surpresa, nenhuma resistência e, prosseguindo a marcha, teve a notícia inesperada de que a nossa gente já ocupava a cidade." Restaram apenas quatro funcionários e o governador Diogo de Mendonça Furtado, que se recusara a fugir. Foram todos feitos prisioneiros.[35]

Somados os abatidos em mar e terra, havia meia centena de mortos neerlandeses a lamentar. O relatório não fazia menção ao número de vítimas do inimigo. As fortalezas tinham sido ocupadas, apreendendo-se um total de 23 canhões.

> Na cidade fez-se a pilhagem do que se encontrou à mão, exceto algumas mercadorias, que, por prudência do vice-almirante, dos empregados da Companhia e de outros bons funcionários, foram poupadas em proveito [da empresa], e que agora podem ser esperadas brevemente em três navios, os quais levarão também o governador e outros prisioneiros de importância, bem como informes mais precisos sobre o que se passou.[36]

Havia relatos em tons mais calamitosos. Soldados, no alvoroço da partilha do butim, mediam as quantidades de moedas com a concavidade dos chapéus.[37] "Um enormíssimo estrago, causado por pura malícia da soldadesca, pois estavam as fazendas [bens materiais] espalhadas por toda a parte, calcadas aos pés, como se foram lixo", admitiria pouco mais tarde um dos diretores da Companhia das Índias Ocidentais, o teólogo, arquivista e historiador Joannes de Laet.[38] "Tudo roubam e, a nada perdoando, empregam-se no ouro, prata e coisas de mais preço, e, despedaçando o mais, o deitam pelas ruas", registrou por seu turno o noviço Antônio Vieira.

As igrejas também foram alvo de saques. "Arremetem com furor diabólico às sagradas imagens dos santos [...], a esta tiram a cabeça, àquela cortam os pés e mãos, umas enchem de cutiladas, a outras lançam no fogo", contou Vieira. "Desarvoram e quebram as cruzes, profanam altares, vestiduras e vasos sagrados; usando dos cálices, onde ontem se consagrou o sangue de Cristo, para em suas desconcertadas mesas servirem a Baco, e dos templos e mosteiros dedicados ao serviço e culto divino, para suas abominações e heresias."[39]

* * *

Na Espanha, prevaleceu a ideia de que os grandes responsáveis pela queda de Salvador teriam sido os judeus. Embora não houvesse nenhuma menção quanto a isso nas narrativas presenciais neerlandesas ou luso-brasileiras, persistiria em Madri a opinião de que os marranos haviam arquitetado toda aquela "trama maligna": teriam fornecido aos calvinistas as informações necessárias para a logística do ataque, disseminado o pânico nos moradores à hora das batalhas, incitado o povo a abandonar a cidade, aberto os portões das muralhas defensivas, concorrido na profanação dos altares e na quebra das imagens sagradas.

Os narradores espanhóis, que relataram os fatos à distância, eram unânimes quanto a isso. "Os culpados no trato da entrega da cidade" eram "os que em Portugal têm nome de [gente] da nação", afirmava o polígrafo Tomás Tamayo de Vargas, cronista oficial da corte.[40] Juan de Valencia y Guzmán, no "Compêndio histórico da jornada do Brasil", publicado em Madri em 1628, atribuiria a um cristão-novo, Diego Lopes de Abrantes, o papel de abrir a porta da muralha próxima ao mosteiro de São Bento para as tropas invasoras.[41]

A suposta traição judaica ficou imortalizada por um dos fundadores da dramaturgia espanhola, Félix Lope de Vega y Carpio, autor de mais de 1500 textos teatrais. Na comédia *El Brasil restituido*, escrita no calor da hora, em 1625, parte da trama se move em torno da insídia do personagem Bernardo, um marrano que, por temer as visitações do Santo Ofício, se torna cúmplice dos neerlandeses e facilita-lhes os planos de invasão.[42]

Em uma das cenas da peça, um soldado deplora o fato de os antigos habitantes dos montes da Judeia não terem sido todos "tostados a lento fogo". Em outra, o governador baiano, ao ser preso, proclama: "Pouca novidade me fizeram/ os ingratos que me venderam,/ estando bem certo eu/ de que este vício neles ficou/ desde que a Cristo venderam".[43]

Incriminados pelos espanhóis, os judeus não eram vistos com menos desprezo por parte de muitos neerlandeses. Henoc Estartenius, pregador calvinista que testemunhou o ataque à Bahia, negava-lhes qualquer crédito pela vitória. "Posso afirmar religiosamente que nunca entendi, nem por sonhos, haver nisso tal mistério, porque abominamos esse gênero de pessoas tanto quanto os vassalos do rei da Espanha, por serem levianos, inconstantes e inconscientes da verdadeira religião e do conhecimento do Deus verdadeiro", escreveu.[44]

"Os nossos nunca tiveram comércio com eles", afirmou Estartenius. "É verdade que vivem alguns em Amsterdam, mas são poucos, assim como em Roma, com o pontífice, e na Alemanha, com o imperador; porém, são tidos entre nós como infames — e não temos amizade com eles."[45]

Odiados por uns, desprezados por outros, vítimas de acusações, preconceitos, denúncias e agravos por todos os lados, os judeus portugueses refugiados na Holanda viram-se enredados em múltipla suspeita. Situação que logo os arrastaria para o centro de acontecimentos cada vez mais vertiginosos.

8. "Ninguém se atreva a perturbá-los" (1625-29)

A depender de Menasseh ben Israel e Rachel Abravanel, a suposta descendência sagrada do bíblico rei Davi estava, de fato, assegurada. A partir de 1625, um ano e meio após o casamento, começaram a chegar os filhos. Primeiro foi uma menina, que recebeu um nome hebraico, Hannah, e outro ibérico, Gracia, variante espanhola de Graça. Logo depois viriam dois meninos, Joseph e Samuel — ignora-se, porém, se estes também receberam dupla identidade ao nascer. Com a família ampliada, era preciso garantir algum dinheiro extra para cobrir as novas despesas da casa.[1]

O salário de Menasseh como rabino da Neve Shalom continuava insuficiente para o sustento do lar, mesmo quando somado aos valores auferidos como professor de meninos na escola primária. As aulas de Talmude que passou a lecionar para jovens e adultos do bairro judeu também não garantiam a composição de uma renda mais confortável. Menasseh vivia a lamentar as dificuldades financeiras, situação que julgava constrangedora e incompatível com o papel exercido na comunidade.[2]

Havia, é certo, formas objetivas de um imigrante português ganhar muito dinheiro naquela cidade, onde as oportunidades — assim como os humores e as oscilações da Bolsa de Valores local — eram regidas pelas façanhas das companhias marítimas. Dar aulas e entoar preces estava longe de ser o melhor meio de vida durante a expansão do império colonialista neerlandês.

A maneira mais rápida e eficaz de ganhar uns bons milhares de florins era cavar alguma posição nas grandes empresas de navegação e corretagem. De preferência, naquelas envolvidas com as triangulações açucareiras das rotas do Atlântico. Contudo, os parentes e amigos mais próximos de Menasseh pareciam estar à margem das redes mercantis intercontinentais.

Havia outra possibilidade, ainda mais radical, para os estrangeiros que queriam subir na vida: tentar a sorte do outro lado do oceano, especialmente depois de conhecidas as notícias sobre a conquista da Bahia. Dezenas de panfletos, livros e folhetos circulavam nos Países Baixos, dando conta da proeza. Um dos mais notórios impressos a respeito era o *Reijsboeck van het rijcke Brasiliën* (Guia de viagem do rico Brasil), publicado em 1624 pelo cartógrafo e escritor Nicolaas van Geelkercken. Embora fosse um manual náutico dirigido a marujos, a obra também despertou grande interesse entre leitores comuns, a exemplo da *Tocha da navegação*, de Dierick Ruiters. As descrições do Novo Mundo, ilustradas com os deslumbrantes mapas gravados pelo próprio Geelkercken, acenavam com promessas de aventuras e, por extensão, com o sonho de fortuna instantânea.[3]

Os leitores ávidos por notícias do Brasil recorriam ainda a outra fonte privilegiada de informação: os jornais impressos. Se os Países Baixos não foram os inventores da novidade — primazia atribuída aos alemães, no início daquele mesmo século XVII —, os neerlandeses tiveram papel crucial na popularização dos periódicos. Amsterdam já publicava pelo menos dois jornais semanais que disputavam a preferência do público. Dezenas de outros surgiriam nos anos seguintes.[4]

A própria Companhia das Índias Ocidentais empregava muito

134

papel e tinta para alardear os êxitos na Bahia. Até mesmo o memorando *Motivos por que se deve tentar tirar ao rei da Espanha a terra do Brasil*, antes secreto, foi liberado para publicação como peça de propaganda. Joannes de Laet, diretor e cronista oficial da empresa, lançou quase simultaneamente o volume *Niuewe Wereldt ofte Beschrijvinghe van West-Indien* (Novo Mundo ou Descrição das Índias Ocidentais), escrito a partir de "informações de diários de bordo e notas de capitães de navio, assim como de pilotos que navegaram e estiveram nessas terras", conforme detalhava a introdução.[5]

Menasseh, a essa altura, não nutria planos de migrar para o Brasil. Mas, sem dúvida, estava atento a toda aquela atividade editorial. As narrativas de viagem eram apenas uma das expressões mais evidentes de um mercado cada vez mais alentado. Nenhuma outra nação europeia produzia, comercializava e lia tantas páginas impressas como a Holanda. As residências de advogados, médicos e pastores calvinistas costumavam contar com bibliotecas particulares, algumas com milhares de títulos.[6]

Havia livrarias por toda parte, fosse em lojas fixas ou tendinhas espalhadas pela cidade. Vendedores ambulantes batiam de porta em porta, apregoando almanaques e livros de bolso. Homens ilustrados ofereciam serviços como tradutores e revisores de provas tipográficas. Imprimir papel, por certo, revelava-se um bom negócio nos Países Baixos.[7]

O melhor exemplo era a Casa de Elsevier, editora mantida por uma famosa família de livreiros sediada em Leiden, a menos de cinquenta quilômetros de Amsterdam. Iniciada pelo patriarca Lodewijk Elsevier, a empresa prosseguiria nas mãos de filhos e netos — editores de Galileu Galilei e René Descartes, além de deterem o monopólio sobre os direitos de publicação das teses acadêmicas da Universidade de Leiden.[8]

Portanto, não foi à toa que Menasseh, em busca de uma atividade que lhe trouxesse melhores rendimentos, tenha passado a alimentar a ideia de montar a própria editora. Havia uma lacuna no mercado local de livros. Com exceção de iniciativas esporádicas, como as de Paulus Aertsz van Ravesteyn — o editor da polêmica travada entre Uriel da Costa e Samuel da Silva —, não existia em Amsterdam uma casa impressora voltada especificamente à comunidade judaica.[9]

Desde os mais simples livros de oração aos mais elaborados tratados filosóficos de autores judeus, passando inclusive pelas gramáticas escolares, quase toda a bibliografia disponível em hebraico era importada de centros editoriais asquenazes, como Basileia, Cracóvia, Lyon, Lublin e Praga. Além disso, praticamente inexistiam livros com temática judaica escritos em português e espanhol, devido às proibições da Inquisição na Península Ibérica.[10]

Menasseh tinha em vista então atender a duas necessidades imediatas: oferecer uma literatura de iniciação aos sefarditas que não dominavam o idioma sagrado e, ao mesmo tempo, abastecer a comunidade de textos hebraicos de maior densidade, editados na própria Amsterdam — o que baratearia os custos de fretes e intermediários, item de grande impacto na composição do preço final dos exemplares.[11]

Tornar os livros mais acessíveis e visar um nicho de leitores em particular não significava descuidar da qualidade gráfica. O plano era fazer com que a expressão "Impresso na Casa de Menasseh ben Israel, em Amsterdam" fosse vista como um sinete de excelência editorial. Era preciso utilizar papel de qualidade, leve e aveludado, apto à boa absorção de tinta e que não se esfarelasse nas mãos do leitor. Escolher tipos móveis de metal bem fundido, cujo uso frequente não produzisse desgastes precoces e indesejáveis falhas de impressão. Adquirir prensas modernas, a serem manejadas por tipógrafos hábeis e de larga experiência no ramo.

Acima de tudo, era fundamental saber equilibrar o catálogo. Produtos de maior expectativa de vendas ajudariam a financiar a edição de obras de interesse mais limitado. Livros de orações diárias, com largas tiragens, possibilitariam a publicação de textos eruditos, reservados aos sábios e estudiosos da Lei de Moisés. A médio prazo, uma editora judaica instalada em Amsterdam teria grandes chances de estender o raio de atuação para além dos limites de cidade, dada a facilidade de transporte gerada pelas rotas comerciais e pelos muitos canais que cortavam a região de ponta a ponta.[12]

De mercado consumidor de títulos estrangeiros, a chamada Jerusalém do Norte poderia se tornar um centro editorial exportador para o judaísmo na Europa. Bastava fazer com que os fardos de livros chegassem à feira de Frankfurt, ponto de encontro das caravanas de mercadores de peixe seco, lúpulo, vidro, metais, vinhos e azeites, mas também de livreiros que se concentravam na Büchergasse — a "rua dos livros" — para vender e comprar títulos das mais variadas procedências, inaugurando a tradição que daria origem a um grande evento anual realizado naquela cidade alemã.[13]

Menasseh pôs-se a executar o plano. A providência imediata foi encomendar a Nicolas Briot, especialista em cunhar e fundir fontes tipográficas, caracteres hebraicos. No contrato de compra e venda, no rodapé do qual ele assinou com o nome português — Manuel Dias Soeiro —, Menasseh encomendou oito diferentes famílias de fontes, com todos os sinais diacríticos próprios ao idioma, além de cercaduras, ornamentos e frisos decorativos. Ao mesmo Briot, comprou parte do espólio de uma das mais reputadas tipografias de Leiden, que pertencera à dupla de editores e livreiros humanistas Cristóbal Plantino e Franciscus Raphelengius, sogro e genro, ex-impressores oficiais da Universidade.[14]

O segredo de uma boa impressão começava na aquisição dos tipos móveis, resultantes de minuciosa artesania. Era preciso desenhar e gravar à mão as pequenas punções de aço, uma para cada caractere, com ferramentas próprias à arte da ourivesaria. Em seguida, martelar as punções sobre barras de cobre, para obter as matrizes em baixo-relevo, a serem preenchidas com uma liga de chumbo, estanho e antimônio, dando origem aos tipos propriamente ditos.[15]

Ordenados em caixas de madeira, o compositor os manuseava para montar o texto, letra a letra, palavra a palavra, linha a linha, até obter blocos de tamanhos equivalentes aos das páginas. Dali, a composição em metal ia para a prensa, onde era entintada e, comprimida sobre o papel, dava origem às folhas impressas. Seguiam-se então as não menos meticulosas fases de dobradura, corte e encadernação.[16]

Tudo aquilo demandava tempo, pessoal especializado e, claro, dinheiro. Além da compra inicial dos tipos, dos instrumentos de trabalho e da própria prensa, era necessário calcular os custos fixos com funcionários, papel e tinta. Menasseh precisou bater à porta de amigos e integrantes mais bem situados da comunidade, para tentar convencê-los a financiar os primeiros gastos e patrocinar projetos editoriais específicos. Fez-lhes ver que não estava a mendigar doações a fundo perdido. Buscava investidores dispostos a ganhar dinheiro com um negócio sólido, de grande futuro.[17]

Um dos primeiros a apostar no empreendimento de Menasseh foi Efraim Bueno, um ex-colega dos tempos de escola judaica, filho de proeminente família de médicos portugueses exilados em Amsterdam. O início, todavia, foi marcado pela cautela. De saída, Menasseh preferiu não arriscar muito. Providenciou, entre outros poucos títulos, uma edição barata do *Seder tefilot* (ou *Sidur*), o livro diário de orações, compilação de várias preces e bênçãos para serem recitadas nos cultos públicos e em rituais domésticos. Depois, decidiu publicar a sintética gramática hebraica do antigo mestre Isaac Uziel, em cujo manuscrito ele próprio, quando menino, recebera as primeiras lições do idioma sagrado.[18]

Ambas eram obras de venda rápida e garantida, impressas em formato pequeno, sem grandes ousadias gráficas. Nada que vaticinasse o fato de Menasseh vir a ser consagrado, dali a bem pouco tempo, como o mais audacioso editor judeu de toda a Diáspora — e, também, um dos autores mais lidos pela grande "nação hebreia".

A propósito, a marca tipográfica que escolheu para representar a editora trazia a figura de um peregrino, de cajado na mão e sacola às costas. "Como um romeiro apercebido", dizia a inscrição disposta em torno da imagem. "Apercebido", segundo os dicionários de época, tinha o sentido de "preparado", "equipado para uma missão".[19]

Nesse caso, a missão autoinvestida de Menasseh era semear as luzes do conhecimento pelo mundo, por meio da palavra escrita.

Ninguém nos Países Baixos esperava por tamanha humilhação. Ainda mais assim, tão fulminante. Apenas um ano depois de ter tomado a Bahia, a armada neerlandesa retornava para casa desfalcada — e vencida. Os homens a bordo, derrotados pelo inimigo e lançados de volta ao mar sem armas ou dinheiro, com provisões para apenas os três meses e meio necessários à viagem de volta, haviam capitulado em 30 de abril de 1625.

"Os vencedores não se defenderam com a mesma coragem com que triunfaram. Efeminando-se e entregando-se à licença, engolfaram-se em insólitos prazeres", acusou um cronista neerlandês, que denunciou os compatriotas por supostamente terem se entregado a orgias e bebedeiras, em vez de cuidar da manutenção da conquista. "Vencidos os holandeses mais pelos vícios do que pelas armas, voltaram para a sua terra inúteis à Companhia, vergonhosos para a pátria, desprezados pelo inimigo, sofrendo, assim, o infamante castigo de seu desleixo e perfídia."[20]

Nas negociações de cessar-fogo, aceitaram todas as condições impostas pelos luso-espanhóis: entregar o produto total das pilhagens — ouro, prata, joias, mercadorias e quaisquer outros bens materiais —, restituir prisioneiros sãos e salvos, retornar diretamente para as Províncias Unidas, sem lançar âncora ou fazer porto em nenhum outro local.

Acabrunhados, traziam as próprias explicações para justificar o malogro. Atribuíam o mau exemplo da devassidão aos próprios administradores nomeados para dar conta da tarefa de comandá-los: dois dos chefes, os irmãos Allert e Willem Schouten, que haviam passado mais tempo nos lupanares e tabernas do que à frente do posto de comando, beberam até morrer. O primeiro "morreu de repente, estando inchado de bebida", diziam as testemunhas.[21] O segundo "reprovou seu irmão quando vivia, por seu envolvimento com prostitutas e constantes bebedeiras, mas ele mesmo [...] portou-se de maneira muito pior".[22]

Do mesmo modo, os derrotados reclamavam por terem sido deixados à própria sorte em uma cidadela desguarnecida. Dois meses após a vitória, quatro navios foram mandados de volta aos Países Baixos, carregados de açúcar. Em seguida, o almirante Jacob Willekens também partiu da cidade, levando mais onze barcos, rumo a novas pilhagens no Caribe. Na sequência, o vice-almirante Piet Heyn seguiu com outras sete embarcações, para tomar feitorias e atalhar navios negreiros em São Paulo de Luanda, em Angola.[23]

Os que restaram em terra haviam esperado, em vão, que a Companhia das Índias Ocidentais repusesse as defesas e providenciasse reforços. Quando duas esquadras neerlandesas finalmente alcançaram as águas da baía de Todos os Santos, em 26 de maio de 1625, era tarde demais. Deram meia-volta e desapareceram no horizonte, ao perceberem que a cabeça da colônia estava cercada pela mais poderosa de todas as armadas que já haviam cruzado a linha equinocial: uma força luso-espanhola constituída por 52 embarcações, 13 mil homens e mais de mil bocas de fogo, sob o comando de um napolitano — Nápoles então fazia parte do grande império dos Habsburgo —, d. Fradique de Toledo Osório. Não haveria como resistir ao enorme contingente. Mas sustentaram a luta por cerca de um mês, até terem exauridas as forças. Bombardeados pelo mar e alvo de emboscadas por terra, içaram bandeira branca e se renderam.[24]

Na volta às Províncias Unidas, tão logo puseram os pés no cais, viram-se presos, julgados e condenados por omissão e covardia. Só não foram enforcados em praça pública por intercessão direta da princesa de Orange, Amália de Solms-Braunfels, que atendeu o pedido deles de clemência.[25]

Em Salvador, os brasileiros e portugueses que haviam se bandeado para o lado neerlandês durante a ocupação da cidade, indiciados por traição, não tiveram idêntica sorte. No dia seguinte à capitulação, o auditor geral do Exército espanhol, d. Gerónimo Quijada de Solórzano, ex-alcaide de Cádiz, mandou que todos os suspeitos de colaboração com o inimigo ficassem sob custódia na cadeia pública e fossem levados a interrogatórios — "sob tormento".[26]

As prisões no Brasil poderiam ter alcançado um número muito maior de pessoas, não tivessem os neerlandeses destruído um livro de registro, no qual constava o nome dos moradores de Salvador que haviam se submetido à ocupação, em troca da salvaguarda de suas propriedades. Contrafeito, Solórzano mandou prender preventivamente indivíduos denunciados como "gente da nação" — ou seja, judeus — pela visitação do Santo Ofício em 1618. Caso de um senhor de engenho, Dinis Bravo, do irmão Pascoal Bravo e de um próspero mercador, Duarte Álvares Ribeiro. Mesmo sob tortura, nada se provou contra os três. Foram absolvidos. A dois capitães portugueses, acusados de desertarem dos postos e auxiliarem os neerlandeses, infligiram-se multas pesadas e a exoneração dos respectivos cargos.[27]

O já falecido Manuel Rodrigues Sanches, senhor de engenho que anos antes ajudara Dierick Ruiters a fugir da cadeia, recebeu condenação póstuma, tendo sido confiscadas as propriedades que deixara de herança à família. Cinco indiciados — entre eles Diogo Lopes de Abrantes, o cristão-novo acusado de abrir a porta da muralha para o inimigo — foram enforcados em praça pública, no dia 30 de junho de 1625.[28]

Mas foram seis escravos, alforriados pelos neerlandeses e integrados a uma companhia militar comandada pelo ex-cativo Francisco Pombero, que pagaram o maior preço pela derrota. Condenados à forca e ao esquartejamento, tiveram cabeças, braços, pernas e troncos colocados no alto de postes, espalhados pelas ruas da católica Salvador. Era uma advertência para todos os demais negros que ousassem aderir a conluios de hereges e tramar contra a fé em Cristo.[29]

Em 1629, o editor Menasseh ben Israel começou a dar passos mais arrojados, mesmo sabendo que com isso poderia vir a confrontar, de modo perigoso, a ortodoxia dos líderes religiosos da comunidade judaica.

Até então, os títulos que saíam de sua prensa tinham recebido o aplauso unânime dos demais rabinos de Amsterdam. Foi cumprimentado por eles quando, em 1627, publicou um tratado moralista em hebraico, o *Sefer ha-yirah* (Livro da piedade), escrito no século XIII por um dos grandes mestres talmúdicos medievais, o asceta catalão Jonah Gerondi, que condenava a "imoralidade sexual generalizada do mundo".[30]

Menasseh recebeu redobrados louvores ao imprimir, em espanhol, uma edição comentada do Pentateuco segundo a liturgia sefardita e, em hebraico, uma pequena concordância bíblica, espécie de índice remissivo com as principais palavras-chave relacionadas nas Escrituras. Mas a boa vontade do *mahamadot*, a junta diretiva de representantes da comunidade, iria mudar dali por diante.[31]

Os problemas de Menasseh começaram com a chegada a Amsterdam de um ilustre filósofo, matemático, médico e astrônomo judeu que, para escândalo de muitos religiosos à época, tentava conciliar fé e ciência. Nascido na ilha de Creta, Joseph Salomon Delmedigo vivera em Veneza, Cairo e Istambul, onde frequentara indistintamente bibliotecas e salões de pensadores latinos, sábios árabes, hebreus caraítas e místicos cabalistas.[32]

Dessa convivência, adquiriu um saber enciclopédico, aprofundado em passagens posteriores por centros de estudos judaicos na Europa Oriental, entre a Lituânia e a Romênia. Aluno de Galileu Galilei na

Universidade de Pádua, tivera o privilégio de usar o telescópio inventado pelo mestre, considerado o pai da ciência moderna.[33]

Delmedigo não tinha em boa conta os que opunham o pensamento racional à presumida pureza da fé. "O obscurantismo invade tudo, a ignorância é terrível. Há por toda parte academias talmúdicas e casas de estudo, mas o próprio estudo talmúdico está decadente: as pessoas que o buscam só pensam em honrarias e vaidade", criticava. "Não têm qualquer laivo de conhecimento científico. Detestam qualquer sabedoria. 'Deus', dizem, 'não necessita de gramática, retórica, matemática, astronomia ou filosofia', [e alegam que] toda esta sabedoria profana foi inventada pelos gentios."[34]

O múltiplo repertório de Joseph Delmedigo, versado em filosofia, teologia e ciências naturais, impressionou Menasseh. A admiração foi recíproca. Em cartas ao estrangeiro, o filósofo recém-chegado, que estava com 38 anos, referia-se ao mais novo impressor de Amsterdam, de apenas 25, como "um grande amigo", "velho em sabedoria, embora jovem em anos". Delmedigo, que estava por concluir a escrita do primeiro livro — um tratado com mais de quatrocentas páginas —, mostrou os originais a Menasseh. Este logo se dispôs a publicá-lo, sem ponderar os riscos nos quais incorria.[35]

A obra tinha como ponto de origem uma série de questões religiosas e científicas enviadas a Delmedigo por um judeu da Lituânia, Zerach ben Natan, estudioso da cabala mística e da doutrina caraíta — a antiga ramificação do judaísmo que rejeitava a autoridade do Talmude e considerava a Torá como única fonte da revelação divina. As indagações diziam respeito a um amplo leque de temas — de paradoxos matemáticos a dilemas de ordem metafísica, de fórmulas de elixires médicos à existência do Inferno, de fenômenos astronômicos à ressonância das cordas musicais.

Intitulado *Sefer Elim* (O livro de Elim), Delmedigo reuniu as respostas em doze itens gerais e outros setenta mais específicos, para assim reproduzir um mapa simbólico e intelectual do oásis de Elim, cenário bíblico onde os israelitas teriam acampado após o êxodo do Egito, perto do mar Vermelho, saciados por doze poços de água e abrigados pela sombra de setenta tamareiras.[36]

Menasseh maravilhou-se com a engenhosidade da estrutura da obra e ficou animado com a possibilidade de editar um livro repleto de referências à astronomia de Ptolomeu, aos aforismos de Hipócrates, à trigonometria de Pitágoras, à filosofia de Platão e Aristóteles. Com isso, avançava em campo temerário. Delmedigo, entre outros tantos pontos polêmicos, questionava o geocentrismo — a tese de que o universo gira em torno da Terra — e elogiava a beleza e o acerto da teoria heliocêntrica de Nicolau Copérnico. "Quem não aceita esses argumentos só pode ser considerado um idiota perfeito", sentenciava o autor.[37]

Ao ridicularizar a ideia de que os céus seriam constituídos por esferas cristalinas nas quais os astros se movem, uma noção aristotélica endossada pela cosmologia de Maimônides, o livro de Delmedigo tinha o potencial de desagradar o rabinato mais refratário a heterodoxias do gênero. Em maio de 1629, quando correu na vizinhança a notícia de que Menasseh estava trabalhando na edição da obra, o *mahamadot* convocou-o para uma interpelação. Submeteu-o à comissão de notáveis, composta por integrantes de cada uma das congregações.[38]

Na reunião, decidiu-se pelo embargo imediato do livro, até proceder-se a uma análise mais aprofundada da obra. Comunicado de que deveria paralisar desde aquele momento a produção do volume, Menasseh ficou transtornado. Já se comprometera financeiramente, adquirindo estoques de papel, encomendando dezenas de ilustrações, gráficos, diagramas e tabelas, além de mandar gravar em metal um retrato do filósofo — a imagem de Delmedigo que passaria à história, de chapéu e capa, o rosto fino e magro, cavanhaque longo pendendo do queixo, o nariz adunco.[39]

Menasseh decidiu não assumir o prejuízo. Submeteu o caso ao julgamento do rabino Leon de Modena, em Veneza — sempre uma referência intelectual para os sefarditas e, aliás, ex-professor de Delme-

digo —, que deu permissão para que o livro fosse impresso. Sentindo-
-se desautorizado, o *mahamadot* intimou Menasseh mais uma vez, em
setembro do mesmo ano.[40]

Exigiu-se que ele trouxesse as páginas já impressas, a serem sub-
metidas dessa vez a um comitê de investigação, do qual fariam parte
Saul Levi Mortera, o rabino que testemunhara a excomunhão venezia-
na de Uriel da Costa, e Isaac Aboab da Fonseca, o colega que disputara
com Menasseh o primeiro lugar da turma nos tempos de escola ele-
mentar.[41]

Ambos haviam prestado serviços recentes à editora de Menasseh.
Mortera fizera a revisão do primeiro livro de orações publicado pela
casa. Aboab contribuíra com poemas inéditos para a concordância
bíblica lançada pouco depois. Mas, daquela vez, estavam em campos
frontalmente opostos. Responsável por indicar os textos que seriam
"contrários à honra de Deus, à Santa Lei e à boa moral", a comissão
de investigação censurou inúmeros trechos. Como o relatório final se
perdeu e os fragmentos proibidos jamais foram publicados, ignora-se
o teor exato das interdições.[42]

O que se sabe é que Menasseh foi obrigado a publicar a obra mu-
tilada, após o expurgo de inúmeras passagens. Apenas quatro das doze
grandes questões previstas para constar na primeira parte do volume,
por exemplo, foram liberadas para publicação. O que sobreviveu à te-
soura dos censores serviu para atestar o quanto o editor se esmerou na
produção do livro, repleto de esquemas e imagens. "Uma edição em
papel bonito e com tipos maravilhosos", definiu o próprio Delmedigo,
tão logo as primeiras páginas saltaram da prensa.[43]

Contrariado, Menasseh demoraria a se recompor da desfeita. Passaria praticamente um ano sem publicar mais nada. Nesse meio-tempo,
a ortodoxia de parte dos rabinos de Amsterdam seguiria a inquietar
muitos membros da comunidade. Por isso, comemorou-se em surdina
a notícia de que a Companhia das Índias Ocidentais estava recrutando
voluntários para uma provável segunda grande investida contra o Bra-

sil. Ainda inconformados com a derrota na Bahia, os acionistas da empresa continuavam apostando no açúcar como uma fonte inesgotável de lucro. Eram necessários soldados e marinheiros a fim de compor uma armada ainda mais poderosa do que as anteriores, mas também falantes de português que servissem de intérpretes para as negociações com luso-brasileiros após o desembarque.[44]

Em 13 de outubro de 1629, reunidos em Haia, os Estados Gerais votaram e aprovaram as regras destinadas a nortear a nova esquadra de guerra e a organizar a vida cotidiana, em caso de vitória. "A liberdade dos espanhóis, dos portugueses e dos nativos, sejam eles católicos ou judeus, será respeitada", dizia um dos artigos. "A ninguém será permitido molestá-los ou sujeitá-los a inquéritos em assuntos de consciência ou em suas residências particulares; que ninguém se atreva a inquietá-los, perturbá-los ou causar-lhes qualquer dificuldade."[45]

Não se sabe exatamente quantos judeus atenderam ao chamado e embarcaram, ao lado de outros 7 mil homens, na frota de 67 navios prestes a partir. Estima-se que eram muitos. Fatos posteriores iriam revelar que um grande número dos que ficaram em Amsterdam estava disposto a seguir-lhes o caminho, na expectativa de abandonar a Jerusalém do Norte para abraçar uma nova utopia: a imaginada Jerusalém dos Trópicos.

9. "Parecia um Dia do Juízo" (1630-31)

Na escuridão da noite, de arcabuz em punho, o jovem mercenário estrasburguês Ambrosius Richshoffer, sentinela do acampamento militar instalado nas areias da praia do Pau Amarelo — a oito quilômetros de Olinda, cabeça da capitania de Pernambuco —, contemplava os vaga-lumes que esvoaçavam no matagal. "Mosquitos [...] que brilham como mechas acesas", ele descreveu no diário de viagem, em caprichosa caligrafia. Os insetos, porém, o deixaram em sobressalto. Era preciso ficar atento para gritar o sinal de alarme no caso de vir a distinguir, em meio à nuvem de luzinhas esverdeadas, uma mínima claridade de cor diferente, vermelha ou alaranjada, que denunciasse o estopim de arma inimiga.[1]

Naquele 15 de fevereiro de 1630, uma sexta-feira, Richshoffer completara dezoito anos de idade. No caderno que trazia sempre consigo, registrou a passagem da data com nítida melancolia. Vinha tomando nota de tudo o que o havia conduzido àquele local perdido no meio dos trópicos. Começara a fazê-lo cerca de oito meses antes, no porto holandês de Texel, quando subira a bordo do navio *De Salamander* (A Salamandra), da Companhia das Índias Ocidentais. Filho de um negociante em Estrasburgo, o rapaz pedira demissão do emprego em Nuremberg e dera adeus ao patrão quando ambos faziam negócios na feira de Frankfurt. Em busca de aventuras, livre e desimpedido, descera o Reno até Amsterdam, para alistar-se no corpo das tropas mercenárias que preparavam a partida para rumo oficialmente ignorado — recrutamento já muito divulgado nas principais cidades europeias.[2]

No porto, prestara juramento solene ao lado dos demais companheiros de viagem: em caso de abordagem por algum barco inimigo, ajudaria a lançar fogo no paiol de pólvora do *Salamandra*, para mandá-lo pelos ares antes que fosse tomado pelos adversários. Firmado o compromisso, desfilou em marcha pelas ruas da cidade, ao rufar dos tambores e ao som dos clarins, empunhando a bandeira militar da unidade na qual estava engajado. Na cintura, levava uma espada prateada; à cabeça, o chapéu de plumas laranja, brancas e azuis, cores do pavilhão das Sete Províncias Unidas dos Países Baixos.[3]

No minucioso diário, Richshoffer registrou até mesmo a última refeição com que se regalou em terra firme: pão, queijo, manteiga, arenques frescos e cerveja — "do que mais tarde sentimos grande falta". À última hora, dividiu uma garrafa de vinho francês com alguns compatriotas, também alistados entre os 84 soldados que embarcaram no *Salamandra*, e viram-se transportados em direção ao Atlântico, "com a ajuda de Deus e o auxílio dos marinheiros".[4]

Nos primeiros momentos, não pensaram em comida. "Como o mar estivesse agitado e fizesse o navio jogar muito, a maioria da tripulação [...] esteve durante vários dias enjoada, não podendo ingerir nem conservar no estômago alimento algum." Refeitos da indisposição, um pouco mais habituados ao sacolejo das ondas, tiveram de lidar com problema oposto: a escassez de víveres. A cada oito dias, recebiam como ração individual apenas biscoitos e alguns gramas de manteiga.[5]

Três vezes por semana — domingos, terças e quintas-feiras —, tinham direito a uma refeição mais alentada. Iscas de carne salgada e toucinho imersas em um prato de favas. Comiam no convés, improvisando mesas com fardos de carga, em torno dos quais se espremiam até oito homens de cada vez. De ordinário, serviam-lhes papa de aveia, cevada e ervilhas para o jantar. Mais raramente, uma porção de bacalhau — "porém, de tudo tão pouco que dois homens com bom apetite teriam devorado as rações dos oito". A cada manhã, eram agraciados com uma única caneca de água, "a maior parte das vezes fétida".[6]

As calmarias, os ventos contrários, as tempestades, as borrascas, os aguaceiros, tudo merecia registro no diário de Richshoffer, um neófito dos mares, que parecia arrebatado pela experiência, apesar das dificuldades de percurso. Os encontros com cardumes de peixes-voadores, assim como a visão de tartarugas, arraias, golfinhos, cachalotes e baleias, eram anotados com indisfarçável regozijo.[7]

"Pescamos um tubarão maior do que um homem", registrou, tão logo o navio atingiu a linha do equador. "Içamo-lo com grande trabalho para bordo e matamo-lo a machadadas, servindo depois de alimento à tripulação." Saciada a fome, restava a secura na garganta. "Pairávamos sob a linha equinocial, onde não só experimentamos grande calor e outros incômodos, como também sofremos de uma sede intolerável, que nem tudo se pode descrever."[8]

As muitas mortes a bordo valiam registros pesarosos no diário de Ambrosius Richshoffer. Marinheiros e soldados, homens rijos e acostumados ao mar, eram derrubados por febres malignas, escorbuto e, a maior parte, disenteria — moléstias decorrentes da má qualidade da água e da péssima conservação da comida. "Nosso biscoito, [...] com o ar que apanhou, encheu-se de pequenos vermes e besouros vermelhos."[9]

As condições de higiene a bordo eram deploráveis. "Faleceu nosso tambor, chamado Gerhard Joris, o qual pouco antes de morrer estava coberto de piolhos, que quase o devoravam", escreveu o jovem estrasburguês. "Apesar de o meterem, inteiramente nu, dentro de uma tina de água do mar, esfregarem-lhe fora a bicharia com uma vassoura e vestirem-lhe uma camisa limpa, logo encheu-se outra vez deles, e não só inchou extraordinariamente como ficou cego."[10]

À altura das ilhas do Cabo Verde, tradicional ponto de encontro das esquadras no Atlântico, houve a reunião dos 67 navios saídos de diversos pontos da Holanda, transportando o total de 7 mil homens. Na travessia oceânica, morreriam cerca de duzentos deles. Outros 1500 chegariam enfermos à margem oposta do oceano. No *Salamandra*, dos 84 que partiram de Texel, 23 pereceram pelo caminho. "De sorte que, antes do começo da empresa, já havíamos perdido cerca de uma oitava parte da tripulação", contabilizou Richshoffer.[11]

O corpo dos que morriam em alto-mar era envolto em um pano de vela, costurado nas extremidades em forma de saco, para o sumário funeral. "Pegaram-no pela cabeça e pelos pés, contaram — 'um, dois, três' — e o lançaram por cima da amurada ao mar, onde [...] será devorado pelos peixes, e não pelas cobras e vermes." O final da viagem não prometia melhores chances de sobrevivência aos que haviam resistido, incólumes, à doença, à fome e à sede. Em um navio de guerra, o término da jornada marítima significava o início de maiores provações.[12]

"No dia 11 [de fevereiro de 1630], o senhor general, depois de [...] reunir o Conselho de Guerra, entregou a cada patrão de navio uma carta, na qual estava escrito o objeto da nossa empresa." Iriam atacar a capitania de Pernambuco, no Brasil. As ordens imediatas eram para que "os soldados preparassem suas armas, enchendo bem as bolsas com pólvora, balas e morrões". Os canhões também deviam ser testados e preparados para o combate: "Todos os artilheiros e arcabuzeiros tiveram que disparar as peças, limpá-las e carregá-las de novo".[13]

Havia um expediente que não podia ser desprezado. Um recurso de efeito moral, concebido para inflar os ânimos no convés e atemorizar o inimigo em terra: "Aprestamos os navios para a luta, cobrindo as amuradas com panos vermelhos, içando no alto dos mastros longos galhardetes e, na haste da bandeira de cada navio as flâmulas de sangue" — no caso dos neerlandeses, bandeiras escarlates, símbolos da guerra, onde se via a figura de uma mão empunhando uma espada.[14]

"A 15 [de fevereiro], chegamos tão próximo à costa que não só distinguimos perfeitamente a cidade de Olinda, de Pernambuco, como vimos os dois fortes junto à aldeia Povo [como então era conhecido o vilarejo do Recife, onde estava situado o porto]." O almirante Hendrick Lonck, que dois anos antes coadjuvara o corsário Piet Heyn no assalto a uma frota espanhola carregada de prata das colônias americanas — pilhagem que, aliás, financiara aquela esquadra para o novo ataque ao Brasil —, esboçou aos capitães o plano ofensivo.[15]

Comunicados os detalhes, tomaram-se posições. Ao pôr do sol, Lonck dispôs trinta navios, arranjados na forma de meia-lua e com os canhões apontados para os dois fortes do lugar, o São Jorge, construído na areia da praia, e o do Mar, estabelecido sobre a barreira de arrecifes que servia de muralha natural ao porto. À frente das demais embarcações, o chefe da infantaria, coronel Diederik van Waerdenburch, veterano de guerra, bordejou para um ponto desabitado, ao norte de Olinda, na praia do Pau Amarelo. Lá, desembarcou três canhões, setecentos marujos e cerca de 2 mil soldados. Entre eles, Ambrosius Richshoffer.[16]

O calvinista Joannes Baers, responsável pelo serviço religioso do navio *De Fame* (A Fama), onde viajava o coronel Waerdenburch, também deixou por escrito o seu testemunho da jornada. "Passei a maior parte dessa noite acordado em oração com o senhor coronel, o qual desejou que eu ficasse ao seu lado, ajudando-o a rezar", escreveu. "Conquanto me deitasse, não pude dormir, e ouvi também que o senhor coronel estava acordado, suspirando e rogando a Deus. Então levantei-me e dirigi-me para junto do seu leito; ele ergueu-se [...] e, em nosso isolamento perante Deus, nos entregamos à oração, ajoelhados."[17]

Pelo decidido no conselho de bordo, tão logo amanhecesse, começaria a dupla investida. O almirante Lonck iniciaria, a partir dos navios, o bombardeio contra o porto e as duas fortalezas. O coronel Waerdenburch marcharia com os homens, por terra, para tomar Olinda.[18]

"Meu senhor! Ide com Deus no coração e preces na boca, e, em nome do Senhor, tomai em mãos esta espada para valorosamente arrostar o inimigo, combatê-lo e desbaratá-lo", exortou Baers, abençoando as armas do coronel. "O Príncipe da Vida marchará à nossa frente com uma espada nua, como o fez ante Josué, pelo qual tomou a cidade de Jericó, e batalhará diante de vós, vos guardará e concederá vitória."[19]

Do outro lado do front, também se lançavam rogos a Deus. Foram tantas balas de canhão "que parece que choviam do mar para a terra", descreveu o frei Manuel Calado, o "Manuel dos Óculos" — português de Vila Viçosa, no Alentejo, pregador que vivia em Pernambuco sob consignação de seus superiores da Ordem de São Paulo. Assim como ocorrera seis anos antes na Bahia, a maior parte da população da cidade tratou de fugir ao troar dos tiros. Mulheres e crianças foram as primeiras a serem mandadas para longe do fogo cruzado.[20]

"Grande desamparo e confusão em que se viram as viúvas, casadas e donzelas, e os meninos inocentes, por ásperos caminhos deles nunca vistos, nem andados, metendo-se por atalhos, que iam parar nos meios dos matos desertos, passando rios com grande descomodidade", narrou Manuel Calado, "e com tanta pressa, que o marido não sabia da mulher, nem a mãe dos filhos, e filhas; o temor era grande, o perigo certo, a morte presente."[21]

Calado atribuía aquele infortúnio a duas grandes maldições. A primeira provinha de Deus. Toda aquela desdita seria um castigo divino contra a devassidão dos moradores que, pervertidos pela riqueza do açúcar, teriam esquecido da religião e se entregado aos vícios mais torpes. "Sucedeu-lhes o que aos que viveram no tempo de Noé, que os afogaram as águas do universal dilúvio, e como a Sodoma, e Gomorra, e às mais cidades circunvizinhas, que foram abrasadas com fogo do céu."[22]

Para Calado, o pecado era o grande artífice de todas as infelicidades e desgraças — e a lista de iniquidades humanas em Pernambuco, segundo ele, revelara-se longa. "Os amancebamentos públicos sem emenda alguma, porque o dinheiro fazia suspender o castigo; as ladroíces, e roubos sem carapuça de rebuço; as brigas, ferimentos e mortes eram de cada dia; os estupros, e adultérios, moeda corrente." A corrupção grassaria solta: "Os ministros da Justiça, como traziam as varas mui delgadas, [quando] lhe punham os delinquentes nas pontas quatro caixas de açúcar, logo dobravam".[23]

Em suas perorações, frei Manuel Calado evocava o trocadilho profético do dominicano Antônio Rosado, o mais novo visitador do Santo Ofício na colônia, que um ano antes advertira os olindenses sobre os perigos que rondavam o lugar: "De Olinda a *Olanda* não há aí mais que a mudança de um 'i' em 'a', e esta vila de Olinda se há de mudar em *Olanda*, e há de ser abrasada pelos holandeses antes de muitos dias; porque [se] falta a justiça da terra, há de acudir a do céu".[24]

A segunda maldição denunciada por frei Calado seria obra maligna de Satanás, decorrência direta da presença de indivíduos que judaizavam em segredo, seguindo a Lei de Moisés em pleno solo cristão. A exemplo do que já ocorrera em Salvador, também seria atribuída a eles, judeus, a suposta traição de franquear aos hereges calvinistas os mapas da capitania e conduzi-los nas trilhas para chegar à cidade. Os neerlandeses teriam sido, no dizer de Manuel Calado, "guiados por dois mulatos, que certos cristãos-novos lhe haviam mandado".[25]

De acordo com o que afirmou em suas memórias o próprio donatário da capitania, Duarte de Albuquerque Coelho, um certo Antônio Dias Paparrobalos, homem "da nação hebreia, que havia estado comerciando em Pernambuco e há pouco havia fugido para a Holanda", indicara pessoalmente às tropas de Waerdenburch o caminho a seguir após o desembarque.[26]

Foi essa a versão que vingou. O estigma do judeu traiçoeiro, eternamente envolvido em conspiratas e tramas secretas, entraria para os anais da historiografia brasileira encarnado na figura do tal Paparrobalos, indivíduo de cuja existência pouco se sabe, além da acusação de ter sido um "pérfido traidor".

Havia, sim, judeus na esquadra comandada pelo almirante Hendrick Lonck. Diante do fato de a Companhia das Índias Ocidentais necessitar de intérpretes para estabelecer contato com os luso-brasileiros, estiveram a bordo muitos representantes da comunidade portuguesa de Amsterdam. Entre os 7 mil homens da esquadra, não deveriam ser poucos os que tinham parentes no Brasil — fugitivos da Inquisição tanto quanto eles.[27]

Há rumores, inclusive, de uma unidade composta exclusivamente por soldados judeus. Do total dessa tropa, estimada em uma centena de indivíduos, conhecem-se alguns poucos nomes, todos citados em depoimentos prestados ao Santo Ofício — o que por si só põe em dúvida a informação, tendo-se em vista os métodos pelos quais os inquisidores arrancavam confissões aos réus. Um certo Diogo Peixoto, aliás Moses Cohen, teria sido nomeado capitão, cabendo a Antônio Mendes Peixoto, aliás, Joshua Cohen, e Francisco Serra, aliás, Jacob Serra, o posto de alferes.[28]

Mas não existia, no diário de Ambrosius Richshoffer, nenhuma menção a qualquer guia. Muito menos constava algo a respeito disso no relatório reservado que o coronel Diederik van Waerdenburch enviou dias depois à Companhia das Índias Ocidentais. Eles não seriam necessários. Os neerlandeses já possuíam descrições pormenorizadas da costa pernambucana. "Pau Amarelo é um porto que fica duas léguas e meia ao norte de Pernambuco, onde podem entrar os navios de cem toneladas. A costa lá faz uma enseada comprida de mais de uma légua", dizia um dos documentos.[29]

Nas instruções secretas recebidas pelo almirante Lonck estava assinalado o local exato do desembarque, bem como estavam detalhadas as distâncias que separavam Pau Amarelo de Olinda, com destaque para os obstáculos naturais — matagais, rios e riachos — a serem encontrados ao longo do caminho. Tais informações eram repassadas a Amsterdam por uma rede de espiões e agentes duplos dos dois lados do oceano, circuito que incluía comerciantes, marinheiros e os próprios funcionários estrangeiros a serviço das autoridades portuguesas na capitania. Um certo Rouy Jansz de Haarlem, por exemplo, artilheiro das tropas oficiais do Recife, enviava informes circunstanciados à Holanda.[30]

O nível de detalhamento do trabalho de espionagem era surpreendente. Em um mapa desenhado em algum momento imediatamente anterior à expedição de guerra estava citada cada rua de Olinda, com indicações precisas da topografia, do tipo de pavimentação e até mesmo das larguras e comprimentos dos logradouros. Para facilitar comparações e equivalências, relacionavam-se as distâncias com cenários bem conhecidos dos holandeses: "Da cadeia à casa do capitão-mor é a terça parte da Breestraat [uma das ruas de Amsterdam]".[31]

"O valado ou cerca dos jesuítas tem no declive do monte chácaras muito bonitas; o colégio fica na parte mais alta do monte, e das casas até o mar o caminho desce sempre", pormenorizava também o mapa de Olinda em poder dos neerlandeses.[32] Era exatamente o colégio dos jesuítas, situado à entrada da cidade, o primeiro alvo programado para o ataque das tropas de Waerdenburch abarracadas no Pau Amarelo. Logo ao alvorecer, os homens levantaram acampamento, empunharam as armas e aceleraram o passo.

Para que nenhum soldado menos destemido olhasse para trás e revelasse o desejo de fugir à luta, Waerdenburch ordenou que as chalupas retornassem aos navios de origem. "De sorte que não havia meio de escapar senão pelejando varonilmente, porque quem se lançasse ao mar seria batido e morreria infamemente", registrou o predicante calvinista Joannes Baers.[33]

O primeiro embate se deu seis quilômetros ao norte de Olinda, às margens do rio Doce, onde fora improvisada uma paliçada de defesa.

Ali se encontravam cerca de 1800 homens, a cavalo e a pé, calculou Richshoffer no diário de viagem, daí por diante transformado em relato de guerra. "Travou-se uma violenta peleja, ficando de ambos os lados muitos mortos no terreno e não menos feridos. [Mas] após longo batalhar conseguimos expulsar os inimigos da sua vantajosa posição." Depois de atravessar o rio a vau, a marcha prosseguiu pela praia. Tiros de canhões disparados a partir de barcaças davam cobertura ao avanço dos neerlandeses.[34]

Baers exultou, incensando a ação do coronel Waerdenburch. "O Senhor Deus às vezes não só designa maravilhosamente alguém para um feito especial, mas também adorna-o com os dotes externos necessários à execução da missão para a qual quer empregá-lo." A apenas cinco quilômetros do centro de Olinda, o rio Tapado serviu como segunda barreira de contenção. Mas, a esse ponto, os defensores anteriormente abrigados por trás de uma muralha de estacas debandaram antes do prenunciado tiroteio.[35]

"Foi atendida a nossa súplica, em que pedimos a Deus que amedrontasse os nossos inimigos", benzeu-se Baers.[36] Transposto o obstáculo sem maiores dificuldades, as forças de Waerdenburch investiram contra o colégio dos jesuítas. As portas, protegidas por barricadas, foram derrubadas a ferro e fogo. Dali a pouco, a imagem das flâmulas neerlandesas tremulando na torre do prédio convenceu os últimos resistentes a debandar: quando os homens de Waerdenburch adentraram a cidade, já a encontraram deserta.[37]

"Cada qual foi parar aonde as forças lhe faltaram e aonde levou sua ventura ou desgraça", lamentou frei Manuel Calado, o "Manuel dos Óculos". "Aqui ficava a donzela desmaiada no caminho, ali choravam as crianças, de acolá gritava o outro: 'aqui vem o inimigo'." Como de praxe, seguiu-se o saque às residências e ao comércio local. Mas, porque os moradores haviam tido tempo de retirar e levar consigo os bens mais valiosos, o assalto desandou em um espetáculo farsesco.[38]

Depois de sorver todas as barricas de bebida que encontraram, os mercenários desfilaram pelas ruas envergando vestidos e sapatos de senhoras, fazendo pilhérias. Outros bailavam em vestes das confrarias religiosas, entoando falsas orações e blasfêmias. Houve denúncias de altares profanados, adereços litúrgicos destruídos, imagens sacras quebradas a machadadas, pauladas e pontapés.[39]

"Muitos [...] que se encheram de vinho de Espanha ficaram deitados nas ruas e casas como brutos irracionais", reconheceu Richshoffer, constrangido.[40] "A barafunda e alarido era tanto, que com a muita mosquetaria, que disparavam, parecia um Dia do Juízo", lamuriava-se, por seu turno, frei Calado.[41]

A esse ponto, apenas os dois fortes do porto resistiam. Mas, vendo-se abandonado pelas próprias tropas de defesa, o governador de Pernambuco, Matias de Albuquerque, irmão do donatário Duarte de Albuquerque Coelho, ordenou que os armazéns e os navios carregados de açúcar, tabaco, gengibre e pau-brasil fossem incendiados. Com o Recife em chamas, o governador ensaiou uma reação, mas logo partiu para os mesmos matagais onde a população e seus próprios soldados haviam se abrigado. Ali, às margens do Capibaribe, construiriam um acampamento entrincheirado, ao qual dariam o nome santo de arraial do Bom Jesus.[42]

A eles se juntariam sacerdotes jesuítas, convocados a compor a resistência à frente de batalhões de indígenas armados de arco e flecha. Um dos missionários que mais se destacaram na missão de transformar aldeias em quartéis auxiliares foi o clérigo Manuel de Morais, superior da Companhia de Jesus no aldeamento de São Miguel de Muçuí. Localizado a cerca de quarenta quilômetros de Olinda, reunia tabajaras e potiguaras, dois povos do grande tronco linguístico dos tupis.[43]

Mameluco — "homem de poucas carnes e muito escuro", conforme a descrição de um contemporâneo —, falante da língua nativa desde criança, o padre Morais tornou-se o "capitão dos índios" do arraial do Bom Jesus. Chefiava um exército de flecheiros que tinha como lugar-tenente um potiguara catequizado por ele, Antônio Felipe Camarão. Juntos, missionário e discípulo pegaram em armas em nome da defesa do catolicismo contra o inimigo calvinista.[44]

Enquanto uns clamavam aos céus para protegê-los na tarefa de organizar a resistência, outros agradeciam a Divina Providência pela vitória. "Pela graça de Deus hei conquistado esta cidade de Olinda", comunicou o coronel Waerdenburch em relatório aos Estados Gerais. "Trata-se, com efeito, de uma cidade que, ajudada e provida do necessário, poderá tornar-se insuperável", prognosticou.[45]

Para consolidar a conquista, a Companhia das Índias Ocidentais passou a incentivar a migração para o Brasil. Famílias que quisessem se instalar nos trópicos teriam custeadas as despesas para a travessia atlântica. Os residentes nos Países Baixos que se dispusessem a partir para Pernambuco receberiam a passagem de graça, benefício extensivo a cônjuges e dependentes. O frete pelo transporte de bagagens e móveis também seria arcado pela WIC.[46]

Estimulava-se ainda a formação de grupos entre 25 e cinquenta integrantes para constituírem sociedades de colonização. Em quaisquer dos casos, seriam concedidos "a toda e qualquer pessoa ou pessoas, conforme as circunstâncias de sua família e da profissão a que se for dedicar [...] uma certa área de terras ou algum terreno ou casa desocupada que lá houver, para com isto se manterem e residir". Nos dois primeiros anos após a chegada, os colonos estariam livres do pagamento de taxas ou impostos. A partir do terceiro, seria cobrada uma alíquota de 10% pelo fruto dos trabalhos executados e um valor equivalente a 25% das propriedades recebidas na assinatura do contrato.[47]

A chance de recomeçar a vida, pela segunda vez, persuadiu muita gente. Numerosas famílias judaicas em Amsterdam, que haviam fugido de Portugal para escapar à Inquisição, inscreveram-se para obter o benefício. Em especial, aquelas que não tinham conseguido ascender socialmente na Holanda. A perspectiva de participar de um novo mundo em formação, no coração da economia açucareira, atraiu os interessados.[48]

Havia um motivo adicional para se reconsiderar a permanência em Amsterdam. A conquista de Pernambuco coincidiu com a eclosão de um inflamado debate na comunidade judaico-portuguesa da cidade. Em 1631, o espanhol frei Diego de la Encarnación fez uma consulta, por carta, ao rabino Saul Levi Mortera, da Beth Jacob. O clérigo queria saber, entre outros temas de doutrina religiosa, qual o entendimento que o rabino tinha a respeito do destino das almas dos cristãos-novos que, por acaso, morressem fora do judaísmo. Era o caso dos amigos e parentes portugueses que não quiseram ou não conseguiram escapar para a Holanda e ainda viviam como católicos na Península Ibérica. Mas também dos antepassados da gente da nação hebraica que, ao longo dos séculos, faleceram nas "terras da idolatria".[49]

A resposta de Mortera, tornada pública, chocaria os judeus de Amsterdam.

10. "Assim ardeu a infeliz Olinda" (1631-36)

Não haveria muitas chances de salvação para as almas dos que morriam longe do judaísmo. Mesmo os que tinham sido proibidos de emigrar das terras da idolatria eram considerados culpados aos olhos de Deus, sentenciou o rabino Saul Levi Mortera, na resposta escrita à pergunta do espanhol frei Diego de la Encarnación. Assim como os ímpios e os apóstatas, estes seriam castigados por não terem ousado se lançar ao risco da fuga, em busca de algum lugar onde pudessem professar a verdadeira fé.[1]

Idêntico destino teriam os cristãos-novos que ora permaneciam em Portugal ou Espanha, afiançava Mortera. Eles também seriam "totalmente abominados [pelo] Senhor". Ainda mais porque, desde 1629, uma carta régia assinada em Madri permitia que todos partissem da Península Ibérica, sob o devido pagamento de taxas de saída. Se, mesmo assim, insistiam em viver sob a égide dos "papistas" — expressão pejorativa para definir os católicos —, estariam fatalmente condenados à perdição eterna.[2]

O mesmo não poderia ser dito de certos cristãos-novos que, antes católicos sinceros, haviam fraquejado à tortura e se confessado como judeus arrependidos — embora jurando em falso — aos carrascos da Inquisição. Livres da fogueira na condição de "reconciliados" com a Igreja, muitos deles condenados ao uso perpétuo do sambenito nos autos de fé, haviam garantido a preservação de suas almas ao se refugiar na Holanda e ao abraçar a religião dos antepassados. A rigor, pela lógica expressada por Mortera, a Inquisição teria sido, por vias oblíquas, um instrumento de salvação e de reencontro dos cristãos-novos com a Lei de Moisés.[3]

Tal linha de raciocínio provocou reações atônitas no seio da comunidade. Sugerir qualquer aspecto positivo na ação persecutória da Inquisição soava como uma infâmia. Vindo da boca de um asquenaze, cuja família não sofrera os tormentos dos tribunais ibéricos do Santo Ofício, o enunciado sugeria total incompreensão em torno da condição sefardita. "Do pouco sofrimento nasce muitas vezes o fazer sofrer muito", já dizia a antiga máxima.[4]

Os ânimos tornaram-se ainda mais acirrados quando Mortera passou a bradar aquelas proposições em sermões públicos na congregação Beth Jacob. No fundo, apenas buscava resguardar a ideia de que não haveria pecado maior para um judeu do que negar o próprio judaísmo. Somente os seguidores da Torá poderiam aspirar à salvação, justificava. Na defesa do argumento, Mortera feria suscetibilidades entre os que cultivavam a memória de familiares benquistos, sepultados no solo da Península.[5]

Um dos primeiros a se insurgir contra o entendimento de Saul Levi Mortera foi Isaac Aboab da Fonseca, seu assistente imediato na Beth Jacob. Para ele, que vinha se aprofundando nos estudos da cabala, a corrente mística do judaísmo, todos os descendentes de Israel — "o povo eleito de D'us" — estavam destinados a receber o beneplácito da vida eterna. Os espíritos dos cristãos-novos portugueses, mesmo aqueles que pela força das circunstâncias haviam morrido sob o catolicismo, teriam também a garantia de um bom lugar na vida após a morte. Em séculos de perseguições, até podiam ter esquecido sua origem sagrada;

mas Deus, por certo, não se esquecera deles. Suas almas sofreriam transmigrações progressivas, passando por um processo de evolução espiritual, até alcançar o estado de pureza necessário à salvação.[6]

Havia uma diferença de fundo a separar Mortera e Aboab. O primeiro, talmudista, interpretava a Torá por um viés jurídico e normativo, acolhendo-a como um conjunto de prescrições para o ordenamento da vida em comunidade. O segundo, ao contrário, cabalista, considerava as Escrituras um território cheio de mistérios e segredos a serem decifrados, recusando-se a admitir a validade eterna das leituras hebraicas.[7] Para um observador mais desatento, tudo aquilo poderia parecer uma discussão meramente doutrinária, circunscrita às rivalidades pessoais e às disputas de poder no âmbito do rabinato local. Mas a querela produziria desdobramentos históricos cruciais.

A exemplo do que sempre ocorria no caso de discrepâncias internas nas congregações de Amsterdam, a questão foi levada ao julgamento dos sábios de Veneza, que deram imediato ganho de causa a Mortera, fortalecido no embate. Nenhum judeu, vivo ou morto, poderia alimentar a esperança na salvação sem ter prestado obediência às leis sagradas, deliberaram os árbitros venezianos.[8]

Houve evidente mal-estar entre as centenas de portugueses que tinham adotado Amsterdam como a Terra Prometida. Com base nos pressupostos de Mortera, logo começariam a ter proibidos os pedidos de oração em homenagem às almas de parentes mortos na Península Ibérica. Não admira que muitos integrantes da comunidade apenas aguardassem melhor definição do que ocorria no Recife para então correr às agências de recrutamento de colonos da Companhia das Índias Ocidentais. A austeridade do rabino soava excessiva aos ouvidos de indivíduos recém-convertidos, ainda vacilantes em abraçar, integralmente, a rigidez do judaísmo.[9]

Não importava que o Brasil fosse tão longe. "Ainda que o teu desterro esteja na extremidade dos céus, dali te ajuntará o Eterno, e dali te tomará", estava escrito no Deuteronômio, o quinto livro de Moisés.

* * *

Amsterdam acompanhava com redobrado interesse os acontecimentos no Brasil. Nos registros dos tabeliães da cidade, firmavam-se apostas entre os moradores, que disputavam para ver quem acertava os passos subsequentes da investida transatlântica. O público local estava tão familiarizado com as notícias sobre cenários do outro lado do oceano que, em tais palpites, citava nominalmente localidades, fortalezas e acidentes geográficos específicos, tentando adivinhar, à distância, quando cada baluarte entraria em poder das Províncias Unidas.[10]

"O forte chamado Nazaré [situado no cabo de Santo Agostinho], com os portos e fortificações que dele dependem, cai em mãos da Companhia das Índias Ocidentais antes de 19 de março", apostou um cidadão na Holanda, Matheus de Vick Jonge, referindo-se a uma das linhas defensivas da costa pernambucana, situada à foz do rio Ipojuca, a quase 9 mil quilômetros dali. Um amigo, Pieter Meulemans, discordava. E ainda se arriscava a dizer que a Paraíba, então atacada, permaneceria de pé por muito mais tempo além daquela data. Vick Jonge aceitou o desafio. Jogo feito, valor acertado, registro lavrado pelo notário, voltavam-se os olhos para as novidades nas páginas dos jornais.[11]

Os informes então mais recentes davam conta de que, se os assaltos a Olinda e ao Recife tinham sido relativamente fáceis, a Companhia vinha enfrentando dificuldades para ampliar o perímetro de ação. Após o sucesso da ofensiva inicial, o grosso da armada de ocupação deixara o Brasil, rumo a novas conquistas militares. Entrincheirados no arraial do Bom Jesus, coadjuvados pelos indígenas aldeados sob o comando do padre Manuel de Morais e de Felipe Camarão, os luso-brasileiros promoviam rápidas e sucessivas operações noturnas a partir da mata fechada, em tocaia ao inimigo. Os neerlandeses estavam restritos aos trechos de praia, sem conseguir adentrar as áreas do cultivo de cana-de-açúcar, objetivo prioritário da ocupação.

"Postos em emboscadas, cada dia [lhes] faziam tanto dano, que

andavam assombrados", vangloriava-se o frei português Manuel Calado, o Manuel dos Óculos, que assim como o jesuíta Manuel de Morais
tornou-se ele próprio um combatente, chefiando um grupo de 75 guerrilheiros, entre brancos, negros e índios.[12]

"Esse trabalho no mato era algo estranho para [nós], [...] essa
invenção assassina matou-nos muitos homens", admitia um mercenário inglês, Cuthbert Pudsey, nas anotações tomadas no calor da hora,
em páginas encapadas com couro marrom de bezerro.[13] A limitação à
faixa litorânea impedia até mesmo o reabastecimento de água, carne e
vegetais necessários à manutenção das tropas neerlandesas. Sitiados,
frustrados em suas intenções, os comandantes responsáveis pela ocupação observavam os estoques de víveres despencarem a níveis alar-
mantes.[14]

"As mais das vezes as rações de pão ou provisões distribuídas para oito dias mal chegam para dois", afligira-se o jovem estrasburguês
Ambrosius Richshoffer. "Achamo-nos na alternativa de ou expulsar-
mos o inimigo da sua vantajosa posição ou morrermos de fome." De
acordo com as confidências feitas pelo soldado ao inseparável diário,
só lhes restara recorrer a uma última fonte de sustento, enquanto permaneciam encurralados no litoral, sem acesso ao interior da província:
devorar "cães, gatos e ratos".[15]

No rescaldo da tática de guerrilha — que passou a ser conhecida
como "guerra brasílica" —, os corpos dos que caíam em combate, deixados para trás, eram trucidados pelos agressores. Quando os soldados
de uma unidade avançada se viram surpreendidos enquanto colhiam
cajus em um bosque nativo, os guerrilheiros não hesitaram em derru-
bá-los das árvores, a tiros e flechadas. No chão, mortos e feridos tiveram as cabeças cortadas. "Degolamos 160", computou o donatário
Duarte de Albuquerque Coelho.[16]

Em represália, os capturados em combate pelos neerlandeses eram
eliminados de modo sumário, sob o pretexto de evitar novas bocas
para alimentar — ou mesmo por simples e declarada vingança. "Dois

prisioneiros foram enforcados em uma árvore, em cima do monte junto ao convento", registrou Richshoffer, após uma das incursões mato adentro. "Motivou esta punição o modo desumano por que os brasilienses ou selvagens tratam os nossos, assassinando-os e mutilando-lhes atrozmente os cadáveres."[17]

A ferocidade revelava-se de parte a parte. Há relatos, dos dois lados em confronto, a respeito de línguas cortadas e mãos decepadas como castigo para acusados de traição, órgãos genitais amputados e enfiados na boca de oponentes mortos, cabeças estraçalhadas a golpes de porrete, macabras coleções de cartilagem humana espetada na ponta do florete, à guisa de troféu. "O meu senhor major de Berstedt, como heroico cavalheiro que era, ofereceu ao senhor coronel a sua espada cheia, até a metade da lâmina, de narizes e orelhas, e ainda outros fizeram-lhe igual presente", descreveu Richshoffer, que de soldado raso logo seria promovido a sargento, por atos de bravura.[18]

Era também frequente a tortura de presos para se arrancarem informações sobre a localização de tropas inimigas. Mas também se aplicavam suplícios por mero espírito de desforra. De tanto ser supliciado, um neerlandês de nome Adriaen Verdonck, que morava no Recife havia muitos anos e fora flagrado enviando cartas ao arraial, tentou suicídio atirando-se do alto dos muros da prisão.

"Sofreu apenas um pequeno buraco na cabeça, sendo em seguida ainda mais severamente torturado e melhor guardado", informou o inventário de horrores no qual se transformara o antes ingênuo diário de Richshoffer. Depois de o submeterem a novos martírios, amarram e arrastaram Verdonck pelo chão até o patíbulo. "Foi estrangulado, sendo-lhe cortados dois dedos e a cabeça. Em seguida, foi esquartejado. Colocaram a cabeça num alto poste." Duas partes do corpo ficaram penduradas em estacas no Recife, outras duas seriam mandadas para Olinda.[19]

No decorrer das escaramuças, pouco a pouco os neerlandeses também começaram a adotar táticas de guerrilha, aliando-se aos indígenas

tapuias — rivais dos tupis — e infligindo perdas progressivas aos luso-
-portugueses. "O tempo o ensinava [o inimigo] a imitar o nosso modo
de fazer-lhe a guerra até então, aprendendo tanto à sua custa, que se
tornaram mui bons mestres", constatou um preocupado Albuquerque
Coelho, em suas memórias de guerra.[20]

Tendo recuperado o poder de ofensiva, os neerlandeses incendia-
vam engenhos e canaviais que encontravam pelo caminho, para desa-
lojar e provocar prejuízos aos adversários. A chegada de novos navios
da Companhia das Índias Ocidentais possibilitou o ataque simultâneo
a outros pontos do litoral, quebrando-se finalmente o cerco em torno
de Recife e Olinda. Depois de um ano acossados, os soldados sob a
bandeira das Províncias Unidas erigiram em 1631 uma fortaleza na ilha
de Itamaracá, o forte Orange, trinta quilômetros ao norte do ponto
central de combate.[21]

A tomada da ilha, pródiga em caça, gado e frutas, aliviou a carên-
cia de víveres e possibilitou a instalação de uma base segura para o
ataque a regiões continentais fronteiriças. Seguiram-se acometidas ainda mais ao norte, contra a Paraíba e o Rio Grande, focos de resistência
sustentados ao preço de muitas vidas. Ao sul, arrebatavam-se terras nas
proximidades do rio Formoso, a cerca de oitenta quilômetros do Recife. "Causamos ao inimigo grandes prejuízos, queimando-lhe várias
casas, muito açúcar e o engenho", comemorou Richshoffer, um dos
convocados para a expedição. "Trouxemos também grande quantidade
de canas, cujo suco chupávamos durante a marcha."[22]

Enquanto ampliava o raio da conquista, o coronel Waerdenburch
decidiu-se por um ato extremo. Pediu permissão aos diretores da Companhia das Índias Ocidentais para evacuar Olinda, situada no alto de
uma colina de difícil fortificação, o que fazia dela presa fácil, quase
indefensável. O comandante recomendava concentrar o centro de operações no Recife, cuja localização geográfica, na ponta de um estreito
istmo protegido por barreiras de corais, o tornava menos vulnerável
aos contra-ataques. "Resolvemos [...], eu e os oficiais militares supe-

riores, abandonar a cidade e arrasá-la inteiramente", escreveu Waerdenburch aos Estados Gerais.[23]

Autorizada a destruição, procedeu-se à retirada do material de demolição possível e, em novembro de 1631, foi incendiado todo o resto. "Assim ardeu a infeliz vila de Olinda, tão afamada por suas riquezas e nobres edifícios, arderam seus templos tão famosos, e casas que custaram tantos mil cruzados em se fazerem, sem ter lástima o desumano holandês de pôr fogo a tão grandiosa vila", lamentou Diogo Lopes Santiago, português da cidade do Porto, então residente em Pernambuco.[24] "O que não pode dizer sem grande e devido sentimento é que também deixaram nas chamas todas estas igrejas e conventos, com as santas imagens desfeitas", fez coro Albuquerque Coelho.[25]

Novamente donos da situação, os neerlandeses voltaram-se para a tomada da zona canavieira, em princípios de 1632. Um dos primeiros alvos foi a região de Igarassu, coalhada de grandes engenhos. "Encontramos quatro carroças que subiam uma montanha", relatou Waerdenburch em nova carta aos Estados Gerais. "Mandei matar as pessoas que as conduziam para impedir que a gente de Igarassu fosse cientificada da nossa marcha", detalhou. "Em todos estes perigos, dependíamos da fidelidade [...] de um negro que me servia de guia. Não se pode, entretanto, confiar muito nessa gente estúpida."[26]

O principal guia de Waerdenburch era Domingos Fernandes Calabar, brasileiro que desertara do arraial do Bom Jesus e passara para o lado dos neerlandeses. De um lado, Albuquerque Coelho o tinha na conta de "um mulato de grande astúcia, valor e perversa inclinação".[27] Do outro, o mercenário inglês Cuthbert Pudsey o classificava como "um sujeito intrépido e político, sabedor de todas as picadas e caminhos através de toda a terra".[28]

Admirado por uns, temido por outros — e respeitado por todos —, Calabar foi decisivo para a tomada de Igarassu e de uma série de outras localidades circunvizinhas, ao longo dos três anos seguintes. Naquela guerra lenta, mas sanguinária, os defensores luso-brasileiros foram se resumindo aos limites do arraial do Bom Jesus e ao forte de Nazaré, no cabo de Santo Agostinho. O Rio Grande do Norte caiu em dezembro de 1633. A Paraíba, um ano depois. Lá, foi aprisionado o jesuíta Manuel de Morais, enviado ao local para comandar uma tropa indígena de resistência. Derrotado, o padre guerreiro trocou de lado no conflito e aderiu aos neerlandeses.[29]

A partir daí, Morais ficou irreconhecível: deixou crescer o cabelo e a barba, abandonou a batina negra, vestiu o uniforme vermelho das tropas inimigas. No acordo de rendição, forneceu notícias detalhadas sobre a localização dos principais aldeamentos jesuíticos e, como capitão de índios, chegou a comandar operações de emboscada, mas dessa feita contra os luso-brasileiros. Iria ainda mais longe na metamorfose. Convertido ao calvinismo, engajou-se como funcionário da Companhia das Índias Ocidentais e, meses depois, atravessou o oceano para se fixar na Holanda.[30]

Cercados pelos neerlandeses, o arraial e o pontal de Nazaré enfim capitularam, em junho e julho de 1635. "Uma grande celebração tanto aqui como em Holanda fizeram os nossos por essa vitória", registrou Pudsey.[31] Muitos senhores de engenho de Pernambuco aceitaram os termos da sujeição. Baixaram as armas e, em troca, tiveram terras e escravos devolvidos. Os engenhos receberam a necessária proteção para voltar a moer cana e produzir açúcar. Ficou prometida a liberdade de culto aos luso-brasileiros, embora em caráter privado e tolhida da orientação espiritual dos padres jesuítas. Estes, após quase um século de atividade de catequese missionária, foram deportados das capitanias conquistadas, devido à influência e ao poder de mobilização junto aos indígenas.[32]

Outros tantos proprietários — "para não ficarem entre hereges"[33] — bateram em retirada, rumo a Porto Calvo, em terras situadas no atual estado de Alagoas, à espera de eventuais reforços enviados pela Península Ibérica. Mas não sem antes conseguirem capturar Calabar, que foi condenado por traição. O prisioneiro teve como último confessor o frei Manuel Calado, que o ouviu antes de o enforcarem em um cajueiro e depois o esquartejarem. Na sequência, atiraram os pedaços do corpo sobre a trincheira em poder dos neerlandeses.[34]

Para a Companhia das Índias Ocidentais, o saldo de toda a carnificina era um descomunal prejuízo. A WIC, até ali, investira no Brasil mais de 45 milhões de florins, contabilizados o aparelhamento de esquadras, a contratação de mercenários, a manutenção das tropas e a construção de fortes de pedra. Deduzidos os lucros decorrentes do aprisionamento de navios espanhóis e respectivos confiscos de cargas de açúcar, tabaco, pau-brasil e gengibre — calculados em torno de 27 milhões —, o déficit alcançava a alarmante marca de 18 milhões de florins.[35]

A equação não fechava. Valeria a pena insistir naquela aventura? — indagavam-se os acionistas da Companhia, antevendo uma possível falência. Por quanto tempo mais os altos senhores da diretoria continuariam a queimar dinheiro no Brasil? — perguntava-se então nas bolsas de apostas em Amsterdam.

Tão logo foi lançado, em 1632, o livro fez grande sucesso. As encomendas não pararam de chegar à editora de Menasseh ben Israel. Os fardos com centenas de exemplares partiram em direção a todos os quadrantes da Europa. Menasseh lançara-se ao desafio de escrever e publicar o primeiro volume de uma obra ambiciosa, em quatro tomos, que ao todo levaria duas décadas para ser concluída: *O conciliador ou Da adequação dos trechos da Santa Escritura que parecem contraditórios entre si.*[36]

Como propunha o título, o objetivo do autor era extrair fragmentos da Bíblia que aparentavam ser conflitantes — e até mesmo inconciliáveis — quando postos lado a lado. Menasseh tentava demonstrar, por meio de explicações lógicas e fundamentadas em exegeses clássicas, que a incongruência seria apenas ilusória. Leitores, de todos os credos e origens, judeus e cristãos, adoraram a novidade. Foi um fenômeno editorial instantâneo.[37]

Menasseh ben Israel defendia a ideia de que textos bíblicos aparentemente discordantes seriam formas distintas — e complementares — de narrar e interpretar os mesmos episódios. "Se alguém vendo a claridade da noite disser que aquela luz provém da Lua, falará a verdade; se outro afirmar que ela procede do Sol, também estará certo, pois o luar é a luminosidade solar refletida na superfície lunar", comparava.[38]

O êxito popular de O conciliador decorreu da abordagem de temas complexos por meio de linguagem clara. Para Menasseh, a chave para a compreensão das narrativas bíblicas era tentar identificar o quanto havia nelas de sentido literal e, por outro lado, de linguagem figurada. Ao final, apresentava vasta bibliografia, referida em diversas classificações temáticas, nas quais constavam centenas de volumes, incluindo obras de sábios judeus, autores gregos, filósofos árabes e clássicos latinos. Escritos originais "dificílimos de entender", advertia Menasseh, mas que ele prometia trazer ao nível do leitor comum.[39]

A fim de ampliar o alcance da obra, Menasseh providenciou duas edições daquele primeiro volume. Uma em espanhol, destinada aos sefarditas — "para beneficiar os membros de minha nação [...] que, em sua maioria, carecem de compreensão da língua hebraica" —, outra em latim, então considerada a língua universal do mundo erudito. Por temer novos atritos com os líderes das congregações judaicas de Amsterdam, tomou o cuidado de imprimir os exemplares fora dos Países Baixos, em Frankfurt, providência que também ajudou a fazê-los chegar com maior rapidez aos distribuidores da famosa feira internacional.[40]

Três anos depois, publicou De creatione problemata XXX (Trinta problemas sobre a criação), obra impressa em latim, amparada em pensadores judeus e cristãos. Nela, tentava demonstrar que as fontes originais do judaísmo e do cristianismo concordavam em quase tudo a respeito do surgimento do homem e do universo. No frontispício, constava uma espécie de quadrado mágico cabalístico, dividido em nove pequenas casas, com caracteres hebraicos que, lidos na horizontal ou na vertical, traziam sempre a mesma informação: "Salmo 85, versículo 11". O que correspondia, no texto bíblico, à seguinte citação: "A bondade e a verdade se encontraram, a justiça e a paz se uniram".[41]

A recepção à obra surtiu efeito contrário ao desejado pelo autor, deixando-o em situação desastrosa. Tinha ficado evidente a intenção de Menasseh em demonstrar aos leitores gentios que o judaísmo não seria, ao contrário do que apregoava o senso comum, uma seita satânica, e que os judeus não eram indivíduos solertes que viviam a tramar contra a pureza da fé cristã. Porém o pastor protestante antissemita Gisbertus Voetius, professor de teologia da Universidade de Utrecht, considerou afrontoso que um judeu de ideias messiânicas, manobrando os conhecimentos "demoníacos" da cabala, "infectasse a mente dos cristãos" com ideias falsas publicadas em latim.[42]

Se os antissemitas estavam escandalizados com as seguidas ousadias de Menasseh ben Israel, os rabinos de Amsterdam mostravam-se severamente preocupados com as implicações de seus livros. Consideravam que ele, autor especializado em criar polêmicas, punha em risco a paz e a própria sobrevivência de toda a comunidade sefardita no país.[43]

A situação agravou-se quando se descobriu que Menasseh vinha trocando cartas frequentes com Hugo Grotius, o jurisconsulto autor de *O direito da guerra e da paz*, o mesmo que anos antes fora condenado à prisão perpétua por causa de seu envolvimento com os arminianos e fugira dentro de uma arca de livros. Grotius, foragido em Paris, considerava Menasseh "o melhor estudioso e intérprete da Bíblia" — e, na assídua correspondência entre os dois, o mantinha informado de que estaria sendo lido pela nata da intelectualidade francesa.[44]

Também não ajudava em nada a notícia de que Menasseh, além de se corresponder com um notório exilado político, fugitivo da justiça, andava frequentando saraus na casa de gente suspeita e, segundo se dizia, bebendo cerveja em tabernas na companhia de estudiosos gentios. Mas algo pior estava por vir.[45]

Em 1636, o prolífico Menasseh publicou mais um livro, em latim e espanhol, em três volumes, *De ressurrectione mortuorum* (A ressureição dos mortos), dedicado a dois poderosos amigos cristãos, Laurens Reael, governador-geral das Índias Holandesas, e Albert Burgh, diretor da WIC. Em certa medida, a obra retomava a polêmica em torno das ideias de Uriel da Costa sobre a imortalidade da alma e, ao mesmo tempo, acrescentava novo ingrediente à controvérsia então recente entre Saul Levi Mortera e Isaac Aboab da Fonseca. Ao passo que se recusava a aceitar a tese de que o espírito se degenerava junto com a carne, como queria Uriel, Menasseh defendia que a ressurreição dos corpos e a salvação das almas não seriam privilégio dos judeus, mas de toda e qualquer pessoa que houvesse levado a vida em piedade e retidão.[46]

Em vez de conciliar visões divergentes de mundo, mais uma vez conseguira a proeza de desagradar a todos, atraindo fúrias múltiplas contra si. Os antissemitas passaram a acusá-lo de liderar uma conspiração judaica para perverter almas desavisadas, enquanto os líderes da comunidade judaica ficaram incomodados com a proposição de que os cristãos também teriam direito à vida eterna.[47]

No exato momento em que se tornara um dos autores mais lidos e um dos intelectuais mais respeitados de seu tempo — "respondi a mais de 150 cartas de homens cultos de toda a Europa, com muitas excelentes dúvidas e perguntas",[48] orgulhava-se —, Menasseh cavara, em Amsterdam, um fosso de inimizades em torno de sua figura pública. Apontado na rua como um conspirador herege pelos calvinistas radicais, tido por muitos de sua própria nação como um traidor que se vendera aos protestantes, Menasseh caíra em uma espécie de limbo social.

Foi quando começou a pensar em ir embora do bairro, da cidade, do país. O Brasil, para onde remetera dois baús cheios de exemplares de *O conciliador*, talvez fosse a melhor possibilidade à vista.[49]

11. "Sem escravos não se faz coisa alguma no Brasil" (1636-40)

"Fui recebido com muitas honras, achando o país um dos mais belos do mundo", escreveu aos Estados Gerais o novo administrador dos domínios neerlandeses no Brasil, o conde João Maurício de Nassau.[1] Desembarcar da nau capitânia *Zutphen* e fincar os pés em terra firme foi um alívio para quem, aos 32 anos, fizera a primeira viagem marítima. Nassau padeceu de náuseas ao longo dos três meses de travessia, desde que zarpou do porto de Texel, em 25 de outubro de 1636, até chegar ao Recife, em 23 de janeiro de 1637.[2]

"Enjoado no corpo inteiro, toda a sua diligência em nada resultava senão em vomitar", registrou Johan Bodecher Banning, professor de ética da Universidade de Leiden, que chegava a Pernambuco na condição de conselheiro pessoal do "governador, capitão e almirante geral das terras conquistadas ou a conquistar pela Companhia das Índias Ocidentais no Brasil, assim como de todas as forças de terra e mar que a Companhia mantém ou vier a manter ali", conforme constava da nomeação.[3]

Uma imagem a óleo do conde de Nassau, feita pouco antes da partida pelo pintor Michiel Jansz van Miereveld, artista que se orgulhava de supostamente flagrar a alma dos retratados, representava-o com o olhar fixo e ao mesmo tempo melancólico, sobrancelhas arqueadas, pálpebras meio caídas. As roupas atestavam elegância e sobriedade, com destaque para a gola branca de renda sobreposta à faixa perpassada na diagonal sobre o peito, em tom alaranjado. Cor que se confundia com os matizes da cabeleira ruiva, o bigode de pontas retorcidas e o montículo de pelugem que lhe descia do queixo.[4]

A paleta de cores tinha o próprio significado. Nascido na germânica Dilemburgo, Nassau provinha de família nobre, ligada por laços de sangue à Casa de Orange. Era afilhado e sobrinho-neto de seu quase homônimo, o príncipe Maurício de Orange-Nassau, que ao falecer em 1625 fora substituído na função de *stadhouder* das Províncias Unidas pelo meio-irmão, Frederico Henrique.[5]

Assim, desde cedo, Maurício de Nassau recebeu educação humanística exemplar, matriculado em instituições de ensino destinadas aos filhos bem-nascidos da nobreza protestante, na Basileia, em Kassel, Genebra e Haia. Teve como mestres uma plêiade de artistas, intelectuais e cientistas, que lhe ministraram aulas de retórica, história e filosofia em múltiplos idiomas — especialmente francês, italiano, alemão e, algo que seria proveitoso para a compreensão do português falado no Brasil, espanhol.[6]

Um dos mentores mais próximos de Nassau foi o arquiteto, poeta, compositor, diplomata e colecionador de arte Constantijn Huygens. Secretário e administrador financeiro do príncipe de Orange, Huygens era amigo e correspondente assíduo do filósofo René Descartes, a quem incentivou os primeiros escritos; do pintor Rembrandt, ao qual garantiu encomendas para a galeria oficial do príncipe de Haia; e do poeta John Donne, de quem traduziu uma série de poemas. Segundo consta, teria partido de Huygens a sugestão para a escolha do pupilo como governador-geral do Brasil.[7]

O conde Maurício de Nassau, versado em artes e ciências, incluiu no séquito para Pernambuco uma comissão etnográfica composta por jovens talentos, na qual constava o retratista Albert Eckhout, de 26 anos, e o paisagista Frans Post, de apenas 24. Contratados às expensas do próprio Nassau, tinham como incumbência documentar os cenários naturais e a paisagem humana dos trópicos. Seriam, assim, os primeiros artistas a retratar as formas, cores e luminosidades do Novo Mundo, reconstruídas e filtradas pelas lentes do olhar europeu. A eles, logo se juntariam os naturalistas Willem Piso e George Markgraf, autores da pioneira *História natural do Brasil*, obra científica ricamente ilustrada, com imagens de centenas de espécimes da flora e da fauna locais.[8]

Mas os dotes de sensibilidade artística e os predicados intelectuais do novo governador não foram os motivos centrais da nomeação. Para a tarefa de governar uma terra conflagrada, pesou sobretudo a experiência militar do eleito. Nassau iniciara-se na carreira das armas aos dezessete anos, como alferes da cavalaria no Exército dos Países Baixos. O engajamento na tropa coincidiu com o fim da trégua de doze anos na guerra contra os espanhóis. Promovido a capitão aos 22 anos e a coronel aos 25, combateu na frente leste, junto às fronteiras germânicas. Entre tantas batalhas, destacou-se no cerco ao forte de Nieuw Schenckenschans, instalado em uma ilha fluvial do Reno, quando recebeu três tiros de mosquete. Dois atravessaram-lhe o chapéu. O terceiro decepou-lhe parte da orelha direita.[9]

A proposta para cruzar o oceano e trabalhar no Brasil tinha sido irrecusável. Enquanto o vencimento médio de um funcionário da Companhia das Índias Ocidentais era de sessenta florins mensais, Nassau ganharia no Recife 1500 florins por mês, mais 2% sobre o valor de todas as pilhagens das guerras de corso que fizesse em nome da empresa, além de uma ajuda de custo inicial de 6 mil florins. Ele, que encomendara o projeto para construir em Haia a Mauritshuis (Casa de Maurício), palacete que lhe serviria de residência — e após sua morte viria a ser transformado em museu de arte —, pediu dez meses de salário adiantados. Foi atendido.[10]

Designado para um mandato previsto de cinco anos, chegava para centralizar as decisões da administração neerlandesa no Brasil. Até então, o governo estivera a cargo do Conselho Político, órgão colegiado composto por nove membros, de presidência rotativa e responsabilidade compartilhada com os chefes militares. Pela nova configuração, o conde de Nassau presidiria um Alto Conselho de apenas três membros, no qual teria direito, sozinho, a dois votos, na dupla condição de governador civil e comandante em chefe. Ao escolherem um legítimo representante da Casa de Orange, os Estados Gerais buscavam acabar com os conflitos de autoridade. Urgia pôr em prática uma série de medidas imperativas.[11]

Antes de mais nada, era preciso consolidar a ocupação em Pernambuco, Itamaracá, Paraíba e Rio Grande do Norte, as quatro capitanias já em poder dos neerlandeses. Em seguida, debelar as forças de resistência alojadas em Porto Calvo, Alagoas, para depois se lançar à almejada reconquista de Salvador. Em suma, assumir a hegemonia sobre as "capitanias do norte". Por último — e mais importante —, caberia a Nassau reorganizar a economia açucareira, debilitada pelos constantes incêndios e destruições da guerra volante. Tudo somado, a missão consistia em fazer o Brasil, enfim, dar lucro à Companhia das Índias Ocidentais.[12]

"O Brasil nunca foi tão pobre como é atualmente", advertiu a Nassau o comandante Crestofle d'Artischau Arciszewski, que arrebatara o arraial do Bom Jesus às mãos adversárias. "Durante muitos anos, quando o inimigo ainda era senhor do campo, a nossa tropa não fez outra coisa senão queimar e destruir os engenhos", recapitulou. "Depois da vitória que Deus nos deu, começávamos a proteger os engenhos e eis que o inimigo durante todo o ano de 1636 não fez outra coisa senão tocar fogo nos canaviais, levar os negros, queimar os engenhos [...], apreender e saquear os moradores."[13]

O conde correspondeu à reputação de audaz. Cumpriu, de imediato, a primeira missão a que se propôs. Em 18 de fevereiro, menos de um mês após a chegada, atacou Porto Calvo à frente de 2900 homens.

Em 7 de março, já tinha desalojado de lá o chefe das tropas a serviço da Coroa espanhola, o napolitano Giovanni Vincenzo di San Felice, conde de Bagnuolo, que recuou para a capitania de Sergipe del Rei. Com os neerlandeses ainda o fustigando pelos calcanhares, Bagnuolo foi forçado a se passar para os confins dos sertões da Bahia. "Deus onipotente expulsou de uma vez desta terra, para além do rio São Francisco, os nossos inimigos", cientificou Nassau aos Estados Gerais.[14]

Na margem alagoana do grande rio, na vila de Penedo, providenciou a construção de uma fortaleza tipicamente holandesa, em formato de estrela com cinco pontas, assentada no alto de um penhasco, com poder de vigilância sobre o horizonte, até onde a vista alcançava. Nassau, entre cujos tantos méritos não se incluía o senso de modéstia, resolveu batizar o baluarte com o próprio nome: Fort Maurits (Forte Maurício).[15]

Ao cavalgar pelas terras recém-conquistadas, confirmou as primeiras impressões, em carta ao príncipe de Orange: "Seguindo cerca de 53 léguas, encontrei todo um país que, penso eu, dificilmente seria superado em amenidade e moderação do céu. Quando jornadeava, nem me incomodou o calor diurno nem o frio noturno, conquanto às vezes se me arrepiasse o corpo". Estava, de fato, extasiado com a paisagem: "Rasgam-se planícies numa extensão de dez milhas a fio, regada por cursos d'água temporários e por arroios que fluem tranquilos", descreveu.[16]

"Aqui e ali vagueiam animais, que pastam em manadas de 1500, 5 mil, 7 mil cabeças. Pasmei; e não acreditaria nestas maravilhas se não as contemplasse com estes olhos." Sem ter podido avaliar ainda o tamanho dos desafios que o aguardavam, fazia uma única ressalva: "Só de habitadores carece a terra, e pede colonos para povoar e cultivar os seus desertos".[17]

Os colonos começaram a chegar, em número cada vez maior. Em 5 de fevereiro de 1638, cerca de um ano após o início do governo de

Nassau, dois navios fretados pela Câmara de Amsterdam aportaram no Recife, trazendo duzentos judeus a bordo — "ricos e pobres", conforme declarou o organizador do grupo, Manuel Mendes de Castro, aliás, Manuel Nehemias, que havia pedido permissão à Companhia das Índias Ocidentais para estabelecer uma colônia no Brasil. Contudo, Nehemias faleceu logo após o desembarque, o que fez os passageiros se dispersarem, sem deixar maiores registros de seus nomes e respectivos paradeiros.[18]

Era necessária toda uma legião de profissionais especializados para sustentar o projeto de colonização: alfaiates, arquitetos, calafates, carpinteiros, ceramistas, cirurgiões, comerciantes, construtores, ferreiros, ourives, padeiros, pedreiros, rábulas, sapateiros, tanoeiros, vidraceiros. Mas, sobretudo, era preciso atrair investidores capazes de empreender grandes negócios no país. "Colonos pobres nenhum proveito trazem a uma terra como o Brasil", argumentava Nassau, na correspondência permanente aos Estados Gerais. "Mas ao capitalista todas as portas estão aqui abertas."[19]

A primeira providência para carrear novos investimentos seria convencer a Companhia das Índias Ocidentais a restringir o respectivo monopólio a apenas certos setores estratégicos — navegação, exportação de pau-brasil e importação de material bélico, por exemplo —, abrindo-se o restante do mercado local à iniciativa privada. "Como poder-se-á atrair para aqui alguns colonos, movidos da esperança de fazer fortuna, como é [de] meu parecer, senão com a liberdade de comércio?", indagava o conde.[20]

O judeu Duarte Saraiva, aliás, David Senior Coronel — nascido na vila portuguesa de Amarante e morador de Amsterdam desde os tempos de juventude — era o protótipo do imigrante desejado por Maurício de Nassau. Precisavam de gente como ele. Não se tratava de um jovem em busca de aventuras e muito menos de um trabalhador remediado à cata de melhores meios de vida. Aos 65 anos, cabelos inteiramente brancos, alto comerciante do ramo do açúcar, instalara-se no Recife pouco antes da chegada de Nassau.[21]

Senior Coronel tinha parentes em Pernambuco. Entre eles, o senhor de engenho Manuel Saraiva de Mendonça, com quem durante anos mantivera negócios através de uma rede mercantil estabelecida nos dois lados do Atlântico. Com a nova situação no Recife, os dois decidiram trocar de posição na sociedade familiar, em um arranjo ditado pela força das circunstâncias. Mendonça, praticante do catolicismo, preferiu regressar à Europa e reinstalou-se em Portugal; Senior Coronel, que professava o judaísmo em Amsterdam, assumiu o lugar do primo em Pernambuco.[22]

Mendonça tivera as terras confiscadas por não haver colaborado com os neerlandeses na guerra da conquista e, para manter o engenho nas mãos da família, Senior Coronel lançara mão de um sutil artifício: alegou que o parente teria uma dívida com ele e, como credor legalmente estabelecido na Holanda, solicitou a revogação do embargo e readquiriu a posse da propriedade. No caso, o engenho Madalena, situado à margem direita do Capibaribe, uma das áreas rurais então mais férteis e prósperas da capitania — e que daria origem ao bairro homônimo no Recife.[23]

Sob a administração de Nassau, Senior Coronel multiplicou a fortuna. Em 1637, arrematou três outros engenhos, por um total de 112 mil florins, em um leilão público no qual foram postas à venda propriedades abandonadas ou confiscadas aos luso-brasileiros. Para incentivar a recuperação açucareira, facilitava-se o pagamento a prazo e ofereciam-se linhas de crédito para a aquisição de escravos e a reforma de engenhos em fogo morto. Nos meses seguintes, Senior Coronel compraria ainda mais três propriedades, firmando-se como um dos maiores latifundiários de Pernambuco.[24]

Outros judeus chegados de Amsterdam seguiram caminho semelhante, por vezes começando rigorosamente do zero. A exemplo de Moisés Navarro, português da cidade do Porto e filho de família espanhola, que passara ao Brasil como mercenário nas tropas neerlandesas. Ao final do contrato regulamentar de três anos como aspirante, pediu dispensa do serviço militar e, decidido a permanecer em Pernambuco, obteve licença para operar como corretor de cargas de tabaco e açúcar. Depois de atuar como coletor de impostos, arrematou por 45 mil florins o engenho Juriçaca, nas imediações do cabo de Santo Agostinho.[25]

Embora tenham se tornado proprietários rurais, homens de origem urbana como Senior Coronel e Navarro moravam longe das áreas de cultivo. Na verdade, os dois eram praticamente vizinhos: compraram lotes quase contíguos, em uma faixa então vazia de terreno, localizada fora do portão de sentinela do limite norte do povoado. Com a destruição de Olinda, uma das grandes dificuldades para os cerca de 2 mil residentes era exatamente encontrar um bom lugar para morar na estreita língua de terra entre as águas do Beberibe e do Atlântico, onde então se espremia o Recife.[26]

A construção das casas de Senior Coronel e Navarro valorizou a área, antes deserta, e atraiu novos moradores. Deu-se origem assim a um arruamento que logo ganhou a denominação de Jodenstraat — rua dos Judeus —, devido ao elevado número de imigrantes sefarditas chegados de Amsterdam que, para manter os laços de sociabilidade, passaram a viver no local. A memória comum portuguesa refletia-se no perfil arquitetônico dos imóveis erguidos na rua, a maioria sobrados geminados de dois ou três andares, com telhados aparentes de duas ou quatro águas e, nas fachadas, pequenos balcões gradeados nas janelas dos pisos superiores.[27]

Morar na rua dos Judeus, contudo, era regalia para endinheirados. A maioria da população do Recife, inclusive funcionários da WIC, sofria com a precariedade de alojamento. "As casas da Companhia devem ser chamadas de pocilgas", definiu o próprio Nassau em correspondência aos diretores. "Nos altos de armazéns, onde todos os bens da [empresa] devem ser guardados, em um só quarto, [...] caixeiros, assistentes e escriturários são alojados em número de três, cinco, sete e oito, como se fosse numa enfermaria", descreveu. "Se não fizermos assim, irão se alojar em tavernas que são os mais vis bordéis do mundo."[28]

Os prostíbulos, a propósito, estavam por toda parte. A ponto de o Conselho Político do Recife ter solicitado às autoridades neerlandesas mais rigor nos postos de recrutamento dos colonos. Muitas prostitutas estrangeiras eram conhecidas por seus apelidos em português: Maria Cabelo de Fogo, Chalupa Negra, Cristinazinha e Admirável. "Pedimos encarecidamente que por ocasião do embarque seja examinado com mais cuidado quem sejam as passageiras, a fim de que se possa saber que espécie de gente pretende viajar para a Nova Holanda", observavam os conselheiros. "A nossa impressão é, francamente, que a Metrópole considera o Brasil como uma cloaca destinada a receber toda a sua imundície."[29]

"Menasseh está pensando em ir para o Brasil", comunicou o amigo Gerardus Vossius, professor da Universidade de Leiden, em carta a Hugo Grotius, o jurisconsulto exilado em Paris. Segundo Vossius, Menasseh ben Israel planejava dedicar-se ao comércio transatlântico de açúcar, relegando a vida intelectual a segundo plano. "Ele ama muito os estudos e tem sede de glória; mas, como lhe disse, os assuntos de família o persuadem [a tomar tal decisão], pois ele não está prosperando", explicava Vossius.[30]

Grotius respondeu, penalizado. "Do fundo de minha alma, espero que tudo corra bem para Menasseh, e lamento que devido à emergência de seus negócios ele seja obrigado a partir para tão longe de nós", escreveu. "Eu pagaria de bom grado por seus serviços, se pudesse fazê-lo", lastimou. "Costumava pensar que os homens das sinagogas de Amsterdam fossem todos ricos [...], mas agora vejo que estava enganado quanto a isso."[31]

O irmão mais novo de Menasseh, Efraim, viajou ao Brasil para sondar possíveis fornecedores e traçar planos de uma nova rede comercial entre o Recife e Amsterdam, a ser financiada pelo cunhado, Jonas Abravanel. Menasseh ben Israel, é verdade, não estava satisfeito com a solução que encontrara para viabilizar melhores meios de subsistência à família. Mas as polêmicas editoriais tornaram a editora um negócio contraproducente e, em certa medida, repleto de riscos financeiros.[32]

"Agora, como se em total negligência comigo mesmo, estou envolvido com o comércio, que não é apenas um ramo difícil e cheio de problemas, mas que também custa-me muito tempo que, de outro modo, eu devotaria aos meus estudos", lamentou, por escrito, a outro de seus amigos, o médico e escritor protestante Johan van Beverwijck, ex-aluno de Gerardus Vossius e morador de Dordrecht.[33]

Menasseh desenganara-se, de uma vez por todas, em relação às suas perspectivas em Amsterdam. Em setembro de 1638, os dirigentes das três congregações da cidade haviam decidido relevar as diferenças e fundi-las em uma única irmandade, a Talmude Torá (Estudo da Lei), a ser regida por um regulamento comum (*haskamot*) de 56 itens. O primeiro deles sintetizava o conteúdo dos demais: "O *mahamad* [conselho administrativo, formado por sete membros] tem autoridade absoluta e incontestável, ninguém pode ir contra as suas determinações, sob pena de *chérem*".[34]

O item 37 do regulamento traria impactos diretos para a editora de Menasseh: "Nenhum judeu poderá imprimir nesta cidade ou fora dela livros […] sem expressa licença do *mahamad*, para serem revistos e emendados". Todo tipo de impresso ficava sujeito ao mesmo interdito, de acordo com o item 43: "Ninguém se atreva a fazer pasquins nem papéis difamatórios por si ou por outrem, sob pena de *chérem* e de [ser] apartado da nação, com todas as maldições da nossa Santa Lei, devendo além disto ser castigado rigorosamente conforme entender o *mahamad*".[35]

Porém, o maior aborrecimento de Menasseh decorria da função reservada a ele na nova hierarquia da congregação unificada. Saul Levi Mortera foi nomeado primeiro rabino da Talmude Torá, com salário anual de seiscentos florins. David Pardo seria o segundo, com direito a quinhentos florins por ano. Menasseh, escalado como terceiro, receberia o ordenado de 150 florins — de modo preocupante, cinquenta florins a menos do que ganhava até então na Neve Shalom. O mais acintoso era que Isaac Aboab da Fonseca, o quarto rabino, teria remuneração três vezes superior, 450 florins.[36]

Ficou claro que Menasseh estava sendo punido pelo histórico pessoal de ousadias. Incorrigível, seguiu desafiando os opositores nas disputas internas da comunidade. Em 1639, lançou novo livro, *De termino vitae* (Sobre o termo da vida), que escapou à censura do *mahamad* ao receber parecer positivo assinado por dois amigos do autor, Daniel de Cáceres e Aaron Sarphati. Os líderes da comunidade perceberam tarde demais que Menasseh, mais uma vez, ultrapassava a linha vermelha da prudência.[37]

A obra negava um dos pressupostos centrais da teologia de Calvino: a predestinação das almas, tema explosivo, raiz das sangrentas disputas entre calvinistas e arminianos. Menasseh infringia, assim, outra regra da nova congregação, o item 38 do regulamento: "Ninguém discuta em matéria de religião com *goyim* [...], nem lhe diga palavras escandalosas contra a sua crença; o contrário seria perturbar a liberdade que gozamos e tornar-nos malquistos".[38]

Com o livro aprovado e impresso, não se pôde impor nenhum corretivo a Menasseh naquela ocasião. Mas ele continuou sob cerrada observação. Não o perdoaram quando, no dia 8 de maio de 1640, interrompeu o final de uma reunião para protestar contra o tratamento infligido ao cunhado Jonas Abravanel, ameaçado de *chérem* sob a acusação de distribuir panfletos e cartazes sem a devida aprovação do *mahamad*.[39]

Para denunciar concorrentes desleais que estariam lhe boicotando a entrada no ramo do açúcar, Abravanel teria afixado uma série de papéis anônimos pela cidade, inclusive na porta da sede da congregação, nominando os adversários e imputando-lhes a pecha de desonestos. Advertido em público, o cunhado de Menasseh foi obrigado a assumir a autoria dos cartazes e a se retratar. Só não recebeu a pena de *chérem* por declarar-se arrependido e após pagar pesada multa.[40]

Menasseh exaltou-se na defesa do cunhado. Levantou-se de seu lugar e, aos gritos, exigiu que Abravanel fosse tratado com o devido respeito. Quando ordenaram que sentasse e baixasse o tom de voz, recusou-se a fazê-lo. Os membros do *mahamad* advertiram-no que, agindo daquela forma, estaria infringindo o item 19 do regulamento da Talmude Torá: "Ninguém poderá levantar na esnoga [sinagoga] voz para injuriar um companheiro". Nem assim Menasseh se conteve. Aumentou o volume e passou a proferir impropérios de toda ordem.[41]

Aconselhado por quatro vezes seguidas a calar-se e a recolher-se em casa para fazer um exame de consciência, desfechou um murro na mesa e respondeu que ninguém naquele recinto o silenciaria. Quando ameaçaram amaldiçoá-lo, replicou. Eles é que seriam os verdadeiros malditos, e por isso, execrava a todos, sem exceção.[42]

Em decorrência, recebeu uma multa de setenta florins e um *chérem* de 24 horas. De um pôr do sol ao outro, estava proibido de colocar os pés na congregação. Ninguém falasse com ele nesse período. Só não o excluíam de uma vez por todas da comunidade por piedade e condescendência. Mas, durante um ano, a título de punição complementar, teria cassados todos os direitos rabínicos — e o respectivo salário.[43]

No Recife, grandes proprietários, como Senior Coronel e Moisés Navarro, eram duplamente privilegiados. Moravam em sobradões confortáveis e, ao mesmo tempo, à pequena distância do porto e dos armazéns de onde despachavam e recebiam mercadorias. Além de exportarem açúcar, atuavam em mercado correlato: o comércio de escravos. Um negócio derivava do outro. A mão de obra africana sempre estivera na base da economia colonial portuguesa — e a administração neerlandesa não se mostrou interessada em encontrar alternativas a ela.[44]

"Sem tais escravos não é possível fazer coisa alguma no Brasil: sem eles os engenhos não podem moer, nem as terras ser cultivadas, pelo que necessariamente deve haver escravos no Brasil, e por nenhum modo [eles] podem ser dispensados", dizia relatório oficial, assinado pelo conde de Nassau e pelos outros dois integrantes do Alto Conselho, Adriaen van der Dussen e Mathias van Ceullen. "Se alguém sentir-se nisto agravado, será um escrúpulo inútil", afirmava o documento.[45]

Entre as justificativas para a escravidão, os diretores da Companhia das Índias Ocidentais argumentavam que "os pretos suportam o calor do sol melhor do que os nossos".[46] Recomendavam, todavia, que os escravos não fossem maltratados — "para que esses pagãos sejam atraídos à igreja de Deus e suportem, entre nós, com boa vontade e paciência, o jugo a que estão sujeitos".[47] Os predicantes calvinistas enviados ao Brasil não só abonavam o argumento, como acrescentavam que escravizar humanos era uma ação até mesmo louvável: "O principal fim [da] aquisição dos negros é trazê-los ao conhecimento de Deus e à salvação".[48]

O católico Antônio Vieira, a esse tempo com 25 anos e prestes a se ordenar sacerdote, compartilhava argumento semelhante. Para ele, os escravos deveriam ser gratos aos seus senhores, por terem sido libertados do paganismo e instruídos na fé. "Oh, se a gente preta tirada das brenhas da sua Etiópia, e passada ao Brasil, conhecera bem quanto deve a Deus, e a sua Santíssima Mãe por este que pode parecer desterro, cativeiro, e desgraça, e não é senão milagre, e grande milagre!", pregou, em sermão à Irmandade dos Pretos de um engenho baiano.[49]

"A Paixão de Cristo parte foi de noite sem dormir, parte foi de dia sem descansar, e tais são as vossas noites e os vossos dias. Cristo despido, e vós despidos; Cristo sem comer, e vós famintos; Cristo em tudo maltratado, e vós maltratados em tudo", comparava Vieira. As agonias dos negros seriam, assim, uma imitação perfeita e santificada das aflições sofridas pelo filho de Deus: "Os ferros, as prisões, os açoites, as chagas, os nomes afrontosos, de tudo isto se compõe a vossa imitação, que, se for acompanhada de paciência, também terá merecimento de martírio".[50]

De modo geral, católicos, protestantes e judeus evocavam o mesmo mito bíblico para fundamentar a sujeição dos africanos. Eles seriam os descendentes de Cam, o filho mais novo de Noé, amaldiçoado após ter visto o pai nu e embriagado pelo vinho. Em vez de cobri-lo com uma capa, o caçula teria chamado os irmãos mais velhos, Sem e Jafé, para assistir à cena. Ao despertar, Noé lançara uma maldição extensiva a Canaã, filho de Cam: "Maldito seja Canaã, servo de servos será para seus irmãos".[51]

Ao passo que abundavam discursos de toda ordem para legitimar os horrores da escravidão, faltavam braços nos canaviais. Durante os seguidos anos de combates no Brasil, milhares de cativos haviam fugido das senzalas e, embrenhando-se nas matas, fundaram quilombos e aumentaram a população do maior de todos eles, Palmares, na serra da Barriga, região então pertencente à capitania de Pernambuco. Os poucos recapturados nem sempre eram mandados de volta à lavoura. Como punição exemplar, eram enforcados ou queimados vivos pelos neerlandeses.[52]

Para compensar o crescente déficit de mão de obra, Nassau enviou uma expedição armada com nove navios e 1200 homens para a Guiné, na África, sob o comando do coronel Hans van Koin. Tomado o forte de São Jorge da Mina, antes sob domínio espanhol, o fornecimento de escravos para os engenhos de Pernambuco ficou parcialmente regularizado. Embora o tráfico negreiro fosse monopólio da Companhia das Índias Ocidentais, sefarditas e cristãos-novos a caminho da conversão para o judaísmo controlavam boa parte das duas pontas finais do mercado, no continente africano e no Brasil.[53]

No Recife, Senior Coronel e Moisés Navarro atuavam como distribuidores, adquirindo grandes carregamentos de escravos no cais do porto e revendendo-os em lotes menores para os engenhos, a juros e, por vezes, em troca de caixas de açúcar. Os leilões ocorriam em plena rua dos Judeus. Em meados daquela década, a comunidade judaica chegaria a controlar mais de 60% das vendas de africanos em Pernambuco.[54]

Uma aquarela do soldado alemão Zacharias Wagener, que esteve no Brasil por essa época a serviço de Nassau, mostrava uma panorâmica da Jodenstraat, a rua dos Judeus, na qual se destacava o Sklavenmarkt, o mercado de escravos. Na imagem, poucos homens brancos vestidos à moda holandesa fechavam negócios entre si, enquanto centenas de negros, despidos, se amontoavam em dois trechos da via, sentados ou deitados ao chão.[55]

Era ali, na rua dos Judeus, na sala de um sobrado alugado por David Senior Coronel, que a comunidade judaica em formação na cidade passou a se reunir para fazer as orações de sábado, dia no qual as vendas de escravos eram suspensas, para serem observadas as obrigações e restrições do Shabat.[56]

Malgrado os regulamentos neerlandeses previrem a tolerância religiosa, a prosperidade crescente dos judeus despertou animosidades entre os predicantes calvinistas. Reunidos em um consistório da Igreja Reformada no Recife, em novembro de 1640, estes lavraram protesto em ata, remetida para leitura do conde de Nassau.

"Os judeus cada vez chegam em maior número a este país, atraindo a si os negócios por meio das suas velhacarias, e já se adiantaram tanto nesse ponto que estão de posse da maior parte do comércio", escreveram. "A sua ousadia, quanto à religião, se torna tão grande que não somente se reúnem publicamente no mercado aqui no Recife, apesar da proibição do governo [...], dando assim escândalo aos outros, mas também se preparam [...] para ali construir uma sinagoga."[57]

Embora o incômodo fosse muito mais econômico do que religioso, os calvinistas denunciavam que os judeus estariam praticando aberto proselitismo: "Casam com cristãos, seduzem cristãos para o sacrílego judaísmo, circuncidam cristãos, usam cristãos como empregados nas suas casas e cristãs para suas concubinas". Na verdade, baseados na liberdade de consciência prevista nos regulamentos neerlandeses, centenas de cristãos-novos que viviam no Brasil estavam se convertendo em massa à crença de seus antepassados ibéricos.[58]

Nas assembleias realizadas na residência de Senior Coronel, cada vez mais concorridas, ainda não havia um rabino. O próprio dono da casa, leigo com muitos anos de prática e conhecimento das tradições do judaísmo, coordenava e orientava as preces comunitárias. Com a adesão contínua e o crescimento exponencial do grupo, surgiu a necessidade de se estabelecer alguma normatização ritualística, instituir uma hierarquia rabínica propriamente dita e selecionar um líder religioso de verdade, estudioso da doutrina e da filosofia hebraica, para orientar aqueles "judeus novíssimos".[59]

Era preciso contratar, o quanto antes, algum sábio sefardita que fosse devidamente conhecedor, por experiência própria, das vicissitudes históricas sofridas pelos judeus da "nação portuguesa". Os membros mais abastados da comunidade concordavam que, para encontrar alguém que atendesse a todos os requisitos, precisavam ser magnânimos. Não poderiam economizar recursos. Se em Amsterdam, por exemplo, pagavam-se seiscentos florins anuais de salário para o primeiro rabino, ofereceriam nada menos de 1600 florins para quem se aventurasse a partir para o Brasil.[60]

Enquanto deliberavam sobre o assunto e procuravam um nome para assumir a função, receberam a notícia de que Menasseh ben Israel acabara de lançar, na Holanda, o segundo volume do *Conciliador*. Na folha de rosto, o autor se apresentava como "teólogo e filósofo hebreu", dedicando o volume "aos nobilíssimos, mui prudentes, e ínclitos senhores do Conselho das Índias Ocidentais".

Ao elogiar as conquistas neerlandesas no Novo Mundo, Menasseh oferecia-se para ser o cronista oficial da Companhia: "Recebam [...] este pequeno serviço, pois a pena já se prepara para lidar particularmente com esses feitos memoráveis", prometeu. "Enquanto isso, mostro minha aspiração agradecida, que será ainda mais justa quando eu chegar com o favor de Deus ao Brasil e, sem dúvida, vir a ser vosso súdito."[61]

Na mesma obra, na introdução aos comentários sobre os Livro dos Reis, havia uma segunda dedicatória: "[Aos] nobilíssimos e magníficos srs. David Senior Coronel, Abraão de Mercado, Jacob Mocata, Isaac Castanho e demais senhores de nossa nação, habitantes no Recife de Pernambuco". Coronel, Mercado, Mocata e Castanho eram, a essa altura, os quatro diretores da Zur Israel (Rochedo de Israel), o nome escolhido para a congregação, em referência aos arrecifes da cidade.[62]

"Se podem as pessoas de menor calibre [...] imitar os grandes; [...] permitam-me emular [...] os reis, seus magistrados ou um embaixador que, por sua própria vontade, anuncia a sua chegada e dá conta de seus serviços", dizia a segunda dedicatória. "Pois, da mesma maneira, nobilíssimos senhores, tendo eu decidido deixar a florescente terra da Holanda e partir para as distantes latitudes do Brasil, resolvi mandar-vos, não um embaixador, [...] mas de acordo com a nossa modesta situação, um sinal de minha erudição e engenho."[63]

Menasseh ben Israel estava pronto para partir. A dupla dedicatória, imaginou, deveria funcionar como um passaporte garantido para ser acolhido pelas autoridades locais e, ao mesmo tempo, assumir com todas as honras o cargo de rabino da comunidade do Recife. Filho de um sentenciado pela Inquisição de Lisboa e depois refugiado em Amsterdam, poucos judeus estariam tão aptos a compreender as desditas de sua gente.

Mas, apesar de todos os argumentos, planos e esforços, Menasseh não foi o escolhido. Para sua imensa decepção, outro lhe tomou o lugar.

12. "Eles são uma peste neste país" (1640-41)

Foram três dias de festejos e banquetes, regados a vinho português, cerveja holandesa e aguardente brasileira. Salvas de festim eram desfechadas dos canhões postos nas amuradas dos fortes e dos navios de guerra. Arcabuzeiros e mosqueteiros disparavam tiros de pólvora seca para o ar, em sinal de júbilo. Trombetas, clarins e tambores complementavam o fragor coletivo. Maurício de Nassau, montado a cavalo, foi o primeiro a entrar na pista equestre que mandara terraplanar especialmente para a ocasião.[1]

A multidão acomodada em arquibancadas de madeira recebeu-o com aplausos e aclamações. Atrás dele vinha a fila dupla de cavaleiros com lança e trajes de gala, portugueses de um lado, neerlandeses de outro. Assim dispostos aos pares, desfilaram defronte ao palanque adornado com faixas coloridas de seda, no qual os senhores juízes, sentados em torno de grande mesa, montavam guarda de honra junto à bandeja de prata repleta de joias e prêmios.[2]

"Real, real, real; viva el-rei d. João, rei de Portugal!" — gritavam em coro os populares.[3]

Comemorava-se a restauração portuguesa, o fim da União Ibérica.

Uma conjuração de burgueses e aristocratas descontentes com o domínio espanhol promovera a ascensão ao trono lusitano do duque de Bragança — trineto de d. Manuel I —, coroado solenemente em Lisboa, em 15 de dezembro de 1640, como d. João IV.[4]

Durante a invasão do palácio real pelos insurgentes, o antigo secretário de Estado, d. Miguel de Vasconcelos, representante da Coroa espanhola no país, trancou-se dentro de um armário, de arma em punho. Foi denunciado pelo farfalhar de papéis quando procurava posição mais confortável no interior do móvel. Arrombada a portinhola, mataram-no a tiros. Atiraram então o corpo do "traidor" pela janela que dava para o Terreiro do Paço, então apinhado de gente. "Vingava cada um naquele cadáver a sua ira", registrou um cronista a serviço da nova ordem, d. Luís de Menezes, o conde da Ericeira.[5]

Três meses depois, em 14 de março de 1641, uma caravela portuguesa proveniente de Salvador atracou no porto do Recife. Vinha entregar a Maurício de Nassau uma carta escrita de próprio punho pelo administrador colonial lusitano d. Jorge de Mascarenhas, o marquês de Montalvão, vice-rei do Brasil. Na missiva, em nome de d. João IV, ele comunicava que mandara desarmar as tropas espanholas na Bahia. Propunha um armistício geral entre luso-brasileiros e neerlandeses.[6]

Como Portugal e os Países Baixos haviam cultivado laços de amizade anteriores à instauração da União Ibérica, a nova situação favorecia uma potencial aliança contra o inimigo comum, a Espanha — que, como se esperava, não reconheceu a soberania portuguesa e declarou guerra ao reino vizinho. Antes de despachar emissários para negociar em Salvador os detalhes do cessar-fogo local com Montalvão, o conde de Nassau decidiu organizar no Recife o grande festival em homenagem à coroação de d. João IV, em sinal prévio de entendimento e amizade.[7]

Após os desfiles de cavaleiros, foi distendida uma corda na perpendicular da pista, na qual se dependuraram anéis e alianças de ouro e prata, alguns cravejados de brilhantes. Os participantes eram desafiados a tentar arrebatá-los, em pleno galope, com a ponta de compridas varas de madeira enfeitadas com laços de fitas. Na plateia, enlevadas com a habilidade dos competidores, donzelas sacavam dos dedos os próprios anéis e os ofereciam para a realização de novas provas.[8]

Seguiram-se combates simulados com espadas de pau, duelos a cavalo com caniços à guisa de lanças, batalhas de alcanzias — bolas ocas de barro seco do tamanho de laranjas, recheadas de cinzas, papéis picados e flores. Ao final de cada um dos três dias de cavalhadas, a festa terminava com brindes intermináveis à saúde do rei de Portugal. Em volta da mesa, os comensais se levantavam para felicitar a sorte do novo monarca, entornando taças transbordantes.[9]

"Se o banquete era jantar durava a beberronia até a noite, e se era ceia até a madrugada", testemunhou frei Manuel Calado, o Manuel dos Óculos, que, depois de combater na resistência luso-brasileira, se mostrava simpático aos neerlandeses, tendo passado a privar da amizade do próprio conde, que o autorizou a manter altar católico em privado. "Nestes convites se acharam as mais lindas damas, e as mais graves mulheres, holandesas, francesas, e inglesas, que em Pernambuco havia, e bebiam alegremente melhor que os homens, e arrimavam-se ao bordão de que aquele era o costume de suas terras", reparou o clérigo.[10]

Não há registros da reação dos judeus instalados no Recife a tamanha carraspana. É certo que estavam atentos aos desdobramentos da restauração portuguesa. Grandes comerciantes e banqueiros cristãos-novos estabelecidos na Espanha haviam se tornado os principais financistas de Filipe IV, graças às articulações do primeiro-ministro d. Gaspar de Guzmán, o conde-duque de Olivares, considerado o homem mais poderoso de seu tempo. Credores preferenciais da Coroa espanhola e protegidos pelo verdadeiro condutor do regime, esse grupo específico de marranos vivia a salvo das perseguições inquisitoriais.[11]

Enquanto isso, em Portugal, sete meses após a coroação de d. João IV, descobriu-se uma conspiração de eclesiásticos e nobres decaídos para assassinar o novo monarca. Os cristãos-novos lusitanos celebraram a prisão dos rebelados, entre os quais se encontrava o inquisidor-geral, d. Francisco de Castro, posto a ferros nas masmorras da famosa Torre de Belém.[12]

Após quatro décadas de submissão a Madri e da perda contínua dos domínios ultramarinos, Portugal era um país empobrecido. Assim, qualquer projeto de recuperação nacional teria que passar, necessariamente, por um acordo de devolução dos territórios ocupados mundo afora pelas duas Companhias das Índias, a Oriental e a Ocidental. O que incluía, entre outros torrões, as bases mercantis de especiarias em Bornéu, Molucas, Formosa e Camboja, na Ásia; o entreposto negreiro de São Jorge da Mina, na África; e, em especial, as capitanias açucareiras do Brasil.[13]

Com efeito, esse foi um dos primeiros itens levados à mesa de negociação pelo embaixador lusitano em Haia, Tristão de Mendonça Furtado. Como precondição para o reatamento diplomático entre os velhos parceiros, as Províncias Unidas teriam, por princípio, a obrigação histórica de restituir a Portugal as terras conquistadas pela força das armas durante o domínio castelhano.[14]

Na passagem pela Holanda, Mendonça Furtado recebeu uma surpreendente visita, a do ex-padre jesuíta e ex-capitão de índios Manuel de Morais, que depois de quebrar os votos de obediência, largar a batina, abandonar o Brasil e se passar à Europa como funcionário da Companhia das Índias Ocidentais, estava residindo em Leiden, onde iniciara uma carreira acadêmica na famosa universidade local, cursando teologia.

Morais também rompera os votos de castidade. Estava casado, pela segunda vez, com uma neerlandesa, Adriana Smetz — a primeira esposa, Margarida van Dehait, natural da Guéldria, morrera pouco antes, deixando-lhe um filho, batizado na igreja calvinista com o nome de Francisco.[15]

Do mesmo modo, Morais rompera os votos de pobreza. Na WIC, trabalhava como assistente intelectual do diretor e cronista Joannes de Laet, para quem colaborou em uma nova edição em latim do monumental *Novo Mundo ou Descrição das Índias Ocidentais* e, pouco mais tarde, na compilação dos dados relativos ao Brasil inseridos na *História ou Anais dos feitos da Companhia Privilegiada das Índias Ocidentais*. Prestara serviços também para Gerardus Vossius, o afamado professor da Universidade de Leiden, organizando um dicionário de sentenças em castelhano explicadas em latim.[16]

Mais do que isso, Morais escrevera os próprios livros, *Historia brasiliensis*, que circulou apenas em cópias manuscritas, e um glossário do idioma tupi em latim, *Dictionariolum nominum & verborum linguae Brasiliensibus maxime communis* (Dicionário das palavras e verbos mais comuns na língua brasiliense).

Com tal currículo, Morais apresentou-se ao embaixador português Mendonça Furtado, a quem ofereceu um opúsculo, assinado como "Manuel de Morais, teólogo lusitano e historiador da ilustríssima Companhia das Índias Ocidentais". No texto, cobria de lisonjas a d. João IV, identificando-o como o mais autêntico herdeiro e sucessor de d. Sebastião, o mítico rei desaparecido na batalha de Alcácer-Quibir, no Marrocos.[17]

Morais tinha em mente que, por efeito dos acordos de paz discutidos entre Portugal e os Países Baixos, pudesse vir a receber o perdão pela mudança de lado na guerra em Pernambuco. Solicitou ao embaixador que entregasse ao monarca um memorial pedindo autorização para se passar com a família ao reino português. Jurava continuar "católico de coração" — a adesão aos neerlandeses teria sido circunstancial, em nome da própria sobrevivência, garantiu. Prometia servir ao trono como o mais leal e devotado dos súditos. Talvez, no íntimo, alimentasse o desejo de retornar ao Brasil, sob novas condições, com os ânimos pacificados e as velhas feridas cicatrizadas.[18]

Mas as conversações entre o embaixador Mendonça Furtado e as autoridades diplomáticas de Haia foram pouco conclusivas. Assinado em 12 de junho de 1641, o Tratado de Haia previa o abandono mútuo das armas e o fim das hostilidades bilaterais no além-mar, estabelecendo uma trégua de dez anos entre as partes. Mas não contemplava a premissa de devolução dos territórios já ocupados.

Mantinham-se congeladas as posições estabelecidas até a data do acordo, deixando em aberto possíveis reivindicações posteriores, a serem negociadas no futuro, caso a caso. Portugal submeteu-se à escorregadia indefinição da cláusula para, em troca, receber ajuda bélica dos Países Baixos em operações de guerra conjunta contra a Espanha.[19]

Por intercessão da comunidade judaica Talmude Torá, os Estados Gerais impuseram outra condição, também acatada pelo emissário português: todos os súditos das Províncias Unidas, a despeito da religião, estariam livres para professar a própria fé, fosse em Portugal ou nas colônias então em poder dos neerlandeses, sem serem importunados pelos espiões do Santo Ofício. No intrincado xadrez diplomático desencadeado pelo fim da União Ibérica, os judeus pareciam, enfim, ter as peças bem distribuídas em todos os quadrantes do tabuleiro.[20]

Estavam sob o resguardo de Olivares em Madri, esperançosos com a subida ao trono de d. João IV em Lisboa, protegidos pela relativa tolerância religiosa de Amsterdam e acolhidos em massa no Recife. Depois de séculos de perseguições, tudo parecia, enfim, encaminhar-se para bom termo. Todavia, era preciso precaver-se, sempre. Afinal, estava escrito no livro sagrado: "O orgulho antecede a destruição, um espírito altaneiro conduz à queda".[21]

"O que se vê agora são os judeus a comer pato gordo e nós a roer os ossos", dizia o memorando, assinado por 66 mercadores calvinistas residentes no Recife, encaminhado a Maurício de Nassau, datado de 2 de julho de 1641. Os signatários do documento, protestantes europeus que haviam se fixado no Brasil após a conquista de Pernambuco, solicitavam que o governador restringisse a liberdade de comércio para os que professavam a Lei de Moisés. "[Eles] são uma verdadeira peste neste país", definiam.[22]

"É impossível a um cristão, pessoa de consciência, concorrer em qualquer parte do mundo com um judeu", reclamavam os autores do abaixo-assinado. "Em geral [...] os judeus usam de qualquer expediente, como mentiras, enganos, medidas e pesos falsos e tudo o mais que lhes venha em benefício, de modo que o cristão ou nada faz ou é obrigado a imitar a malícia daqueles", acusavam.

"Eles detêm o comércio do Brasil todo, e não se vê movimento senão nas lojas dos judeus, e não se vê açúcar senão nas mãos dos judeus e, ainda, para que nada lhes escape, [controlam] os empréstimos [como] usurários, o que não lhes deve ser permitido que continuem a praticar tão escandalosamente, nem Deus nisto consente", sugeriam.[23]

A petição evocava preconceitos históricos, repetidos à exaustão por séculos a fio, a respeito da hipotética propensão judaica para acumular fortunas à custa do logro, do parasitismo e da exploração alheia. A rigor, a situação privilegiada dos sefarditas oriundos de Amsterdam em Pernambuco não derivava da condição étnica ou religiosa, e sim da herança cultural compartilhada com os lusitanos instalados na colônia atlântica. Era o que admitia um trecho do próprio documento entregue ao conde: "A principal razão da preferência que os judeus gozam aqui procede do fato de serem da mesma nação e da mesma língua dos moradores do país".[24]

Era natural, em vista da identidade linguística e dos vínculos de parentela e amizade, que os integrantes da comunidade portuguesa recém-chegados da Holanda conseguissem obter postos de trabalho de forma mais rápida e adaptar-se melhor à nova realidade no Recife. Circunstância que também era motivo de grande queixa para os calvinistas: "Não chega aqui um judeu que não seja logo empregado por um senhor de engenho ou por outra pessoa, e como são atrevidos e as funções de corretor são exercidas por correligionários seus, têm logo meios de atrair os negócios para suas lojas e todo o açúcar para suas mãos".[25]

O desembarque sistemático de sefarditas encheu as ruas e o cotidiano do Recife de novos personagens. "Sabem os abaixo-assinados que os judeus são tolerados pelas vantagens que se espera dos seus tráficos e negociações, daqueles que têm condições para isso", ponderava o memorial, para em seguida reprovar: "Mas os que aqui os navios [...] descarregam são uns pobretões que as sinagogas de toda parte despacham para se verem livres deles, os quais são empregados pelos que estão nas suas lojas e em outros pequenos negócios, com o que tiram o pão da boca dos cristãos".[26]

A moção de protesto chegava a sugerir a Nassau que os judeus desembarcados no Brasil devessem usar distintivos estigmatizantes, como chapéus vermelhos ou sinais amarelos no peito, "para aviso aos incautos". Argumentava-se que a WIC estaria investindo altos volumes de capital para, ao fim e ao cabo, favorecer indivíduos originários de outras nações, em detrimento dos cidadãos dos Países Baixos. "Está bem distante da boa intenção de tantos patriotas, como são os acionistas e outras pessoas interessadas na Companhia, ter depositado nela somas de vulto para vir a enriquecer um bando de judeus estrangeiros."[27]

O discurso religioso, mais uma vez, era usado para tentar legitimar interesses de outra ordem. "Seria não pequeno benefício para o país se, em lugar de tantos usurários judeus, para aqui viessem os filhos, irmãos e sobrinhos dos acionistas da Companhia, e outras pessoas honradas, o que muito contribuiria para o estabelecimento da verdadeira religião cristã."[28]

Ao final do texto, os signatários suplicavam que Maurício de Nassau e os demais conselheiros tivessem tais protestos "em muita consideração" — "e que desde logo fossem os judeus proibidos de abrir novas lojas e de vender a retalho, pois disto depende a conservação ou a extinção da comunidade cristã no Brasil". Ao receber o documento, o conde prometeu encaminhar as demandas aos diretores da Companhia das Índias Ocidentais, na Holanda.[29]

Porém, quatro meses depois, antes que houvesse tempo para qualquer deliberação por parte da diretoria da empresa, ele próprio baixou um édito no qual exortava à concórdia entre calvinistas e judeus, solicitando que cessassem as eventuais afrontas entre as partes. "Ninguém, de qualquer condição que seja, continue a injuriar, com palavras ou atos, qualquer pessoa de qualquer nação, religião ou condição", determinou, "sob pena de, na medida da gravidade do delito, e para exemplo dos demais, ser castigado fisicamente."[30]

Nenhum visitante ocasional reconheceria a cidade do Recife decorrida apenas uma década após a chegada dos neerlandeses. Nada mais lembrava o acanhado arruamento do entreposto açucareiro de 1630, entrecortado por becos estreitos, com cerca de setenta casas e alguns poucos armazéns protegidos por modesta paliçada de frente para o mar. O delgado istmo entre o Beberibe e o Atlântico foi progressivamente alargado, graças aos assoreamentos naturais e ao estabelecimento de diques, canais e aterros. A exemplo do que ocorrera antes na Holanda, transformava-se água em terra firme.[31]

Surgiam vias e multiplicava-se o número de residências necessárias ao abrigo de centenas de novos moradores. "Com a abertura do comércio livre e a chegada de cidadãos livres da pátria mãe, aumentou o interesse pelas casas e propriedades", registrava o Alto Conselho, notificando os Estados Gerais a respeito do surto de desenvolvimento urbano.[32] Não à toa, em carta aos diretores da Companhia, Maurício de Nassau pedia que os navios mercantes enviados da Europa para o transporte do açúcar trouxessem tijolos como lastro. "Temos grande necessidade deles", avisou.[33]

Uma das particularidades da vida local que causaram má impressão aos neerlandeses tinha sido exatamente a precariedade das habitações originais, construídas pelos colonos lusitanos. "Os portugueses são, em geral, pouco curiosos [ciosos] em relação às suas casas e à direção doméstica, contentando-se com uma casa de barro, contanto que vá bem o seu engenho", informava relatório oficial. "Possuem poucos móveis além daqueles que são necessários para a cozinha, cama e mesa. [...] No tocante a quadros e outros ornatos para cobrir as paredes, os portugueses são destituídos de toda a curiosidade, e nenhum conhecimento têm de pinturas."[34]

Olinda começara a ser reconstruída. Porém, a mais notória mudança na paisagem ocorria na ilha fluvial de Antônio Vaz — atual bairro de Santo Antônio —, circundada pelas águas do Beberibe e do Capibaribe. Até 1637, de acordo com a descrição do despenseiro do conde de Nassau, além de um modesto casario português, não havia ali muito mais do que "três ou quatro armazéns e um convento".[35] Com o crescimento do Recife, a ilha tornou-se o alvo imediato da ocupação. Surgiu ali aquela que pode ser considerada a primeira cidade moderna e planejada das Américas: a Mauritstadt, "Cidade Maurícia".[36]

Demoliram-se os velhos armazéns e transformou-se o convento franciscano em fortaleza — o forte Ernesto. Em torno dele, ergueram-se outras estruturas defensivas, cavaram-se fossos, drenaram-se pântanos. Loteado o terreno, fez-se um traçado geométrico no centro da ilha, antes um mero "areal estéril e infrutuoso".[37]

O próprio Maurício de Nassau, com instrumentos de medição em punho, fazia as marcações e estabelecia as balizas dos lotes e dos futuros logradouros, planejados pelo arquiteto Pieter Post, irmão do paisagista Frans Post. "Este lugar está dividido em ruas e terrenos, onde muita gente tem começado a edificar, e muitas casas já estão acabadas", comunicou aos superiores.[38]

Foi a partir de lá, na ilha de Antônio Vaz, que o conde de Nassau decidiu governar a Nova Holanda. Para tanto, adquiriu terreno próximo à margem do ponto de encontro dos dois rios, ao norte da ilha, "uma planície sáfara, inculta, despida de arvoredo e arbustos que, por estar desaproveitada, cobria-se de mato".[39] Em pouco tempo, o cenário modificou-se.

De início, Nassau transplantou para o local 2 mil coqueiros, organizando-os conforme as diferentes alturas, dando origem a camadas de copas verdes pontilhando o horizonte — "sem que nenhum morresse, causando a admiração de todo o mundo e de todos os habitantes, que jamais tinham visto uma árvore ser replantada", gabava-se o orgulhoso proprietário.[40]

Em seguida, para além do coqueiral, transplantou laranjeiras, limeiras e limoeiros de várias espécies para servirem de cerca viva à propriedade, que contava ainda com um pomar de plantas frutíferas tropicais — bananeiras, cajueiros, jenipapeiros, mangabeiras e mamoeiros —, além de tamarineiros, castanheiros, tamareiras e parreiras, cujas mudas mandou importar da Ásia, África e Europa. "É tal a natureza das ditas árvores que, durante o ano inteiro, ostentam flores, frutos maduros junto com os verdes, como se uma só e mesma árvore estivesse vivendo, em várias de suas partes, a puerícia, a adolescência e a virilidade."[41]

Em meio ao arvoredo, Nassau mandou erguer um palácio para servir de sede ao governo, algo também até então inédito nas Américas, o Vrijburg (Friburgo), construído de frente para a área portuária do Recife. Os vastos salões internos eram decorados por quadros, tapeçarias e móveis confeccionados com as melhores madeiras do lugar, como o jacarandá e o pau-brasil.

Era ali onde o governador oferecia banquetes para as 46 pessoas de sua equipe direta — comensais que devoravam diariamente 45 quilos de carne, onze quilos de toucinho, 5,5 quilos de manteiga, quatro litros de vinagre, três de aveia e cinco de ervilhas, conforme atestavam os pedidos enviados pela cozinha aos armazéns da Companhia.[42]

Em torno do edifício, também conhecido por Palácio das Duas Torres — por causa dos altos mirantes onde funcionavam um farol e um observatório astronômico —, havia um grande viveiro de peixes e um jardim zoobotânico, com espécies nativas e provenientes de várias partes do mundo. Macacos, araras, papagaios, onças, antas, jabutis, quatis, tamanduás e pacas conviviam com cisnes, pavões, patos, perus, coelhos e javalis. Além do Vrijburg, logo haveria outro palácio na ilha de Antônio Vaz, o Schoonzit (Boa Vista), residência de campo de Nassau, voltada para o poente, à beira do Capibaribe, com dois andares e quatro torres de telhado afunilado.[43]

Para ligar o Recife à nova Cidade Maurícia, o conde planejou a construção de uma ponte de pedra sobre o rio, cuja obra foi arrematada pelo engenheiro e comerciante Baltasar da Fonseca, ao preço de 240 mil florins, sob o compromisso de que a realizaria no prazo de dois anos. Cristão-novo, antigo morador que se convertera ao judaísmo após a conquista neerlandesa, Fonseca ofereceu como fiadores do contrato outros dois residentes recém-convertidos à Lei de Moisés: o mercador Gaspar Francisco da Costa e o senhor de engenho Fernando Vale — o que por si só demonstrava a proeminência social e financeira dos "judeus novíssimos" de Pernambuco.[44]

"Os cristãos passaram a meros espectadores dos negócios dos judeus", continuavam a reclamar os calvinistas, a despeito dos ouvidos moucos de Nassau. A tensão religiosa aumentava, na mesma proporção que a Jerusalém dos Trópicos florescia.[45]

Quanto à escolha do rabino, a preferência dos dirigentes da Zur Israel, a então recém-fundada sinagoga do Recife, recaiu sobre o mestre cabalista Isaac Aboab da Fonseca — exatamente o maior rival de Menasseh ben Israel na Talmude Torá. A despeito das articulações, dedicatórias literárias e esforços de Menasseh, devem ter pesado na decisão as recorrentes desavenças protagonizadas por ele em relação aos demais líderes espirituais da comunidade judaica em Amsterdam. Afinal, o contexto em Pernambuco exigia que o primeiro rabino do Novo Mundo fosse alguém de temperamento mais prudente, menos intempestivo, apto a lidar com dissensões de modo ponderado, sem rompantes e explosões de fúria.[46]

De acordo com o livro de registros da Talmude Torá, Aboab partiu para o Brasil em maio de 1641.[47] Não se sabe exatamente a data do respectivo desembarque em Pernambuco, mas é muito provável que o rabino já estivesse em terras brasileiras, à frente da sinagoga, quando os membros da recifense Zur Israel tiveram que lidar com dois casos melindrosos envolvendo a "gente da nação".

Ao deixar atrás de si um débito com cerca de uma dúzia de credores, o jovem Daniel Gabilho, judeu de pouco mais de vinte anos, desapareceu do Recife e passou a ser procurado pela Justiça. Ao expedir a ordem de prisão para o foragido, o Alto Conselho alertou os capitães de navios que não o deixassem embarcar para fora da capitania. Segundo as descrições de quem o conhecia de perto, ele tinha "olhos grandes", era "baixo de corpo e alvo de cara, cabelo preto e a cabeça quase pelada".[48]

O sobrenome Gabilho, com suas diversas variações — Habilho, Chabilho, Havillo ou mesmo Kabiglio —, era comum entre os sefarditas.[49] O rapaz, de origem ibérica, chegara ao Brasil havia cerca de cinco anos, proveniente de Hamburgo, via porto de Texel. Conseguira licença da Companhia das Índias Ocidentais para viajar com o tio, o mercador Bento Henriques, exportador de produtos da terra e comprador de mercadorias de Amsterdam.[50]

No Recife, segundo informou às autoridades de recrutamento de colonos, Gabilho ficou a serviço do endinheirado David Senior Coronel. Mas, logo após o desembarque, passou a tratar dos próprios negócios, despachando cargas para as Províncias Unidas e arrematando escravos africanos nos leilões da rua dos Judeus. Inexperiente no trato comercial, acumulou um conjunto de dívidas impagáveis, que somadas ultrapassavam o valor integral de 40 mil florins, o equivalente ao preço do engenho Novo, comprado por Senior Coronel no cabo de Santo Agostinho.[51]

Capturado no final de 1641, Gabilho foi levado à cadeia. É provável que tenha reagido com insultos religiosos aos guardas e carcereiros protestantes, pois além do processo por dívida passou também a responder por blasfêmia.[52] Sob o governo nassoviano, a autoridade local era exercida pela Câmara dos Escabinos, grupo de magistrados a quem competia julgar as causas cíveis e criminais em primeira instância e exercer funções consultivas de ordem administrativa. No caso de Gabilho, que assumiu como verdadeiras as acusações contra si, o colegiado dos escabinos do Recife condenou-o à pena capital — a morte pela forca.[53]

O cadafalso já estava armado para a respectiva execução quando a comunidade judaica do Recife, possivelmente com Isaac Aboab à frente, mobilizou-se em auxílio ao rapaz, recorrendo à instância superior, o Alto Conselho. Um grupo de comerciantes, liderado por Senior Coronel, chegou a oferecer ao conde Maurício de Nassau a quantia de 11 mil florins em troca da concessão de clemência ao réu. A oferta, contudo, foi recusada.[54]

Reunidos em audiência com o governador, os credores de Gabilho aceitaram a alternativa, sugerida pelo próprio Nassau, de ratearem entre si, conforme a proporção devida a cada um, o total de 15 mil florins arrecadados pelos comerciantes judeus. Tão logo foi posto em liberdade, o prisioneiro alegou ter sido vítima de tortura na prisão.[55]

Indignada com a denúncia, a comunidade judaica comunicou o incidente à Talmude Torá, em Amsterdam, que por sua vez prestou queixas aos diretores da Companhia das Índias Ocidentais. A confirmar a influência assumida pela comunidade sefardita no controle nas redes mercantis transatlânticas, os dirigentes da WIC encaminharam ofício ao Recife, recomendando cautela ao conde e ao Alto Conselho no tratamento de casos similares. "A tortura do judeu, de quem se diz ter blasfemado, foi muito mal recebida pelos de sua nação aqui", escreveram os diretores da Companhia.[56]

"Foi informado daí que os escabinos pretendem estabelecer nestes casos uma espécie de Inquisição, como podiam deduzir das atas, pois eles, no caso de confissão, condenam o judeu à morte", recriminaram. "Os casos de crimes de blasfêmia, de judeus contra cristãos, devem ir em primeira instância perante o nosso conselho de justiça, sem que os tribunais subalternos ou de escabinos tenham competência nesta matéria."[57]

Maurício de Nassau teve de intervir pessoalmente em outro caso envolvendo um judeu acossado por dívidas. Um certo Moisés Abendana, também exportador de açúcar e distribuidor de escravos, foi encontrado morto, o corpo dependurado por uma corda amarrada no pescoço. A versão oficial encampada pelas autoridades foi a de que o homem havia se suicidado, por desespero de não poder honrar os cerca de 12 mil florins que devia à Companhia.[58]

A Câmara de Escabinos do Recife proibiu que o cadáver de um suicida fosse enterrado em campo sagrado, e por isso determinou que ele permanecesse insepulto, suspenso pela corda até a putrefação e total decomposição das carnes, para alertar os locais contra "os desonestos da nação judaica". Escandalizada, a comunidade desconfiou que Abendana, na verdade, tivesse sido assassinado pelos credores. Mais uma vez, os judeus ofereceram a Maurício de Nassau uma alentada quantia em dinheiro, clamando para que impedisse semelhante atrocidade, autorizando o sepultamento do infeliz Abendana.[59]

Como na ocorrência anterior, o conde de Nassau mediou um acordo de conciliação, recomendando um pagamento mínimo da comunidade aos credores, da ordem de 12 mil florins, o que apaziguou os ânimos. "Vistas as razões deste memorial e ouvido o parecer dos senhores do Alto Conselho, concedo o que pedem os suplicantes e proíbo o prosseguimento do processo [...] contra o cadáver de Moisés Abendana", respondeu, em despacho oficial aos escabinos. "Ordeno-lhes que permitam que o dito cadáver seja levado ao túmulo."[60]

No início de 1642, o mandato de Nassau, previsto para durar cinco anos, chegaria ao fim. Cerca de cinco meses antes do término do prazo, ele tratou de comunicar às câmaras sob sua jurisdição que apenas aguardava a ordem dos Estados Gerais para retornar aos Países Baixos. Ao longo do segundo semestre de 1641, a título de última incumbência, cumpriu à risca as determinações superiores para ampliar ao máximo os limites do Brasil holandês.[61]

A essa altura, d. João IV ainda hesitava em referendar oficialmente os termos dos acordos diplomáticos acertados em Haia, temendo passar aos súditos a ideia de que capitulara aos interesses dos neerlandeses. Valendo-se da indecisão e atendendo às ordens emanadas dos Estados Gerais, o conde providenciou o ataque e a consequente conquista de São Paulo de Luanda, em Angola, apoderando-se de um dos mais importantes centros de fornecimento de escravos à colonização portuguesa no Brasil. Na sequência, Benguela, as ilhas de São Tomé e do Ano Bom, além do forte de Axim, na Guiné, também caíram em mãos neerlandesas.[62]

Não ficou apenas nisso. Nassau se apossou sem maiores dificuldades do Maranhão e — como já fizera o mesmo com o Ceará em 1637 — estendeu o domínio da Nova Holanda por toda a faixa litorânea correspondente à costa do atual Nordeste brasileiro, à exceção da Bahia, que ao resistir às seguidas investidas se afirmava como principal foco de resistência à ocupação.[63] "Sustentou a Bahia, posta em armas, aquela furiosa tormenta de trovões, relâmpagos e raios marciais", saudou em sermão o jesuíta Antônio Vieira, a esse tempo já ordenado sacerdote, atribuindo a manutenção da cidadela à intercessão de santo Antônio.[64]

Quando d. João IV, pressionado pelas novas perdas, finalmente assinou a ratificação do Tratado de Haia, em novembro de 1641, Portugal protestou oficialmente contra os ataques a Angola e ao Maranhão, exigindo o ressarcimento imediato dos territórios, alegando que os Países Baixos haviam desrespeitado as cláusulas de não agressão previstas no acordo de paz. Os neerlandeses contra-argumentaram, justificando que as disposições do ajuste diplomático só passavam a ter efeito legal após a ratificação do documento. Foi inevitável o mal-estar entre as partes a partir desse ponto.[65]

"Considerai, Deus meu — e perdoai-me se falo inconsideravelmente —, considerai a quem tirais as terras do Brasil e a quem as dais", exprobrou dessa vez o padre Antônio Vieira, em mais um de seus candentes sermões. "Senhor, despojados assim os templos, e derrubados os altares, acabar-se-á no Brasil a cristandade católica: acabar-se-á o culto divino, nascerá erva nas igrejas como nos campos; não haverá quem entre nelas", pressagiou. "Passará um dia de Natal, e não haverá memória de Vosso Nascimento; passará a Quaresma, a Semana Santa, e não se celebrarão os mistérios de Vossa Paixão."[66]

Enquanto isso, Maurício de Nassau não demonstrava maiores disposições de deixar o Recife. De forma sub-reptícia, incentivou que as câmaras das capitanias da Nova Holanda lhe encaminhassem atestados de que governara com justiça, competência e habilidade administrativa. Em resposta, algumas delas chegaram a oferecer pequenas recompensas ao governador, em troca de sua permanência no país. A exemplo da Câmara do Rio Grande do Norte, que prometia financiar todas as vestes dos criados do conde, enquanto a de Sirinhaém acenava com a doação de sapatos para os pajens do palácio.[67]

Nenhuma dessas ofertas, porém, superou a da comunidade judaica recifense. Os congregados da Zur Israel agradeciam a Maurício de Nassau pelos "benefícios, honra e favores", acenando-lhe com o donativo de 3 mil florins anuais enquanto estivesse à frente do "agradável, prudente e feliz governo".[68] Donativo que não impediu os judeus de continuarem a ser alvo de ataques cada vez mais frequentes na cidade.

13. "Sugam o sangue do povo" (1642-43)

Eram visitantes ilustríssimos. No dia 22 de maio de 1642, os integrantes da sinagoga unificada Talmude Torá, em Amsterdam, receberam o todo-poderoso Frederico Henrique, que desde 1625, com a morte do meio-irmão, assumira o título de príncipe de Orange. Ele vinha como cicerone de uma comitiva estrangeira, encabeçada pela rainha consorte da Inglaterra, sua majestade Henriqueta Maria — ou "Queen Mary", como os súditos protestantes das ilhas britânicas chamavam, não sem alguma má vontade, aquela senhora francesa e católica, que vivia a se queixar de constipações e cefaleias.[1]

Motivos para dores de cabeça não lhe faltavam. Aliás, ela se encontrava na Holanda em missão de urgência. Tentava granjear apoio político ao marido, Carlos I, monarca de tendências absolutistas que então vivia em confronto aberto com o parlamento britânico. O conflito logo iria derivar para uma guerra civil de consequências catastróficas para a família real, na qual os revoltosos não demorariam a cortar o pescoço do rei em praça pública. Como parte das negociações para firmar uma aliança estratégica com os neerlandeses, a princesa inglesa Maria Henriqueta, uma menininha de apenas nove anos de idade, acabara de subir ao altar para contrair núpcias com o primogênito do príncipe de Orange, o rapazote Guilherme, de quinze anos.[2]

Mas, além de amparo político, a rainha buscava levantar recursos financeiros — os cofres do palácio em Londres estavam exauridos pela categórica recusa dos parlamentares em aprovar novos impostos para sustentar uma autocracia coroada. Por isso, ela levara na bagagem à Holanda um baú repleto de joias da família real, para tentar penhorá--las nos Países Baixos e, com isso, arrecadar fundos destinados à compra de armas necessárias ao prenunciado conflito interno.

Maria vinha encontrando dificuldades para negociar as peças mais valiosas em Haia, pois os mercadores da cidade temiam que as transações fossem declaradas ilegais pelo parlamento inglês, que já descobrira e denunciara a dilapidação do patrimônio da Coroa em troca de armamento estrangeiro. Foi sugerido então à rainha que procurasse os sefarditas residentes em Amsterdam. Notáveis pelo tino e ousadia comercial, talvez demonstrassem menor relutância em fazer negócio.[3]

Existia um elemento complicador à concretização do encontro. Os judeus estavam oficialmente banidos das ilhas britânicas havia mais de quatro séculos. Em 1290, tiveram os bens e créditos confiscados por Eduardo I, após décadas de perseguição econômica e da propagação de boatos sobre supostos assassinatos rituais, nos quais se derramaria o sangue de crianças cristãs em sacrifícios demoníacos. Contudo, Maria era filha de Maria de Médici, a rainha regente que acolhera sábios e financistas judeus na corte francesa, incluindo o célebre Elias Rodrigues Montalto, médico oficial do reino. Sendo assim, não teve pejo em fazer a visita à sinagoga de Amsterdam.[4]

Não há notícia de Maria ter logrado êxito em seu intento e ter negociado algum artefato em particular. Se o fez, obviamente não passou recibo por escrito. Em termos documentais, o que se sabe do episódio é que coube a Menasseh ben Israel fazer a saudação aos visitantes — o "celsíssimo príncipe de Orange" e a "digníssima consorte do augustíssimo rei da Grande Bretanha", conforme o orador se referiu à dupla, em nome da comunidade.[5]

Pelo texto que passou à posteridade, publicado à época nas versões em português, neerlandês e latim, o conteúdo do discurso de Menasseh foi inteiramente dirigido ao *stadhouder* Frederico Henrique. "Não pensamos mais nos reis espanhóis ou portugueses como nossos senhores", disse. "Já não consideramos Castela ou Portugal nossa pátria, mas sim a Holanda", reforçou. "Agora vivemos, agora fomos salvos e, como todo mundo, aqui desfrutamos de liberdade."[6]

Poderia causar estranheza o fato de um rabino envolvido em tantas querelas com os próprios pares ter merecido, da parte da comunidade, a honra de saudar o soberano príncipe de Orange. Porém, desde a partida de Isaac Aboab da Fonseca para o Brasil — e vencido o período de um ano de suspensão das atividades rabínicas —, Menasseh passara a desfrutar de melhor posição na hierarquia da irmandade. Herdara o posto e o salário de 450 florins antes recebido pelo rival. Sem a presença de Aboab, era como se uma sombra incômoda houvesse saído de seu caminho.[7]

Além disso, Menasseh fora contratado como principal instrutor na Ets Haim (Árvore da Vida), escola de estudos judaicos para rapazes, financiada pelos irmãos Abraão e Isaac Pereira, dois dos maiores mercadores sefarditas da cidade, negociantes de tabaco e açúcar. Porém, o acúmulo das novas funções, mais uma vez, tirava-lhe a concentração e o tempo necessários aos próprios escritos. Por esse tempo, sua produção autoral caiu a zero.[8]

"Duas horas são gastas no templo a cada dia, mais seis na escola, uma e meia na academia pública e particular dos senhores Pereira [...], duas em correções de provas de minha tipografia, onde tudo passa por minha mão; das onze às doze horas dou audiência a todos que me aguardam para seus negócios e visitas", queixava-se o atribulado Menasseh. "Tudo isso é preciso, além do qual chega a hora dos trabalhos domésticos e de responder às quatro ou seis cartas que me enviam por semana, das quais não faço cópias, pois me falta tempo."[9]

Em compensação, a situação financeira havia melhorado, embora não tanto quanto o desejado. A empresa de comércio internacional que organizara em sociedade com o cunhado, Jonas Abravanel, falira antes mesmo de gerar os primeiros dividendos. A insolvência incluíra dolorosa perda familiar. O irmão de Menasseh, Efraim, intermediário da firma no Recife, morrera de forma repentina após voltar de Pernambuco, provavelmente vitimado por alguma febre tropical.[10]

A falência, contudo, não decorrera dessa tragédia familiar, muito menos de hipotética incompetência dos sócios. Muitos outros investidores com negócios no Novo Mundo estavam indo à bancarrota. Desde a dissolução da União Ibérica e a ratificação do tratado de paz entre Portugal e os Países Baixos, os gastos militares entre as partes haviam diminuído de modo considerável. O fenômeno, que no primeiro momento carreou grandes recursos para o incremento da produção açucareira, surtiu efeito paradoxalmente adverso a médio prazo.[11]

De início, registrou-se uma euforia generalizada, com mercadores e corretores se atirando a vultosas operações de compra e venda a prazo de açúcar e escravos, retroalimentando o surto de prosperidade em Pernambuco. "No Recife e na Cidade Maurícia, construíram-se casas magníficas", testemunhou Joan Nieuhof, agente comercial da Companhia das Índias Ocidentais a serviço no Brasil. "Havia luxo e abastança pois toda a gente considerava-se acobertada com relação a seu passivo, à vista das promissoras perspectivas de aumentar suas fortunas."[12]

Entretanto, com a diminuição dos combates de corso e das pilhagens no Atlântico, as ações da WIC, mescla de empresa comercial e máquina de guerra, despencaram na Bolsa de Valores de Amsterdam. Uma série de efeitos em cadeia puxou para baixo o preço do açúcar nos mercados internacionais, dando origem a dívidas insolúveis por toda parte. O dinheiro sumiu, os juros explodiram.[13]

"Os portugueses do Brasil holandês [haviam] assumido compromissos excessivos para a aquisição de engenhos, canaviais, escravos e outras utilidades. [...] Compravam armazéns inteiros sem se dar conta de como poderiam pagá-los", relatou Nieuhof. "Isso reduziu a maioria deles a uma tal penúria que, em pouco tempo, se acharam em situação de não poder pagar nem capital nem juros."[14]

O projeto neerlandês da Nova Holanda e, por consequência, o sonho sefardita de erguer uma Jerusalém dos Trópicos começavam a fazer água.

A visão da ponte mandada construir por Maurício de Nassau sobre o Capibaribe, inacabada, talvez fosse a metáfora mais perfeita para definir a situação. Depois de assentados apenas quinze pilares de pedra — do total de 25 previstos —, a obra foi paralisada por falta de recursos e falhas de planejamento. Investidos já cerca de 100 mil florins na execução do projeto, a correnteza no trecho mais profundo do rio mostrou-se voraz além do imaginado, impedindo a conclusão imediata do trabalho. Baltasar da Fonseca, o judeu encarregado da construção, não conseguiu honrar o contrato no prazo e valor combinados.[15]

"Como não recebemos há muito tempo notícia da ponte, faz-nos isto pensar que a mesma nunca será terminada", repreendiam em correspondência oficial os diretores da Companhia das Índias Ocidentais — que, aliás, não tinham sido consultados sobre a pertinência da realização da obra. Contrafeito, o conde de Nassau tomou para si a empreitada. Por medida de economia, determinou que a ponte fosse concluída com estacas de madeira — e não mais de pedra, como constava no desenho original.[16]

Seria inútil solicitar mais recursos à WIC. Os acionistas estavam bem descontentes com os rumos da administração de Nassau. Consideravam que ele desperdiçava dinheiro em obras grandiosas e desnecessárias, sem falar nos gastos nababescos com alimentação e criadagem.

"Soube de muito boa fonte que, na pátria, não cessam de bradar contra minhas despesas extraordinárias e de dizer que eu esgotava os recursos da Companhia", escreveu o conde aos diretores. "É verdade que minhas despesas com alimentação, comparativamente ao que poderiam custar nos Países Baixos, podem parecer elevadas, mas não devo ser responsabilizado por tal", tentou explicar-se. "É preciso considerar que tudo aqui é seis vezes mais caro."[17]

Pairavam ainda rumores de que o governador, além de perdulário, apresentava padrões de comportamento pouco recomendáveis para o cargo. Solteirão convicto, Maurício de Nassau manteria romances clandestinos com mulheres casadas. Uma delas seria Ana Gonçalves Pais de Azevedo, esposa do capitão Charles de Tourlon Jr., comandante da própria guarda pessoal do governador. De acordo com o frei Manuel Calado, ela seria "a mais desenvolta mulher de quantas houve [...] na capitania de Pernambuco".[18]

Filha de família abastada, Ana Pais ficara viúva do primeiro marido e contraíra um segundo matrimônio com o militar, sujeito com fama de beberrão e maus bofes. Ao descobrir a traição da esposa com o chefe, Tourlon teria encaminhado um dossiê sobre a trepidante vida amorosa do governador a Frederico Henrique, o príncipe de Orange. Em represália, Nassau o dispensou do cargo, mandou prendê-lo e o despachou para a Holanda, deportado sob a acusação de conspirar contra o governo.[19]

Após a assinatura do tratado de paz com Portugal, os diretores da empresa também não viam mais sentido em manter um grande efetivo de tropas arregimentadas no Brasil. Determinaram a dissolução dos corpos de mercenários, congelaram os vencimentos dos oficiais superiores e exigiram o regresso da maior parte dos soldados à Europa. Em abril de 1642, expediram nova ordem, solicitando o retorno do próprio governador aos Países Baixos.[20]

Antes mesmo que a mensagem atravessasse o Atlântico e chegasse ao Recife, o conde de Nassau enviou às Províncias Unidas um emissário,

Johan Carl Tolner, seu conselheiro e secretário particular. Fez dele o fiel portador de um detalhado relatório de prestação de contas, no qual foram anexadas as mensagens das câmaras locais pedindo sua permanência no Brasil. No documento, traçava-se um cenário alarmante a respeito da situação do país.[21]

Havia menos de 5 mil homens para prover todos os fortes neerlandeses, desde o Maranhão até o Sergipe, sem falar nas guarnições africanas de São Tomé e Angola. O arsenal do Recife estava reduzido a 150 mosquetões, e boa parte da pólvora encontrava-se estragada. Os depósitos de víveres, sem reposições sistemáticas, atingiam níveis críticos. Funcionários ameaçavam cruzar os braços. "Ninguém quer continuar em suas funções, e cada um pede que seja demitido de seu cargo, a fim de poder voltar à pátria a bordo do primeiro navio que partir", observava o relatório redigido por Maurício de Nassau.[22]

Mas, como prova de que ele próprio não parecia mesmo disposto a deixar Pernambuco, Nassau desconsiderou a ordem para tornar à Holanda, alegando que tal decisão não competiria apenas aos diretores da Companhia das Índias, mas dependeria também de um despacho expresso, no mesmo sentido, timbrado com o selo dos Estados Gerais. Em adendo à resposta, advertiu que as tropas estavam inquietas, com os soldos atrasados, e que as dívidas dos luso-brasileiros com a empresa haviam atingido a assombrosa cifra dos 5,7 milhões de florins.[23]

A Nova Holanda era um caldeirão prestes a ferver, uma tempestade em formação, previa. "Na presente conjuntura e em consequência da mudança ocorrida em Portugal, devemos temer mais do que nunca uma tentativa de insurreição dos colonos portugueses", avisava o conde, receando que a iminente revolta pudesse contar com o apoio, ainda que discreto, do rei lusitano d. João IV.

No postscriptum, ao pé da página, cuidou de fazer um pedido: "Como estou informado de que se divulgam contra mim inúmeras e injuriosas mentiras, suplico mui humildemente a vossas altas potências que não lhes deem crédito antes de ouvir-me a respeito".[24]

* * *

Ao deter 91,6% dos contratos oficiais como coletores de taxas e impostos em Pernambuco, os judeus atraíram contra si a antipatia generalizada dos proprietários endividados com a Companhia das Índias Ocidentais. O único ponto de concordância entre os predicantes calvinistas e os poucos padres católicos que restavam na capitania era a repulsa aos iniciados na Lei de Moisés.[25]

Cada vez mais numerosos — as estimativas mais ponderadas calculam que os judeus já eram cerca de 1450 em todo o Brasil holandês e cerca de 40% da população pernambucana livre —, eles estabeleceram uma segunda sinagoga na capitania, a Magen Abraham (Escudo de Abraão), na ilha de Antônio Vaz.[26] A fim de enterrar os mortos em conformidade com os próprios ritos, adquiriram também um terreno para lhes servir de cemitério, em terras continentais, fora da zona habitada, para além das águas do Capibaribe. Como o único acesso ao lugar era por via fluvial, passaram a reproduzir o costume de conduzir os esquifes em barcos funerários, como se fazia nos sepultamentos em Ouderkerk, a necrópole judaica nas cercanias de Amsterdam.[27]

"Os judeus se multiplicam, têm grande liberdade e levantam o corno mais do que nunca. [...] arruínam o tráfico, sugam o sangue do povo, frustram e violam a Companhia", acusava o pastor protestante espanhol Vicente Joaquín Soler, ex-frade agostinho convertido à Igreja Reformada, contratado pela wic e considerado o principal agente da catequese calvinista no Brasil.[28] "Não trazendo mais do que um vestidinho roto sobre si, em breves dias se [fazem] ricos", concordava o frei Manuel Calado.[29]

Diante da continuidade das insatisfações com os sefarditas, a diretoria da Companhia estabeleceu novo regulamento, remetido ao Recife em abril de 1642, determinando limitações à liberdade de ação dos judeus. Eles não poderiam casar ou manter relação afetiva com mulheres cristãs, converter calvinistas ao judaísmo ou ultrajar o nome de

Cristo. No caso de morrerem os pais de filhos nascidos de uma relação inter-religiosa anterior, as crianças deveriam ser entregues para adoção por famílias protestantes. Por último, eles estavam proibidos de erguer novas sinagogas e ficavam limitados ao controle de apenas um terço dos negócios de corretagem comercial no Brasil.[30]

Mesmo com tudo isso, ainda conservavam algumas regalias em comparação aos católicos, como a autorização para manterem locais de culto público. As igrejas apostólicas romanas, ao contrário, tinham sido fechadas pelos neerlandeses. No regulamento imposto aos "papistas", constava que "ninguém reconhecerá [...] a autoridade de nenhum vigário". Todos os clérigos que desejassem viver na Nova Holanda, como no caso do frei Manuel Calado, foram obrigados a jurar fidelidade às autoridades neerlandesas.[31]

Não era de admirar que os católicos não fizessem maiores distinções entre um calvinista e um judeu, rotulando-os de modo indistinto como hereges, ambos seguidores de "errôneas seitas". Na correspondência à Holanda, Nassau não cansava de comunicar aos senhores dos Estados Gerais que o desagrado dos luso-brasileiros, em sua maioria cristãos-velhos, era mais um elemento de instabilidade na Nova Holanda. "Queixam-se publicamente e estão muito descontentes por terem os judeus permissão para a prática pública de seu culto no Recife e na Cidade Maurícia e aí terem sinagoga, ao passo que aos [católicos] é proibido ter igrejas."[32]

O descontentamento dos luso-brasileiros atingiu o limite quando a Companhia das Índias Ocidentais determinou a imediata execução da dívida dos inadimplentes. Os cobradores e funcionários da empresa foram orientados a ir até os engenhos e confiscar caixas de açúcar no valor equivalente aos respectivos débitos dos proprietários. Mas a cobrança nem sempre resultava em efeitos práticos. Chuvas torrenciais tinham transbordado rios, inundado canaviais e comprometido as safras então recentes. Um surto de varíola dizimara senzalas inteiras, provocando severa escassez de mão de obra.[33]

Sem ter como pagar os valores atrasados, muitos senhores de engenho foram levados à Justiça e, alguns deles, arrastados à prisão. "Quando [...] não lhe podiam pagar toda a dívida, porque não chegavam seus açúcares à quantia, tomavam os holandeses o açúcar dos particulares lavradores, que lhes não deviam coisa alguma", registrou o frei Manuel Calado, que a essa altura dos acontecimentos já começava a rever o colaboracionismo com os neerlandeses. "E se os lavradores se queixavam, [...] os do governo os ameaçavam, e lhes chamavam de cachorros, *esquelmes* e *urquent*, que quer dizer velhacos, infames e filhos da puta."[34]

Os judeus não poderiam ficar imunes ao desmoronamento da economia açucareira. Embora alguns deles atuassem como arrecadadores de impostos, a maioria da comunidade vivia mesmo do comércio, setor sensivelmente abalado pela crise geral de inadimplência. Muitos também estavam endividados.

Entres estes, o exemplo mais significativo era o de um jovem mercador de apenas dezesseis anos, Tomás Luís, aliás, Isaac de Castro, que acabara de chegar ao Recife, proveniente de Amsterdam. Filho de refugiados portugueses, Isaac nascera e crescera na França, o porto de escala adotado por muitos cristãos-novos ibéricos antes de se fixarem em definitivo na Holanda. Os pais criaram-no publicamente como se católico fosse, batizado e matriculado em escolas cristãs.[35]

Após a mudança da família para os Países Baixos, em 1640, o estudioso Tomás, aos quinze anos, circuncidado e já convertido à identidade de Isaac, planejou cursar medicina na Universidade de Leiden. Mas teve que abandonar tal sonho logo em seguida, ao se envolver em uma briga com o filho de um nobre neerlandês, gravemente ferido na refrega.

Temendo ser preso por tentativa de homicídio, o rapaz embarcou em um navio holandês com destino ao Brasil, acobertado por um tio,

Moisés de Aguilar, que tinha sido contratado como rabino da Magen Abraham, a sinagoga da Cidade Maurícia. No Recife, Isaac começou a trabalhar como pequeno mascate e não tardou a se envolver em novas embrulhadas.[36]

Comprava mercadorias para revender, mas quase nunca pagava os fornecedores. Devia dinheiro inclusive a gente como David Senior Coronel e Abraão Israel Dias, dois dos maiores dirigentes da sinagoga do Recife. Dava calotes recorrentes e, quando cobrado, ameaçava os mensageiros com o cutelo que sempre trazia à cinta.[37]

Falido e sem crédito na praça, desapareceu do Recife e tomou o rumo da Bahia. Ao chegar a Salvador, cidade controlada pelas autoridades católicas, apresentou-se no dia seguinte ao bispo d. Pedro da Silva. Confessou-se como judeu, mas apresentou nome falso — José de Lis — e se disse disposto a converter-se ao cristianismo. Acabou preso para averiguações. Teria um trágico final.[38]

A benevolência do conde de Nassau em relação à comunidade judaica era apenas relativa. No relatório enviado aos diretores por meio do secretário Johan Carl Tolner, já escrevera: "Os judeus, nos quais os senhores diretores tanto confiam, não merecem em nada tal confiança. Se o rei de Portugal lhes conceder liberdade de religião, sendo eles portugueses, deve-se esperar deles o mesmo que se deve esperar dos outros portugueses". E ressalvara: "Na verdade, eles são mais de temer, por serem em número considerável entre nós, quer em Maurícia, quer no Recife".[39]

Mas a expectativa inicial de que d. João IV concederia liberdade de religião aos judeus sofreu duro golpe em 6 de abril de 1642. Naquele dia, o rei assistira da janela do palácio, ao lado da rainha, d. Luísa, e dos filhos — o príncipe Teodósio, de oito anos, e as infantas Joana e Catarina, de seis e três anos, respectivamente —, a um auto de fé celebrado no Terreiro do Paço. Na ocasião, dois judeus foram queimados vivos na fogueira. Outros quatro, garroteados antes de serem lançados às chamas.[40]

"Se saírem daqui os judeus, há de firmar-se o amor a vossa majestade, há de ter súditos fiéis sem temor de sedição e malícia", proclamou em sermão o padre Bento de Siqueira, clérigo da Companhia de Jesus, antes de o fogo ser ateado aos pés dos sentenciados à morte. "Vós, Senhor, que sois o Sol de todo o mundo, [...] lançai um raio de luz e de sangue que alumie os olhos e toque os corações dessa miserável gente."[41]

Entre os condenados à pena máxima, pelo menos um deles foi "relaxado em efígie", ou seja, julgado e condenado em ausência, pois não se deixara apanhar pela Inquisição: o ex-padre jesuíta e ex-capitão de índios Manuel de Morais, que continuava a viver como calvinista na Holanda, processado à distância por heresia e apostasia da fé católica.[42]

Contra ele havia uma dúzia de denúncias e inquéritos, que arrolavam desde o abandono da batina ao casamento com uma herege, da colaboração com os neerlandeses no Brasil à autoria de livros escritos para ímpios. Em casos assim, o regulamento prescrevia que o ausente fosse substituído, na fogueira, por um boneco de papelão ou por um manequim de palha e estopa, a ser queimado simbolicamente em seu lugar.[43]

Quando soube do ocorrido, Manuel de Morais arriscou uma dupla cartada. Voltou a procurar a representação diplomática portuguesa, então exercida pelo embaixador Francisco de Andrade Leitão, ainda com o intuito de obter o perdão real de d. João IV. Como moeda de troca, oferecia seus contatos com os guerreiros indígenas brasileiros e todo o conhecimento estratégico que detinha sobre as forças neerlandesas aquarteladas no Recife. Ao mesmo tempo, encaminhou à Companhia das Índias Ocidentais um requerimento solicitando uma carta de crédito para explorar pau-brasil em Pernambuco.[44]

O imprevisível Morais apostava em dois flancos opostos. Ficaria do lado de quem fizesse a melhor oferta.[45]

14. "Desejosos de tornar ao reino" (1641-44)

Os sermões daquele padre jesuíta de 34 anos, recém-chegado do Brasil, atraíam bom número de fiéis à Capela Real de Lisboa. Mais do que qualquer outro orador, Antônio Vieira sabia captar a atenção dos ouvintes. Modulava a voz e variava os gestos, a depender do efeito desejado. Por vezes, quase em murmúrio, aliciava os presentes com frases pontuadas por sorrisos, as mãos calmas, o tom brando. Minutos depois, braços abertos, erguia a voz, grave e arrebatada, a ecoar no santuário, para admiração da assistência.[1]

O sotaque brasileiro indicava o longo tempo que passara nas terras de além-mar. Do púlpito, os olhos grandes e negros fitavam por instantes algum ponto indefinido no teto da capela. Depois, cravavam-se nos destinatários da mensagem, medindo-lhes as reações estampadas nos rostos. A fala era plena de erudição, mas o sentido, límpido. As metáforas trabalhavam a serviço do convencimento, não do mero ornamento verbal.[2]

"O pregar há de ser como quem semeia, e não como quem ladrilha, ou azuleja", prescrevia o padre Vieira. "Como hão de ser as palavras? Como as estrelas. As estrelas são muito distintas e muito claras.

Assim há de ser o estilo da pregação", recomendava. "Nem por isso temais que pareça o estilo baixo; as estrelas são muito distintas, e muito claras e altíssimas. O estilo pode ser muito claro e muito alto; tão claro que o entendam os que não sabem, e tão alto que tenham muito que entender nele os que sabem."[3]

Vieira chegou a Lisboa em 30 de abril de 1641, após quase trinta anos de Brasil. Saíra de Portugal ainda criança, aos seis anos. Voltava homem-feito, bigode cheio, a barba circundando o rosto. Tal como ele, o reino também era outro. Quando o menino Antônio partiu, em 1614, os portugueses viviam sob a dinastia filipina, submetidos à União Ibérica. No retorno, mestre em artes, professor de teologia e retórica, ele encontrava a terra natal sob nova ordem. A nação celebrava a restauração. Cantavam-se glórias a d. João IV.[4]

Era justamente por esse motivo que Vieira estava de volta a Portugal. Conseguira lugar na delegação na qual d. Fernando de Mascarenhas, o filho do marquês de Montalvão, vice-rei do Brasil, fora enviado em nome do pai para jurar fidelidade a sua majestade. A viagem, porém, por pouco não terminou em duplo desastre. Uma borrasca quase fez a caravela naufragar. E a sorte da família Mascarenhas mudara radicalmente entre a partida da comitiva, em Salvador, e a chegada em caráter de emergência no porto de Peniche, a cem quilômetros de Lisboa.[5]

No intervalo de sessenta dias entre embarque e desembarque, dois irmãos do marquês de Montalvão haviam fugido para Madri, declarado apoio à Espanha e caído em desgraça perante o rei português. Todo o séquito oficial brasileiro, incluindo Vieira, chegou a ser preso para prestar interrogatório às autoridades lusitanas. Antes disso, d. Fernando de Mascarenhas escapou de ser linchado. Mas, afastada a suspeita de conivência com os traidores, foram enfim levados à sala do trono, para a tradicional cerimônia do beija-mão.[6]

Por sorte, um dos últimos sermões de Antônio Vieira na Bahia, havia quatro meses, não chegara aos ouvidos de d. João IV. Na homilia, o jesuíta fizera entusiasmado elogio ao rei espanhol: "Viva [...] o santo e piedoso rei [...], viva e reine eternamente com Deus, e sustente-nos desde o céu, com suas orações", saudara, referindo-se a Filipe IV. Desdenhara então do sebastianismo, a crença popular segundo a qual d. Sebastião, o rei desaparecido na batalha contra os mouros em Alcácer-Quibir sessenta anos antes, retornaria para reassumir o cetro e redimir Portugal. Rei morto, rei posto, sugeriu Vieira. Dias depois dessa fala, chegava à Bahia a notícia do fim da União Ibérica.[7]

Ao cavar um lugar na comissão mandada a Lisboa, o padre Vieira cuidava de apagar possíveis implicações de palavras tão inoportunas. Foi bem-sucedido no propósito. Segundo consta, a inteligência e os dotes de retórica do padre impressionaram d. João IV desde a primeira audiência. Com efeito, não tardou para que o monarca o trouxesse para junto de si, como confessor e pregador régio.[8]

O rei, homem tímido e inseguro, hesitante até o último momento em aderir à conspiração que o levou ao poder, descobriu no jesuíta um fiador espiritual de sua autoridade. No primeiro sermão oficial no cargo, em 1º de janeiro de 1642, Antônio Vieira buscou legitimar a hipotética predestinação divina do novo soberano. Em reviravolta retórica, associou-a à memória do mítico d. Sebastião. Engenhoso com as palavras, Vieira converteu o sebastianismo em uma espécie de "joanismo".[9]

"Os portugueses [...] buscando a um rei morto, se vêm a encontrar com um vivo", disse. "[Portugal] buscava-o por esse mundo, perguntava por ele, não sabia onde estava, chorava, suspirava, gemia e o rei vivo e verdadeiro deixava-se estar encoberto, e não se manifestava, porque não era ainda chegada a ocasião", sugeriu Vieira, no púlpito da Capela Real. "A razão foi porque as cousas que faz Deus, e as que se hão de fazer bem-feitas, não se fazem antes, nem depois, senão a seu tempo", alegou.[10]

A Providência Divina determinara o momento histórico da restauração. "Se Portugal se levantara enquanto Castela estava vitoriosa, ou, quando menos, enquanto estava pacífica, segundo o miserável estado em que nos tinham posto, era a empresa mui arriscada, eram os dias críticos e perigosos", argumentou. Só então, quando a Espanha andava enfraquecida, às voltas com um conflito armado na fronteira da França e enfrentando a eclosão de um movimento separatista na Catalunha, chegara a hora redentora.[11]

"Quando os filisteus se quiseram levantar contra Sansão, aguardaram a que Dalila lhe tivesse presas e atadas as mãos, e então deram sobre ele", comparou. "Assim o fizeram os portugueses bem advertidos. Aguardaram a que a Catalunha atasse as mãos ao Sansão que os oprimia, e como o tiveram assim embaraçado e preso, então se levantaram contra ele tão oportuna como venturosamente."[12]

Vieira, além de pregador, confessor e conselheiro espiritual do rei, fez-se consultor político da Coroa. Para dar combate à crise econômica portuguesa, elaborou um minucioso parecer, cujo título, na futura edição impressa, bastava para revelar o surpreendente conteúdo do texto: "Proposta feita a el-Rei d. João IV, em que se lhe representava o miserável estado do reino e a necessidade que tinha de admitir os judeus mercadores que andavam por diversas partes da Europa".[13]

Nos parágrafos introdutórios, Vieira fez um arrazoado para retratar a fragilidade generalizada do reino. Do ponto de vista militar, Portugal mostrava-se completamente vulnerável aos ataques bélicos da Espanha: "As fronteiras e cidades principais estão sem fortificações, os portos abertos, a costa e lugares marítimos desprovidos, o rio de Lisboa quase sem armadas, Alentejo com pouca cavalaria e outras províncias sem alguma".[14]

O desequilíbrio do tesouro real também era flagrante. "As rendas, e as comendas estão empenhadas para muitos dias e anos; os juros, as tenças [pensões] e os salários não se pagam." Se os espanhóis ousassem alguma ofensiva de maior envergadura, a derrocada seria certa. "Com as entradas e temor do inimigo se impedem as lavouras; se suspendem os comércios, cessam as artes, cresce a gente nos lugares, seguem-se fomes, carestias e outras consequências naturais das guerras, com que serão mui dificultosos e quase impossíveis de pagar os tributos."[15]

Com tantas dificuldades, a manutenção da independência do reino de Portugal diante da Espanha afigurava-se "duvidosa e arriscada". Como antídoto para o cenário ameaçador, Vieira recomendava a adoção de uma medida arrojada, que o rei deveria "ouvir, aceitar e considerar": "Por todos os reinos e províncias de Europa está espalhado grande número de mercadores portugueses, homens de grossíssimos cabedais, que trazem em suas mãos a maior parte do comércio e riquezas do mundo".[16]

O padre Antônio Viera referia-se, é claro, aos judeus da grande diáspora sefardita. "Todos estes, pelo amor que têm a Portugal, como pátria sua, e a vossa majestade, como seu rei natural, estão desejosos de poderem tornar para o reino."

Além de atrair capitais a Portugal, argumentou Vieira, o regresso dos judeus atingiria em cheio as finanças de um inimigo declarado, a Espanha, onde eles viviam protegidos pelo conde-duque de Olivares sob a fachada de cristãos-novos. E também afetaria os poderes de um aliado pouco confiável, os Países Baixos, que os acolheram com pragmática tolerância. "E não só virão para este reino os mercadores de Holanda e Castela, senão os de Flandres, França, Itália, Alemanha, Veneza, Índias Ocidentais e outros muitos, com o que o reino se fará poderosíssimo."

O raciocínio de Vieira era cristalino: "Portugal não se pode conservar sem muito dinheiro, e para o haver não há meio mais eficaz, que o do comércio, e para o comércio não há outros homens de igual cabedal e indústria [mais que os] de nação [judaica]". Para dobrar as inevitáveis oposições por parte da Inquisição, haveria um argumento indiscutível: até no Vaticano os judeus eram livres. "O sumo pontífice, vigário de Cristo, verdadeira regra da fé, não só admite os que nós chamamos cristãos-novos [...], senão que, dentro na mesma Roma e em outras cidades, consente sinagogas públicas dos judeus que professam a Lei de Moisés."

Caso tal premissa não fosse suficiente para abrandar preconceitos enraizados por séculos de antissemitismo, a argúcia de Antônio Vieira propunha outra tese considerada irrefutável: "Se o dinheiro dos homens da nação está sustentando as armadas dos hereges, [para que] semeiem, e estendam pelo mundo as seitas de Calvino, e Lutero, não é maior serviço de Deus, e da Igreja, que sirva esse mesmo dinheiro às armas do rei mais católico para propagar, e dilatar pelo mundo a lei, e fé de Cristo?".

O perdão e a misericórdia, virtudes divinas, poderiam até mesmo contribuir para a reconversão de muitos cristãos-novos lusitanos emigrados para terras distantes. "Devendo-se esperar com muito fundamento que, por meio do favor que vossa majestade fizer a estes homens, se alcance deles o que pela severidade do rigor se não tem alcançado."[17]

Era a primeira vez que Antônio Vieira confrontava os métodos da Inquisição — e estava longe de ser a última. Sofreria as consequências pelo atrevimento.

Maurício de Nassau prometeu fazer um boi voar nos céus do Recife. Disse que cumpriria o feito na tarde de 28 de fevereiro de 1644, um domingo, quando da inauguração da grande ponte — construída parte em pedra, parte em madeira — sobre o Capibaribe. A cidade praticamente parou e compareceu inteira ao local para assistir ao espetáculo.[18]

A fim de recuperar parte dos investimentos aplicados na obra, seria dado início à cobrança de pedágio aos que quisessem atravessá-la, ao preço de dois *stuivers* — a vigésima parte de um florim. Escravos e soldados pagariam um; carros de boi, sete *stuivers*. Houve tão grande interesse em ver o boi voar que, até o final daquela tarde, foram apurados

Navio em que viajou Maurício de Nassau. Gravura de Frans Post, integrante da comissão cultural e científica organizada pelo governador do Brasil holandês.

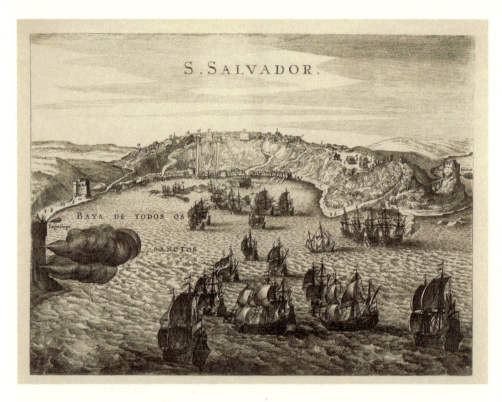

Acima, a conquista neerlandesa de Salvador em 1624, em gravura de Claes Janszoon Visscher. Abaixo, a planta da cidade, depois de restituída aos portugueses no ano seguinte, em têmpera e guache de João Teixeira Albernaz.

Gravura do cartógrafo Nicolaas Visscher reconstitui o desembarque das tropas neerlandesas em Pernambuco em 1630 (acima). Retrato anônimo de Maurício de Nassau (ao lado).

Vista urbana do Recife, por Frans Post, com tipos humanos e algumas casas de fachadas com frontões escalonados, tipicamente neerlandeses.

Dança dos tapuias, óleo sobre tela de Albert Eckhout, outro integrante da comissão cultural e científica de Maurício de Nassau.

Acima, a rua dos Judeus, no Recife, em litografia de F. H. Carls. Abaixo, o mercado de escravos do logradouro, à época do domínio neerlandês, em aquarela de Zacharias Wagener.

Frontispício da primeira edição do livro de Gaspar Barleaus, *História do Brasil sob o governo de Maurício de Nassau*, editado em 1647.

Página de abertura da *História natural do Brasil*, livro escrito pelo médico Willem Piso e pelo naturalista Georg Markgraf, integrantes da comissão científica de Nassau.

Em imagem do século XVIII, a tomada do palácio real português e a execução de d. Miguel de Vasconcelos, episódio que resultou na elevação de d. João IV ao trono lusitano.

O casamento da princesa inglesa Mary, de nove anos, com o príncipe neerlandês Wilhelm, de treze: o enlace fez parte das negociações em prol do apoio holandês à Inglaterra durante a crise que se abateu sobre o reinado de Charles I. Óleo sobre tela de Anthony van Dyck.

Representação da batalha dos Guararapes, detalhe de um dos grandes painéis sobre o tema pintados no início do século XVIII.

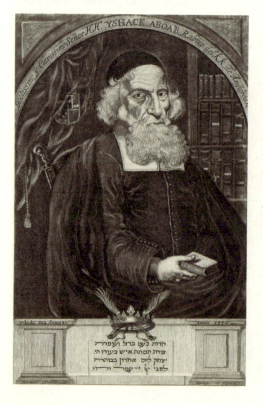

Ao lado, o rabino Isaac Aboab da Fonseca. Acima, o frontispício do poema que fez para cantar as dores de seu povo durante a crise do Brasil holandês.

Mapa de Nova Amsterdam, em 1660. No lado direito da imagem, vê-se a muralha que servia de limite à povoação e daria origem à Wall Street.

Duas vistas de Nova Amsterdam, em imagens de época. Na gravura em metal acima, vê-se um pequeno ancoradouro. Na aquarela abaixo, é possível distinguir um moinho de vento à esquerda da imagem e as bandeiras neerlandesas nos mastros dos navios que margeiam a costa.

Colonos neerlandeses, cultivadores de tabaco em Nova Amsterdam. Gravura em cobre datada entre 1624 e 1699.

Detalhe de uma vista do porto e da vila de Nova Amsterdam.

Ao lado, o governador de Nova Amsterdam, Peter Stuyvesant. Abaixo, com sua perna de pau, ele aparece em meio a colonos neerlandeses, tendo ao fundo a bandeira tricolor da Companhia das Índias Ocidentais. Óleo de Jean Leon Gerome Ferris.

Outras duas representações da figura severa de Peter Stuyvesant. Acima, no porto de Nova Amsterdam em mural de Karl R. Free; abaixo, durante rendição aos ingleses, em 1664, na gravura de Charles X. Harris.

Nas imagens que retratam detalhes da vida cotidiana de Nova Amsterdam, as casas e prédios exibem telhados inclinados, paredes de tijolos aparentes e frontões escalonados, seguindo o modelo característico da arquitetura colonial holandesa.

Acima, na alegoria que representa a passagem de Nova Amsterdam para Nova York, um nativo entrega uma pele de castor a uma agricultora (gravura de Aldert Meijer). Ao lado, um cartão-postal comemorativo mostra a representação de um navio neerlandês nas águas do rio Hudson.

Imagens atuais do primeiro cemitério da comunidade sefardita de Nova York. As lápides trazem inscrições em hebraico — e muitas informam que os sepultados no local tinham sobrenomes portugueses e espanhóis.

1800 florins pelos direitos de travessia dos 318 metros da ligação entre o Recife e a Cidade Maurícia.[19]

À hora combinada, levou-se um boi muito manso, pertencente a um morador de nome Melquior Álvares, ao alto de uma plataforma, armada junto à ponte. Lá, o bicho foi colocado no interior de um compartimento, para então ser substituído, de modo velado, por um segundo animal, em tudo idêntico ao primeiro — só que empalhado. Preso a uma gambiarra de cordas e roldanas, o "boi voador" recheado de palha flutuou pelos ares. "A gente rude ficou admirada", zombou o frei Manuel Calado, testemunha do episódio.[20]

A encenação marcou a última grande aparição pública de Nassau no Brasil. Cinco meses antes da inauguração da ponte, ele já recebera uma carta oficial de dispensa, despachada de Haia e assinada pelos representantes dos Estados Gerais, conforme exigira. Na mensagem, ordenava-se que retornasse o quanto antes à Holanda, "a fim de continuar a prestar seus serviços ao país" — um eufemismo honroso, a encobrir o vexame da demissão sumária.[21]

O conde ainda protelou a partida, alegando falta de navios disponíveis para transportar a mudança. Mas uma sequência de contratempos o indispôs ainda mais junto às autoridades das Províncias Unidas. No Maranhão, um levante de luso-brasileiros coadjuvado por indígenas sitiou a cidade de São Luís, resultando na humilhante retirada dos neerlandeses da capitania. No Ceará, um ataque de tapuias destruiu o fortim ali instalado e trucidou todos os soldados a serviço da guarnição. Uma expedição terrestre de mais de mil homens, enviada para tentar tomar à bala o quilombo dos Palmares, terminou com o saldo negativo de centenas de soldados feridos e apenas trinta escravos recapturados.[22]

Com tantos reveses, não havia como postergar a partida. Para tentar compensar parte dos últimos prejuízos, a Companhia das Índias Ocidentais remeteu uma esquadra de guerra ao Sul do Chile. O objetivo era dominar as rotas por onde trafegavam os galeões espanhóis abarrotados de ouro e prata, provenientes das minas das colônias espanholas. Mas, diante de novos malogros, a missão foi abortada e os navios retornaram vencidos ao Recife. Um plano de conquistar Buenos Aires foi igualmente esquecido.[23]

Em 6 de maio de 1644, Nassau reuniu os representantes do Alto Conselho e entregou-lhes o cargo de governador. Na ocasião, deixou-lhes um documento intitulado "Memória e instrução de João Maurício, conde de Nassau, acerca do seu governo do Brasil". Era um conjunto de recomendações aos que ficariam responsáveis, dali por diante, pela condução administrativa das chamadas capitanias do Norte. "Vossas nobrezas ficam a governar um tríplice Estado ou comunidade, que se compõe principalmente de três sortes de homens, como são os soldados, os mercadores e os moradores de nação portuguesa", dizia o texto.[24]

Para cada um desses grupos, o conde deixava recomendações específicas. Os soldados deveriam ser pagos pontualmente, recompensados pelos devidos méritos e punidos por eventuais delitos: "Para os poder castigar é necessário não dar-lhes ocasião de alegar que são mal alimentados". Quanto aos mercadores, seria fundamental não lhes acarretar mais prejuízos: "Eles sentem nisso maior dano do que o da própria vida e facilmente esquecem por isso o respeito para com todo o mundo". Por fim, aos moradores deveria ser assegurado o pleno direito de professar suas crenças. "A condescendência ou tolerância é mais necessária no Brasil do que a qualquer outro povo a quem se tenha concedido liberdade de religião."[25]

Em relação às usuais queixas dos calvinistas, Nassau aconselhava: "O verdadeiro remédio deve ser o esquecimento, com o qual fiz muito bem à tranquilidade deste Estado". Por fim, sobre as cobranças das dívidas dos senhores de engenho com a Companhia das Índias Ocidentais, indicava: "Convém que vossas nobrezas procedam com brandura".[26]

Feitas as sugestões, preparou-se para partir. Cavalgou de Pernambuco até a Paraíba, onde embarcou no porto de Cabedelo com destino à Europa. No caminho, foi saudado por multidões, que afluíam às estradas para a despedida. Trombeteiros da escolta oficial entoavam as notas do *Wilhelmus van Nassouwe*, o hino dos Países Baixos.[27]

"Era de ver a turba de pobres, de ricos, de velhos e de jovens [...] que ora lhe vinham ao encontro, ora o acompanhavam e logo o rodeavam, manifestando-lhe, com lágrimas e aclamações, a sua simpatia", narrou o teólogo, poeta e historiador Gaspar Barléu, contratado por Nassau para escrever a crônica histórica de seu governo. "O consolo de uns era terem-lhe apertado a mão, o de outros, haverem-lhe tocado no gibão. Todos sentiam o mesmo pesar, cravando os olhos no conde, e era sem distinção o abatimento de todas as fisionomias, de grandes ou pequenos, de homens ou mulheres."[28]

Foram necessárias treze naus para transportar a mudança de Maurício de Nassau do Brasil para a Holanda. A carga, avaliada em 2,6 milhões de florins, incluía toras e pranchas de madeira de lei, cavalos de raça, caixas de açúcar, fardos de tabaco, tonéis de frutas cristalizadas, botijas de farinha de mandioca, barris de conchas e seixos coloridos, além do rico acervo de obras de arte e material etnográfico organizado pela comissão cultural e científica patrocinada pelo conde.[29]

Era 22 de maio de 1644. Cerca de meia dúzia de tapuias, mandados pela aldeia para pedir que Nassau não os abandonasse, embarcaram para a Holanda junto com ele. Poucos meses depois, completamente nus, os indígenas encenaram uma dança de guerra na inauguração do palacete Mauritshuis, a Casa de Maurício, enfim terminada de construir em Haia.[30]

Em 19 de setembro, a comunidade judaico-portuguesa de Amsterdam quedou admirada ante a história contada por um compatriota aventureiro, chegado de Cartagena das Índias. A cidade, na atual Colômbia, servia de entreposto para escoamento do ouro e da prata produzidos pelas colônias espanholas no Novo Mundo. Natural de Vila Flor, aldeia portuguesa de Trás-os-Montes, o patrício Aaron Levi, aliás, Antônio de Montesinos, teria sido testemunha de um episódio prodigioso.[31]

Tempos antes, empreendera uma viagem selva amazônica adentro, a partir do porto fluvial colombiano de Honda, em direção à cidade equatoriana de Quito, então distrito dependente do vice-reinado do Peru. Enfrentara corredeiras e correntezas contrárias, além de trechos de caminhada por terras muito íngremes, cordilheira dos Andes acima. Para vencer a jornada, alugou balsas, parelhas de mulas e recorreu a um guia mestiço, conhecedor dos segredos e perigos da floresta.[32]

Ao longo do trajeto, quando as bagagens tombavam do lombo dos animais e rolavam ribanceira abaixo, os carregadores se queixavam do esforço redobrado para recompor a carga. Um deles, contudo, um índio chamado Francisco, repreendia de imediato os companheiros. Todos ali, inclusive ele próprio, mereciam tamanho penar, dadas as tantas culpas de que eram portadores. Estariam pagando pelos erros praticados por seu povo, no passado, contra uma tribo de inocentes. Durante muito tempo, haviam feito mal a "uma gente santa, a melhor do mundo".[33]

Embora tenha achado o comentário inusitado, Montesinos não conseguiu arrancar do esquivo Francisco nenhuma declaração adicional a respeito do assunto. Quando retornou a Cartagena, foi preso pelo Tribunal de Penas do Santo Ofício que funcionava naquela possessão espanhola. Nas masmorras, incurso em suspeita de heresia, voltou-lhe à memória o comentário do índio Francisco. Dois anos e meio depois, tão logo foi absolvido das acusações, tornou a procurar o condutor de mulas, para contratar nova viagem pelo interior da selva amazônica.[34]

A certa altura da segunda excursão, enquanto atravessavam um trecho de mata fechada, o português confessou ao tropeiro sua condição de judeu: "Sou hebreu da tribo de Levi, meu Deus é Adonai, e todos os demais deuses são falsos". Ao ouvir aquilo, Francisco anunciou que também tinha um segredo a revelar. Na verdade, mais que isso. Queria mostrar algo a Montesinos, que deveria constatar a maravilha com os próprios olhos.[35]

Mas advertiu: teriam de seguir a pé por outro caminho, e sem nenhuma carga. Não podiam levar nem mesmo o conteúdo dos alforjes que traziam a tiracolo. Trocariam as botas por alpercatas, dispensariam as respectivas capas e espadas. Conduziriam consigo apenas cordas para ajudar na travessia de rios, facões para cortar a folhagem e, por fim, cajados feitos de varas arrancadas ao mato. Desconfiado, mas curioso pelo insólito do convite, Montesinos aceitou o desafio.[36]

Começaram a nova jornada no dia seguinte, uma segunda-feira. Caminharam ao longo de cinco dias e, no sábado, descansaram. Retomaram a marcha no domingo e, na terça-feira, por volta das oito da manhã, chegaram às margens de um rio caudaloso. "Maior, muito maior que o Douro", comparou o lusitano Montesinos, ao reconstituir a história para os integrantes da comunidade judaica de Amsterdam.[37]

À beira do rio, Francisco desamarrou o pano de algodão que trazia à cintura e, atando-o à ponta do cajado, improvisou uma bandeira branca. Ao longe, como resposta, avistou-se um sinal de fumaça. Em seguida, aproximou-se uma canoa, trazendo dois homens e uma mulher a bordo. A mulher desceu, achegou-se com cautela e falou com Francisco em uma língua estranha, da qual Montesinos não conseguiu entender uma única palavra.[38]

Feito isso, ela voltou o olhar para a canoa e acenou para os dois homens, que só então desembarcaram. De súbito, Francisco atirou-se aos pés deles, em sinal de reverência. Mas os próprios homens, com ar humilde e benevolente, recusaram a mesura. Para espanto de Montesinos, aqueles indivíduos de pele cor de bronze, muito queimada pelo sol, teriam então recitado, em hebraico, o verso do Deuteronômio que resume o sentido primordial do monoteísmo judaico: *Shemá Yisrael, Adonai elohênu, Adonai echad* (Ouve, Israel, o Eterno é nosso Deus, o Eterno é um só).[39]

De acordo com Montesinos, os dois indivíduos lhe teriam revelado então que eram "filhos" de Abraão, Isaac e Jacó, erguendo um dedo da mão por vez, ao pronunciar cada nome sagrado da genealogia bíblica. Ao erguer um quarto dedo, disseram também que eram filhos de

Rubem, o primogênito dos doze filhos de Jacó. Por outras palavras, aquele povo da floresta descenderia, em linha direta, do chefe de uma das dez tribos perdidas de Israel, que desaparecera do mundo antigo sem deixar rastros, após a invasão dos assírios, em 720 a.C.[40]

Por mistérios insondáveis, em algum momento da humanidade que a narrativa bíblica não contemplava, o povo de Rubem, formado por bisnetos de Abraão, teria atravessado os mares e passado a viver oculto, no alto dos Andes, no ponto mais elevado da selva amazônica.

15. "Vem e olha para Teu povo" (1644-45)

A história contada por Antônio de Montesinos provocou dúvidas e perplexidades. Seria mesmo possível que um grupo de judeus, remanescentes de uma das dez tribos perdidas, vivesse isolado na selva amazônica, do outro lado do Atlântico? Questionado a respeito, Menasseh ben Israel respondeu com outra interrogação: "Por que eu não daria crédito a um homem virtuoso?". A contrapergunta aludia ao conceito que Montesinos, "judeu de religião", firmara junto à comunidade. "Eu mesmo falei com ele, e durante os seis meses em que aqui esteve, em minha presença e de muitas outras pessoas de qualidade, jurou solenemente que tudo o quanto dizia era verdade."[1]

Depois de incitar a curiosidade pública em Amsterdam, Montesinos migrou para o Brasil, onde morreria dali a cerca de dois anos, sem deixar provas concretas do relato. Ainda assim, Menasseh ficou tão convencido da autenticidade da narrativa que decidiu validá-la por meio de um pequeno tratado, de pouco mais de cem páginas, ao longo das quais, como era de costume, articulava fontes teológicas, filosóficas e históricas.

"Este fato não se pode comprovar pela ciência, porque em nosso entendimento não há demonstrações que possam confirmá-lo", reconhecia. "Nem tampouco pela fé divina [...], pois a Sagrada Escritura não declara quais gentes foram habitar aquelas partes, antes que as descobrissem Cristóvão Colombo, Américo Vespúcio, d. Hernán Cortés e d. Francisco Pizarro."[2] Apesar disso, Menasseh procurava demonstrar, por meio de passagens bíblicas, que os antigos profetas já haviam prenunciado a redescoberta das tribos perdidas. O aparecimento de uma delas, nas Américas, reservaria consequências extraordinárias para o destino da humanidade.

O tratado *Esperança de Israel* foi organizado por Menasseh em torno de 72 argumentos centrais — número equivalente à quantidade das sequências de três letras hebraicas que conectam as manifestações de Deus, segundo os ensinamentos da cabala. A estrutura, por si só, deixava patente a orientação mística do livro. Escrito originalmente em espanhol, o texto seria traduzido para o latim e para o inglês, ampliando o alcance e a repercussão internacional da obra, destinada a se tornar a mais célebre entre todas as saídas de sua pena.[3]

O tema despertava enorme interesse público. Desde o início das grandes expedições marítimas, os europeus se perguntavam sobre a origem dos habitantes do Novo Mundo. Havia uma questão central ao debate: os ameríndios derivariam da mesma linhagem de Adão e Eva? Pela leitura literal das Escrituras, se todos os humanos descendem do mesmo pai e da mesma mãe primordiais, a resposta à questão teria de ser necessariamente afirmativa.

Para os crédulos no texto sagrado, porém, isso suscitava novas dúvidas. De que modo os primeiros indivíduos haviam chegado a terras tão distantes? De onde provinham? Em que momento teriam feito a grande travessia oceânica? Como explicar que vivessem em "estado de natureza", completamente nus, com as "vergonhas" à mostra, sem demonstrar a mácula do pecado original?

Não faltavam tentativas para oferecer respostas ao mistério. Algumas teorias especulavam que os primeiros americanos seriam descendentes dos fenícios ou dos cartagineses, os grandes navegadores e co-merciantes do mundo antigo. Outra hipótese, de larga aceitação à época devido aos olhos amendoados dos indígenas, sugeria que eles tivessem parentesco com os povos asiáticos. Não à toa, muitas gravuras elaboradas por viajantes e exploradores retratavam os ameríndios como japoneses ou chineses de pele acobreada.[4]

Menasseh sustentava as próprias ideias a respeito. Acreditava que uma das tribos de Israel teria chegado à América pelo estreito de Bering, a partir da Ásia setentrional, depois da dispersão dos dez povos perdidos pelo mundo. Ao vagarem durante milênios, no decurso de inúmeras transmigrações, parte desses judeus ancestrais havia se misturado a outros povos, das mais diversas procedências, nômades como eles.[5]

Com o decorrer das eras e a multiplicidade dos contatos, acabaram por perder as características étnicas originais e esquecer a religião dos antepassados. Em abono à tese, Menasseh pinçava um versículo do Deuteronômio: "Abandoná-los-ei ao seu próprio destino, farei cessar a sua memória dentre os homens".[6]

Não obstante, muitos dos desgarrados da palavra de Deus teriam conseguido preservar remotas tradições de matriz judaica. Em razão disso, cronistas, missionários e desbravadores das Américas davam notícias a respeito de índios circuncidados no México e de cerimônias religiosas vetadas às mulheres na Nicarágua. Daí a existência de relatos sobre a celebração de jubileus, semelhantes aos hebraicos, entre os nativos do México, bem como de casamentos compulsórios de viúvas com o irmão do marido falecido, em pleno Peru, nos moldes de uma velha lei israelita.[7]

"Indícios de que, em algum tempo, habitaram israelitas naquelas comarcas, de quem os índios aprenderam todas essas coisas", deduzia Menasseh. Assim sendo, não seria algo tão extraordinário admitir a existência de judeus autênticos nas Américas, isolados na floresta, protegidos na pureza de sua fé pela Providência Divina.[8]

"Em Pernambuco, há pouco mais de quarenta anos, sucedeu que oito tabajaras, determinados a penetrar terra adentro para ver se outras regiões desconhecidas estavam povoadas, caminhando diretamente ao poente, depois de quatro meses chegaram a serranias altíssimas, a cujo cume subiram com grande dificuldade", escreveu Menasseh, sem mencionar a fonte da informação. "Baixaram depois a um plano regado por um rio ameno, em cujas margens viram e falaram com uma gente branca, com barbas."[9]

Os exotismos desses relatos de viagem careciam de evidências históricas concretas. Na maioria dos casos, as descrições dos contatos de europeus com povos autóctones sofriam deformações, acréscimos e hipérboles, a depender da imaginação do narrador e da credulidade dos destinatários. De todo modo, Menasseh dizia não ter dúvidas sobre o suposto significado sagrado do encontro de Montesinos com judeus ocultos no interior da selva.

Para ele, tratava-se do primeiro sinal para o cumprimento da maior de todas as profecias. No dia em que os doze povos israelitas espalhados pelo mundo voltassem a se encontrar, restaurando-se a integridade da descendência de Jacó, chegaria a hora tão aguardada pela grande nação hebreia: a vinda do Messias.

Revelava-se, assim, o sentido messiânico do título, *Esperança de Israel*, extraído de um versículo do livro do profeta Jeremias: "Ó esperança de Israel, seu Salvador em tempos conturbados!".[10] Pela interpretação de Menasseh ben Israel, o grande advento estava próximo: "Todas as doze tribos serão unidas sob um príncipe, que é o Messias, filho de Davi, e nunca mais serão expulsas de suas terras", pressagiou.[11]

Serem arrancados daquelas terras. Este era o maior temor dos judeus e dos cristãos-novos convertidos ao judaísmo em Pernambuco. A despeito das hostilidades de calvinistas e cristãos, a comunidade atingira elevado nível de estabilidade institucional. Mantinha duas sinagogas em funcionamento, dispunha de cemitério próprio e, nos casos dos alistados nos postos de guarda, estava isenta de prestar serviços aos sábados.[12]

Porém, desde a partida de Maurício de Nassau, reduzira-se ainda mais o contingente militar na Nova Holanda. Dessa forma, crescera o receio de que uma reviravolta armada pusesse termo à prosperidade da Jerusalém dos Trópicos. Eram cada vez mais recorrentes os boatos sobre o planejamento em curso de uma grande insurreição, tramada pelos proprietários de terras engolfados em dívidas.

"Depois da partida de sua excelência [o conde de Nassau], essas conspirações vêm progredindo diariamente", informavam os integrantes do Alto Conselho, em relatório à direção da Companhia das Índias Ocidentais. "Os implicados revelam o maior zelo em obter toda a sorte de informações sobre o efetivo de nossas guarnições, com a evidente intenção de levar a efeito os seus planos antes que tenhamos tempo de receber reforços e provisões da Holanda."[13]

De fato, as ações de espionagem eram frequentes. Nem sempre bem dissimuladas. Em agosto de 1644, desembarcou no Recife o militar paraibano André Vidal de Negreiros, que combatera os neerlandeses no ataque a Salvador, vinte anos antes. Trazia a Pernambuco duas cartas. Uma assinada pelo rei de Portugal d. João IV. Outra escrita por Antônio Teles da Silva, governador da Bahia. Ambas solicitavam que lhe fosse concedido salvo-conduto para uma estadia no Recife, onde desejava despedir-se do pai, antes de seguir viagem à Europa, a serviço do reino.[14]

Os neerlandeses desconfiaram de um ardil. "Há fortes razões para se acreditar que a vinda de André Vidal [...] teve como objetivo principal verificar pessoalmente qual a situação aqui reinante, a fim de poder informar tanto o governador, na Bahia, como a Corte, em Portugal", alertou o Alto Conselho à WIC. As suspeitas procediam. Na passagem por Pernambuco, Vidal entrou em contato com os insurgentes e trocou informes amiudados sobre os preparativos para a revolta. "Mais tarde viemos a saber que [ele] esteve presente a vários conciliábulos", informaram os conselheiros aos superiores em carta a Amsterdam.[15]

Diante dos indícios, resolveu-se acatar a sugestão deixada por Nassau para tratar os devedores com relativa "brandura". Com o devido aval da Companhia das Índias Ocidentais, foi ajustada uma série de acordos com os inadimplentes. A empresa assumiu a totalidade das dívidas dos senhores de engenho com comerciantes e fornecedores, em sua maioria judeus. No ajuste, consentia que os pagamentos fossem honrados a prazo, a juros baixos, de acordo com a capacidade de produção de cada propriedade. As negociações atingiram a cifra global de 2,1 milhões de florins, mas nem isso foi suficiente para abafar os sussurros a respeito de um levante.[16]

A coação, denunciada pelos fabricantes de açúcar, havia apenas mudado de operador. Se antes os devedores se consideravam reféns dos credores judeus, passaram a se sentir incomodados pelas regras da WIC. Uma cláusula nos acordos de refinanciamento determinava que nenhum beneficiado poderia contrair novos débitos com quem quer que fosse, salvo aprovação expressa do próprio Conselho. Em caso de descumprimento, previa-se a anulação imediata do contrato. Outra norma estabelecia que os conselheiros poderiam determinar diligências nos engenhos, a qualquer momento e sem aviso prévio, para inspeções nos estoques. Nas averiguações, os custos de hospedagem dos fiscais correriam por conta dos proprietários.[17]

Se os acordos não serviram para aplacar a inquietação em Pernambuco, tampouco a notícia de sua existência foi bem recebida nos Países Baixos. Um panfleto anônimo que circulou em Amsterdam classificou as transações como lesivas aos interesses financeiros nacionais. "Os membros deste governo [da Nova Holanda], desde o princípio até o presente, não têm atendido a mais do que a encher os bolsos, servindo-se para este fim de todos os meios e principalmente dos judeus e de outros homens ávidos de um lucro sórdido e desonesto", dizia o folheto. "Os senhores governadores foram levados e induzidos a celebrar importantes contratos [...], causando enormes prejuízos à Companhia."[18]

Em março de 1645, deu-se o ato prévio da insurreição, de contornos farsescos. O governador da Bahia, Antônio Teles, comunicou ao Alto Conselho do Recife que um negro forro, Henrique Dias, cruzara a fronteira baiana e penetrara em Sergipe, já nos domínios neerlandeses, à frente de um bando de escravos fugidos. Recomendava que o detivessem o quanto antes, pois seria elemento procurado pela Justiça baiana. A título de suposta ajuda, Teles destacara um corpo de indígenas flecheiros, liderados pelo guerreiro potiguara Felipe Camarão, para seguir no encalço dos "fugitivos".[19]

Era outra dissimulação — e, de novo, bem pouco convincente. Um subterfúgio para que os homens de Henrique Dias e Felipe Camarão adentrassem, juntos, nos territórios sob jurisdição da Nova Holanda. Se o índio Camarão dera provas de bravura nos combates travados ao lado dos luso-brasileiros no início da ocupação neerlandesa, o mesmo podia ser dito do negro Dias, que à época se revelara um especialista nas emboscadas de guerrilha.

O plano previa que os dois, na companhia das respectivas tropas, unissem forças com os milicianos que estavam sendo arregimentados pelos proprietários de terra em Pernambuco. A movimentação dos rebeldes era cada vez mais explícita. No dia 23 de maio daquele ano de 1645, eles celebraram no engenho São João, na Várzea do Capibaribe, um compromisso de honra para expulsar os neerlandeses da capitania. Marcaram a data de 13 de junho — dia de santo Antônio — para o início das ações.[20]

Brancos, negros e índios lutando, lado a lado, contra um inimigo estrangeiro e protestante, portanto, herege. Ingredientes sob medida para fabular uma cruzada santa, que a futura historiografia irá canonizar como um ato fraternal de afirmação católica, mito fundador do nativismo no Brasil, embrião do sentimento nacionalista. A insurreição dos insolventes ganharia a aura de uma autoproclamada "guerra da libertação divina".

O médico e comerciante Abraão de Mercado — um dos dirigentes da sinagoga recifense homenageados por Menasseh ben Israel na dedicatória do segundo volume do *Conciliador* — foi procurado por Fernão do Vale, senhor do engenho São Bartolomeu, em Muribeca, no atual município de Jaboatão dos Guararapes. Ele vinha confiar a Mercado assunto da mais extrema gravidade.[21]

Sebastião de Carvalho, seu conhecido, também senhor de engenho, morador da Várzea e grande devedor da WIC, fora procurado por um mensageiro que lhe trazia uma espécie de abaixo-assinado. A rigor, era um termo de compromisso para a adesão a um movimento articulado contra os administradores da Nova Holanda. Pelo que contou o homem que tentou aliciá-lo, estaria em preparo uma grande ação armada por parte de senhores de terra em dívida com a WIC. A ação começaria ali mesmo, na Várzea, onde já haveria milícias acampadas sob o abrigo de vários donos de engenhos.[22]

Carvalho recusou-se a assinar o documento e confabulou a respeito com Vale. Decidiram então escrever uma carta conjunta ao Alto Conselho para denunciar o levante. A fim de evitar possíveis represálias por parte dos rebeldes, tomaram o cuidado de assinar a mensagem com pseudônimos. Vale adotou o codinome de "A Verdade"; Carvalho, o de "Plus Ultra". Como sabiam que o médico sefardita Abraão de Mercado era homem influente, com clínica montada na cidade e fornecedor de medicamentos para os armazéns da Companhia, calcularam que ele teria mais chances de fazer a missiva chegar, sem riscos, aos devidos destinatários.[23]

"O que planejam é incitar o povo a se levantar em armas e, uma vez isso conseguido, consideráveis reforços lhes chegarão da Bahia, tanto por mar como por terra; com isso, planejam bloquear o Recife", detalhava a mensagem. "Alardeiam que suas forças já se acham consideravelmente aumentadas pelos devedores da Companhia e outros vagabundos e ameaçam massacrar todos os súditos de vs. excias. que se recusarem a apoiá-los."[24]

As informações davam conta de que um dos líderes da projetada revolta seria João Fernandes Vieira, português da Ilha da Madeira que chegara pobre a Pernambuco, ajudante de açougueiro, e enriquecera negociando com os neerlandeses. Tornara-se senhor de cinco engenhos e até mesmo escabino da Cidade Maurícia. Era também um dos maiores devedores junto à Companhia, com um passivo individual de quase meio milhão de florins. "Soubemos que o referido Vieira já não dorme em sua casa e está sempre de prontidão."[25]

Os autores da carta recomendavam que se agisse com a urgência necessária, embora com a máxima cautela: "Aconselhamos [...] que de hoje em diante exijam do povo a entrega de suas armas e ordenem a todos os senhores de engenho [...] que se apresentem no Recife, com seus escravos, assegurando-lhes que não serão molestados por suas dívidas". A sugestão embutia uma arapuca: uma vez atendida a convocação, os proprietários deveriam ser aprisionados, um a um. "Podemos assegurar-lhes que não deixaremos de encaminhar a vs. excias., daqui por diante, qualquer outro informe de que tivermos ciência."[26]

Não se tratava de denúncia isolada. Em outubro do ano anterior, o comerciante Moisés da Cunha, revendedor de escravos, já revelara aos dirigentes da comunidade que os senhores de engenho da Várzea do Capibaribe, além de homiziar gente suspeita em suas terras, estavam vendendo "negros e bois" com o objetivo de arrecadar dinheiro para a compra de armas.

"Os anciãos da nação judaica trazem ao conhecimento do Alto Conselho que, por informação de alguns dos seus que estiveram no interior do país, receberam notícia de que entre os portugueses está sendo articulada alguma cousa contra este Estado, apontando os indícios que dão razão a tal suspeita", constou nos registros oficiais.[27]

Na sequência, chegaram novos avisos. Os homens de Felipe Camarão e Henrique Dias já haviam cruzado o rio São Francisco e atravessado de Sergipe para Alagoas, seguindo rumo a Pernambuco. Notificados, os conselheiros neerlandeses deram ordens para o reabastecimento imediato dos fortes do Recife e da Cidade Maurícia, que deveriam ficar em estado de alerta permanente. Em paralelo, despacharam espiões mato adentro, para que fossem colhidas informações sobre a posição e o avanço das tropas inimigas.[28]

Ainda como medida preventiva, expediram ordens de prisão para uma dúzia de pessoas arroladas pelos informantes como cúmplices da revolta. A maioria delas, porém, conseguiu escapulir a tempo. Um dos únicos da lista a ser preso foi exatamente Sebastião de Carvalho, o "Plus Ultra" da carta de denúncia. Posto a ferros e torturado, demorou a convencer os neerlandeses de que era inocente e, mais que isso, ser ele o próprio autor da delação entregue às autoridades pelas mãos do médico Abraão de Mercado.[29]

Quanto a João Fernandes Vieira, seguiu-se o estratagema indicado pela carta anônima: o Alto Conselho o convidou para uma reunião no Recife, sob o pretexto de discutir um adendo ao contrato de refinanciamento da dívida com a WIC. Ressabiado, João Fernandes não atendeu ao chamado. O corretor encarregado da convocação, Abraão Cohen, não o encontrou em casa. Patrulhas armadas enviadas para cercar-lhe os engenhos também voltaram sem informes de seu paradeiro.[30]

Ficou estabelecida uma recompensa de mil florins a quem descobrisse onde estava João Fernandes e o arrastasse, vivo ou morto, até o Recife. Se o autor da façanha fosse um escravo, prometia-se, como prêmio adicional, a devida carta de alforria. Ao tomar conhecimento de que passara à condição de foragido, Fernandes fez uma contraoferta pública, anunciada em cartazes clandestinos, afixados pelas vilas e povoados de Pernambuco. Recompensaria regiamente quem lhe trouxesse as cabeças ruivas de cada um dos integrantes do Alto Conselho.[31]

Prenunciava-se um massacre. Os cerca de 350 soldados neerlandeses responsáveis pela guarnição da alagoana Penedo, às margens do rio São Francisco, foram encurralados dentro do Forte Maurício pela população do vilarejo, que se levantara em armas. Não existia opção de fuga. Os moradores fecharam os caminhos por terra e queimaram as lanchas que serviam de transporte ao baluarte.[32]

Embora protegidos pelas muralhas, não havia como os militares sitiados reabastecerem os farnéis de comida e os cantis de água. Quem ousava sair do forte era imediatamente morto, crivado de balas. Mesmo os que erguiam a cabeça por cima do paredão de pedra, para tentar revidar o assalto, eram atingidos por tiros de mosquetão disparados lá de baixo.[33]

Interceptavam-se as embarcações enviadas em reforço ao forte ainda à altura da barra do rio, antes que elas pudessem prestar-lhes qualquer auxílio. Os homens que desembarcaram da primeira caravela de socorro, ancorada à foz do São Francisco, foram mortos tão logo desceram do bote e puseram os pés em terra. Outros dois navios, também expedidos em ajuda ao local, se viram igualmente impedidos de cumprir o encargo.[34]

O inferno começara um mês antes, em julho de 1645, quando o corpo da guarda de Penedo recebera ordens para prender um figurão local, suspeito de envolvimento na noticiada sublevação. O sargento e os dez soldados da patrulha enviados para efetuar a prisão viram-se cercados pelos moradores, que os atacaram. Depois de mortos, tiveram levadas armas e munições. Em contragolpe, o comandante do forte expediu um destacamento com setenta praças para vingar os camaradas. Todos foram igualmente trucidados, em sucessivas emboscadas.[35]

No início do bloqueio à fortaleza, os moradores de Penedo haviam expedido cartas de alerta ao governo da Bahia, solicitando ajuda para sustentar o cerco. Foram atendidos no dia 12 de agosto, quando uma companhia luso-brasileira chegou ao local. Em 1º de setembro, os neerlandeses, famintos e sedentos, ameaçaram uma saída em bloco, para tentar romper o assédio. Os primeiros a sair foram fuzilados. Tiveram de recuar e fechar novamente o portão. Já se contavam 77 mortos do lado dos neerlandeses.[36]

Acossados, receberam um ultimato. Ou se rendiam ou seria dada a ordem de invasão do forte, para que todos fossem passados no cutelo, sem piedade. No dia 18, enfim, hastearam bandeira branca e franquearam a entrada ao inimigo. No momento da triagem dos prisioneiros, constatou-se que havia entre eles 24 mulheres e 33 meninos, despachados de imediato em um navio para a Bahia. Dos 266 homens, desarmados e mandados sair a pé do lugar, descobriu-se que pelo menos uma dezena deles era composta por judeus.[37]

Esses dez presos foram separados dos demais e remetidos para Salvador, com a recomendação especial de serem entregues diretamente ao bispo Pedro da Silva e Sampaio, representante da Inquisição no Brasil.[38]

Os "dez prisioneiros do rio São Francisco", como ficaram conhecidos, eram considerados duplamente pérfidos, pelo fato de serem judeus, traidores de Cristo, e de serem pegos a serviço do inimigo, desleais com Pernambuco. Por ora, ainda podiam contar com a sorte de estarem vivos. Naquele início de guerra, outros de sua nação haviam conhecido o fim instantâneo.

Logo que rebentou o conflito, em junho, uma escaramuça ocorrida em Ipojuca, a cerca de quarenta quilômetros do Recife, terminara em sangue. Três comerciantes judeus que tentavam embarcar cargas de açúcar e farinha foram abordados e mortos por portugueses. O incidente provocou comoção na comunidade. "Judeus e judias fizeram grande pranto", relatou frei Manuel Calado, "e começaram a persuadir aos do supremo Conselho que lhes mandassem vingar aquelas mortes, e lhes ofereciam dinheiro para os gastos da jornada."[39]

Já era público o fato de as primeiras delações contra os rebeldes terem partido de membros da nação judaica. Em decorrência disso, eles passaram a ser alvo de perseguições e atentados. No intervalo de poucos dias, dezessete judeus foram assassinados em Pernambuco. Um deles, queimado vivo. Os que moravam pelo interior buscavam formas de se refugiar no Recife. Alguns conseguiam chegar incólumes, mas nem todos. Moisés Mendes e Isaac Russon, moradores de Itamaracá, pegaram um barco e ancoraram na praia do Pau Amarelo. Ali, aprisionados por soldados portugueses, foram levados a julgamento e condenados à morte.[40]

O frei Manuel Calado, presente à cena, anunciou-lhes a sentença e, à última hora, indagou se por acaso não desejariam abandonar a heresia para salvarem as almas em Cristo. Desesperados, aos prantos, os homens pediram clemência, disseram-se arrependidos e, ao se confessarem, ouviram uma longa ladainha a respeito dos erros da Lei de Moisés. Por fim, o sacerdote os fez jurar sobre um missal e afirmou que, nesse caso, podiam morrer com a consciência tranquila, pois seriam recebidos por Deus no Paraíso.[41]

De acordo com a narrativa do próprio Calado, com isso ele deu por cumprida a missão e, contente por ter reconvertido dois judeus ao catolicismo, foi tomar "um caldo de farinha, a que no Brasil chamam mingau". Os dois prisioneiros foram entregues de volta aos soldados e enforcados em seguida. "Bendito e louvado seja nosso Senhor Jesus Cristo, o qual por sua grande misericórdia livrou a estas duas almas da boca do inferno", escreveu o frei, em suas memórias do episódio.[42]

A dupla execução mereceu uma moção de protesto, assinada pelo Alto Conselho e dirigida aos chefes militares dos insurgentes — entre eles, André Vidal de Negreiros. "Parece-nos estranho que vossas senhorias, que fazem a carreira das armas, tenham permitido que pessoas da nação judaica, [...] tomadas prisioneiras, fossem barbaramente enforcadas, como ontem aconteceu a Moisés Mendes e Isaac Russon, e antes disso a outros mais", dizia o texto. "[Os judeus] são nossos súditos, tanto quanto os naturais da Holanda, e gozam em tudo de nossa proteção. Queremos pedir a vossas senhorias que remedeiem isso, pois do contrário ser-nos-á necessário prover a isto."[43]

Mas, a esse ponto, os neerlandeses não estavam mais em condições de fazer exigências. Os revoltosos impuseram-lhes derrotas súbitas. No princípio de agosto, os luso-brasileiros venceram o primeiro grande embate, no monte das Tabocas, a 46 quilômetros do Recife. Duas semanas depois, reforçados pelos homens de Felipe Camarão e Henrique Dias, infligiram um segundo revés, no engenho de d. Ana Pais, no atual bairro recifense da Casa Forte. Aos primeiros dias de setembro, tomaram o cabo de Santo Agostinho, estabelecendo o domínio absoluto sobre a zona rural açucareira, em menos de três meses de luta.[44]

Os judeus perceberam que Pernambuco deixara de ser a Terra Prometida. Os combates inviabilizavam seus negócios e, devido ao avanço rebelde, foi revogado o privilégio da dispensa nos postos de guarda aos sábados. Diante do quadro, muitos decidiram partir. Em dezembro, o navio *Zeeland* seguiu em direção à Holanda, apinhado de passageiros e com os porões repletos de caixas de açúcar e pau-brasil. O barco não chegou ao destino. Naufragou no canal da Mancha, já em águas europeias, matando a maior parte dos que estavam a bordo. Entre eles, catorze judeus: oito homens, três mulheres e três crianças.[45]

Com o Recife sitiado, sobreveio a escassez de alimentos e de água potável na cidade. Na sinagoga da rua dos Judeus, o rabino Isaac Aboab da Fonseca clamava, em versos, pela proteção de Deus contra o ataque das tropas de Portugal — uma "gente indigna que despreza Seu Nome, para destruir, matar e aniquilar todos [...] de origem de Israel":[46]

> [...] *Ó sempre Eterno e Onipotente,*
> *Vem e olha para Teu povo que é vendido como animal,*
> *Forçado a aceitar uma água maldita.*
> *Não os ajudarás?*

Abre Teus olhos e ouve com atenção.
Só, então, descansaremos felizes
Na Tua bem-aventurada tranquilidade. [...][47]

Aquelas palavras de lamento e desespero constituíram o primeiro texto da literatura hebraica produzida nas Américas. Mas Aboab ainda teria que compor muitos outros versos para chorar pela sorte de seu povo em Pernambuco.

16. "Gatos e cachorros, finos petiscos" (1646-48)

Ao desembarcar na Holanda, em 18 de abril de 1646, o padre Antônio Vieira ficou impressionado com aquela "pátria de anfíbios". Em meio aos tantos canais, diques, aterros, rios, pontes e ancoradouros, constatou que a população local levava uma existência repartida entre a água e a terra firme: "e os homens, a quem podemos chamar marinhos e terrestres, tanto vivem em um elemento como no outro", definiu.[1]

Causou-lhe estranheza o trânsito de embarcações pelas principais vias de Amsterdam: "As suas ruas por uma parte se andam, e por outra se navegam". Os mastros dos barcos furando os céus confundiam-se com as hastes embandeiradas das torres dos prédios. "Em muitas partes toma o navio porto à porta de seu dono, amarrando-se a ela, e deste modo vem a casa a ser a âncora do navio, e o navio a metade da casa, de que igualmente usam."[2]

Vieira estava ali em missão política, não religiosa. Por esse motivo, e também para evitar ser alvo de desacatos em uma nação onde católicos constituíam minoria, tratou de não vestir a habitual batina negra da Companhia de Jesus. Preferiu envergar a capa escarlate dos embaixadores, com a respectiva espada cerimonial à cinta. D. João IV o encarregara de uma tarefa a ser executada com redobrada argúcia.[3]

Cabia a Vieira sondar o humor dos senhores representantes dos Estados Gerais quanto a uma possível venda a prazo, a Portugal, das capitanias brasileiras então ocupadas pelos neerlandeses. A ideia era abrir caminho para a apresentação, por meio dos canais oficiais da diplomacia, de uma proposta da ordem de 3 milhões de cruzados, amortizados em prestações anuais, em troca da restituição imediata das possessões transatlânticas. Em termos claros, tratava-se de comprar o Brasil.[4]

O plano não tinha brotado da cabeça coroada do rei, muito menos da mente prodigiosa de seu conselheiro espiritual. Na realidade, foi concebido por um personagem astuto, o lisboeta Gaspar Dias Ferreira, cristão-novo que migrara para o Recife ainda jovem, aos dezessete anos, e prosperara como controlador de armazéns de açúcar. Com o tempo, aproximara-se de Maurício de Nassau, adquirira dois grandes engenhos e, à base de sucessivas negociatas, em especial o contrabando de escravos, tornara-se homem rico e poderoso.[5]

Gaspar Dias não vivia mais no Recife. Havia acompanhado a comitiva de Nassau no regresso deste à Europa, em 1644. Adquiriu a cidadania neerlandesa no início do ano seguinte e passou a viver junto à comunidade judaica de Amsterdam. Em simultâneo, atuava como agente secreto a serviço da Coroa portuguesa. Em julho de 1645, endereçou o memorial a d. João IV, sugerindo o negócio de compra e venda do Brasil. "Portugal não tem outra região mais fértil", justificava. "Eu o chamo o jardim do reino e a albergaria dos seus súditos."[6]

Gaspar desaconselhava, entretanto, uma abordagem direta junto aos Estados Gerais. Recomendava entendimentos prévios com os representantes das câmaras administrativas regionais e com os acionistas da WIC. Uns e outros deveriam ser persuadidos por meio de um expediente do qual ele havia se tornado exímio operador no Brasil: o suborno. Ou, conforme o eufemismo do qual preferia lançar mão, conquistar a simpatia de homens suscetíveis à "dupla promessa de dinheiro e segredo".[7]

Como as finanças do reino lusitano se encontravam à míngua, Gaspar estimou que os 3 milhões de cruzados — assim como as gratificações a serem concedidas à sorrelfa — poderiam ser alcançados por uma elevação geral dos tributos. Por três anos, conforme prescreveu na proposta ao rei, deveriam ser majorados os dízimos, taxas e impostos incidentes sobre todo e qualquer negócio envolvendo o Brasil.

Do frete de navios à produção de açúcar, da exploração do pau-brasil aos títulos de propriedade de escravos, tudo precisaria ter os encargos elevados, para fazer frente à despesa extraordinária. Pelos cálculos do próprio Gaspar, ao final do triênio, seria gerado um excedente de 4,8 milhões de cruzados, o suficiente para cobrir os juros e o volume total da dívida — e, tão importante quanto, arrecadar um bom dinheiro para "comprar as vontades" dos intermediários.[8]

Antes de pôr o plano em execução, d. João IV encarregou Antônio Vieira de viajar aos Países Baixos para avaliar previamente a possibilidade de êxito da negociação. Mas o jesuíta cultivava um projeto alternativo à proposta de Gaspar Dias. Estava convencido de que, mesmo com a violenta majoração dos tributos, seria difícil compor a montanha de dinheiro a ser prometida aos neerlandeses. Ainda havia o risco adicional de se produzir uma revolta geral entre os colonos. Assim, planejou fazer dos judeus da diáspora lusitana os avalistas do contrato de compra do Brasil.[9]

"O que a nós mais nos convém, e o que os holandeses melhor aceitarão, é que os mercadores portugueses tomem sobre si a obrigação e fiança de fazerem estes pagamentos", escreveu ao rei. Para convencer os judeus da pertinência do negócio, ele tinha a fórmula que julgava adequada: "Será necessário usar dos meios com que os homens se costumam animar a empreender as cousas arriscadas". Em outras palavras, Vieira propunha que o rei favorecesse de algum modo os judeus, com "privilégios" e "mercês", em troca do dinheiro para a recuperação das capitanias brasileiras.[10]

Por esse motivo, antes de seguir para a Holanda, o padre esteve em Rouen, na França, onde entrou em contato com a comunidade judaico-portuguesa da cidade, que contava com um número expressivo de mercadores e financistas. Nas conversas de ouvido a ouvido, buscou o apoio destes à estratégia de convencer d. João IV a acolher a nação hebreia de volta ao reino, como contrapartida à concessão de liberalidades financeiras.[11]

Tudo indica que tenha sido bem-sucedido na abordagem, a tirar pelo que escreveu, já na Holanda, aos judeus com quem se encontrara na França. "Sua majestade saberá muito cedo por cartas quão leais vassalos tem em Ruão [forma aportuguesada de Rouen], e quão merecedores de os ter perto de si", garantiu. "Não digo mais, porque isto é papel", ponderou, cauteloso.[12]

Naquele instante, a precaução era bem justificada. Tão logo chegou a Haia, Vieira deparou-se com a indisposição dos neerlandeses quanto ao caso do Brasil. A captura de uma frota de guerra portuguesa no sul da costa pernambucana, na baía de Tamandaré, resultara na apreensão de um conjunto comprometedor de cartas trocadas entre os chefes rebeldes. As mensagens revelavam o apoio dissimulado ao levante por parte do governador da Bahia, Antônio Teles, e do próprio rei, d. João IV, muito embora ambos jurassem publicamente, pelo sangue sagrado de Cristo, ser contrários à revolta.[13]

A divulgação das cartas escancarou o jogo de cena. A situação ficou ainda mais delicada quando o memorial escrito por Gaspar Dias Ferreira — no qual constava a sugestão de suborno a funcionários do governo e acionistas da WIC — também foi interceptado pelas autoridades neerlandesas, que assim descobriram ser ele um agente infiltrado do rei português em plena Amsterdam. Gaspar perdeu o direito à cidadania, foi julgado por traição e condenado a sete anos de cadeia, com trabalhos forçados, além de ser obrigado a pagar uma multa de 30 mil florins.[14]

Diante da sucessão de percalços, a missão de Antônio Vieira à Holanda oficialmente caiu no vazio. Em perspectiva diplomática, serviu-lhe apenas para que fosse testemunha do descrédito com que passou a ser tratado o embaixador português em Haia, Francisco de Sousa Coutinho, a partir da revelação das mensagens secretas interceptadas no Brasil. Apesar disso, a viagem não foi de todo inútil para Vieira. Ao contrário, reforçou-lhe os propósitos do plano alternativo.[15]

Além dos contatos promissores com os judeus portugueses de Rouen, ele também teve boa acolhida junto aos congregados da Talmude Torá em Amsterdam. Compartilhou com eles a ideia de persuadir d. João IV a revogar as leis antijudaicas em Portugal como legítima compensação pelo eventual financiamento de aquisição do Brasil. Se as autoridades neerlandesas não acreditavam mais na sinceridade dos diplomatas portugueses, decerto saberiam valorizar um acordo feito sob a caução dos sefarditas, nos quais depositavam reconhecida confiança.[16]

Durante os três meses passados na Holanda, Antônio Vieira teve a oportunidade de visitar a sinagoga de Amsterdam e conhecer pessoalmente Menasseh ben Israel, com quem, segundo consta, teria travado longas conversas. Embora nenhum dos dois tenha deixado registros detalhados dos diálogos, parece plausível associar o livro mais popular de Menasseh, *Esperança de Israel*, ao título não menos célebre que seria lançado depois por Vieira, *Esperança de Portugal*.[17]

Se a primeira obra tratava da perspectiva judaica da vinda do Messias, a outra proporia a tese milenarista de que caberia a Portugal um destino glorioso, quando da volta de Cristo, ocasião na qual os lusitanos liderariam o "Quinto Império do Mundo" — um reino ainda mais poderoso do que os anteriores, comandados pelos assírios, persas, gregos e romanos. Coincidência ou não, presume-se que o encontro entre

Menasseh e Vieira tenha dado margem a identificações mútuas e, no mínimo, a uma instigante troca de ideias.[18]

De um lado, estava um rabino de ascendência portuguesa, que dali a pouco lançaria mais dois volumes do *Conciliador*, nos quais prosseguiria a tarefa de mostrar que, apesar das diferenças doutrinárias entre judaísmo e cristianismo, havia pressupostos fundamentais comuns às duas religiões. De outro, um jesuíta lusitano, que andava às voltas com o projeto de convencer o monarca a readmitir os judeus foragidos do reino.

Especulações à parte, naquele ano de 1646, pouco após o retorno da Holanda, Vieira redigiu novo relatório, endereçado a d. João IV, a respeito da readmissão dos judeus em Portugal. Sintomaticamente, dessa vez ousou sugerir mudanças nos métodos e protocolos da Santa Inquisição. No item que tinha por subtítulo "O que querem os homens de nação" — a assertiva pressupunha pleno conhecimento de causa —, advogava três pontos capitais.[19]

Primeiro, Antônio Vieira apontava a necessidade de os réus enredados nas teias do Santo Ofício, ao contrário do que ocorria, terem absoluta ciência da identidade dos denunciantes e do conteúdo das acusações que recaíam contra si. Em segundo lugar, recomendou o fim do confisco das propriedades dos incursos em processos inquisitoriais. Por último, e não menos importante, sugeriu a revogação das leis discriminatórias entre cristãos-velhos e cristãos-novos em Portugal.[20]

"Favorecendo-os vossa majestade poderá sustentar a guerra [contra os espanhóis], ainda quando esta dure muitos anos, como vemos no exemplo dos holandeses, que, fundando a sua conservação na mercancia, não só tiveram cabedal para resistir a todo o poder junto de Espanha, mas se fizeram senhores do mundo", justificou Vieira.[21]

Os senhores do mundo estavam em crescente desvantagem no Brasil. Ao longo de 1646, continuaram colecionando derrotas. Uma das mais vexatórias, envolta em mitos e lendas da tradição oral, teria se dado em abril daquele ano, no povoado de São Lourenço de Tejucopapo, no atual município pernambucano de Goiana. Alertados da presença de neerlandeses na região, os moradores do lugar reagiram ao ataque. Enquanto os homens preparavam emboscadas mato adentro, as mulheres repeliram o inimigo por trás das trincheiras, infligindo-lhes cargas de água fervente temperada com pimenta-malagueta.[22]

Mais bem documentada — e talvez ainda mais humilhante — foi a ordem emanada do Alto Conselho para serem demolidas, por medida de segurança, as construções da majestosa Cidade Maurícia. Os moradores do local foram transferidos para o Recife. Até as estrebarias, pomares e jardins do palácio estabelecidos por Nassau vieram abaixo, a fim de não servirem de baluarte aos adversários. "Empregaram-se, também, numerosos negros sob as ordens [...] do capitão da milícia municipal na demolição de todas as casas [...] que estivessem muito próximas das novas trincheiras", detalhou Joan Nieuhof, funcionário da WIC, no relato *Memorável viagem marítima e terrestre ao Brasil*.[23]

O mesmo Nieuhof narrou, pesaroso, os efeitos do cerco à capitania: "[...] a penúria se acentuava diariamente no Recife; a tal ponto que tudo quanto se considerasse comestível, quer nos armazéns, quer na posse de particulares, era requisitado para uso comum". Uma lista organizada pelos escabinos da cidade, detalhando a quantidade confiscada de farinha de mandioca, bacalhau e outros peixes secos, era encabeçada por mercadores judeus. Os soldados tinham prioridade no recebimento dos gêneros alimentícios embargados. Os demais 8 mil habitantes da cidade recebiam a ração individual de uma libra de pão — o equivalente a cerca de meio quilo — a cada semana. "Muita gente morria de inanição", relatou Nieuhof.[24]

"O indício de morte próxima consistia na inchação das pernas. Os gatos e cachorros, dos quais tínhamos então abundância, eram considerados finos petiscos. Viam-se negros desenterrando ossos de cavalo, já meio podres, para devorá-los com incrível avidez", reconstituiu.

"Nem era menos insuportável a falta de água potável, devido ao rigor do verão e ao uso constante de carnes salgadas; todos os poços que se abriam minavam água salobra."[25]

A situação se agravou a tal ponto que foi suspensa até mesmo a oferta da ração semanal de uma libra de pão por pessoa. A cota do produto ficou reservada aos mercenários, pois estes, à falta de comida, não hesitavam em desertar do posto e se passar para as hostes inimigas. O único alimento disponível era o peixe, a ser apanhado com redes e arpões na praia.[26]

"Quando tudo já havia sido consumido sem que se encontrasse qualquer saída dessa situação calamitosa, o Conselho propôs — e todos aceitaram unanimemente — que se preferisse a morte com bravura à fome e que, portanto, se tentasse abrir passagem por entre as forças inimigas", rememorou o funcionário da WIC.[27]

Ficou acertado que os soldados comporiam a vanguarda; mulheres, crianças, velhos, doentes e inválidos marchariam no meio do grupo; enquanto os homens moradores da cidade ficariam responsáveis pela retaguarda. Aboab da Fonseca, o rabino da Zur Israel, deixou testemunho dos acontecimentos, sempre na forma de versos, escritos originalmente em hebraico:

> *Lá fora, a espada semeava a morte; dentro era o terror,*
> [...]
> *Quando a luta se prolongou, fiquei transido de medo,*
> *Porque muitos dos meus eram combatentes*
> *E o pão era escasso.*
> *Doía-me o coração de tanto esperar.*
> [...]
> *O corpo reduziu-se em carne e ossos.*[28]

Segundo Nieuhof, a fome era ainda mais inclemente para os que, mesmo assolados pelo desespero, se negavam a consumir a carne de cachorros, gatos e cavalos, animais considerados impuros pelas leis alimentares judaicas: "Os judeus, mais que os outros, estavam em situação desesperadora, e, por isso, optaram por morrer de espada na mão ao invés de enfrentar seu destino sob o jugo português: a fogueira".[29]

Arder na fogueira. Foi a ameaça que mais ouviram a bordo, em tom de sádica galhofa, os dez judeus aprisionados quando da tomada do Forte Maurício, em Penedo, às margens do São Francisco. Depois de um ano encarcerados na Bahia, interrogados à exaustão pelo bispo Pedro da Silva e Sampaio, foram embarcados sob ferros, com destino a Portugal.[30]

Os cerca de duzentos outros presos de guerra que seguiam com eles, mercenários a serviço dos neerlandeses detidos em diferentes batalhas no Brasil, debochavam da sorte do pequeno grupo. Quando chegassem a Lisboa, todos seriam deportados para os respectivos lugares de origem, menos os dez, destinados às masmorras do Santo Ofício. Alvo de zombarias e constrangimentos ao longo da viagem, aterrorizados pela perspectiva iminente da morte, não tiveram sossego por um só instante do percurso.[31]

Em 27 de junho de 1646, quando a embarcação enfim ancorou no porto lusitano do Tejo, o mestre de bordo os encaminhou diretamente ao Palácio dos Estaus. Atirados aos cárceres de penitência, aguardaram a intimação para prestar depoimento aos inquisidores.[32]

De acordo com o que constava na instrução dos processos, lavrada pelo bispo da Bahia, parte deles não falava português. Três eram alemães e um, polonês — portanto, asquenazes. Os quatro logo foram postos em liberdade, "por não haver fundamento para os deter". Estrangeiros, judeus de nascimento, estavam fora da alçada da Inquisição portuguesa, que tinha competência para julgar apenas os cristãos-novos lusitanos que, batizados no catolicismo, haviam renegado a própria fé e caído em heresia. A apostasia, abjurar o sacramento recebido na pia batismal, era a grande iniquidade, passível de pena máxima.[33]

Foi nessa instância que os seis prisioneiros remanescentes tentaram se agarrar para defender a própria inocência. Disseram jamais ter sido cristãos, nunca ter recebido o sacramento do batismo. Embora fossem filhos de portugueses, haviam nascido fora do reino, circuncidados ainda recém-nascidos, no seio de comunidades judaicas estrangeiras. Não seriam apóstatas. Quatro deles asseguraram ter nascido em Amsterdam, um em Hamburgo, o outro em Bayonne, na fronteira da França com a Espanha.[34]

Por suspeitar da veracidade das declarações, os inquisidores providenciaram uma espécie de contraprova linguística. Convocaram um intérprete colaborador da instituição, Guilherme Rozen, poliglota, natural de Flandres, para que conversasse com cada um dos seis indivíduos em particular, a fim de aferir o nível de proficiência no idioma sob o qual alegavam ter nascido.[35]

No dia seguinte, Rozen apresentou o relatório dos exames orais. Dos quatro presos que haviam jurado ter nascido na Holanda, apenas dois falavam o neerlandês com alguma fluência. O terceiro atrapalhava-se com as palavras. O quarto mal arranhava a língua: tinha dificuldades de entender e de se fazer entendido, mesmo quando submetido a sentenças simples e corriqueiras.[36]

Quanto ao autodeclarado hamburguês, articulava com razoável desenvoltura o chamado baixo-alemão, dialeto falado em boa parte do leste das Províncias Unidas, incluindo, de fato, Hamburgo. O que dizia ter nascido na França comunicava-se relativamente bem em francês. Contudo, a rigor, os seis falavam o português melhor do que qualquer outro idioma, o que levava a crer terem todos nascido e crescido em Portugal.[37]

Confrontados um a um com o resultado do teste, os prisioneiros apresentaram, em separado, a mesma justificativa. Comentaram ser costume entre os integrantes da diáspora lusitana manter o português como idioma do cotidiano, em casa, na vizinhança, nos negócios e até mesmo na sinagoga. De hábito, conversavam, escreviam e liam na língua dos pais e avós. Para a grande maioria deles, eram diminutas, quase nulas, as oportunidades e situações de contato com pessoas fora dos limites do bairro judeu.[38]

A mesa dos inquisidores encaminhou parecer ao Conselho Geral do Santo Ofício, no qual informava não estar convencida das alegações apresentadas pelos réus e, por isso, solicitava mais tempo para prosseguir nas investigações. O pedido foi deferido, e os seis continuaram encarcerados no Palácio dos Estaus.[39]

Enquanto isso, em Amsterdam, os anciãos e dirigentes da Talmude Torá mobilizavam-se a respeito do caso, encaminhando memorandos e solicitando a intercessão dos Estados Gerais. Em resposta, o governo neerlandês notificou formalmente o embaixador português, Francisco de Sousa Coutinho. Foi lembrado a ele que pelo disposto no Tratado de Haia, assinado entre os dois países em 1641, os súditos das Províncias Unidas, a despeito da religião que professassem, não poderiam ser molestados pelos espiões do Santo Ofício.[40]

Quando a reprimenda chegou ao palácio real em Lisboa, d. João IV sentiu-se obrigado a dar alguma satisfação oficial aos Estados Gerais. As relações de Portugal com a Holanda já não eram das melhores, devido à insurreição em Pernambuco e à descoberta das cartas apreendidas no Brasil. Qualquer fagulha a mais poderia precipitar a deflagração de um conflito direto entre os dois países, em pleno continente europeu. A prudência era o procedimento recomendado à situação. Porém, o rei enfrentava pressões internas para agir no sentido contrário.[41]

O inquisidor-geral, d. Francisco de Castro, que tinha sido preso na Torre de Belém em 1641 — acusado de cumplicidade na então tentativa de golpe contra d. João IV —, jurara inocência, fora posto em liberdade e voltara ao posto desde 1643. Não obstante, ele e o rei nunca mais confiaram um no outro. Como a Inquisição era entidade autônoma, sem subordinação direta ao trono, criou-se uma disputa surda

256

de poder entre as duas instâncias. Ao perceber que poderia ir à forra, desmoralizando o rei diante de um poderoso e potencial inimigo, o inquisidor endureceu o jogo na questão dos seis prisioneiros judeus.[42]

Na resposta aos Estados Gerais, datada de 7 de dezembro 1646, d. João IV procurou ser amistoso o bastante para não parecer irredutível, mas firme o suficiente para não traduzir nenhum indício de fraqueza. Escudou-se no fato de que, dos dez presos iniciais, quatro — os asquenazes — já haviam sido soltos. "Enquanto se detiveram a esperar por embarcação foram pontualmente socorridos, e sobre isto se lhes deu matalotagem [provisões] para fazerem sua jornada", argumentou.[43]

Embora os documentos oficiais silenciem a respeito, parece ter havido alguma flexibilidade de ambas as partes e uma espécie de negociação salomônica entre o rei e o inquisidor-geral quanto ao destino dos seis que seguiam prisioneiros no Palácio dos Estaus. Naquele mesmo mês, metade deles foi posta em liberdade, embora pesasse contra um, especificamente, o fato de mal falar neerlandês. Sobre os três que permaneceram nas masmorras da Inquisição, o rei alegou aos Estados Gerais que existiam "alguns particulares tocantes à religião, que não são nem podiam ser compreendidos na trégua celebrada com vossos Altos Poderes".[44]

O trio foi transferido dos cárceres de penitência, celas destinadas aos réus sujeitos a penas leves, para os cárceres secretos, reservados aos suspeitos de crimes graves. Com o prosseguimento das diligências, foi descoberto, a partir da leitura de certidões paroquiais, que os nomes judaicos com os quais se apresentavam eram postiços, conforme a prática comum entre cristãos-novos convertidos à Lei de Moisés.[45]

Com base na filiação e nos nomes de parentes que eles próprios indicaram, descobriu-se que Abraão Mendes, um jovem de pouco mais de vinte anos, com "sinais de bexiga [varíola] no rosto", nascera no Porto, e não em Amsterdam, com o nome de Gabriel Mendes. Samuel Velho, na verdade João Nunes Velho, homem passado dos trinta anos, "alto de corpo e [de] barba rica", também era portuense, embora se dissesse holandês. Abraão Bueno, de cerca de 25 anos, isto é, Diogo Henriques, "gordo, que ainda não tem muita barba", não havia nascido na França, como declarava, mas na cidade espanhola de Medina de Rioseco, uma das rotas intermediárias de fuga dos sefarditas.[46]

Os três tinham migrado para a Holanda em diferentes idades e situações, mas todos eram batizados, nascidos no catolicismo. Abraão Mendes, aliás, Gabriel Mendes, estava com dez anos quando a mãe, cristã-nova, o entregou a um mercador judeu para que fosse levado a Hamburgo e, de lá, para Amsterdam. Mudara-se para o Brasil havia quatro anos, sonhando em fazer fortuna. Trabalhara um tempo como pequeno vendedor, mas terminou por se engajar nas tropas do Forte Maurício.[47]

Samuel Velho, aliás, João Nunes Velho, vivera como cristão até os dezesseis anos, quando se apaixonou por uma moça, Branca, cuja família estava preparando a fuga para os Países Baixos. Partiu no encalço da amada, iniciou-se no judaísmo, mas a viu casar com outro, em Amsterdam. Desolado, decidiu viver no Brasil, onde negociava tecidos pelo interior e emprestava dinheiro a juros. Estava em Penedo quando do ataque do forte e, assim, resolvera pegar em armas para defender a cidadela.[48]

Por fim, Abraão Bueno, aliás Diogo Henriques, nascera em Medina de Rioseco por acaso, quando a mãe, grávida de nove meses, fugia rumo a La Bastide, na França. O bebê foi criado no judaísmo, mas batizado para não levantar suspeitas dos moradores locais. A família mudou-se para Amsterdam quando ele tinha menos de vinte anos. Dali chegou ao Brasil na companhia de dois irmãos, tornou-se comerciante, foi morar em Penedo e, quando do ataque à cidade, buscou abrigo na fortaleza, antes de ela ser tomada pelos luso-brasileiros.[49]

O destino unira aquelas três histórias de vida, por caminhos tão característicos aos sefarditas, no mesmo cárcere em Lisboa. Com base nos inquéritos, os réus foram condenados a sair em um auto de fé, a ser celebrado no Terreiro do Paço, em 15 de dezembro de 1647. Por se dizerem arrependidos, implorarem clemência e alegarem querer "retornar ao cristianismo", tiveram as penas atenuadas e foram sentenciados ao uso perpétuo do sambenito com a cruz diagonal de santo André, em forma de x, símbolo dos "reconciliados" com a Igreja.[50]

Não apenas judeus eram condenados a envergar o traje da infâmia. Naquele mesmo auto de fé, um ex-sacerdote católico também constou na lista dos sentenciados ao uso do sambenito. Sumido do mapa havia mais de quatro anos, ali estava ninguém menos do que Manuel de Morais, o jesuíta que atuara como capitão de índios no arraial do Bom Jesus, mudara de lado ao ser feito prisioneiro pelos neerlandeses na Paraíba, convertera-se ao calvinismo, migrara para a Holanda, escrevera o glossário tupi-guarani em latim e cursara teologia na Universidade de Leiden.

Depois de tantas peripécias, Morais obtivera um empréstimo junto à Companhia das Índias Ocidentais e, em 1643, retornara aos trópicos, para explorar pau-brasil. Deixou esposa e filhos na Europa, embrenhou-se no meio do mato e se fixou em Aratangi, ao sul de Pernambuco. Ali, barbado e cabeludo, amancebou-se com uma escrava, a angolana Beatriz, com quem passou a viver em uma palhoça, a despeito de fazer fortuna com o novo ofício.[51]

O instável Manuel de Morais reaproximou-se do catolicismo. Batizava todos os escravos que comprava e frequentava a missa em capelinhas do interior, sempre contrito, o rosário pendurado ao pescoço. Pouco a pouco, achegou-se aos insurgentes e, tão logo rebentou o movimento sedicioso, em nova metamorfose, apresentou-se para pegar em armas contra os neerlandeses — o que, quando menos, o eximia de pagar a dívida contraída junto à wic.[52]

João Fernandes Vieira, o líder rebelde, nomeou-o capelão das tropas insurrectas na "guerra da liberdade divina". Barbeado e com a tonsura sacerdotal refeita no topo da cabeça, Morais exortou os milicianos com o crucifixo em punho nas batalhas pioneiras do monte das Tabocas e do engenho da Casa Forte. Ao final, atribuiu as consequentes vitórias à intercessão da "Virgem Mãe de Deus".[53]

Reconciliado com a antiga fé, decidiu apresentar-se aos inquisidores e pedir perdão pelas velhas culpas. Queria, mais do que tudo, anular a sentença de 1642, pela qual fora queimado em efígie em Lisboa. Concedeu então alforria condicional a Beatriz — no caso de ele vir a morrer antes de poder reencontrá-la —, pediu cartas de recomendação aos chefes da revolta e embarcou para Portugal, na condição de réu confesso, formalmente preso, mas esperançoso de uma absolvição.[54]

Ao chegar a terras lusitanas, ao contrário do que esperava, foi recolhido aos cárceres do Palácio dos Estaus. De nada adiantou a lista de judeus pernambucanos que preparou previamente para entregar às mãos do Santo Ofício, relação na qual despontava o nome do senhor de engenho e magnata David Senior Coronel, aliás, Duarte Saraiva. Também de nada valeu o rol de testemunhas que ofereceu para depor a seu favor, na qual pontificava o próprio João Fernandes Vieira.[55]

Afinal, contra Manuel de Morais havia todo o longo histórico de violações aos votos de castidade e pobreza, a traição de se passar para o lado do inimigo quando da perda da Paraíba, a troca da batina pela "falsa seita de Calvino", o tempo em que viveu como herege na Holanda. Ao final do processo, o promotor do Santo Ofício pediu que Morais, "apóstata", "falso e simulado", fosse "relaxado à justiça secular" — o que equivalia a dizer, no jargão inquisitorial, ser entregue ao carrasco para arder na fogueira.[56]

Como mesmo assim não se admitiu culpado, foi conduzido à Casa do Tormento. Foram-lhes recitadas as advertências de praxe. "Com muita caridade", procederiam a "certa diligência trabalhosa e perigosa", cuja natureza ele "já devia entender qual era, pelo lugar em que se encontrava". Caso lhe ocorresse algum ferimento grave, a culpa não seria deles, inquisidores, nem mesmo dos carrascos, mas dele próprio, Morais, por teimar em guardar silêncio.[57]

Antes de ser amarrado e submetido à tortura na polé, Morais fraquejou. Assumiu as culpas de heresia, declarou-se arrependido e pediu misericórdia. Assim, no último instante, livrou-se da morte. Teve os bens confiscados e foi obrigado a fazer a abjuração pública de seus erros no auto de fé, sentenciado ao uso perpétuo do sambenito. No seu caso, as estampas da túnica amarela exibiam a imagem de chamas voltadas para baixo, como sinal de que só por muito pouco escapara de ser queimado na fogueira.[58]

Outro réu que também viera do Brasil não foi tratado com a mesma condescendência reservada pelos inquisidores a Manuel de Morais e aos três prisioneiros do Forte Maurício. Isaac de Castro, aliás, Tomás Luís, o rapaz que crescera em Amsterdam e fora detido na Bahia após fugir dos credores do Recife, estava preso no Palácio dos Estaus desde março de 1645. Depois de interrogado pelo bispo de Salvador, fora despachado para Lisboa, sob a acusação de apostasia. Tentou salvar-se pelo modo mais comum entre os incursos no delito, afirmando não ser batizado e já ter nascido no judaísmo, na cidade de Avignon, no Sul da França.[59]

Os inquisidores, também como de costume, duvidaram da alegação. Isaac persistiu nessa linha de defesa e, para tentar provar a solidez de sua fé na Lei de Moisés, ousou travar uma série de debates religiosos ao longo dos interrogatórios a que foi submetido. Aos 21 anos, inteligente, demonstrando realmente conhecer a doutrina judaica a fundo, o jovem impressionou os algozes pela firmeza e erudição dos argumentos. Chegou a fundamentar as discordâncias filosóficas em relação ao catolicismo por escrito, em latim. Entre outros pontos, questionou a virgindade de Maria, negou a origem divina de Cristo e rejeitou a veracidade dos Evangelhos.[60]

Sem arredar de suas convicções, mas com o objetivo de parecer solícito à mesa dos inquisidores, forneceu uma série de nomes de cristãos-novos que se converteram ao judaísmo no Recife. Na lista, incluiu alguns de seus muitos credores, como David Senior Coronel. O Conselho Geral do Santo Ofício aconselhou os interrogadores a tentarem pelo menos obter a conversão de Isaac de Castro, para salvarem-lhe a alma do inferno.[61]

O rapaz não se dobrou à possibilidade de perdão em troca da admissão dos supostos pecados. Permaneceu dizendo-se judeu até o fim do processo. Embora não tenha ficado provado que fosse batizado, terminou condenado à morte. Para a Inquisição, em vez da presunção da inocência, falava mais alto a suposição da culpa.[62]

No mesmo auto de fé em que os três prisioneiros remanescentes do Forte Maurício e Manuel de Morais foram sentenciados ao uso perpétuo do sambenito, amarrou-se Isaac de Castro ao poste, no alto do feixe de lenha. No último instante, ele se recusou mais uma vez a manifestar arrependimento, o que faria com que pelo menos fosse estrangulado antes de as labaredas serem acesas aos seus pés.

Isaac de Castro não quis morrer na lei de Cristo.

Queimaram-no vivo.[63]

A notícia da execução de Isaac de Castro e a informação de que um grupo de outros judeus portugueses, presos no Brasil, havia saído em um auto de fé em Lisboa chocaram Amsterdam. Apenas três dias antes, o padre Antônio Vieira desembarcara de novo na cidade, dessa vez para fechar uma série de importantes negócios previamente acertados a partir dos entendimentos da primeira viagem.[64]

Vieira conseguira com um dos cristãos-novos mais ricos de Portugal, o financista Duarte da Silva, fidalgo da Casa Real, um empréstimo de 100 mil cruzados para adquirir, na Holanda, uma frota de navios de guerra a serem enviados à Bahia, em socorro ao governo colonial lusitano. Por mais paradoxal que pudesse parecer, o habilidoso jesuíta convencera mercadores da comunidade judaico-portuguesa em Amsterdam a intermediar a compra e o respectivo envio, ao Brasil, de uma poderosa força naval para dar combate aos próprios holandeses.[65]

Vieira alimentara a falsa expectativa, para os judeus e para si mesmo, de que um magnânimo d. João IV saberia agradecer o gesto pondo fim à legislação antissemita ou, no mínimo, determinando limites às ações do Santo Ofício. A morte de Isaac de Castro na fogueira arruinava toda a estratégia, meticulosamente articulada. "São tão contínuas as instâncias e gritos de Amsterdam, e tal o ruído que tem feito nestas províncias que será impossível crê-lo, senão quem o vê e ouve de tão perto como eu", comunicou ao rei o embaixador português Sousa Coutinho.[66]

O governo neerlandês interpretou o episódio como uma afronta. Segundo Coutinho registrou em carta a d. João IV, as autoridades das Províncias Unidas demonstravam "grande sentimento de vossa majestade não haver deferido as repetidas instâncias dos Estados [Gerais] sobre os judeus presos no Santo Ofício". Vieira confirmou a informação: "De saírem no cadafalso os três judeus do Recife se queixaram muito os Estados nesta última conferência, em que declaravam que eles tinham aqueles homens por seus vassalos".[67]

Não foi o único gesto de sabotagem dos inquisidores às articulações de Vieira junto aos judeus. Naquele mesmo mês de dezembro de 1647, o Santo Ofício decretou a prisão de Duarte da Silva, o financista que havia garantido o dinheiro para a compra dos navios. Ele, os filhos e mais dois cunhados foram arrastados para os cárceres do Palácio dos Estaus.[68]

O cristão-novo André Henriques, procurador encarregado pelo banqueiro de representá-lo em Amsterdam, procurou Vieira para dizer que, ante a situação, o negócio estava desfeito. "O dano que esta prisão faz e há de fazer ao comércio de Portugal é maior do que lá se considera", calculou o jesuíta. "A prisão de Duarte da Silva nos retirou não só o seu dinheiro, mas o crédito de todo", lamentou. "Não há quem queira mais passar um vintém a Portugal."[69]

A comunidade judaico-portuguesa ficou entre indignada e atônita. D. João IV mostrava-se impotente para conter as retaliações dos inquisidores, o que eliminava as chances de os judeus serem readmitidos em Portugal, conforme as previsões otimistas de Vieira. Em paralelo, as notícias que chegavam do Brasil não eram menos desanimadoras. Os neerlandeses, em definitivo, estavam perdendo a guerra em Pernambuco. Era preciso tirar os parentes e amigos de lá, o quanto antes.

17. "O Eterno é o senhor da guerra" (1646-54)

Quando tudo estava preparado para a abordagem que se anunciava suicida, com mulheres, crianças, velhos e inválidos dispostos a marchar entre soldados combalidos pela fome e pela sede, veio a salvação pela qual praticamente ninguém mais esperava. A imagem de dois navios despontando no azul do horizonte, com bandeiras tricolores e flâmulas da Casa de Orange a tremular nos mastros, devolveu a esperança aos sitiados do Recife. A característica salva de três tiros de pólvora seca, disparados no convés, era a senha a confirmar que as naus procediam mesmo das Províncias Unidas.[1]

"Podia-se ler no semblante de todos nós o intenso júbilo que esse socorro representava, chegando justamente no momento em que nos achávamos na mais penosa situação", relatou Joan Nieuhof, o funcionário da WIC em Pernambuco. "Ninguém mais se podia firmar sobre as pernas, tal a fraqueza a que nos reduzira a falta de alimentação; mesmo assim, todos se arrastavam até o cais onde, de longe, se podia perceber que o povo chorava de alegria."[2]

Os navios — o *Valk* [Falcão] e o *Elizabeth* — traziam comida, reforços e boas notícias: o restante de uma frotilha neerlandesa estava por chegar, para lançar âncoras em Pernambuco e reparar os brios da Nova Holanda. Era 22 de junho de 1646, sexta-feira, 9 de Tamuz de 5406, no calendário hebraico, véspera do Shabat. Na rua dos Judeus, o rabino Isaac Aboab da Fonseca traduziu em versos o significado do episódio para a comunidade da Zur Israel:

Esperávamos a Tua bondade.
Sabíamos quão forte e poderoso é Teu braço nos momentos de ajuda.
Por isso, farei que Teu povo predileto tenha bem gravado que deve manter
[a esperança em Ti, mesmo quando demoras.[3]

Nos anos seguintes, sempre ao primeiro Shabat de Tamuz, os versos de Aboab seriam entoados na sinagoga do Recife, encadeados à leitura do Cântico de Moisés, versículos do capítulo 15 do Êxodo: "O Eterno é o senhor da guerra, Eterno é o Seu Nome".[4]

Os ventos que enfunaram as velas do *Valk* e do *Elizabeth* pareciam ter soprado para longe a má sorte. Embora os insurgentes já controlassem todo o interior da capitania e também os arredores da cidade, acreditava-se que os rumos da guerra pudessem ser revertidos, dali por diante, pela manutenção do controle do litoral. De fato, após a chegada dos reforços, incursões militares retomaram importantes posições neerlandesas na costa pernambucana, incluindo o controle absoluto sobre a ilha de Itamaracá, ponto estratégico para interceptar o intercâmbio marítimo dos rebeldes com o governo da Bahia.[5]

Em contragolpe, o comando luso-brasileiro decidiu pela evacuação maciça da população dos territórios compreendidos desde a Paraíba até as proximidades da vila pernambucana de Igaraçu. Mais que isso, determinou a destruição e o incêndio dos engenhos, canaviais e lavouras ao longo do perímetro abandonado. Uma ação de terra arrasada, para evitar que as produções de alimento e açúcar, largadas para trás, caíssem em poder do inimigo.[6]

Os sertanejos atenderam em peso à ordem de retirada. "O temor que tinham dos holandeses e dos índios lhes fazia esquecer dos bens e cômodos que deixavam", observou Diogo Lopes Santiago, na sua *História da guerra de Pernambuco* — escrita no calor da refrega e sem citar o fato de que os moradores não tinham alternativa, dado o cenário de destruição. "Todos se puseram a caminho com suas famílias, uns a cavalo, outros a pé e outros em carros [de tração animal]." Muitos se fixaram nos arredores da Várzea, onde foi levantado um segundo arraial do Bom Jesus, mas houve quem rumasse para um pouco mais adiante, rumo ao cabo de Santo Agostinho.[7]

Naquele jogo de perdas e ganhos, uma expedição armada neerlandesa conseguiu desembarcar, no início de fevereiro de 1647, na ponta das Baleias, praia de outra ilha ainda mais estratégica, Itaparica, no Recôncavo baiano, quase diante de Salvador, sede do governo colonial português no Brasil.[8]

Mas o cerco terrestre ao Recife persistia. Os assaltos noturnos à cidade, desferidos de surpresa a partir das margens e mangues do Capibaribe, eram cada vez mais ousados. Saraivadas de artilharia chegaram a entrar pela janela e acertar a cama do presidente do Alto Conselho, Walter van Schoonenborch, que levantara do leito poucos minutos antes.[9]

Com receio de ter Salvador bombardeada a partir de Itaparica, d. João IV promoveu o peruano Francisco Barreto de Meneses — filho de português e comandante de um regimento de cavalaria no Alentejo — ao posto de mestre de campo general e, em seguida, o enviou em auxílio aos insubmissos. Fazia-se cada vez menos discreta a interferência do trono português no conflito de além-mar.[10]

"Os portugueses são velhacos e perjuros traidores, mantêm tanto a sua palavra como os cães a fidelidade conjugal", queixaram-se os neerlandeses.[11] "Deus é o nosso general, e com a sua ajuda havemos de libertar a nossa terra dos bárbaros hereges", respondiam os insurretos.[12]

Na peleja de desaforos, lançavam-se provocações de parte a parte, sempre evocando a justiça divina. O Alto Conselho publicou um édito no qual prometeu anistiar todos os rebeldes que saíssem dos matos e, jurando lealdade ao príncipe de Orange, depusessem as armas: "Protestamos de nossa parte, diante de Deus e de todo mundo, de sermos inocentes de todas as misérias e calamidades que possam resultar de não aceitarem esta nossa clemência e piedade", advertiram. A réplica também veio por escrito, assinada por André Vidal de Negreiros e João Fernandes Vieira: "Nós somente tratamos de nossa defesa, cujo bom sucesso esperamos de Nosso Senhor, e fiamos de nossas armas".[13]

Alertados do estado de indefinição na colônia, os Estados Gerais decidiram organizar uma poderosa esquadra para romper o cerco do Recife, investir contra Salvador e tentar assegurar, de uma vez por todas, a conquista do Brasil. Convidaram Maurício de Nassau para liderar a campanha, mas o conde impôs condições tidas como inaceitáveis pelas autoridades das Províncias Unidas.[14]

Nassau, prestes a ser nomeado administrador do ducado de Cleves, Oeste da Alemanha, pediu um preço alto para retornar a Pernambuco — talvez até por saber que, desse modo, não seria atendido e poderia permanecer na Europa. Exigiu, entre outras regalias, o direito ao governo vitalício sobre os territórios da Nova Holanda, um exército permanente de 12 mil homens e o salário anual de 50 mil florins, livres das despesas de manutenção de uma futura corte a ser instalada no Recife.[15]

A proposta não foi levada a sério. Descartada a hipótese, confiou-se o comando da frota ao vice-almirante Witte Corneliszoon de With, oficial da Marinha holandesa, veterano de batalhas navais contra os espanhóis na Guerra dos Oitenta Anos. Indivíduo enérgico e voluntarioso, With chegou ao Recife em meados de março de 1648, à frente de quarenta navios e cerca de 5 mil mercenários, entre soldados e marinheiros, franceses, alemães, polacos, húngaros e ingleses. Recebeu a incumbência de atrair os rebeldes do novo arraial do Bom Jesus para um confronto direto e decisivo. Conforme a deliberação do Alto Conselho, ele deveria "em nome de Deus, fazer as tropas saírem a campo contra o inimigo".[16]

A comunidade judaica do Recife, que continuava a deixar o Brasil em massa, embarcando sempre que encontrava lugares disponíveis nos navios que partiam de volta a Amsterdam, depositou naquela armada as últimas esperanças de conservação da Jerusalém dos Trópicos. Os congregados da Zur Israel, impossibilitados de tocarem os negócios originais devido aos entraves da insurreição, vinham se dedicando a atividades circunstanciais. Entre elas, o fornecimento de uniformes — camisas, calças, meias e casacos — para os soldados sob comando neerlandês, confeccionados em pequenas manufaturas domésticas.[17]

Outros judeus, aqueles de maior posse, pediram autorização — devidamente concedida pelo Alto Conselho — para abrir a representação pernambucana de uma associação de Midelburgo, na Zelândia, especializada em aprestar navios de corsários e piratas para o ataque a embarcações portuguesas no Atlântico.[18]

A maioria da comunidade, porém, estava falida. Na lista dos maiores devedores da WIC já constavam, por exemplo, os nomes de Duarte Saraiva e Moisés Navarro, os donos dos primeiros sobrados edificados, anos antes, na rua dos Judeus.[19]

Ao reorganizar-se naquele ano de 1648 — 5409, no calendário judaico —, a sinagoga do Recife, Zur Israel, incorporou a congênere Magen Abraham, que funcionava na Cidade Maurícia, estabelecendo-se um regulamento único. Entre as novas providências, reduziu-se o salário dos oficiantes e demais funcionários. O rabino Isaac Aboab da Fonseca, que recebia 1600 florins anuais, passou a ganhar 1200.[20]

A medida de economia visava alimentar as rendas do *tamid*, fundo de auxílio aos pobres e a famílias em situação emergencial. "Todo que [...] se quiser embarcar para a Holanda, dar-lhe-ão favor e ajuda para isso", fizeram constar em ata os membros do *mahamad*, o conselho administrativo da congregação.[21]

Também se flexibilizou a cobrança das dívidas contraídas na tesouraria da sinagoga. Poucos entre os congregados podiam honrar as "impostas da nação", tarifas que incidiam sobre fretes de navios, importação de secos e molhados, vendas de imóveis e compra de escravos. "Os senhores do *mahamad* poderão ir prolongando [a dívida] até tempos melhores", determinou-se.[22]

Mas os tempos melhores jamais chegariam.

Ao anoitecer do dia 17 de abril de 1648, uma sexta-feira, debaixo do som de tambores, trombetas e clarins, o tenente-general neerlandês Sigismund von Schoppe saiu do Recife em estilo majestoso, marchando à frente de nove regimentos, com cerca de 4500 homens, entre soldados, marinheiros e guerreiros tapuias, além de outros quatrocentos índios, estes últimos encarregados do transporte de material logístico necessário à empreitada: alimento, água e munição.[23]

Levavam provisões para oito dias de jornada. A ideia era seguir por trinta quilômetros ao sul, até o cabo de Santo Agostinho, desalojando o inimigo luso-brasileiro de seus esconderijos e cortando-lhe as rotas de abastecimento com ligação à Bahia. Levavam seis canhões sobre rodas e iam munidos de armas de fogo de uso individual à meia distância — arcabuzes, clavinas, mosquetes e pistolas —, mas também espadas, lanças, chuços e alabardas, para o combate direto, corpo a corpo.[24]

Os instrumentos musicais tinham dupla finalidade psicológica: instigar confiança na tropa e, ao mesmo tempo, minar o moral dos adversários. A fanfarra se fez ouvir até o local determinado para o primeiro pernoite, um forte à entrada da Várzea, junto ao rio dos Afogados, a cerca de nove quilômetros do Recife. No dia seguinte, domingo, ao cantar dos galos, os homens de Schoppe retomaram a marcha, atravessaram o Capibaribe em balsas e chegaram à ilha do Nogueira (hoje o bairro recifense do Pina). Lá, na Barreta, atacaram um posto de sentinela luso-brasileiro, degolando e enforcando a maior parte dos ocupantes.[25]

Os sobreviventes, sob tortura, asseguraram que o caminho à frente estava praticamente livre. Haveria uns duzentos ou talvez, no máximo, trezentos homens arranchados no engenho Guararapes, a caminho do povoado de Muribeca, próximo destino da campanha. De posse da informação, a caravana prosseguiu ainda mais confiante até a chamada Leiteria, à altura da atual praia de Boa Viagem. Ao final do segundo dia de percurso, levantou-se acampamento em uma franja de terra entre o mar e o mangue. Ao toque de alvorada, dali até o citado engenho, não levaria mais de duas horas de caminhada.[26]

Na manhã de 19 de abril, domingo, Schoppe e seus comandados chegaram ao sopé dos montes Guararapes, conjunto de formações rochosas desabitadas, repletas de precipícios e ribanceiras. Para vencer o obstáculo natural, havia uma opção arriscada, mas perfeitamente admissível, dada a aparente tranquilidade do cenário: seguir por um boqueirão estreito e longo, vereda espremida entre um trecho de mata fechada na encosta de um morro, à direita, e um manguezal, à esquerda: "Para a parte de terra, são tudo montes; e para a do mar campinas e alagadiços, até chegar à praia".[27]

Por via das dúvidas, para evitar surpresas, o melhor seria penetrar a bocaina já em posição de ataque. Mas a passagem não chegava a sessenta metros de largura, o que obrigou o comandante a alterar a formação habitual das tropas, reduzindo a linha de frente. Cada regimento neerlandês — de acordo com os manuais das guerras europeias, travadas quase sempre em vastas planícies — arremetia com trezentos homens à testa do confronto, equipados de mosquetes. Foi necessário reduzi-los a cerca de sessenta indivíduos.[28]

Schoppe fez com que três corpos de combate escalassem os outeiros do monte, para dar cobertura e atalhar possíveis agressões vindas de cima. Deixou outros três regimentos na retaguarda, com as bagagens e munições. Com isso, o chamado corpo da tropa adentrou o boqueirão. Quando os soldados já começavam a percorrer parte dos quatrocentos metros de extensão do interstício, tiveram que interromper o passo. Um grupo de luso-brasileiros, que se mantivera até então oculto entre o mangue e o matagal, invadia a boca oposta do estreito. "Morte aos cães", gritavam.[29]

Schoppe imaginou que eram os tais trezentos homens aludidos pelos informantes e, disposto a eliminá-los de uma só vez, deu ordem de tiro. Os mosqueteiros fizeram a descarga, abatendo os primeiros da fila. Mas após disparadas, as armas precisavam esfriar até serem recarregadas e poderem ser novamente utilizadas. Assim, a cada tiro, os mosqueteiros tinham de tomar posição por trás das linhas subsequentes.[30]

Enquanto isso, os adversários não paravam de entrar em enxurrada pelo outro lado do boqueirão, comandados por João Fernandes Vieira. Vinham em maior número do que cogitou o comandante. Sem margem de manobra, comprimidos uns contra os outros, batendo ombro com ombro, os soldados desfizeram as fileiras tradicionais de combate. Compreenderam então que tinham caído em uma arapuca. Em pânico, muitos tentaram escapar pelo alagadiço à esquerda e, na intenção de fugir em maior velocidade, largaram ao chão os mosquetões, que chegavam a pesar cinco quilos.[31]

No deus nos acuda que se seguiu, com as botas encharcadas, atolados na lama até os joelhos, os mercenários dos neerlandeses viraram alvo fácil para os guerreiros de Felipe Camarão. Os adeptos da guerra brasílica, habituados a se mover com desenvoltura pelos manguezais, abatiam o inimigo pelas costas, com tiros e golpes de pau, lança ou espada. Os que escaparam da carnificina recuaram em debandada, abandonando o boqueirão aos tropeções e atropelos, deixando para trás corpos sem braços e troncos sem cabeças.[32]

No topo do monte mais elevado da região, Francisco Barreto de Meneses, o comandante peruano dos luso-brasileiros, tinha assistido a toda a movimentação do inimigo e armado a cilada. Enquanto Felipe Camarão e João Fernandes Vieira dominavam a baixada, os negros de Henrique Dias e corpos auxiliares de guerrilheiros faziam fogo contra os soldados que haviam escalado as encostas dos Guararapes. Na sequência, André Vidal de Negreiros secundou o ataque ao boqueirão, onde Schoppe, ferido com um balaço no tornozelo, deu ordem para a batida em retirada.[33]

Foi um massacre. Em quatro horas de combate, os neerlandeses contaram mais de mil baixas nos Guararapes: quinhentos mortos, quinhentos feridos. Entre os luso-brasileiros, oitenta mortos, quatrocentos sobreviventes. Ao dar busca no campo de batalha para socorrer os feridos, Barreto de Meneses recolheu, além de cinco trombetas, dois canhões de bronze e dezenas de mosquetões deixados para trás pelo inimigo, um total de 33 bandeiras neerlandesas, incluindo um pavilhão oficial das Províncias Unidas e um estandarte onde se lia a seguinte inscrição: AMIGOS DE DEUS, INIMIGOS DOS TRAIDORES.[34]

O padre Antônio Vieira ainda estava em Haia quando, em 5 de junho de 1648, às dez horas da manhã, escutou os sinos a badalar por vários minutos, acompanhados pelo troar festivo da artilharia nas guarnições da cidade. O jesuíta viu então os neerlandeses saírem à rua em festa, para assistir à leitura da declaração pública de paz com a Espanha, celebrada vinte dias antes, por meio do Tratado de Münster. Pelo acordo, a Coroa espanhola reconhecia a independência das Províncias Unidas, pondo fim à Guerra dos Oitenta Anos.[35]

Vieira compreendia o significado alarmante, para Portugal, daquele evento histórico. Com o encerramento das hostilidades contra os neerlandeses, os espanhóis estavam liberados para concentrar forças em direção ao reinado de d. João IV, pondo em risco a restauração da

Coroa, conquistada oito anos antes, com o fim da União Ibérica. Como se não bastasse, a situação de conflito armado no Brasil ameaçava fazer com que os Países Baixos, enfurecidos pelo apoio lusitano à insurreição pernambucana, também declarassem guerra ao reino.

Quando as notícias da batalha dos Guararapes e da chacina de quinhentos homens a serviço da WIC chegaram à Europa, Antônio Vieira temeu o pior. "A alguns valentões de Portugal lhes pareceu que eram poucos para inimigos os castelhanos", queixou-se em carta a d. Vasco Luís da Gama, o marquês de Nisa, embaixador em Paris. Vieira ficou ainda mais apreensivo ao saber que uma esquadra portuguesa, comandada por Salvador Correia de Sá, atacara Angola e retomara Luanda aos neerlandeses. Em vez de celebrar os dois episódios como vitórias heroicas, Vieira os interpretou como entraves a quaisquer novas chances de acordo diplomático em Haia.[36]

Ao retornar a Lisboa, em 15 de outubro de 1648, o jesuíta tentou convencer o rei de que a reconciliação histórica entre a Espanha e as Províncias Unidas deveria ser encarada com grave preocupação. Uma guerra simultânea contra duas nações tão poderosas significaria a ruína absoluta e, de novo, a perda da soberania do reino. "Castela e Portugal juntos não puderam prevalecer assim no mar como na terra contra Holanda; e como poderá agora Portugal, só, permanecer e conservar-se contra Holanda e contra Castela?", questionou.[37]

Os argumentos do jesuíta esbarraram, porém, nos pareceres contrários dos ministros e dos círculos oficiais de poder — os tais "valentões", a quem tanto criticava. Um deles, o procurador da Fazenda Real, Pedro Fernandes Monteiro, recomendou a manutenção da guerra ultramarina. Ao contrário do que sugeria Vieira, ele alegava que a soberania lusitana só ficaria realmente ameaçada se o rei abrisse mão do açúcar brasileiro, maior fonte de riqueza do Tesouro. "Se alguns particulares, sem lhes tocar por ofício, anunciarem outra coisa, afaste-os vossa majestade de si e não os ouça, que são profetas falsos", propunham os demais conselheiros do trono, que passaram a referir-se a Antônio Vieira como o "Judas do Brasil".[38]

Contra a opinião do jesuíta, desfiava-se um rosário de objeções. Abrir mão da guerra em Pernambuco significaria, entre outras calamidades, entregar vassalos católicos aos caprichos de hereges calvinistas. Abandonar homens leais, que vinham arriscando os bens e a própria vida na defesa corajosa da colônia, seria demonstrar fraqueza perante as demais nações soberanas do mundo, renunciar a uma fonte inesgotável de riquezas, entregando-a de modo servil a um país estrangeiro.[39]

A refutação do religioso veio na forma de um documento antológico, que ficaria conhecido como "Papel que fez o padre Antônio Vieira a favor da entrega de Pernambuco aos holandeses" — ou, simplesmente, "Papel forte". No arrazoado, Vieira contra-argumentava que, quanto ao aspecto religioso, as autoridades holandesas sempre tinham se revelado bastante tolerantes em matéria de fé: "Os portugueses que quiserem ficar hão de ter ministros eclesiásticos, assim seculares como regulares, e uso livre da religião cristã", previu.[40]

Em relação às motivações da insurreição, Vieira argumentou que, em vez de lealdade ao rei ou qualquer outra causa nobre, elas estariam calcadas em bases bem pouco edificantes: "[Os insurgentes] tinham tomado muito dinheiro aos holandeses e não puderam ou não lho quiseram pagar".[41] Na perspectiva da política internacional, não haveria nenhum demérito em ceder ante uma correlação desigual de forças: "Pior será [...] dizer ao mundo que, por não querer restituir [o Brasil], nos perdemos".[42]

Por fim, dadas as circunstâncias, a cessão de Pernambuco não constituiria tão grande dano financeiro a Portugal. Os engenhos estavam arruinados, destruídos, e ainda haveria todo o resto do Brasil a explorar. "Em largarmos as capitanias de Pernambuco aos holandeses, não lhes damos tanto como se imagina", contabilizou Vieira.

"Ficamos sem um inimigo tão poderoso, logramos os frutos das nossas conquistas; pouparemos a fazenda que se havia de gastar em tão custosa guerra, e recolheremos os nossos galeões da Bahia, que juntos aos que cá temos farão uma poderosa armada", calculou. "Transplantaremos Pernambuco a outra parte, pois o que nos falta não são terras, senão habitadores."[43] Mas os argumentos do sacerdote não convenceram o rei. A "guerra da liberdade divina" prosseguiu.

Pouco depois, d. João IV resolveu aceitar, enfim, uma das sugestões de Antônio Vieira contida no relatório de 1646, aquele que propunha alterações no tratamento da questão judaica em Portugal. Por meio de um alvará régio datado de 6 de fevereiro de 1649, o rei determinou o fim do confisco sobre os indiciados pelo Santo Ofício. Entretanto, a regra valeria apenas para os cristãos-novos que aceitassem aplicar somas de dinheiro na fundação de uma grande empresa de navegação portuguesa, a Companhia Geral do Comércio do Brasil, inspirada no modelo de sociedade anônima das congêneres neerlandesas.[44]

A decisão foi ditada pelo mais absoluto pragmatismo. Entre 1º de janeiro de 1647 e 31 de dezembro de 1648, nada menos que 220 navios mercantes portugueses tinham sido interceptados pelos neerlandeses, a maioria deles capturados por piratas e corsários a serviço da Zelândia.[45] Idealizada por Vieira, a Companhia do Brasil tinha por objetivo adquirir e manter galeões armados, equipados com canhões, para comboiar todas as embarcações lusitanas em trânsito de Lisboa à costa brasileira e vice-versa.[46]

Por um período de vinte anos — prolongáveis a desejo dos acionistas —, a Companhia deteria o monopólio da importação de pau-brasil e o direito de cobrar taxas aduaneiras sobre cargas de açúcar e tabaco, bem como a exclusividade na exportação de produtos tipicamente portugueses, como azeite, vinho, cereais e bacalhau. Apelidada de "Companhia dos Judeus" — pelo fato de ser bancada por mercadores sefarditas —, a Companhia Geral do Comércio do Brasil exibia no estandarte, por involuntária ironia, uma imagem de Nossa Senhora da Imaculada Conceição, padroeira de Portugal.[47]

O banqueiro Duarte da Silva, o mesmo que tinha se oferecido a Vieira como avalista para a compra de navios holandeses e que ainda se encontrava preso no Palácio dos Estaus, foi um dos principais subscritores das ações. De acordo com a nova regra, seus bens estavam a salvo do confisco pelos inquisidores. Outros judeus da diáspora lusitana, instalados nos Países Baixos e na França, também contribuíram com a iniciativa. Além de almejar os prometidos lucros, previam-se assim dos sequestros financeiros caso viessem a ser apanhados nas redes inquisitoriais por alguma circunstância fortuita.[48]

O Santo Ofício, era previsível, protestou. O inquisidor-geral, d. Francisco de Castro, afirmou que ele e os demais colegas estariam "prontos a dar o sangue e a própria vida" para impedir a validade do alvará régio. Castro levou a celeuma ao papa, Inocêncio x, originando um confronto aberto entre o Palácio dos Estaus, sede lisboeta da Inquisição, e o Paço da Ribeira, sede da Coroa. No centro da disputa estava Vieira, que passou a constar na lista dos inimigos declarados dos inquisidores.

"Ter inimigos parece um gênero de desgraça; mas não os ter é indício certo de outra muito maior", replicou o jesuíta, em um de seus sermões. "Pode haver maior desgraça que não ter um homem bem algum digno de inveja?"[49]

Como pano de fundo da disputa restava o inescapável paradoxo: ao financiar a poderosa Companhia Geral do Comércio do Brasil — híbrido de empreendimento comercial e empresa de guerra, a exemplo da Companhia das Índias Ocidentais —, os cristãos-novos e criptojudeus de Portugal passaram a contribuir para a ruína definitiva da experiência judaica de seus irmãos no Recife.

"As tropas do inimigo são ligeiras e ágeis de natureza para correrem para diante ou se afastarem, e por causa da sua crueldade inata são também temíveis", reportou Michiel van Goch, integrante do Alto

Conselho do governo neerlandês em Pernambuco, aos Estados Gerais. "Compõem-se de brasilianos, tapuias, negros, mulatos, mamelucos, nações todas do país, [...] atravessam e cruzam os matos e brejos, sobem os morros tão numerosos aqui e descem tudo isso com uma rapidez e agilidade verdadeiramente notáveis."[50]

Segundo Goch, diante das táticas da guerra brasílica, pouco podiam fazer os mercenários a serviço da Nova Holanda, acostumados à rigidez das linhas tradicionais de combate. "Combatemos em batalhões formados como se usa na mãe-pátria e nossos homens são indolentes e fracos, nada afeitos à constituição do país", avaliou o conselheiro, após uma segunda derrota sofrida nos montes Guararapes, em 19 de fevereiro de 1649, dia consagrado pelos católicos à Nossa Senhora dos Prazeres.[51]

Na ocasião, os neerlandeses trataram de ocupar o topo do morro, na expectativa de arremeter contra o inimigo de cima para baixo. Para se tentar dispor do efeito surpresa, dessa feita não houve fanfarra de tambores e trombetas. Porém, depois de um dia inteiro de espera, os insurgentes não apareceram para o que prometia ser o embate final. Por volta das três horas da tarde, fustigados pelo calor e pela sede, os mercenários receberam a ordem de levantar acampamento e descer de volta à praia.[52]

Não perceberam que estavam sendo observados durante todo o tempo pelos adversários, que aguardavam o momento propício para desferir um ataque fulminante. Quando os neerlandeses chegaram à entrada do boqueirão em que se dera a batalha anterior, viram os corpos de combate dos rebeldes convergindo contra si, por diversos flancos, de espada em riste.[53]

Embora os luso-brasileiros estivessem em menor número, com cerca de 2640 homens contra 3500 neerlandeses, estes debandaram a esmo. "As tropas, expostas à desordem, à confusão e à fuga, [...] dispersaram-se aqui e ali por caminhos diversos, tanto pela floresta como pela ribeira", lamentou Goch. "Muitos soldados ficaram pelo caminho por causa da fadiga e do esgotamento; e o inimigo, perseguindo nosso exército destroçado, achando por toda a parte esses desgraçados, matava-os sem quartel."[54]

O saldo negativo da nova humilhação foi pior do que o da primeira: cerca de mil mortos, além de quinhentos feridos. Na retirada melancólica para o Recife, os sobreviventes foram colhidos no meio do caminho por uma tempestade de verão, o que os deixou com aparência ainda mais lastimável quando adentraram a cidade, cabisbaixos, encharcados e maltrapilhos. "Somente depois de cinco dias conseguimos permissão para enterrar os mortos que, já processos de franca putrefação, devido ao calor causticante do sol, exalavam um cheiro nauseabundo", anotou Joan Nieuhof.[55]

A dupla derrota nos montes Guararapes arrasou o ânimo dos neerlandeses. No final daquele mesmo ano, o almirante Witte Corneliszoon de With entregou o cargo de comandante das tropas marítimas e, antes mesmo de receber a carta de dispensa oficial, partiu de volta para a Holanda. Levou consigo dois navios em péssimo estado de manutenção, o *Brederode* e o *Gelderland*, alegando que, se os deixasse no Brasil, eles iriam "servir apenas como lenha para o forno dos padeiros".[56]

O Alto Conselho passou a mandar relatórios desesperados para os Estados Gerais. A maioria dos soldados do Recife estava em andrajos, "alguns deles não têm com que cobrir as partes pudendas, [...] arrastando-se pelas ruas da cidade como mendigos, e comendo as sobras encontradas nas sarjetas", diziam as mensagens. "Estamos todos agora como carneiros no matadouro, indefesos diante dos nossos inimigos sedentos de sangue."[57]

Episódios concomitantes no panorama internacional só agravaram o cenário em Pernambuco. A segunda derrota dos neerlandeses nos montes Guararapes, em fevereiro de 1649, coincidiu com o arremate da guerra civil na Inglaterra, vinte dias antes, quando o rei Carlos I foi deposto, condenado à morte e decapitado em praça pública por um carrasco encapuzado. O comandante militar vitorioso, Oliver

Cromwell, aboliu a monarquia britânica, proclamou a república — medida que seria revogada em 1660, com a ascensão de Carlos II ao trono — e se autoinvestiu no papel de ditador.

Entre as primeiras medidas ao ascender ao poder do chamado protetorado, Cromwell instituiu o "Ato de Navegação", lei protecionista de 1651 por meio da qual ficava vedado a navios estrangeiros o comércio entre a Inglaterra e as respectivas colônias, o que confrontava a hegemonia neerlandesa nos mares. Por consequência, no ano seguinte, os Países Baixos declararam guerra ao Reino Unido, o que exigiu uma concentração de forças incompatível com o prosseguimento do envio de efetivos para o Brasil.[58]

Dados a ler significados secretos em fenômenos naturais e nos corpos celestes, os pregadores calvinistas entenderam como mau presságio o cometa reluzente que pôde ser observado entre 16 e 21 de dezembro de 1652 nos céus do Recife. "O que ele nos vem trazer, felicidade ou desgraça, só Deus sabe", escreveram os integrantes do Alto Conselho aos Estados Gerais.[59]

Dessa vez, não eram apenas dois navios despontando no horizonte do Recife, mas 77 embarcações. Não traziam bandeiras tricolores ou flâmulas cor de laranja, e sim estandartes com a imagem de Nossa Senhora da Imaculada Conceição. Tratava-se de vasos portugueses da Companhia Geral do Comércio do Brasil. A enorme esquadra singrou de modo intimidador à frente da cidade, mas depois passou ao largo, em direção ao sul. O calendário marcava o dia 20 de dezembro de 1653, um sábado — ou 30 de Kislev de 5414 no calendário hebraico.[60]

Na manhã seguinte, após comboiar cerca de uma dúzia de veleiros até o cabo de Santo Agostinho, território ainda em posse dos insurgentes, a frota de guerra retornou e apontou novamente no litoral recifense. Os moradores da cidade foram dormir naquele domingo com a visão ameaçadora diante da praia. Quando acordaram na segunda-feira, em vez de três tiros de pólvora seca, ouviram canhonaços de verdade disparados à distância contra as únicas sete embarcações neerlandesas ancoradas no porto. Depois disso, as bocas de fogo silenciaram.[61]

Na terça-feira, os navios portugueses finalmente se aproximaram para ancorar em forma de meia-lua, bloqueando as entradas e saídas marítimas do Recife. Mas permaneceram por vários dias imóveis, aumentando o suspense sobre o que estava por vir. Em pleno Natal, o conselheiro neerlandês Hendrick Haecxs anotou em seu diário: "Na noite de ontem, à meia-noite, e nesta última, às duas horas, um sem-número de grandes e desconhecidos pássaros pretos voou da mata sobre o forte do Brum e daí novamente para a mata. O significado disto é do conhecimento do bom Deus".[62]

Naquela data, os dois comandantes da armada portuguesa, general Pedro Jaques de Magalhães e almirante Francisco de Brito Freire, desembarcaram em um trecho de praia, próximo ao rio Doce, ao norte de Olinda. Confabularam então com o peruano Francisco Barreto de Meneses e com os comandantes João Fernandes Vieira e André Vidal de Negreiros, entre outros líderes rebeldes, para juntos detalharem o roteiro final. Assim reunido, o conselho de guerra decidiu que os navios continuariam apenas bloqueando o Recife pelo mar, enquanto os insurgentes atacariam as guarnições por terra. Preservava-se assim a aparência de que a armada enviada por d. João IV não tomara parte efetiva no desfecho do conflito.[63]

Durante cerca de duas semanas, organizou-se o dispositivo para a ofensiva terrestre. "Gastou-se o restante do mês e o princípio do seguinte em [fazer] chegar mantimentos e munições, e em aprestar a artilharia, esplanadas, cestões, ferramentas, e outros apetrechos aos postos que se tinha determinado acometer", minudenciou a "Relação diária do sítio, e tomada da forte praça do Recife", texto anônimo publicado meses depois em Lisboa. "Tinha Deus Nosso Senhor decretado este sucesso", concluiu o autor desconhecido.[64]

A partir de 15 de janeiro de 1654, os fortes que circundavam a cidade foram caindo, um a um, ante a mínima pressão da infantaria rebelde. Em dez dias de combates, os seis redutos mais importantes se renderam aos sitiantes, içando bandeira branca. Os mercenários a serviço dos neerlandeses não demonstravam mais disposição para sustentar a luta. Estavam com os soldos atrasados, o moral em frangalhos, insatisfeitos com a falta de alimentos e descrentes de qualquer possibilidade de vitória.[65]

Às onze da noite de 26 de janeiro, após 62 horas de negociações sobre os termos da entrega das capitanias de Pernambuco, Paraíba, Itamaracá, Rio Grande do Norte e Ceará, o Alto Comando assinou a capitulação. O primeiro artigo do documento sentenciava:

> O senhor mestre de campo general [Fernando Barreto de Meneses] perdoa tudo quanto, da parte dos vassalos dos senhores Estados Gerais das Províncias Unidas e da Companhia das Índias Ocidentais, foi cometido contra a Nação Portuguesa, sendo matéria criminal, quer em terra quer no mar, e que tudo será tido por esquecido e como se nunca houvesse sido cometido.[66]

A pedido dos anciãos da Zur Israel, o segundo parágrafo fazia menção à comunidade judaica: "Também serão compreendidas neste acordo todas as nações de qualquer qualidade ou religião que sejam, que a todas perdoa, posto que hajam sido rebeldes à Coroa de Portugal, e o mesmo concede a todos os judeus que estão no Recife e Cidade Maurícia". Quando os termos do acordo fossem divulgados em Lisboa e em toda a Europa católica, esse trecho específico seria censurado das cópias oficiais impressas em português, espanhol e italiano.[67]

Ao amanhecer do 27 de janeiro, os rebeldes vitoriosos ocuparam o Recife. As chaves dos armazéns de armas, munições e abastecimentos foram entregues a João Fernandes Vieira. No dia seguinte, por volta das quatro da tarde, o general Francisco Barreto de Meneses entrou em marcha triunfal na cidade, à frente das tropas. Ao assumir o governo de Pernambuco, Barreto exigiu das autoridades neerlandesas a lista de todos os judeus do Recife.[68]

De posse dos nomes, concedeu-lhes o prazo de três meses, contados a partir da data da capitulação, para que liquidassem seus negócios no Brasil e partissem do país para sempre. Podiam levar consigo todos os papéis, alimentos, mercadorias e bens móveis, bem como conservar os imóveis sob a guarda de procuradores, encarregados de negociá-los após a partida dos proprietários. O direito era extensivo aos antigos cristãos-novos que, batizados no catolicismo, haviam se convertido ao judaísmo no período da ocupação neerlandesa. Findo o prazo, os que permanecessem em terras brasileiras ficariam submetidos à autoridade da Inquisição.[69]

Não havia navios suficientes para levar todos os judeus embora de uma única vez. Estima-se que eram em torno de 150 famílias ou cerca de seiscentos indivíduos, entre homens, mulheres e crianças. Durante os três meses concedidos para a permanência no Brasil, foi intenso o movimento no porto do Recife, à espera de embarcações disponíveis. À falta de barcos holandeses em número satisfatório, Francisco Barreto franqueou aos judeus dezesseis veleiros da própria frota portuguesa.[70]

Em 7 de abril, quando faltavam cerca de vinte dias para expirar o prazo combinado, Barreto recebeu um pedido de prorrogação. Assentiu, com uma ressalva: "Todas as pessoas, tanto cristãs como judeus, as quais devido ao atraso dos navios onde deviam embarcar, não tiverem partido dentro dos três meses do acordo, serão tratadas como até o presente tenham sido, excetuando os judeus outrora cristãos, estando estes sujeitos [...] à Santa Inquisição, na qual não posso interferir".[71]

Ao final, boa parte seguiu com destino à Holanda, onde os judeus do Recife foram acolhidos pela comunidade judaica de Amsterdam, a Talmude Torá. Outros preferiram partir rumo às possessões neerlandesas nas Antilhas, para continuar investindo no comércio colonial de escravos e açúcar. Mas, em um e outro caso, havia uma exceção. O *Valk*, um dos navios que deixaram o Brasil ao tempo da capitulação, desapareceu em algum ponto indefinido pouco após a partida de Pernambuco. Por motivos involuntários, seus passageiros acabariam por tomar um rumo diferente de todos os demais.

18. "Onde a terra emana leite e mel" (1654-64)

Para quem viajava pelo alto-mar em jornadas de longo curso, existia uma preocupação ainda maior do que ser apanhado pelos vendavais que impeliam as embarcações para longe da rota, por redemoinhos que as tragavam para o fundo do oceano ou pela irrupção do escorbuto a dizimar tripulações inteiras após a manifestação dos inconfundíveis sintomas — fadiga, dores musculares, sangramento de gengivas, perdas dentárias, hemorragia na pele, queda de cabelos, alternâncias emocionais, distúrbios de personalidade.[1]

Ameaça muito pior era a hipótese de o navio no qual se viajava vir a ser abordado por piratas e corsários. O Atlântico estava infestado deles. Os flibusteiros, tidos como o flagelo dos mares, não tinham por alvo apenas os galeões carregados de ouro e prata do Peru ou as naus abarrotadas de açúcar e tabaco do Brasil. Mesmo barcos transportando mais viajantes no convés do que cargas valiosas no porão estavam sujeitos às emboscadas marítimas.[2]

Nesse caso, pilhavam-se as bagagens, os bens de uso pessoal trazidos a bordo ou, a depender do estado de conservação do casco e da qualidade das velas, cordames e mastros, o próprio barco. Na eventualidade de contarem com a sorte de não serem passados na espada e lhes pouparem a vida, os tripulantes e passageiros corriam o risco de ser abandonados em ilhas desertas ou em portos remotos, isolados do resto do mundo, distantes das tradicionais rotas mercantis. Morrer à míngua ou ser dado como perdido para sempre eram pesadelos que atormentavam o sono de todo navegante.

Foi o que se presume ter ocorrido aos passageiros do *Valk*, o navio neerlandês que desapareceu misteriosamente após deixar o Recife no final de fevereiro de 1654, com destino a Amsterdam. Segundo consta, uma violenta borrasca o desviou de seu trajeto e o arrastou rumo a oeste, conduzindo-o até o mar das Caraíbas, próximo à ilha da Martinica — possessão francesa situada 788 quilômetros ao norte da venezuelana Caracas. Lá, depois de escapar da tempestade, da deriva e do naufrágio, o *Valk* foi assaltado por piratas espanhóis, que se apoderaram dos pertences dos viajantes e, como presa principal, da própria embarcação.[3]

Resgatados pelo capitão de uma fragata que navegava sob a bandeira da França, os passageiros teriam sido levados inicialmente até a Jamaica — outra ilha do Caribe, a terceira maior das Antilhas, a 1777 quilômetros da Martinica —, para uma escala de abastecimento de víveres, água e munição. Mas, para os sobreviventes daquela aventura forçada, os contratempos estavam apenas começando.[4]

Como o território jamaicano então era colônia espanhola, os fiscais da Inquisição procederam à habitual vistoria aduaneira, em busca de livros considerados perigosos, cartas comprometedoras, hereges foragidos do tribunal da fé e cristãos-novos incursos no pecado da apostasia. Ao constatarem que parte dos embarcados era constituída por judeus, os inspetores os detiveram para averiguações. Durante os interrogatórios, os que, de algum modo, conseguiram provar que eram asquenazes ou nascidos no judaísmo foram liberados junto com os calvinistas holandeses que também se encontravam a bordo. Estes puderam partir, enquanto os demais permaneceram prisioneiros do Santo Ofício.[5]

Dos detidos, ignora-se o destino. O que se conhece é uma carta remetida pelos Estados Gerais, na Holanda, aos ministros do rei da Espanha, Filipe IV: "Recebemos, de fonte segura, a informação de que algumas pessoas portuguesas da nação judaica, viajando a bordo da fragata *Valk*, do Recife, Pernambuco, para a ilha de Martinica, devido a ventos adversos e tempestades, chegaram, contra a sua vontade, a Jamaica", relatava a mensagem. "Precisamos rogar e requerer a vossas excelências, como estamos fazendo, insistentemente, por intermédio deste documento, que intercedam junto à sua majestade para movê-lo, a fim de que dê as ordens necessárias para que os nossos súditos não sejam impedidos, nas suas pessoas ou seus bens, pela Inquisição e outros poderes."[6]

Quanto aos judeus que seguiram viagem — um grupo de 23 pessoas, entre homens, mulheres e crianças —, os relatos apontam que, em vez de retomarem a trajetória original, cruzarem o Atlântico e rumarem de novo para a Holanda, eles terminaram por mudar de planos. Contrataram os serviços de um capitão de navio francês, Jacques de la Motte, para os levar até um pequeno entreposto comercial neerlandês situado 2,5 mil quilômetros mais ao norte do continente americano, numa ilha chamada de Nova Amsterdam pelos colonos e de Manna--hata pelos nativos — e daí Manhattan, na adaptação adotada logo em seguida pelos neerlandeses.[7]

Por sua posição geográfica estratégica, no estuário do rio Hudson — assim batizado em homenagem a Henry Hudson, o explorador inglês que o descobriu, em 1609, a serviço da Companhia das Índias Ocidentais —, a modesta Nova Amsterdam era a sede administrativa de uma colônia maior e ainda mais erma, conhecida como Nova Holanda, a exemplo de outras possessões neerlandesas. Mantida pela WIC, ela ocupava o território mais tarde compreendido pelos estados norte-

-americanos de Nova York, Nova Jersey, Connecticut, Pensilvânia e Delaware.[8]

Em um livro da época, *Uma descrição da Nova Holanda*, de autoria do holandês Adriaen van der Donck, advogado formado pela Universidade de Leiden que trocou a cosmopolita Amsterdam pelo convívio com os indígenas moicanos e mohawks, a paisagem dessa terra era descrita como uma potencial fonte de inspiração para desenhistas e pintores, por oferecer "perspectivas agradáveis, sombras, colinas, cursos de água e vales". O solo era fértil e, além das árvores silvestres, a exemplo de nogueiras e castanheiras, as macieiras, cerejeiras e parreiras europeias adaptavam-se bem ao lugar.[9]

As estações do ano mostravam-se bem demarcadas, o que favoreceria o planejamento adequado de plantios e colheitas de milho, abóbora e melão. Nas pradarias, alces e cervos ofereciam carne abundante e saborosa. As peles impermeáveis dos castores que sobejavam pelos rios eram mercadoria valiosa, utilizada na confecção de chapéus e peças de vestuário. "É uma terra muito bonita, amena, saudável e encantadora, onde todos os tipos de homens podem desfrutar mais facilmente de uma boa vida e fazer melhor seu caminho no mundo do que na Holanda ou em qualquer outra parte do globo que conheço", resumia Adriaen van der Donck.[10]

Não por acaso, o poeta Jacob Steendam, outro neerlandês que trocou a velha pela nova Amsterdam, ao desembarcar em Manhattan em 1650, para construir uma cabana de madeira na Parelstraat (rua da Pérola, em holandês, depois rebatizada de Pearl Street pelos ingleses), escreveu: "Este é o Éden, onde a terra emana leite e mel".[11] Tratava-se de uma referência explícita à promessa bíblica contida no Levítico, o terceiro livro de Moisés: "Vós herdareis sua terra, e Eu a darei a vós para herdá-la — a terra que emana leite e mel; Eu sou o Eterno, vosso Deus, que vos separei dos povos!".[12]

Em setembro de 1654, cerca de oito meses após terem saído do Recife, ao fim de tantos incidentes e emergências, aqueles 23 judeus desembarcaram na ilha de Nova Amsterdam, no final do verão, para tentar reconstruir a vida. Pioneiros de uma renovada esperança, alimentavam a expectativa de terem dessa vez, finalmente, chegado à verdadeira Terra Prometida.

Em vez de emanar leite e mel, aquela terra exalava confusão e desordem. Havia tavernas por todos os lados, instaladas ao longo de quase todas as ruas lamacentas da ilha, nas quais vacas, porcos e galinhas disputavam espaço com os cerca de mil habitantes do lugar. Homens de várias nacionalidades — dizia-se que dezoito idiomas eram falados no vilarejo — entornavam canecas de cerveja quente e vinho vagabundo, em volta de rodas de jogos de dados e de tabuleiro, para depois trocarem sopapos lá fora. Brigas de faca também eram frequentes para se resolverem diferenças.[13]

Um dos esportes favoritos dos moradores era untar com banha a cabeça e o pescoço de um ganso e pendurá-lo, pelos pés, no galho de uma árvore à beira da estrada. Vencia quem conseguisse, montado a cavalo, agarrar o bicho pelo gasganete. Desde que foi nomeado governador do local pela Companhia das Índias Ocidentais, em 1647, o comandante neerlandês Peter Stuyvesant vinha tentando impor a lei e a ordem aos moradores.[14]

Stuyvesant proibiu o tal "jogo do ganso" — que continuou a ser praticado na clandestinidade —, determinou que as tavernas não mais vendessem bebidas alcoólicas após o sino do templo calvinista badalar as nove horas da noite, determinou multa e prisão de seis meses para quem empunhasse uma faca a céu aberto. "Governarei como um pai governa os filhos", sentenciou.[15]

Tido como um indivíduo autoritário e impetuoso, Stuyvesant perdera a perna direita em um encarniçado ataque neerlandês ao forte espanhol da ilha de São Martinho, no mar das Caraíbas, em 1644. O membro amputado foi substituído por uma perna de pau amarrada com faixas de prata, o que conferia um aspecto ainda mais exótico àquele homem alto, de corpo robusto, nariz adunco e longas madeixas caindo sobre os ombros. Vestia-se sempre à moda holandesa, com chapéu, capa, gola rendada e calções bufantes presos às meias na altura dos joelhos. "Um pavão", diziam dele.[16]

Ao assumir o cargo depois de servir à WIC na ilha brasileira de Fernando de Noronha e na caribenha Curaçao, Stuyvesant encontrara a sede da colônia aos pandarecos. A típica fortaleza neerlandesa de quatro pontas estava em ruínas. A igreja dos calvinistas não passava de um prédio inacabado. As pocilgas não eram cercadas e seus dejetos confundiam-se com as sarjetas nas vias públicas. Terrenos baldios acumulavam todo tipo de imundícies. Os incêndios residenciais eram corriqueiros, dada a má manutenção das casas feitas de madeira.[17]

O governador mandou reformar a fortaleza, concluir a construção do templo, cercar terrenos baldios, estabelecer currais para a contenção dos animais. Montou até mesmo um grupo de bombeiros e exigiu dos moradores que as casas de madeira fossem substituídas por prédios de tijolos. Tentou instituir os mesmos padrões de limpeza e higiene que tanto caracterizavam a civilização holandesa.[18]

Para ajudá-lo na tarefa de governar a colônia da Nova Holanda, Stuyvesant contava com um vice-diretor e um fiscal, assessores para assuntos administrativos, financeiros e militares. Também dispunha de um conselho de nove membros eleitos pela comunidade. Mas o governador, autocrático, pouco lhes dava ouvidos. Para Nova Amsterdam, a autoridade era compartilhada com um grupo de magistrados e escabinos, responsáveis pelas questões jurídicas.[19]

Em 7 de setembro de 1654, uma segunda-feira, o capitão francês Jacques de la Motte foi até a casa que servia de sede ao tribunal de Nova Amsterdam. Prestou queixa e deixou lá uma petição, escrita no seu idioma, contra os 23 judeus que havia trazido a bordo de sua fragata. Jacques solicitava a intervenção das autoridades do povoado para exigir que o grupo pagasse pelo que lhe devia: 2500 florins, relativos às passagens e despesas de alimentação. Na hora de honrar a dívida, logo após o desembarque, os passageiros haviam dito não dispor de tal valor para quitá-la.[20]

O tribunal analisou, julgou e decidiu o caso de imediato. Determinou que a quantia fosse paga em 24 horas. Pressionados, os devedores alegaram não ter como fazê-lo — presume-se que pelo fato de os piratas espanhóis que assaltaram o *Valk* terem se apossado de tudo o que tinham. Por isso apelaram para a ajuda de outros dois comerciantes judeus chegados poucos dias antes a Nova Amsterdam, ao que tudo indica provenientes direto da Holanda, a bordo do navio *Peartree*. Um deles, Solomon Pietersen, comerciante de origem asquenaze, compareceu à corte para defender os irmãos de fé. Informou que já haviam sido pagos ao capitão cerca de novecentos florins, restando, portanto, algo em torno de 1600 florins para a cobertura total da dívida.[21]

O tribunal não se compadeceu. Deu apenas mais quatro dias para a liquidação integral do débito e determinou o embargo dos bens dos dois maiores devedores do grupo — Abraham Israel e Judicq de Mereda —, que deveriam ser postos à venda em leilão público, com renda revertida para o capitão francês, dono da fragata que os trouxera a Nova Amsterdam. Findo o prazo, como a conta continuou em aberto, já que não havia o que leiloar, o tribunal decidiu dar ordem de prisão a dois integrantes da caravana, David Israel e Moses Ambrosius, apresentados como responsáveis pelos demais integrantes do grupo. Ambos deveriam permanecer na cadeia até que a dívida fosse honrada.[22]

A querela envolvendo os judeus incomodou o severo Peter Stuyvesant. Em carta aos diretores da WIC, datada de 22 de setembro de 1654, ele escreveu: "Quase todos os judeus que chegaram gostariam de ficar aqui", informou, para em seguida considerar que, diante do estado de indigência com o qual haviam desembarcado, eles iriam "se tornar um peso no inverno que se aproxima". Ao final, o governador argumentava que não deveriam ser expedidos os passaportes de entrada para os devedores: "Para o benefício deste lugar frágil e recém-desenvolvido, julgamos exigir deles, de maneira amigável, que partam". E concluía: "Que à raça enganosa — odiosos inimigos e blasfemadores do nome de Cristo — não seja permitido infectar e perturbar esta nova colônia".[23]

No início de outubro, os judeus encrencados em Nova Amsterdam escreveram para os administradores da Talmude Torá, na Holanda. Imploravam que a comunidade lhes enviasse dinheiro, o mais urgente possível, para resolverem a circunstância tão constrangedora. Enquanto isso, Solomon Pietersen, que tinha ido ao tribunal para defender os interesses do grupo, conseguiu negociar um acordo com a tripulação da fragata, para quem o capitão Jacques de la Motte transferira o direito de cobrança da dívida. Pelo acertado, David Israel e Moses Ambrosius foram libertados e o litígio permaneceu em suspenso até a chegada da esperada ajuda financeira, vinda do outro lado do Atlântico.[24]

Uma mensagem transoceânica demandava tempo para chegar aos respectivos destinatários. Por isso, só três meses depois, em janeiro de 1655, ao finalmente receber o apelo remetido de Nova Amsterdam, os anciãos da Talmude Torá, na Holanda, redigiram uma petição aos diretores da Companhia das Índias Ocidentais. No documento, evocavam a importância da comunidade para a economia neerlandesa. Aproveitavam para lembrar que os Estados Gerais vinham tratando os praticantes da Lei de Moisés em pé de igualdade com todos os demais cidadãos dos Países Baixos.

Sendo assim, diziam não ver sentido no tratamento discriminatório dispensado pelas autoridades de Nova Amsterdam aos judeus de origem portuguesa ali chegados, que deveriam merecer a mesma consideração quanto às franquias de passagens e de passaportes normalmente aplicada nos domínios administrados pela WIC. "Muitos são os da nação que perderam seus bens em Pernambuco e de lá chegaram na miséria", explicava a petição. "Os peticionários pedem [...] que as vossas excelências não excluam, mas concedam à nação judaica passagem e residência naquele país; caso contrário, isso resultaria em grande prejuízo à sua reputação."[25]

Enquanto isso, na pequenina Nova Amsterdam, a presença dos judeus já se tornara motivo de escarcéu. O pastor calvinista Johannes Megapolensis, responsável pela condução da Igreja Reformada na colônia, escreveu aos superiores eclesiásticos na Holanda para comunicar a chegada do colega Joannes Polhemius, que até então servira em Pernambuco e, dali por diante, passaria a atuar como missionário junto aos indígenas na ilha de Long Island, vizinha a Manhattan. Megapolensis lamentava, porém, que no mesmo navio do qual desembarcara Polhemius viera um grupo de judeus pobres.[26]

"Eles vieram várias vezes à minha casa, chorando e lamentando sua miséria, e quando os encaminhei ao comerciante judeu, eles disseram que ele não lhes emprestaria um único *stuiver* [a vigésima fração do florim]", afirmou o pastor, talvez se referindo a Jacob Barsimon, o outro mercador que chegara ao local a bordo do *Peartree*, ao lado de Solomon Pietersen. "Essas pessoas não têm outro Deus senão o injusto Mammon [dinheiro, em hebraico], e nenhum outro objetivo senão obter a posse de propriedades cristãs e derrotar todos os outros negociantes, atraindo todo o comércio para si." E concluía o pastor: "Pedimos a vossas reverências que obtenham dos senhores diretores que esses patifes ímpios, que não trazem nenhum benefício ao país, mas olham para tudo em proveito próprio, possam ser mandados embora daqui".[27]

Nesse meio-tempo, os diretores da WIC encaminharam ao governador Peter Stuyvesant a decisão tomada oficialmente pela companhia após o pedido dos anciãos da Talmude Torá. "Teríamos apreciado realizar e cumprir seus desejos e exigir que os novos territórios não fossem mais autorizados a ser contaminados por pessoas da nação judaica, pois prevemos as mesmas dificuldades que você teme", dizia a carta. "Mas depois de ter ponderado e considerado o assunto, observamos que isto seria um tanto despropositado e injusto, especialmente por causa da perda considerável sofrida por esta nação, com outras, na tomada do Brasil, assim como também pelo grande montante de capital que investiram nas ações desta empresa."[28]

No final da mensagem, datada de 26 de abril de 1655, vinha a resolução: "Depois de muitas deliberações, decidimos e resolvemos [...], sobre uma certa petição apresentada pelos ditos judeus portugueses, que essas pessoas podem viajar e negociar para e na Nova Holanda, e viver e permanecer lá, contanto que os pobres entre eles não se tornem um fardo para a empresa ou para a comunidade, mas sejam sustentados pela própria nação".[29]

Não se sabe o que aconteceu depois disso com os 23 desembarcados em Nova Amsterdam em setembro do ano anterior. Tanto podem ter permanecido no local quanto partido logo após a chegada do auxílio financeiro suplicado aos integrantes da Talmude Torá. Porém, garantidos pela decisão da WIC, mais judeus portugueses, de melhor condição financeira, vindos da Holanda e de outras colônias neerlandesas, continuaram a desembarcar em Manhattan, com bons contratos de licença comercial assinados pela WIC.[30]

De início, ainda assim foram proibidos de negociar com indígenas, de comprar casas e estabelecimentos mercantis e de ocupar cargos públicos. Quando Stuyvesant decidiu construir uma paliçada no então limite norte da cidade, os judeus foram obrigados a pagar tributos mais altos do que os cobrados ao restante da população. Enquanto a maior parte dos residentes pagou entre seis e vinte florins, os judeus foram obrigados a desembolsar até cem florins como contribuição para a construção do muro de estacas de madeira, erguido onde viria a ser a futura Wall Street.[31]

Aos poucos, à proporção que ascendiam socialmente, foram tendo os direitos ampliados, ao ponto de adquirir o estatuto oficial de "cidadãos". Puderam comprar propriedades, importar e destilar bebidas, fazer comércio de peles e fumo com colonos e índios de toda a Nova Holanda. Em julho de 1655, um grupo liderado por três desses mercadores judeus mais abastados — Abraham de Lucena, Joseph d'Acosta e Jacob Cohen Henriques — solicitaram autorização a Stuyvesant para a compra de um terreno que servisse de local de sepultamento para os mortos da comunidade.[32]

O pedido, entretanto, foi indeferido. Como também foi recusada, em março do ano seguinte, pela própria WIC, a solicitação para que pudessem estabelecer o culto público do judaísmo no povoado. "A permissão dada aos judeus para irem à Nova Holanda e desfrutarem dos mesmos privilégios que têm aqui [em Amsterdam] foi concedida apenas no que diz respeito aos direitos civis e políticos, sem dar aos ditos judeus o direito ao privilégio de exercerem sua religião em uma sinagoga", decretaram os diretores da empresa.[33]

A concessão para a compra do cemitério foi finalmente autorizada em 1656, desde que "fora da cidade", ou seja, para além da paliçada de madeira que demarcava o limite da então zona urbana. Foi quando os judeus adquiriram o terreno no local que mais tarde seria a St. James Place. Quanto à sinagoga, ela teria que esperar por mais um longo tempo, malgrado Abraham de Lucena tenha trazido consigo um luxuoso rolo da Torá com manto verde e faixa de damasco da Índia em púrpura escuro, oferecido pelos anciãos da comunidade de Amsterdam.[34]

"Embora desejemos sinceramente que esses e outros sectários permaneçam longe daí, ainda como não o fazem, duvidamos muito que possamos proceder com rigor contra eles sem diminuir a população e impedir a imigração que deve ser favorecida em um estágio tão delicado da existência do país", escreveram os diretores da WIC a Stuyvesant, em abril de 1663 — quando a Inglaterra, cuja monarquia fora restaurada três anos antes, ameaçava a posse neerlandesa das colônias na América do Norte. "Você pode, portanto, fechar os olhos, pelo menos para não forçar a consciência das pessoas, mas permitir que cada um tenha sua própria crença, desde que se comporte com calma e legalidade, não ofenda seus vizinhos e não se oponha ao governo."[35]

Aquela mensagem foi expedida quando o rei inglês Carlos II já planejava conceder ao irmão, o duque de York, todos os territórios norte-americanos que considerava pertencer, por direito, à Coroa britânica. Enquanto os Países Baixos, ao vislumbrar o prenúncio de uma nova e sangrenta guerra com a Inglaterra, privilegiaram a manutenção de suas forças na Europa, Nova Amsterdam ficou desguarnecida.[36]

Quando as esquadras inglesas ancoraram nas terras da Nova Holanda, Peter Stuyvesant não estava em condições de oferecer nenhuma resistência. Restava-lhe negociar os termos da rendição. A partir daquele momento, devia aceitar que Nova Amsterdam passaria a se chamar Nova York — homenagem ao novo proprietário da colônia, Jaime Stuart, o duque de York.

Foi somente sob o domínio britânico que os judeus da antiga Nova Amsterdam puderam, afinal, erguer sua sinagoga — e apenas em 1730. Ao longo dos anos, ela ocupou cinco edifícios diferentes, o primeiro e mais modesto quando da fundação, na Mill Street, atual South William Street. Quando o prédio ficou pequeno demais para abrigar a comunidade, foi demolido e deu lugar a outro, mais amplo, no mesmo local, em 1818. Depois de duas mudanças de endereço, em 1834 e 1860, a sinagoga enfim se fixou na rua Setenta, em frente ao Central Park, onde funciona desde 1897.[37]

SHEARITH ISRAEL [REMANESCENTES DE ISRAEL]: A SINAGOGA ESPANHOLA E PORTUGUESA, diz a placa de identificação, explicitando a origem sefardita. A imponência das linhas arquitetônicas neoclássicas, ornadas com frontão triangular, grandes colunas de capitéis rebuscados e janelões de vidro colorido, é um tributo aos pioneiros que deram origem à comunidade judaica nova-iorquina. Outra placa metálica na fachada lateral do edifício faz referência à sede original, na Mill Street, e afirma:

ELE FORNECEU UMA CASA DE CULTO PERMANENTE PARA OS COLONOS JUDEUS QUE SE REUNIAM EM RESIDÊNCIAS OU APOSENTOS ALUGADOS DESDE SUA CHEGADA A NOVA YORK EM 1654.

Os sólidos alicerces da sinagoga Shearith Israel parecem querer confirmar a predição de Amós, um dos profetas das Escrituras. Os que partilham aquele templo considerado sagrado podem, enfim, ter a certeza de que jamais voltarão a ser arrancados da terra. Pelo menos até o Dia do Juízo, quando se acredita que os mortos levantarão das sepulturas para, como consta na lápide de Benjamin Bueno de Mesquita — o judeu inumado na cova mais antiga do que restou do cemitério da St. James Place —, viverem "o sem-fim da eternidade".

Epílogo

O rabino Isaac Aboab da Fonseca foi um dos últimos judeus a deixar Pernambuco após a capitulação neerlandesa, em 1654. Retornou para Amsterdam, onde reassumiu o posto na Talmude Torá e se tornou reitor da Rosh Yeshivá, academia de estudos talmúdicos. Em 1656, participou do julgamento, no tribunal rabínico da congregação, de um membro da comunidade acusado de atentar contra os dogmas da fé judaica, por causa de escritos que questionavam a autenticidade da Bíblia e a natureza da divindade. O réu era o filósofo Baruch Spinoza, condenado pelos anciãos. Coube a Aboab ler a sentença de excomunhão: "Maldito seja de dia e maldito seja de noite, maldito seja em seu deitar, maldito seja em seu levantar, maldito seja em seu sair, e maldito seja em seu entrar". Quatro anos depois, o rabino se tornou o próprio presidente do tribunal. Em 1675, recebeu a honra de fazer a leitura das Escrituras na inauguração da nova sede da grande sinagoga portuguesa de Amsterdam, um prédio monumental, que funciona até hoje na cidade. Aboab morreu em 1693, aos 88 anos. Seu corpo está sepultado no cemitério judaico de Ouderkerk, às margens do rio Amstel.

Quando Aboab retornou à Holanda em 1654, Menasseh ben Israel foi rebaixado de posição. Mas continuou escrevendo seus livros e, no ano seguinte, viajou com o filho, Samuel, para Londres, autoinvestido da missão de abrir caminho para a readmissão oficial dos judeus nas ilhas britânicas. Convencera-se de que a vinda do prometido Messias estava próxima. Mas, para que isso ocorresse, acreditava que precisava ser cumprida antes a exigência bíblica de os judeus estarem devidamente espalhados por todos os cantos da terra. Menasseh associava a expressão hebraica *"ketzeh ha'aretz"* (canto ou ângulo da terra) ao termo medieval *Angleterre* (Terra angular), que dera origem ao nome daquele país. Foi recebido em audiência pelo próprio Oliver Cromwell, a quem procurou persuadir com argumentos mais pragmáticos que messiânicos: em todos os países nos quais se estabelecera, a comunidade sefardita promovera grande desenvolvimento econômico. Cromwell, interessado em apropriar-se das lucrativas rotas comerciais neerlandesas, constituiu um conselho consultivo para analisar a questão. Menasseh passou dois anos em Londres, tratando do assunto. Em 1657, seu filho morreu, em território britânico. Arrasado, o pai levou o corpo de Samuel para ser enterrado em Ouderkerk. Deprimido e com a saúde fragilizada, o próprio Menasseh ben Israel morreu dois meses depois, em Amsterdam, aos 53 anos. Em 1664, após a restauração da monarquia e a ascensão de Carlos II ao trono, o debate público iniciado em Londres pelas embaixadas de Menasseh produziu resultados concretos. Uma ordem real permitiu aos judeus viver e trabalhar na Inglaterra, sem serem perturbados. No início do século seguinte, muitos deles migraram de Londres para Nova York, juntando-se à sinagoga sefardita Shearith Israel.

O rabino Saul Levi Mortera presidiu o tribunal rabínico responsável pela excomunhão de Spinoza em 1656. Um mês depois, o mesmo conselho de sábios da Talmude Torá decidiu pela queima de um livro de poesia burlesca, publicado em Amsterdam, de autoria do humorista, escritor, músico e dramaturgo sefardita Manuel de Pina. Ficou decidido que quem possuísse um exemplar da obra também estaria passível de sofrer a mesma pena. Um ano depois de escrever o *Tratado da verdade da Lei de Moisés*, Mortera morreu, em fevereiro de 1660, aos noventa anos, em Amsterdam. Manuel de Pina, o poeta que tivera o livro queimado, escreveu-lhe uma respeitosa canção fúnebre, na qual o chamava de "nosso pai, nosso mestre, nossa adarga [escudo]".

Em 1663, o padre Antônio Vieira foi intimado a comparecer perante a Inquisição. Quatro anos antes, ele prognosticara a ressurreição de d. João IV, o rei português falecido em 1656. Segundo Vieira, o monarca voltaria do reino dos mortos para liderar Portugal e implantar o Quinto Império do mundo. O padre foi preso e, depois de dois anos recluso em Coimbra, resignou-se. Reconheceu-se culpado e foi condenado ao confinamento em um colégio de jesuítas em Lisboa. Em 1668, teve as penas perdoadas. No ano seguinte partiu para Roma e, em 1675, obteve do papa Clemente X a anulação total da sentença. Em 1681, retornou ao Brasil. Morreu em 1697, aos 89 anos, quase cego e surdo, em Salvador.

Após sair no auto de fé em 1647, o ex-padre Manuel de Morais, que comandara o exército de índios em Pernambuco, traíra os portugueses, convertera-se ao calvinismo e depois retornara ao catolicismo, solicitou à Inquisição que o dispensassem do uso perpétuo do sambenito com as estampas de fogo. Submetido aos inquisidores, o pedido foi indeferido, mas o Conselho Geral do Santo Ofício apiedou-se do sentenciado, que estava doente e empobrecido. Autorizou-o a andar pelas ruas com trajes comuns. Em 1649, no contexto do debate encetado por Antônio Vieira sobre a cessão do Recife aos Países Baixos, Morais escreveu o "Papel a favor da não entrega de Pernambuco aos holandeses", defendendo a opção pela guerra. Não se sabe ao certo o que aconteceu com ele depois disso. Presume-se que tenha morrido em Lisboa, em 1651. Há autores que acreditam que ele tenha voltado ao Brasil. Mas não há nenhum documento conclusivo a respeito de seu último paradeiro.

Em 1653, Maurício de Nassau foi designado príncipe do Sacro Império Romano Germânico, por decisão do imperador Ferdinando III. Doze anos depois, seria nomeado marechal dos exércitos neerlandeses durante a guerra das Províncias Unidas contra a Inglaterra. Em 1672, Nassau defendeu a Casa de Orange quando da invasão dos Países Baixos pela França, solicitando baixa definitiva das tropas dali a quatro anos, tendo participado das negociações de paz entre franceses e neerlandeses em 1678. Faleceu em 20 de dezembro do ano seguinte, em Cleves, na atual Alemanha.

Em 1687, o teólogo arminiano Philipp Limborch publicou a suposta autobiografia de Uriel da Costa, o cristão português convertido ao judaísmo e depois excomungado pela comunidade de Amsterdam que teve o seu livro, *Propostas contra a tradição*, queimado pelos líderes da congregação. O livro editado por Limborch, *Exemplar humanae vitae* (Um modelo de vida humana), escrito em latim, narrava as desventuras do personagem até o presumido suicídio, em 1640. Durante mais de três séculos, a obra foi considerada autêntica. Em 2005, o historiador italiano Omero Proietti questionou-lhe a veracidade, após proceder a uma detalhada análise textual e tomar por base episódios documentados da trajetória de Uriel.

Pouco ou quase nada se sabe sobre Benjamin Bueno de Mesquita, o português de origem sefardita cuja lápide é a mais antiga entre as remanescentes do cemitério da St. James Place, em Nova York. Alguém com esse mesmo nome consta na lista de signatários da reformulação dos regulamentos da Zur Israel, a sinagoga do Recife, em 1648. Os registros de Nova Amsterdam indicam que ele estava em Manhattan em 1661. No túmulo, a data da morte indica 1683. O que teria acontecido nos intervalos entre esses períodos é um completo mistério.

Supõe-se que Benjamin era parente direto — talvez irmão — de Joseph Bueno de Mesquita, sefardita que migrou de Amsterdam para Nova York, por volta de 1680, tornando-se depois disso um dos comerciantes mais prósperos da cidade. A figura de Joseph resume bem o papel que os judeus ocuparam na colônia inglesa, operando como negociantes de açúcar, peles, tabaco, cacau, rum e têxteis entre o Caribe e os portos de Londres. É o caso também de Luís Gomez, nascido em Madri, morador na Grã-Bretanha por certo período e depois radicado em Nova York, importador de trigo europeu e exportador de produtos nativos das chamadas Índias Ocidentais.

Esses mercadores pioneiros deram origem a poderosas redes atlânticas de negócios. O filho de Luís, Daniel Gomez, já nascido nova-iorquino, especulava no mercado imobiliário e anunciava, nas páginas dos jornais, as chegadas de remessas de louças, queijos finos e talheres de prata. Outros integrantes da comunidade se dedicaram a ofícios recorrentes, como os de lojista, artesão, ourives e médico.

Quando, a partir de 1765, a Inglaterra decidiu aumentar os impostos sobre as transações mercantis coloniais, os judeus de Nova York aderiram à causa revolucionária que resultou na independência dos Estados Unidos. O chazam da Shearith Israel, Gershom Mendes Seixas, filho de um imigrante português, transformou a sinagoga em centro de mobilização cívica. Em 1792, já na República, Benjamin Nathan Mendes Seixas, neto de Gershon, foi um dos 24 investidores que se reuniram para fundar a Bolsa de Valores de Nova York.

Ao final do século XVIII e no início do XIX, aumentaram as migrações de judeus alemães, poloneses e russos para Nova York, mas a Shearith Israel permaneceu como única sinagoga da cidade até 1825, quando os asquenazes fundaram a B'nai Jeshurun. Outras viriam depois, fazendo da cidade um dos principais centros do judaísmo mundial. Em 1932, o jurista Benjamin Nathan Cardozo, de origem sefardita, foi nomeado para a Suprema Corte dos Estados Unidos.

Após a reconquista portuguesa do Recife, muitos judeus e cristãos-novos convertidos ao judaísmo no Nordeste brasileiro não puderam ou não quiseram partir do país. Embrenharam-se sertões adentro. Retornaram ao catolicismo ou desenvolveram alguma espécie de cripto-judaísmo, longe do litoral e dos olhos dos espiões do Santo Ofício. Fato que não impediu, nos anos seguintes, que alguns deles fossem apanhados e remetidos a Lisboa, como atestam os processos nos arquivos da Torre do Tombo, em Portugal.

Há indícios de costumes judaicos diluídos na cultura popular nordestina, a exemplo de rituais fúnebres de lavagem de defuntos, sepultamentos em terra limpa (em simples mortalhas, em vez de caixões), pedras postas sobre o túmulo, águas derramadas do pote de barro no caso de falecimento de algum morador. Há quem identifique ainda resquícios judaicos mesmo na prática sertaneja de não varrer o lixo da casa em direção à porta da rua. Seria um vestígio da obrigação de não profanar o mezuzá, o rolo de pergaminho com versículos bíblicos afixados no umbral da entrada do lar judeu. Especula-se até mesmo que o modo rural de abater galinhas — degolando-as ainda vivas, com um único golpe, deixando o sangue escorrer para depois ser enterrado no chão —, guarde alguma relação com os princípios da Kashrut, as leis alimentares prescritas pela Torá.

Dissolvidos no imaginário coletivo, tais hábitos perderam a função original, embora continuem a ser praticados em nome de uma tradição da qual não se conhecem mais os imemoriais sentidos de origem.

Pós-escrito

O desembarque de 23 judeus provenientes do Recife na ilha de Manhattan, em setembro de 1654 — reconstituído no último capítulo deste livro —, é referendado pela maioria dos historiadores brasileiros e estadunidenses. Contudo, a rigor, é necessário reconhecer que, do ponto de vista documental, o episódio se sustenta mais em inferências circunstanciais do que em evidências históricas. Ao longo dos séculos, o relato ganhou novos elementos e detalhes, a partir do acúmulo de contribuições de fontes de diferentes procedências, umas mais e outras menos consistentes. Estabeleceu-se, assim, o que hoje pode ser considerado um dos principais mitos de origem da fundação de Nova York.

Há detalhes que seguem desafiando investigadores e estudiosos do tema. Muitos consideram o evento uma mera contrafação histórica. Outros o assumiram como verdade irrefutável, sem maiores problematizações. Em vez de confirmar ou negá-lo em bloco, o melhor talvez seja, entre um e outro extremo, procurar entender os meandros da narrativa, as bases sobre as quais ela foi sendo assentada.

A tarefa pressupõe um olhar até certo ponto detetivesco sobre velhos papéis, uma busca por pistas escondidas pela pátina do tempo —

e a aceitação de que muitos desses vestígios, salvo a futura descoberta de novos documentos que ajudem a esclarecer em definitivo o mistério, permanecerão ignorados ou perdidos para sempre.

A primeira, concisa e incompleta menção sobre o extravio de um navio neerlandês após a capitulação de Pernambuco se deve a Saul Levi Mortera, o rabino da Talmude Torá. Em 1659, cinco anos após a queda do Brasil holandês, ele terminou de escrever, em Amsterdam, um longo ensaio de cunho religioso e filosófico, que intitulou *Tratado da verdade da Lei de Moisés*. A certa altura, ao tentar demonstrar "o cuidado e a atenção" que Deus reservaria ao "povo eleito", o rabino recapitulou o momento da retomada do Recife pelos luso-portugueses.

Mortera sugeria que o comandante vitorioso, Francisco Barreto de Meneses, fora inspirado por desígnios divinos ao facultar dezesseis barcos aos cerca de seiscentos judeus ali residentes. Do mesmo modo, os passageiros do navio capturado durante a travessia teriam sido salvos do poder dos espanhóis por intervenção de Deus — "que lhos tirou das mãos e os levou a salvamento à Flórida ou Nova Holanda, de onde vieram em paz à Holanda".

Mortera não estava preocupado em fazer a crônica histórica de tais acontecimentos. Apenas buscava sustentar que a Providência agira naquele episódio dramático e que, de tal modo, os milagres ainda seriam possíveis de ocorrer a qualquer instante — não sendo prerrogativa dos tempos bíblicos. O rabino não tomou o cuidado de precisar o nome da embarcação, de detalhar o número de passageiros ao desembarque, de informar quantos destes ficaram no local e quantos seguiram "em paz para a Holanda". Não deixou claro sequer a dúbia alusão à Flórida e à Nova Holanda. "Basta só dizer que todos chegaram bem e [...] o Senhor [salvou] suas almas e suas consciências", limitou-se a afirmar.[1]

A versão original do texto de Saul Levi Mortera foi preservada em dois únicos e preciosos exemplares manuscritos — redigidos com letra miúda, cheios de rasuras, fragmentos de texto acrescentados às margens do papel e parágrafos inteiros riscados de cima a baixo, para presumível eliminação. Um dos exemplares, de 429 fólios e escrito de próprio punho pelo autor, ficou mantido nos arquivos da comunidade portuguesa de Amsterdam. O outro, apócrifo, permaneceu sob custódia do acervo da British Library, de Londres. Folheado por poucos estudiosos, o tratado circulou apenas em cópias — igualmente manuscritas — traduzidas para o espanhol pelo calígrafo profissional Yehuda Machabeu, que atuava em Amsterdam à época.

Foram necessários 125 anos para que o episódio citado por Mortera ganhasse letra de fôrma pela primeira vez, ainda que também em termos inconclusos, lastreados unicamente no imperativo da fé. Em 1784, o poeta e erudito talmúdico David Franco Mendes, nascido em uma família portuguesa de Amsterdam, amparou-se no *Tratado da verdade da Lei de Moisés* para redigir um artigo publicado pela revista hebraica *Há-Meassef* [O Coletor], editada em Königsberg, na Prússia. Mais uma vez, dada a escassez de informações da fonte original, tratou-se de uma referência genérica, nada conclusiva.

Ao citar o aprisionamento do navio saído do Recife em 1654, Mendes se referia ao resgate dos passageiros judeus nos seguintes termos: "Deus fez com que um salvador se levantasse até eles, o capitão de um navio francês, preparado para a batalha, e os resgatou das mãos dos bandidos que os haviam violentado e oprimido". Sobre o destino dos passageiros, repetia: "Até que chegaram ao limite do mundo habitado, chamado Nova Holanda, e de lá vieram até o nosso acampamento [Amsterdam], também em paz".[2]

Em 1784, quando o artigo de David Franco Mendes foi publicado na Europa, a guerra da independência dos Estados Unidos terminara havia apenas um ano. Nova York vivia franca expansão populacional. Naquela década, com o fim da ocupação das forças britânicas, o número de habitantes da cidade saltaria de 12 mil para quase 50 mil habitantes. Nenhum deles, porém, talvez conhecesse ou já tivesse ouvido falar de um navio que desembarcara 23 judeus em Manhattan cerca de um século antes. Os documentos que dariam origem a novas pistas — e à construção subsequente da narrativa — ainda jaziam nos arquivos de registros públicos da cidade.

Eram pilhas de papel amarelado pelo tempo, cheios de rasgões e manchas de umidade, nos quais constavam garranchosas anotações em neerlandês arcaico a desafiar os mais habilitados paleógrafos. Somente a partir de 1830 especialistas começaram a ser contratados para o desafio de verter para o inglês, em caligrafia escorreita, os registros holandeses de Nova Amsterdam.[3]

Entre os papéis traduzidos, um sobretudo chamou a atenção dos pesquisadores. Era o primeiro vestígio a ser perseguido avidamente por eles: um registro datado de uma longínqua segunda-feira, 7 de setembro de 1654, informava que certo capitão de navio, Jacques de la Motte, encaminhara uma petição, escrita em francês, ao tribunal de Nova Amsterdam, contra os judeus que transportara a Nova Amsterdam — desde certo "cabo de Santo Antônio", dizia a anotação. Seriam "23 almas grandes e pequenas", de acordo com Solomon Pietersen, que atuou como advogado de defesa do grupo.[4]

Outro papel pinçado das atas da corte de Nova Amsterdam indicava que, apenas uma semana depois desse entrevero, mais um judeu, Assar Leeven, prestava queixa contra a também judia Rycke Nunes, pelo fato de ela não ter lhe pagado uma quantia emprestada durante a viagem que os trouxera até ali, depois de partirem de um local chamado "Gamoniké" — que o tradutor do manuscrito em neerlandês, não se sabe por qual motivo, traduziu por "Jamaica". Nos documentos, o próprio nome do barco francês é incerto. Ora aparece grafado como *St. Catherine*, ora como *St. Charles*.[5]

De todo modo, com base nisso e em documentos correlatos, o advogado e historiador Charles P. Daly, pesquisador de 77 anos, presidente da American Geographical Society, estabeleceu uma teoria pioneira, exposta no livro *The Settlement of the Jews in North America*, publicado em Nova York, em 1893. Segundo ele, um conjunto de 23 judeus, adultos, jovens e crianças — as tais "23 almas grandes e pequenas" — teria chegado a Nova Amsterdam no início de setembro de 1654, a bordo de um navio francês, depois de uma escala na Jamaica, procedente do cabo de Santo Antônio, que Daly identificou como sendo na Bahia.[6]

Cinco anos depois da publicação do livro de Daly, as traduções dos registros históricos de Nova Amsterdam por fim passaram a ser publicadas em volumes impressos, cuidadosamente editados pelas autoridades da cidade de Nova York, em 1897, sob a supervisão do historiador, escritor e bibliotecário Berthold Fernow, imigrante prussiano que serviu no Exército dos Estados Unidos durante a Guerra Civil.[7]

Entre os documentos, havia um manancial de informações. Datam dessa época, por isso, uma série de escritos a respeito do caso, assinados por diferentes historiadores norte-americanos, a maior parte publicada nas páginas da revista oficial da American Jewish Historical Society. Mas também têm início ali as primeiras controvérsias de interpretação em torno do caso. Em 1901, Leon Hühner, no ensaio "De onde vieram os primeiros colonos judaicos de Nova York?", questionou a ilação de que o cabo de Santo Antônio, citado nos registros de Nova Amsterdam, fosse aquele localizado na Bahia.[8]

Hühner achava mais provável que a referência dissesse respeito a um acidente geográfico situado no ponto mais ocidental da ilha de Cuba, onde havia um famoso porto de mesmo nome, demarcado nos principais mapas da época. Em defesa do argumento, afirmava que não faria nenhum sentido os judeus do Recife, após a capitulação neerlandesa, rumarem para a Bahia, onde estava instalado o governo colonial lusitano, cristão e avesso ao judaísmo. Pela nova teoria proposta, ao sair de Pernambuco, os 23 judeus teriam passado pela Jamaica e, na sequência, tomado o navio francês no porto cubano do cabo de Santo Antônio, para depois chegar a Nova Amsterdam.

O que poderia parecer um simples preciosismo de antiquaristas preocupados com a espuma de acontecimentos diminutos, bem pouco relevantes para uma abordagem analítica da história, ganhou contornos mais nevrálgicos nos anos subsequentes. Em 1909, o advogado e historiador nova-iorquino Samuel Oppenheim, especialista dedicado a estudar a vida dos judeus coloniais nas Américas, publicou o que viria a se tornar um clássico sobre a matéria: *A primeira história dos judeus em Nova York: Algumas novas considerações sobre o assunto*.[9]

Oppenheim, entre outros pontos, resgatou o artigo de David Franco Mendes, publicado 125 anos antes na revista judaica *Há-Meassef*, para relacionar a fragata francesa que levou os 23 judeus até Amsterdam ao "capitão de um navio francês, preparado para a batalha", supostamente enviado por Deus, para resgatar um navio indeterminado "das mãos dos bandidos que os haviam violentado e oprimido".

Além disso, Oppenheim ressalvou que não havia nenhuma referência, em nenhum idioma conhecido ou em nenhuma língua usada por antigos viajantes e escritores, que corroborasse a correspondência entre "Gamoniké" e "Jamaica". O historiador preferia especular que a anotação fizesse alusão a "Tamariké", uma das grafias usadas à época para a ilha pernambucana de Itamaracá, também grafada em velhos mapas como "Tamarica" ou "Tamarca".

A favor da hipótese, Oppenheim citava o fato de o pastor calvinista Joannes Polhemius, missionário em Itamaracá, ter chegado a Nova Amsterdam juntamente com os 23 judeus, segundo carta enviada por seu colega de ofício Johannes Megapolensis aos superiores eclesiásticos na Holanda. Assim, os 23 judeus poderiam ter saído ou feito escala na ilha pernambucana, onde então Polhemius subira a bordo. Mas Oppenheim não descartava a suposição de que o tal cabo de Santo Antônio fosse, na verdade, o próprio Recife, já que "parte da cidade" também seria chamada assim no século XVIII — aqui é possível que o historiador tenha cometido um lapso, confundindo-se com a denominação original da ilha de Antônio Vaz, onde foi instalada a Cidade Maurícia.

O fato é que o ensaio de Oppenheim introduziu definitivamente o ataque dos piratas espanhóis à narrativa moderna, detalhe adotado por todos os autores que escreveram depois dele. Somente dali a 45 anos outro historiador avançaria na tentativa de introduzir novos elementos à trama. Em 1954, Arnold Wiznitzer, então presidente do Instituto Judaico Brasileiro de Pesquisa Histórica, publicou na revista da American Jewish Historical Society o ensaio "O êxodo do Brasil e a chegada a Nova Amsterdam dos peregrinos pioneiros judeus".[10]

Ao cotejar os nomes citados nos arquivos de Nova Amsterdam com a lista dos congregados da Zur Israel no Recife, Wiznitzer pensou ter identificado pelo menos seis dos 23 passageiros que desembarcaram em Manhattan em 1654, o que seria uma prova definitiva de que toda a narrativa poderia ser confirmada sob abono documental.

Para Wiznitzer, o nome de Moses Ambrosius — referido como um dos dois judeus detidos, após o desembarque, como garantia pelo pagamento da dívida junto ao capitão da fragata francesa — seria uma má soletração de Mose Lumbroso, cuja assinatura constaria do livro das atas da sinagoga pernambucana. David Israel, o outro que ficou prisioneiro, poderia ser o mesmo David Israel Faro que firmou seu nome nos papéis da Zur Israel. Por sua vez, Judicq de Mereda, arrolada em Nova Amsterdam como uma das maiores devedoras do grupo, viria a ser uma corruptela de Judite Mercado, "nome comum no Brasil holandês", segundo Wiznitzer.

Assar Leeven (que prestara queixa contra Rycke Nunes), também seria uma corruptela de Asher Levy, que por sua vez "poderia ter sido filho de Benjamin Levy, açougueiro no Recife", propôs o historiador. Rycke Nunes viria a ser a provável viúva de dois congregados da Zur Israel de mesmo sobrenome, Moshe ou Mose, "cujas assinaturas também se acham no livro das atas [da sinagoga de Pernambuco]". Por fim, Abraham Israel, outro dos maiores devedores, poderia ser tanto Abraham Ysrael de Piza quanto Abraham Ysrael Dias, que estavam no Recife antes de 1654.

A favor de Wiznitzer, faz-se indispensável dizer que, de fato, era comum que nomes próprios fossem estropiados em registros da época, feitos por escrivães que nem sempre dominavam o idioma daquele que prestava as declarações. Um funcionário neerlandês tomando notas de um grupo de judeus falantes de português poderia perfeitamente dar margem a tais distorções. Por outro lado, talvez seja necessária uma forte dose de imaginação — e de boa vontade — para aceitar algumas dessas suposições de Wiznitzer. Levando-se em conta a homonímia frequente entre os judeus, tais identificações parecem ainda menos peremptórias.

O fato é que, a despeito dos vários pontos discutíveis, os trabalhos de Oppenheim e Wiznitzer se tornaram hegemônicos dentro dos estudos concernentes ao tema. O que não significa dizer a ausência de contestações, algumas por vezes ácidas. Como no caso dos escritos de Egon e Frieda Wolff, casal de alemães que migrou ao Brasil para fugir do nazismo e desenvolveu um prolífico trabalho de pesquisa histórica sobre o judaísmo nos trópicos, tornando-se ambos sócios do Instituto Histórico e Geográfico Brasileiro.

No texto "Os 23 imigrantes israelitas de Nova Amsterdam", publicado originalmente na Holanda pela revista *Studia Rosenthaliana*, prestigiosa publicação acadêmica sobre a história, cultura e herança dos judeus naquele país, os Wolff põem em xeque não apenas os escritos de Oppenheim e Wiznitzer, mas discutem a própria autenticidade do episódio em tela. Afirmam que todas as teorias a respeito seriam falhas ou, no mínimo, imprecisas.[11]

Mais recentemente, o historiador Leo Hershkowitz, professor do Queens College, experiente desbravador de arquivos e um dos mais reputados autores sobre a Nova York dos séculos XVII a XIX, ofereceu importantes contribuições à discussão. No ensaio "Os 23 judeus de Nova York: mito ou realidade?", ele se propôs a "jogar luzes em algumas esquinas do passado e prover respostas para algumas dúvidas, bem como lançar outras".[12]

Baseado em sólida documentação arquivística e a partir de tudo o que já fora escrito antes dele, Hershkowitz obviamente não descartou que 23 judeus chegaram a Nova Amsterdam no início de setembro de 1654 — fato devidamente comprovado pelos documentos. Também não contestou que o grupo possa de fato ter partido do Brasil, o que ventilou como hipótese bastante razoável. O que questionou, em primeiro lugar, foi se alguns nomes associados ao episódio estiveram realmente a bordo da fragata francesa. Em especial, um deles, Asher Levy, personagem célebre na história dos primórdios de Nova York.

Açougueiro que seguia os preceitos alimentares judaicos e negociante de peles, Levy enriqueceu estabelecendo rotas comerciais entre as colônias neerlandesas do Caribe. Defensor intransigente das causas de seu povo, primeiro judeu a comprar uma casa em Nova Amsterdam, ele é celebrado como uma espécie de herói fundador pela comunidade judaica norte-americana.

Leo Hershkowitz duvida, contudo, que algum dia ele tenha estado no Brasil e que fosse um dos 23 judeus da narrativa. À luz da documentação, julga mais provável que Levy tenha chegado em outro navio, provavelmente o *Peartree*, do qual desembarcaram Solomon Pietersen e Jacob Barsimon, os dois judeus a quem o grupo inicialmente recorreu ao se ver em apuros por causa da queixa do comandante francês.

Hershkowitz argumenta que o asquenaze Levy não tinha nenhum vínculo ou relação com os sefarditas que viviam no Recife, a não ser o fato de ter entrado em disputa judicial com Rycke Nunes por um dinheiro emprestado na escala em "Gamoniké" — o que necessariamente não implica que os dois tenham tomado o mesmo navio no ponto original de embarque.

O mais significativo no ensaio de Hershkowitz, porém, é sua afirmação de que 1654 não deve ser considerado o marco inaugural da comunidade judaica de Nova York. Para sustentar a afirmação, ele demonstra que não há indícios de que algum dos tais 23 judeus tenha permanecido por muito tempo em Nova Amsterdam. Até os mais prósperos, chegados na segunda leva — caso de Abraham de Lucena, Joseph d'Acosta e Jacob Cohen Henriques —, partiram dali antes mesmo da tomada do controle da ilha pelos ingleses.

Só depois disso houve condições para que uma verdadeira comunidade judaica prosperasse em Manhattan. Ou seja, quando as embaixadas de Menasseh ben Israel junto a Londres já tinham aberto caminho para a admissão gradual dos judeus na Inglaterra — e, por consequência, nas colônias britânicas. Evidência que faria de Menasseh não um personagem periférico e incidental à trama, mas um protagonista efetivo, inclusive para os seus desdobramentos mais decisivos e duradouros.

Na manhã de 1º de maio de 2012, uma terça-feira de primavera em Washington, os jornalistas que cobriam a Casa Branca receberam das mãos dos assessores de imprensa do governo dos Estados Unidos uma declaração pública assinada pelo então presidente Barack Obama. "Há 358 anos, um grupo de 23 refugiados judeus fugiu do Recife, Brasil, acossado pela intolerância e opressão", dizia o texto.[13]

"Para eles, a fuga marcou o fim de mais um capítulo de perseguição para um povo que vem sendo posto à prova desde o momento em que passou a professar sua fé", prosseguia o documento. "Quando esses homens, mulheres e crianças desembarcaram em Nova Amsterdam — hoje a cidade de Nova York —, encontraram não apenas um porto seguro, mas as sementes de uma tradição de liberdade e oportunidade que uniria para sempre suas histórias à história americana."

Obama não apareceu pessoalmente para a divulgação da nota. A assessoria informou aos repórteres que ele estaria em reunião a portas fechadas, ao longo de todo o dia, com o vice-presidente Joe Biden. Mas, às nove horas, um canal de notícias norte-americano com base no Afeganistão divulgou no Twitter que o avião presidencial, após um voo secreto, acabara de aterrissar em Cabul, para um encontro entre Barack Obama e o chefe de Estado afegão, Hamid Karzai.

OBAMA CHEGA AO AFEGANISTÃO: A CASA BRANCA NEGA, dizia a manchete da página na internet do *New York Post*, logo em seguida também retirada do ar. Não se falou em outra coisa durante o resto da manhã e início da tarde. Por volta das quinze horas, veio o anúncio oficial. Sim, Barack Obama estava em Cabul. A viagem, revestida de sigilo por questões de segurança — o Afeganistão era uma zona de guerra —, tinha motivação simbólica e marcava o primeiro aniversário da morte de Osama bin Laden.[14]

A foto de Obama e Karzai ocupou a primeira página de todos os jornais do dia seguinte. Na TV, comentaristas revezaram-se nas bancadas para discutir a relação com as fontes, o significado de gestos simbólicos e até que ponto uma mentira era válida para resguardar interesses superiores. Diante disso, o press release sobre os judeus do Recife foi praticamente ignorado pela imprensa e reservado a notinhas discretas das páginas internas dos periódicos.

De todo modo, a declaração pública de Obama — escrita a propósito do Mês da Herança Judaica Americana, celebrado naquele país desde 2006 — chancelava, com a autoridade do brasão presidencial, uma história sobre a qual muito já se falou, discutiu e escreveu, mas que ainda permanece em aberto, apta à descoberta de novas fontes documentais e de outras possibilidades de interpretação.

Este livro não foi escrito com a pretensão de delimitar, de modo categórico, as fronteiras entre fato e mito, história e lenda. O objetivo aqui proposto foi bem mais modesto e, ao mesmo tempo, muito mais fascinante: interrogar os entrelaçamentos entre fabulação e realidade. Não com o desejo ilusório de arquitetar e impor verdades definitivas sobre tema tão controverso. Ao contrário, teve o propósito de palmilhar um inventário de dúvidas recorrentes, que já atravessam séculos. Espera-se que o livro possa, quando menos, suscitar novas e instigantes interrogações.

Agradecimentos

Escrever este livro foi um projeto acalentado ao longo de quase uma década. A ideia original, contudo, era realizar uma biografia de Maurício de Nassau. Ao mergulhar na documentação relativa ao domínio neerlandês em Pernambuco, um tema paralelo foi me chamando a atenção, pouco a pouco, até me desviar por completo do propósito inicial.

A cada nova consulta aos arquivos e à vasta bibliografia disponível sobre o chamado "Brasil holandês", a saga dos sefarditas que chegaram ao Recife via Amsterdam parecia-me uma história cada vez mais fascinante. Ao vasculhar os rastros daqueles personagens em sua grande maioria anônimos, descobri-me eu próprio um descendente dos cristãos-novos que, perseguidos pela Inquisição ibérica, se refugiaram em terras pernambucanas e, posteriormente, nos sertões do Ceará.

Tal constatação foi responsável pela mudança de planos. Abandonei a ideia de biografar Nassau e deixei-me enredar pela trama desses indivíduos em permanente deriva. Durante uma viagem de trabalho a Nova York, no verão de 2013, a visita ao cemitério histórico da St. James Place e à sinagoga Shearith Israel convenceu-me de uma vez por todas a alterar o foco. Enquanto me dedicava a pesquisar e escrever outros livros, ia catalogando bibliografia, colhendo materiais de fontes diversas, aproximando-me do assunto.

Em 2018, uma série de circunstâncias pessoais, profissionais, acadêmicas e familiares me fez trocar o Brasil por Portugal, onde atualmente resido. Aproveitei a oportunidade para me dedicar à organização das informações já recolhidas e ir em busca de outras, no acervo da Torre do Tombo, em Lisboa, e nos arquivos da cidade de Amsterdam. A ideia passou a ser montar uma narrativa a partir dos vários fios que formam esta trama.

Ao final de dois anos de trabalho exaustivo, o resultado é este que o leitor tem agora em mãos. Assim, o primeiro agradecimento tem que ser, necessariamente, por dever de gratidão e justiça, ao meu editor, Luiz Schwarcz, que com sua rara sensibilidade compreendeu todas as circunstâncias envolvidas na decisão, confiou no projeto e apostou na realização da obra.

Do mesmo modo, o publisher da Companhia das Letras, Otávio Marques da Costa, foi um entusiasta desde o primeiro momento em que propus este livro à editora. Como sempre, ele conduziu todo o árduo processo editorial com leveza e maestria, no comando de uma equipe de cuja excelência profissional já venho desfrutando desde 2009, quando passei a ser editado pela casa. A coordenadora Lucila Lombardi, mais uma vez, tocou cada etapa do processo de produção com sua habitual combinação de simpatia, rigor e gentileza. A Leny Cordeiro, que respondeu pela cuidadosa preparação de originais, meu muito obrigado, este extensivo a Érico Melo, que novamente demonstrou impressionante capacidade de checar nomes, topônimos, datas, citações e referências de toda espécie.

Obrigadíssimo também a Victor Burton, este mago das artes gráficas, responsável pela belíssima capa que embala estas páginas.

Agradeço também aos amigos — Jurandir Malerba, Leonardo Dantas Silva, Kelsen Bravos, Pasquale Cipro Neto e Richard Zimler —

que importunei para ler capítulos específicos da obra, à proporção que eram escritos. Seus comentários, palpites e sugestões foram todos muito bem-vindos e me ajudaram a melhorar e reescrever trechos inteiros, para conferir maior legibilidade, coerência e coesão ao texto final.

O entusiasmo de Yuri Zaitune, amigo que me levou pela primeira vez a uma sinagoga e me sugeriu preciosas fontes de pesquisa, foi sempre um estímulo para me convencer a levar adiante uma tarefa de tamanha responsabilidade.

Ana Elisa Arêdes, minha colega no doutorado em história, realizou o admirável trabalho de leitura paleográfica dos documentos inquisitoriais sob a guarda da Torre do Tombo em Lisboa. Foi ela quem me ajudou, ao decodificar a letra garranchosa de escrivães do século XVII, a penetrar no labirinto dos dramas de Gaspar e Filipa Rodrigues quando prisioneiros no Palácio dos Estaus.

Dois outros grandes amigos que fiz no doutorado, Ivan Lima Cavalcanti e Clara Garcia, foram igualmente decisivos pela afeição, cumplicidade e camaradagem permanentes.

Deixo aqui também um abraço aos companheiros da confraria do bairro paulista de Perdizes, a nossa Academia de Litros, que mesmo à distância continuam me mandando notícias da turma, palavras de carinho e boas energias: Ana Maria Massochi, Celso Adolfo, Cleo Miranda, Cris Zaccara, Danilo Miranda, Eugenio Bucci, Frei Betto, Humberto Werneck, Ivan Ângelo, José Trajano, J. R. Duran, Juliana Loyola, Lucio Zaccara, Luiz Fernando Carvalho, Luiz Rufatto, Mario Sergio Conti, Marli Perim, Neusa Santos Martins, Nicodemos Sena, Octávio de Barros, Pasquale Cipro Neto, Renato Braz, Renée Zicman, Ricardo Kotscho, Rosana Miziara e Tom Zé.

Agradeço ainda a Affonso Romano de Sant'Anna, Boris Wolfenson, Danilo Marques, Laurentino Gomes, Paulo Teixeira Iumatti, Pedro Puntoni e Tânia Neumann Kaufman, pelas palavras iniciais de incentivo, quando este livro era apenas um simples projeto. Aos historiadores portugueses Luis Alberto Alves, Paulo Jorge Fernandes, Pedro

Cardim e Maria Fernanda Rollo, minha gratidão pela gentileza e generosidade intelectual.

O meu obrigado aos caríssimos amigos Adriana Aroulho, Alexandrino Diógenes, Carlos Fuchs, Cláudia Albuquerque, Eduardo Freire, Edvaldo Filho, Evla Ferro, Fábio Marques, Fernando Morais, Gabriel Lira, Gilmar de Carvalho, Juliana Saliba Di Thomazo, Kamila Fernandes, Karol Ximenes, Kiara Terra, Laura Buarque Cortizo, Leonardo Neri, Manuel Loff, Marcelo Bucoff, Mariana Pontes, Neide Oliveira, Nilton Almeida, Rafael Oliveira, Rogério Silva, Valéria Lobão e Vitor Pereira.

Vale um agradecimento póstumo ao mestre Alberto Dines, que se ainda estivesse entre nós teria muito a dizer — e a me ensinar — sobre os episódios de que trata este *Arrancados da terra*. Uma nota de saudade também para a querida Jerusa Pires Ferreira, inteligência luminosa, que me incentivou no retorno aos estudos acadêmicos.

Um beijo aos meus filhos Ícaro, Nara, Emília e Alice, para que nunca deixem de se indignar ante a intolerância e de se solidarizar com os que sofrem com qualquer forma de injustiça e discriminação.

Em memória de minha mãe, Darcy, que infelizmente partiu enquanto eu começava a escrever este livro.

Para Adriana, amor de minha vida.

Notas

PRÓLOGO: "PARA VIVER O SEM-FIM DA ETERNIDADE" (DIAS ATUAIS) [pp. 11-8]

1. Em inglês: *"The First Cemetery/ of the/ Spanish and Portuguese Synagogue/ Shearith Israel/ in the City of New York/ 1656-1833"*.

2. Hans Borger, *Uma história do povo judeu*, v. 1, p. 26. Michael Brenner, *Breve história dos judeus*, p. 3. Alan Unterman, *Dicionário judaico de lendas e tradições*, verbetes "Israel", "Jacó" e "Tribos", pp. 126, 129 e 266.

3. Em inglês: *"The tablet marks what remains of the first Jewish cemetery in the United States consecrated in the year 1656 when it was described as 'outside the city'"*.

4. Em ladino: *"Debajo Desta Lossa Sepultado/ Yasse Binjamin Bueno De Mesqta/ Falesio Y Deste Mundo Fue Tomado/ En Quatro De Hesvan Su Almo Benditta/ Aquy De Los Cicientes Apartado/ Espera Por Tu Dios Que Resusita/ Los Muertos De Su Pueblo Con Piadades/ Para Biuir Sin Fin De Eternidades"*.

5. Russell Shorto, *The Island at the Center of the World: The Epic Story of Dutch Manhattan and the Forgotten Colony that Shaped America*, pp. 10 e 42-3. Ted Steinberg, *Gotham Unbound: An Ecological History of Greater New York*, pp. 15-6. Adriaen van der Donck, *A Description of New Netherland*, pp. 19-25 e 47-60.

6. Edward Robb Ellis, *The Epic of New York City*, pp. 59-60.

7. Não há consenso entre os historiadores a respeito da origem e do significado do nome Manhattan. Para uma discussão em torno do tema, cf. Ives Goddard, "The Origin and Meaning of the Name Manhattan". *New York History*, Nova York, v. 92, n. 4, pp. 277-93, 2010.

8. Russell Shorto, op. cit., p. 183.

9. Leo Hershkowitz, "New Amsterdam's Twenty-Three Jews: Mithy or Reality?". In: Shalom Goldman, *Hebrew and the Bible in America*, pp. 171-83. Egon e Frieda Wolf, *Fatos históricos e mitos da história dos judeus no Brasil*, pp. 56-74.

1. "QUE O MEDO OS RETRAIA DO DELITO" (1492-1594) [pp. 19-38]

1. Processo de Gaspar Rodrigues, Tribunal do Santo Ofício, Inquisição de Lisboa, proc. 12 832, Código de referência: PT/TT/TSO-IL/028/12832. Torre do Tombo (ANTT), Lisboa.

2. Para a etimologia do termo "sambenito", cf. Elias Lipiner, *Santa Inquisição, terror e linguagem*, pp. 125-6. Sobre o significado do hábito penitencial, Francisco Bethencourt, *História das inquisições: Portugal, Espanha e Itália*, pp. 214-6.

3. Carlos A. Moreira Azevedo, *Ministros do diabo: Os seis sermões de autos da fé (1586-1595) de Afonso de Castelo Branco, bispo de Coimbra*, p. 238.

4. A descrição do auto de fé contida neste capítulo foi feita com base em Francisco Bethencourt, op. cit., pp. 195-237. Cf. também António José Saraiva, *Inquisição e cristãos-novos*, pp. 145-63; e Daniel Norte Giebels, *A Inquisição de Lisboa (1537-1579)*, pp. 469-73.

5. Para a presença do bispo de Elvas na cerimônia, cf. Isaías da Rosa Pereira, "Notas sobre a Inquisição em Portugal no século XVI". *Lusitania sacra*, Lisboa, v. 10 (1978), p. 289.

6. Sobre o Palácio dos Estaus, cf. Milton Pedro Dias Pacheco, "O Paço dos Estaus de Lisboa. A génese fundacional de Quatrocentos". In: João Luís Inglês Fontes et al. (Coords.), *Lisboa medieval: Gentes, espaços e poderes*, pp. 313-51. Delminda Maria Miguéns Rijo, "Palácio dos Estaus de Hospedaria Real a Palácio da Inquisição e Tribunal do Santo Ofício". *Cadernos do Arquivo Municipal*, Lisboa, v. 2, n. 5, pp. 19-49, jun. 2016.

7. Isabel M. R. Mendes Drumond Braga, "Representação, poder e espectáculo: O auto da fé", p. 177.

8. Nicolau Eymerich, *Directorium inquisitorum*, p. 91.

9. Isaías da Rosa Pereira, op. cit., p. 289.

10. Francisco Bethencourt, op. cit., pp. 204-5.

11. Ibid, pp. 214-5.

12. Bruno Schiappa, *A dimensão teatral do auto da fé*, p. 44.

13. Francisco Bethencourt, op. cit., pp. 216-20.

14. Nicolau Emérico, *O manual dos inquisidores*, p. 101.

15. Carsten L. Wilke, *História dos judeus portugueses*, pp. 11-2.

16. Ibid.

17. Ana Gerschenfeld e Idálio Revez, "Descoberto perto de Silves o vestígio judaico mais antigo da Península Ibérica". *Público*, Lisboa, 30 maio 2012. Disponível

em: <https://www.publico.pt/2012/05/30/culturaipsilon/noticia/descoberto-perto-
-de-silves-o-vestigio-judaico-mais-antigo-da-peninsula-iberica-1548183>. Acesso
em: 4 ago. 2020.

18. Carsten L. Wilke, op. cit., pp. 12-3.

19. Cf. Jesús Galisteo Leiva, *El concílio de Elvira*.

20. Carsten L. Wilke, op. cit., pp. 12-5.

21. Ibid., pp. 15-7. Cf. "Judeus de Sefarad", *Morashá*, edição 89, set. 2015. Disponível em: <http://www.morasha.com.br/comunidades-da-diaspora-1/judeus-de-
-sefarad.html>. Acesso em: 4 ago. 2020.

22. Ibid.

23. Ibid.

24. Meyer Kayserling, *História dos judeus em Portugal*.

25. Para uma análise histórica do imaginário antissemita, cf. Maria Luiza Tucci
Carneiro, *Dez mitos sobre os judeus*.

26. Giuseppe Marcocci, José Pedro Paiva, *História da Inquisição portuguesa
(1536-1821)*, p. 25. Carsten L. Wilke, op. cit., pp. 62-3. Meyer Kayserling, op. cit., pp.
164-6. François Soyer, *A perseguição aos judeus e muçulmanos de Portugal: D. Manuel
e o fim da tolerância religiosa (1496-1497)*, pp. 199-212.

27. Para a expressão "batizado em pé", cf. Elias Lipiner, op. cit., pp. 32-3.

28. Meyer Kayserling, op. cit., p. 166.

29. Ibid., pp. 164-6.

30. Carsten L. Wilke, op. cit., p. 22.

31. Elijah Capsali, *Seder Elyahou Zouta*, v. 1, p. 234. Citado por François Soyer,
op. cit., p. 243.

32. François Soyer, op. cit., pp. 225-7.

33. Ibid., pp. 258-63.

34. Citado por François Soyer, op. cit., p. 245.

35. Elias Lipiner, op. cit., pp. 53 e 99-100.

36. Renzo Tosi, *Dicionário de sentenças latinas e gregas*, pp. 691-2.

37. Processo de Gaspar Rodrigues, f. 21f.

38. Para a localização do Arco dos Pregos, cf. Antônio Joaquim Moreira, *O Panorama: Jornal Litterario e instructivo da Sociedade Propagadora dos Conhecimentos
Uteis*, v. 1-2, 1838, p. 340. Sobre o aspecto das vendas e lojas de Lisboa à época, ver
Fernanda Olival, "Os lugares e espaços do privado nos grupos populares e intermé-
dios". In: José Mattoso (Dir.), Nuno Gonçalo Monteiro (Coord.), *História da vida
privada em Portugal*, pp. 244-75.

39. Processo de Gaspar Rodrigues, ANTT, Inquisição de Lisboa, proc. 12832, f.
5f, 5 v.

40. Processo de Álvaro Rodrigues, ANTT, Inquisição de Lisboa, proc. 4130. Processo de Filipa Rodrigues, ANTT, Inquisição de Lisboa, proc. 2203.

41. Ibid.

42. Herman Prins Salomon, "The Portuguese Background of Menasseh ben Israel's Parents as Revealed Through the Inquisitorial Archives at Lisbon", *Studia Rosenthaliana*, Assen, v. 17, n. 2, jul. 1938, p.107.

43. Nicolau Emérico, op. cit., pp. 41-2.

44. Sobre as condições dos cárceres da Inquisição, Isabel M. R. Mendes Drumond Braga, *Viver e morrer nos cárceres do Santo Ofício*, pp. 36, 56-7, 63. Henry Kamen, *A Inquisição na Espanha*, p. 214.

45. Nicolau Emérico, op. cit., pp. 66-7.

46. Para a descrição da tortura no "potro", Isabel M. R. Mendes Drumond Braga, op. cit., pp. 79-82. Francisco Bethencourt, op. cit., pp. 265-81. Michael Baigent, Richard Leigh, *A Inquisição*, p. 90. Henry Kamen, op. cit., pp. 218-21.

47. Processo de Filipa Rodrigues, ANTT, Inquisição de Lisboa, proc. 2203, f. 31f.

48. Ibid., ff. 61f-64v.

49. Ibid., ff. 46f-49f.

50. Ibid.

51. Ibid., ff. 83f-87v.

52. Ibid.

53. Ibid., ff. 87f. e 105f.

54. Ibid., ff. 94v e 94f.

55. Elias Lipiner, op. cit., p. 106.

56. Processo de Filipa Rodrigues, ANTT, Inquisição de Lisboa, proc. 2203, ff. 79f e 79v.

57. Ibid., f. 98f.

58. Ibid., f. 107f. Para a advertência de que qualquer ferimento grave ou mesmo a morte era uma praxe antes de submeter o réu à tortura, ver Isabel M. R. Mendes Drumond Braga, op. cit., p. 66.

59. Processo de Filipa Rodrigues, ANTT, Inquisição de Lisboa, proc. 2203, ff. 108f--111f.

60. Ibid.

61. Ibid., f. 11f.

62. Ibid., ff. 111v e 112f.

63. Processo de Gaspar Rodrigues, ANTT, Inquisição de Lisboa, proc. 12 832, ff. 5f e 5v.

2. "UM FOGO E UM BICHO NO MEU CORAÇÃO" (1594-98) [pp. 39-54]

1. Processo de Gaspar Rodrigues, ANTT, Inquisição de Lisboa, proc. 12 832, f. 27f.

2. Nicolau Emérico, *O manual dos inquisidores*, pp. 38-9. Para a cenografia da sala de interrogatório a partir de descrições pictóricas, cf. Francisco Bethencourt, *História das inquisições: Portugal, Espanha e Itália*, pp. 95 e 277.

3. Nicolau Emérico, op. cit., pp. 39 e 47.

4. Processo de Gaspar Rodrigues, ANTT, Inquisição de Lisboa, proc. 12 832, ff. 22f-23v.

5. Ibid.

6. Tânia Neumann Kaufman, *Passos perdidos, história recuperada: A presença judaica em Pernambuco*, p. 13. João Luís Lisboa; Tiago C. P. dos Reis Miranda, "A cultura escrita nos espaços privados". In: José Mattoso (Dir.); Nuno Gonçalo Monteiro (Coord.), *História da vida privada em Portugal*, pp. 334-91.

7. Processo de Gaspar Rodrigues, ANTT, Inquisição de Lisboa, proc. 12 832, ff. 24f-27f.

8. Ibid.

9. Ibid. Para o provérbio, C. F. de Freitas Casanovas, *Provérbios e frases proverbiais do século XVI*, p. 61.

10. Ibid., ff. 27v-32v.

11. Nicolau Emérico, op. cit., p. 53.

12. Processo de Filipa Rodrigues, ANTT, Inquisição de Lisboa, proc. 2203, ff. 120f e 120v.

13. Ibid., f. 121f.

14. Ibid., f. 123f.

15. Ibid., f. 125f. Para a definição de *Melancholia morbus*, ver Raphael Bluteau, *Vocabulario portuguez & latino*. Lisboa: Officina de Pascoal da Sylva, 1716.

16. Paráfrase do que consta no documento original, em terceira pessoa: "[…] falava sempre naquele fogo e bicho que tinha no coração".

17. Processo de Gaspar Rodrigues, ANTT, Inquisição de Lisboa, proc. 12 832, ff. 36f-40f.

18. Ibid., f. 48f.

19. Ibid., ff. 55f-57f.

20. Ibid.

21. Ibid.

22. Para a descrição da tortura na "polé", Isabel M. R. Mendes Drumond Braga, op. cit., pp. 79-82. Francisco Bethencourt, op. cit., pp. 265-81. Michael Baigent, Richard Leigh, *A Inquisição*, p. 90. Henry Kamen, op. cit., pp. 218-21.

23. Processo de Gaspar Rodrigues, ANTT, Inquisição de Lisboa, proc. 12 832, ff. 66v-74v.

24. Ibid.

25. Ibid.

26. Ibid.

27. Ibid.

28. Ibid., ff. 76f-77f.

29. Ibid., ff. 77f-78f.

30. Ibid., ff. 78v-86f.

31. Ibid., ff. 88v-90v.

32. Ibid., ff. 92f-92v.

33. Renzo Tosi, *Dicionário de sentenças latinas e gregas*, p. 392.

34. Processo de Gaspar Rodrigues, ANTT, Inquisição de Lisboa, proc. 12 832, ff. 94f-94v.

35. *Colecção de listas impressas e manuscriptas dos autos de fé publicos e particulares da Inquisição de Lisboa, [Évora, Coimbra e Goa]/ corrigida e annotada por Ant.o Joaq.m Moreira*, p. 110.

36. Para a sentença "Façamos as barbas aos hereges", cf. João Lúcio de Azevedo, *História dos cristãos-novos portugueses*, p. 324, nota 1.

37. Processo de Gaspar Rodrigues, ANTT, Inquisição de Lisboa, proc. 12 832, f. 96f.

38. Ibid., ff. 97f-97v.

39. Sobre a dificuldade de reinserção social do reabilitado, ver Isabel M. R. Mendes Drumond Braga, *Viver e morrer nos cárceres do Santo Ofício*, pp. 219-31.

40. Processo de Gaspar Rodrigues, ANTT, Inquisição de Lisboa, proc. 12 832, ff. 98f-98v.

41. Ibid., ff. 98f-98v.

42. Ibid., ff. 99f-99v.

43. Processo de Filipa Rodrigues, ANTT, Inquisição de Lisboa, proc. 2203, ff. 124f-125f.

44. Ibid., f. 126f.

45. Ibid., ff. 127f-129f.

3. "NINGUÉM SEJA INVESTIGADO POR SUA RELIGIÃO" (1614-16)
[pp. 55-68]

1. Herman Prins Salomon, "The Portuguese Background of Menasseh ben Israel's Parents as Revealed through the Inquisitorial Archives at Lisbon", *Studia Rosenthaliana*, Assen, v. 17, n. 2, jul. 1938, pp.134-5. Steven Nadler, *Menasseh ben Israel: Rabbi of Amsterdam*, pp. 10-1.

2. Ibid.

3. Ibid. Simon Schama, *A história dos judeus: Pertença (1492-1900)*, pp. 46-50. João Lúcio de Azevedo, "Judeus portugueses na dispersão". Florbela Veiga Frade, "Formas de vida e religiosidade na diáspora: As esnogas ou casas de culto: Antuérpia, Roterdão e Hamburgo (séculos XVI-XVII)". Joseph Abraham Levi, "Peregrinações sefarditas: Intercâmbios culturais: 1492-1919".

4. Quando casou com Rachel Abravanel, em 1623, Menasseh ben Israel (nome judeu de Manuel Dias Soeiro) declarou ter nascido em La Rochelle, embora tenha escrito em um de seus futuros tratados, *A esperança de Israel*, que Lisboa era sua "cidade natal". Cf. Steven Nadler, op. cit., p. 11. Para a história dos judeus na França, Esther Benbassa, *The Jews of France: A History from Antiquity to the Present*. Sobre o fato de

o território francês ser um ponto de escala para os cristãos-novos foragidos, ver Elias Lipiner, *Izaque de Castro: O mancebo que veio preso do Brasil*, p. 2.

5. José Eduardo Franco, Paulo de Assunção, *As metamorfoses de um polvo: Religião e política nos regimentos da Inquisição portuguesa (séc. XVI-XIX)*, pp. 61-8.

6. "Notarial Deeds Relating to the Portuguese Jews in Amsterdam up to 1639", publicado na *Studia Rosenthaliana*, Assen, v. VII, n. 2, 1973, e citado por Steven Nadler, op. cit., p. 22.

7. A descrição de Amsterdam foi baseada em duas excelentes obras de reconstituição da época: Paul Zumthor, *A Holanda no tempo de Rembrandt*, e Simon Schama, *O desconforto da riqueza: A cultura holandesa na Época de Ouro*.

8. Evaldo Cabral de Mello, *O Brasil holandês*, pp. 12-3, *Nassau*, pp. 35-8.

9. Stephen A. Smith, *Freedom of Religion: Foundational Documents and Historical Arguments*, p. 53.

10. Yosef Kaplan, *Judíos nuevos en Amsterdam: Estudio sobre la historia social e intelectual del judaísmo sefardí en el siglo XVII*, p. 11.

11. Simon Schama, *O desconforto da riqueza: A cultura holandesa na Época de Ouro*, pp. 48, 225-6 e 320-4.

12. René Descartes, *The Philosophical Writings of Descartes*, v. 3: *The Correspondence*, pp. 31-2.

13. Elizabeth S. Haldane, *Descartes: His Life and Times*, p. 101.

14. Citado por Simon Schama, op. cit., p. 192.

15. Simon Schama, op. cit., pp. 192-207.

16. Ibid., pp. 397-470.

17. Ibid., pp. 473-551.

18. Citado por Paul Zumthor, op. cit., p. 238.

19. Simon Schama, op. cit, pp. 316-7.

20. Ibid., pp. 315-49. Paul Zumthor, op. cit. pp. 61-103.

21. Existe uma vasta bibliografia recente sobre a comunidade de judeus portugueses em Amsterdam. Destaque-se, por exemplo, Miriam Bodian, *Hebrews of the Portuguese Nation: Conversos and Community in Early Modern Amsterdam*. Yosef Kaplan, op. cit. Daniel M. Swetschinski, *Reluctant Cosmopolitans: The Portuguese Jews of Seventeenth-Century Amsterdam*. Robert Cohen, "Memoria para os siglos futuros: Myth and Memory on the Beginnings of the Amsterdam Sephardi Community". Para o bairro judeu, cf. Manuel Cadafaz Matos; Herman Prins Salomon, "Amesterdão: A (re)descoberta de um espaço geográfico mítico — em torno de uma exposição", estudo introdutório à edição fac-similar de David Franco Mendes, J. Mendes Remédios, *Os judeus portugueses em Amesterdão*. Sobre o bairro, cf. Simon Schama, *A história dos judeus: Pertença (1492-1900)*, pp. 207-8.

22. Steven Nadler, op. cit., p. 21.

23. Yosef Kaplan, op. cit., p. 25. Adma Muhana, *Uriel da Costa e a nação portuguesa*, pp. 31-9. Nathan Wachtel, *A fé na lembrança: Labirintos marranos*, pp. 357-69.

24. David Kromhout, Adri K. Offenberg, *Hugo Grotiu's Remonstrantie of 1615:*

Facsimile, Transliteration, Modern Translations and Analysis. Para uma biografia de Grotius, Henk Nellen, *Hugo Grotius: A Lifelong Struggle for Peace in Church and State (1583-1644).*

25. Marc de Wilde, "Offering Hospitality to Strangers: Hugo Grotius's Draft Regulations for the Jews". *Tijdschrift voor Rechtsgeschiedenis*, Groningen, v. 85, n. 3-4, pp. 391-433, 2017. O fac-símile do documento no acervo on-line da Ets Haim Bibliotheek/Livraria Montezinos está disponível em: <http://etshaimmanuscripts.nl/manuscripts/eh-48-a-02/>. Acesso em: 4 ago. 2020.

26. Ibid.

27. Ibid.

28. Renée Levine Melamed, *A Question of Identity: Iberian Conversos in Historical Perspective.* Nova York: Oxford University Press, 2004. Yosef Hayim Yerushalmi, "Conversos Returning to Judaism in the 17th Century", citado por Yosef Kaplan, op. cit., p. 26. Steven Nadler, op. cit., pp. 15-6.

29. O conceito de "judeu novo" foi proposto pelo historiador Yosef Kaplan, op. cit., p. 27.

30. Miriam Bodian, op. cit., pp. 110-3. Yosef Kaplan, op. cit., p. 16. Nathan Wachtel, op. cit., p. 365. David Franco Mendes. *Memórias do estabelecimento e progresso dos judeus portuguezes e espanhoes nesta famosa cidade de Amesterdão*, pp. 9-10. Herman Prins Salomon, "Saul Levi Mortera: O homem a obra, a época" (introd.) In: Saul Levi Mortera, *Tratado da verdade da Lei de Moisés escrito pelo seu próprio punho em Português em Amesterdão (1659-1660).* Fac-sim. Coimbra: Universidade de Coimbra, 1988. pp. XXXVII-CXXII.

31. José Antônio Gonsalves de Mello, *Gente da nação: Cristãos-novos e judeus em Pernambuco, 1542-1654*, pp. 12-3. José Alexandre Ribemboim, *Senhores de engenho: Judeus em Pernambuco colonial (1542-1654)*, p. 117. Herman Prins Salomon, *Os primeiros portugueses de Amesterdão: Documentos do Arquivo Nacional da Torre do Tombo, 1595-1606.*

32. Marc Saperstein, *Exile in Amsterdam: Saul Levi Mortera's Sermons to a Congregation of "New Jews"*, p. 149.

33. Steven Nadler, op. cit., p. 16.

34. Ibid., p. 2.

35. Yosef Kaplan, "Santa Companhia de Dotar Órfãs e Donzelas Pobres". In: Lúcia L. Mucznik et al., *Dicionário do judaísmo português*, pp. 488-9.

36. Steven Nadler, op. cit., p. 22.

37. Para o perfil de Uziel, ver "Isaac b. Abraham Uziel". In: *Jewish Encyclopedia.* Disponível em: <http://www.jewishencyclopedia.com/articles/14620-uzie>. Acesso em: 4 ago. 2020.

4. "MALDITO SEJA DE DIA, MALDITO SEJA DE NOITE" (1617-22)
[pp. 69-85]

1. Para a adjetivação "severo e sombrio" [*stern and somber*] e a analogia com o profeta Elias, cf. Steven Nadler, *Menasseh ben Israel: Rabi of Amsterdam*, p. 25. Sobre a voz possante e ameaçadora de Uziel, cf. Heinrich Graetz, *History of the Jews*. v. 4: *From the Rise of the Kabbala (1270 C.E.) to the Permanent Settlement of the Marranos in Holland (1618 C.E.)*, p. 672. Para o episódio bíblico da matança dos profetas de Baal por Elias, ver *Bíblia hebraica*, Melachim, 19,1.

2. Meyer Kayserling, *História dos judeus em Portugal*, p. 331. Lajb Fuks; Renate Fuks-Mansfeld, *Hebrew Typography in the Northern Netherlands (1585-1815)*, parte 1, p. 100. Graetz, op. cit., p. 672. Steven Nadler, op. cit., p. 25. Para o provérbio, Rogério Silva, *Talmud: A tradição dos anciãos*, p. 82.

3. Para os horários das aulas na Talmud Torá, cf. Herman Prins Salomon, "Saul Levi Mortera: O homem, a obra, a época" (introd.). In: Saul Levi Mortera, *Tratado da verdade da lei de Moisés*, p. LI.

4. Moisés Orfali, "On the Role of Hebrew Grammars in the Western European Diaspora and the New World". In: Yosef Kaplan, *Religious Changes and Cultural Transformations in the Early Modern Western Sephardic Communities*, p. 432. Marvin J. Heller, *The Seventeenth Century Hebrew Book: An Abridge Thesaurus*, v. 2, pp. 457-8. Harm den Boer, *La literatura sefardí de Amsterdam*, pp. 36-7. Steven Nadler, op. cit., p. 41. Sobre o estágio evolutivo do idioma neerlandês, cf. Simon Schama, *O desconforto da riqueza: A cultura holandesa na Época de Ouro*, p. 67.

5. Para a biografia de Aboab, cf. Moisés Orfali, *Isaac Aboab da Fonseca: Jewish Leadership in the New World*. Miriam Assor, *Judeus ilustres de Portugal: 14 homens e mulheres que marcaram a história do nosso país*, pp. 17-31. "Isaac Aboab da Fonseca". In: Lúcia Liba Mucznik et al., *Dicionário do judaísmo português*, pp. 240-1. Steven Nadler, op. cit., pp. 25-6.

6. Meyer Kayserling, op. cit., p. 331. Lajb Fuks, Renate Fuks-Mansfield, op. cit., p. 100. Heinrich Graetz, op. cit., p. 672. Steven Nadler, op. cit., p. 25.

7. Simon Schama, op. cit., pp. 576-85. Nathan Wachtel, *A fé na lembrança: Labirintos marranos*, pp. 357-69.

8. O fato de que o bar mitsvá de Menasseh foi celebrado pelo rabino Joseph Pardo é sugerido por Steven Nadler, op. cit., p. 24.

9. Herman Prins Salomon, op. cit., pp. XLV-XLVI.

10. Ibid.

11. Ibid. Sobre as leis alimentares judaicas, cf. "Uma introdução às leis da Cashrut", *Morashá*, n. 93, set. 2016.

12. Ibid., nota 9.

13. Ibid. Para a localização, ver Pieter Vlaardingerbroek, *The Portuguese Synagogue in Amsterdam*.

14. Para um breve perfil biográfico de Mortera, cf. Herman Prins Salomon, op.

331

cit., pp. XXXIX-XLV; e a introdução de Marc Saperstein para *Exile in Amsterdam: Saul Levi Morteira's Sermons to a Congregation of "New Jews"*, pp. 3-10. Sobre Montalto, cf. Meyer Kayserling, op. cit., p. 320.

15. Ibid.

16. A comissão e as decisões tomadas em Veneza estão descritas em documento existente no *Inventaris van het Archief van de Portugees-Israëlietische Gemeente* (Inventário dos Arquivos da Igreja Luso-Israelita), dos Arquivos da Cidade de Amsterdam (Stadsarchief Amsterdam), sob o título "Uitspraak van het college van rabbijnen en de mahamad (dagelijks bestuur) van de gemeente Talmud Tora te Venetië inzake een geschil binnen de gemeente Bet Jacob". Em português: "Decisão do Colégio de Rabinos e do Mahamad (Comitê Executivo) da Congregação Talmud Torá de Veneza em uma disputa na Congregação de Beth Jacob". Filme 334.

17. Para uma série de consistentes análises sobre a disputa entre calvinistas e arminianos, cf. Aza Goudriaan, Fred van Lieburg (Org.), *Revisiting the Synod of Dordt (1618-1619)*.

18. Jonathan I. Israel, *The Dutch Republic: Its Rise, Greatness, and Fall (1477--1806)*, pp. 450-77. Herbert H. Rowen, *The Princes of Orange: The Stadholders in the Dutch Republic*, pp. 32-55. Craig E. Harline, *Pamphlets, Printing, and Political Culture in the Early Dutch Republic*, pp. 8-17.

19. Ibid.

20. Henk J. M. Nellen, *Hugo Grotius: A Lifelong Struggle for Peace in Church and State (1583-1645)*, pp. 302-12.

21. A gravura está disponível para visualização no site neerlandês Het Geheugen (Memória): <https://geheugen.delpher.nl/nl/geheugen/view?coll=ngvn&identifier=B VB01%3ABDH20120PK>. Acesso em: 5 ago. 2020.

22. Ibid.

23. Arquivos da Cidade de Amsterdam (Stadsarchief Amsterdam). Filme 334. Herman Prins Salomon, op. cit., pp. XLVII-L.

24. Idem. Ver transcrição em Herman Prins Salomon, "La Vraie excommunication de Spinoza", *Forum Litteratum*, n. 28, 1984, pp. 181-99.

25. Ibid.

26. Entre as informações biográficas sobre Uriel da Costa, destaca-se o trabalho escrito por Carolina Michaëlis de Vasconcellos, *Uriel da Costa: Notas relativas à sua vida e às suas obras*. Adma Muhana, no estudo preliminar de *Uriel da Costa e a nação portuguesa*, também fornece uma boa síntese biográfica, pp. 25-8. O mesmo ocorre na introdução de Herman Prins Salomon para o livro de Uriel da Costa *Exame das tradições farisaicas*. Joaquim Mendes dos Remédios dedica um capítulo a Uriel em *Os judeus portugueses em Amsterdam*, pp. 157-68. Entre os romances que recriam a trajetória do personagem, com fortes ingredientes ficcionais, cf. Agustina Bessa-Luís, *Um bicho da terra*. Na dramaturgia, Karl Gutzkow, *Uriel Acosta*. Mais recentemente, Omero Proietti, *Uriel da Costa e l'Exemplar humanae vitae*, procura restabelecer a verdade histórica

sobre o personagem, questionando, inclusive, com sólidos argumentos, a autenticidade da suposta autobiografia, *Espelho da vida humana*, que Uriel teria deixado ao morrer.

27. Omero Proietti, op. cit., pp. 71-103.

28. Não se conhece o texto original de *Propostas contra a tradição* (e nem se sabe se ele tinha este ou algum outro título). O que se sabe é devido ao breve resumo dele feito, em hebraico, na réplica de Leon de Modena intitulada *Magen ve-sina*. Para a transcrição do resumo, em português, cf. Carl Gebhardt (Org.), *Die Schriften des Uriel da Costa*, pp. 22-6. (A obra também traz traduções da mesma síntese em hebraico e alemão.) Pinharanda Gomes também o incluiu como apêndice em Samuel da Silva, *Tratado da imortalidade da alma*, pp. 169-73. Ver também Adma Muhana, op. cit., p. 53.

29. Uriel da Costa, *Propostas contra a tradição*. Apud: Samuel da Silva, op. cit., p. 170.

30. Ibid., p. 169.

31. Jean-Pierre Osier, *D'Uriel da Costa à Spinoza*, p. 291, conforme traduzido e citado por Adma Muhana, op. cit., p. 53. Para o conceito de "tradição inventada", retomado por Muhana, cf. Eric Hobsbawm e Terence Ranger (Orgs.), *A invenção das tradições*.

32. O trecho em questão não consta das versões citadas na nota 28, mas sim de Jean-Pierre Osier, op. cit., p. 262. Foi utilizada aqui a tradução proposta por Adma Muhana, op. cit., p. 65.

33. Adma Muhana, op. cit., pp. 53-4. A refutação *Magen ve-sina*, de Leon de Modena, está incluída em Jean-Pierre Osier, op. cit., pp. 253-92.

34. Ibid. Sobre o caraísmo, cf. Yosef Yaron et. al. (Eds.), *An Introduction to Karaite Judaism: History, Theology, Practice, and Custom*.

35. Adma Muhana, op. cit., p. 58.

36. Herman Prins Salomon, "Saul Levi Mortera: O homem, a obra, a época" (Introd.). In: Saul Levi Mortera, *Tratado da verdade da lei de Moisés*, p. XLIX.

37. Ibid.

38. Ibid.

39. Menasseh ben Israel, *Conciliador o de la conveniencia de los lugares de la S. Escriptura que repugnantes entre si parecen*, segunda parte. O trecho consta na introdução, intitulada, "Al lector". O livro completo, assim como as demais obras conhecidas de Menasseh, pode ser visualizado no seguinte endereço eletrônico: <http://cf.uba.uva.nl/en/collections/rosenthaliana/menasseh/collectie.html>. Acesso em: 5 ago. 2020.

40. Ibid. A referência à semelhança dos títulos está em Steve Nadler, op. cit., p. 26.

41. Para visualizar o manuscrito: <http://etshaimmanuscripts.nl/manuscripts/eh-47-d-07/>. Acesso em: 5 ago. 2020.

42. Ibid.

43. Miriam Assor, *Judeus ilustres de Portugal*, pp. 17-31.

44. Steven Nadler, op. cit., p. 34.

45. Charles Ralph Boxer, *Os holandeses no Brasil*, pp. 1-44. Pieter Marinus Netscher, *Os holandeses no Brasil*, pp. 51-60.

46. Jonathan I. Israel, op. cit., pp. 326-7.

47. Joannes de Laet, "Historia ou annaes dos feitos da Companhia Privilegiada das Índias Ocidentais desde o seu começo até ao fim do ano de 1636", pp. 8 e 36.

48. Pieter Marinus Netscher, *Os holandeses no Brasil: Notícia histórica dos Países Baixos e do Brasil no século XVII*, pp. 51-4. Roberto Chacon de Albuquerque, "A Companhia das Índias Ocidentais: Uma sociedade anônima?", *Revista da Faculdade de Direito*, São Paulo, v. 105, p. 32, 2010.

49. Steven Nadler, op. cit., p. 27.

50. Ibid., p. 35.

51. Ibid., p. 36.

52. Omero Proietti, op. cit., p. 81.

53. A máxima holandesa é um dos cem provérbios nacionais retratados pelo artista Pieter Bruegel no quadro *Nederlandse spreekwoorden* (1559), cf. Emile Michel, Victoria Charles, *The Brueghels*, p. 141. Para o provérbio bíblico, cf. *Bíblia hebraica*, Mishlê, 11,11.

5. "CONTRA A PEÇONHA QUE VAI VOMITANDO" (1623-24) [pp. 86-102]

1. Pinharanda Gomes, na nota introdutória a Samuel da Silva, *Tratado da imortalidade da alma*, p. xxxv.

2. Marc de Wilde, "Offering Hospitality to Strangers: Hugo Grotius's Draft Regulations for the Jews".

3. Foi utilizada a transcrição que consta na edição portuguesa do livro de Samuel da Silva, op. cit., organizada por Pinharanda Gomes. O capítulo XXIII, referido aqui, está entre as pp. 174-81.

4. Ibid.

5. Ibid., pp. 182-99.

6. Ibid.

7. Ibid.

8. Ibid.

9. Ibid.

10. Ibid.

11. Ibid., pp. 200-3. Para o poema, ver Luís de Camões, *Obras completas*, t. I, v. 1, pp. 184-5.

12. Solomon Levy, "Menasseh Ben Israel's Marriage Banns". *Transactions* (Jewish Historical Society of England), v. 10 (1921-3), pp. 255-7.

13. *The Abravanel Family Newsletter*, n. 18, dez. 1983. Disponível em: <http://www.avotaynuonline.com/wp-content/uploads/2015/04/Abravanel-18-1993-12.pdf>. Acesso em: 5 ago. 2020.

14. Para a biografia da personagem, Benzion Netanyahu, *Dom Isaac Abravanel: Estadista e filósofo*.

15. Conforme citado por Alberto Dines, *O baú de Abravanel: Uma crônica de sete séculos até Silvio Santos*, p. 41.

16. Ibid., p. 56.

17. Benzion Netanyahu, op. cit., p. 96.

18. Alberto Dines, op. cit., p. 75.

19. Ibid., p. 81.

20. Ibid., p. 118.

21. Steven Nadler, *Menasseh ben Israel: Rabbi of Amsterdam*, p. 36.

22. Samuel da Silva, *Tratado da immortalidade da alma composto pelo doutor Semuel da Silva, em que também se mostra a ignorancia de certo contrariador de nosso tempo que entre outros muytos erros deu neste delirio de ter para si e publicar que a alma do homem acaba juntamente com o corpo*.

23. Para os dados da população de Amsterdam à época, cf. Yosef Kaplan, *Judíos nuevos em Amsterdam*, p. 15.

24. Verbete "Ravesteyn, Paulus Aertsz van", em P. C. Molhuysen e P. J. Blok, *Nieuw Nederlandsch Biografisch Woordenboek*, v. 2, pp. 1171-2. Sobre o mercado editorial holandês no período, há duas boas obras a respeito. Christiane Berkvens-Stevelinck et al. (Org.), *Le Magasin de l'Univers: The Dutch Republic as the Centre of the European Book Trade*. Andrew Pettegree e Arthur der Weduwen, *The Bookshop of the World: Making and Trading Books in the Dutch Golden Age*. Harm den Boer, "Amsterdam as 'Locus' of Iberian Printing in The Seventeenth and Eighteenth Centuries". In: Yosef Kaplan, *The Dutch Intersection: The Jews and the Netherlands in Modern History*, pp. 87-110.

25. Ver nota anterior.

26. Idem. Jerry Brotton, *História do mundo em 12 mapas*, pp. 307-43.

27. Willem Ysbrantsz Bontekoe, *Memorable Description of the East Indian Voyage (1618-25)*. A edição original da obra de Bontekoe em holandês está disponível em: <https://archive.org/details/ned-kbn-all-00007162-001/page/n72/mode/2up>. Acesso em: 5 ago. 2020. Sobre a Bíblia de Paulus Aertsz Ravesteyn, cf. Flavia Bruni e Andrew Pettegree, *Lost Books: Reconstructing the Print World of Pre-Industrial Europe*, p. 214, e Euan Cameron, *The New Cambridge History of the Bible from 1450 to 1750*.

28. Ver nota 22.

29. Meyer Kayserling, *Biblioteca española-portuguesa-judaica: Dictionnaire bibliographique*, p. XIII e verbete específico, p. 102. Pinharanda Gomes, na nota introdutória a Samuel da Silva, *Tratado da imortalidade da alma*, p. XXIX.

30. Samuel da Silva, op. cit., pp. 3-4.

31. Ibid., p. 27.

32. Ibid., pp. 4-5.

33. Ibid.

34. Ibid., p. 5.

35. Ibid., pp. 20-1 e 135.

36. Ibid., p. 21.

37. Ibid., p. 33.

38. Ibid., p. 31.

39. Ibid., pp. 76-7 e 121-2.

40. Ibid., pp. 71-2 e 90.

41. Ibid., p. 92.

42. Ibid., p. 39.

43. Ibid., p. 79.

44. Ibid.

45. Herman Prins Salomon, "Saul Levi Mortera: O homem, a obra, a época", introdução a Saul Levi Mortera, *Tratado da verdade da lei de Moisés*, pp. LI-LII.

46. Ibid.

47. Ibid.

48. Omero Proietti, *Uriel da Costa e l'exemplar humanae vitae*, pp. 83-6.

49. O frontispício está reproduzido na capa da edição de Herman Prins Salomon para *Examination of Pharisaic Tradition*, de Uriel da Costa.

50. Citado conforme Adma Muhana, *Uriel da Costa e a nação portuguesa*, p. 250.

51. Ibid.

52. Ibid., p. 272.

53. Ibid., p. 281.

54. Ibid., p. 271.

55. Joaquim Mendes dos Remédios, *Os judeus portugueses em Amsterdam*, p. 162.

56. Citado conforme Adma Muhana, *Uriel da Costa e a nação portuguesa*, p. 300.

6. "O REI TECERÁ MAUS FIOS" (1623-24) [pp. 103-19]

1. A descrição dos aprestos para a partida de uma esquadra foi essencialmente baseada nas informações reunidas por Lucy Maffei Hutter, *Navegação nos séculos XVII e XVIII. Rumo: Brasil*; em especial o capítulo "Preparativos para a viagem", pp. 19-53.

2. Ibid., pp. 51-2.

3. Ibid.

4. Ibid.

5. Ibid., pp. 46-50.

6. Joannes de Laet, "Historia ou annaes dos feitos da Companhia Privilegiada das Índias Ocidentais desde o seu começo até o fim do anno de 1636", *Annaes da Bibliotheca Nacional do Rio de Janeiro*, v. XXX, 1908, pp. 38-40. Pieter Marinus Netscher, *Os holandeses no Brasil*, pp. 53-7. Hermann Wätjen, *O domínio colonial holandês no Brasil*, pp. 88-9. Charles Ralph Boxer, *Os holandeses no Brasil*, p. 29. As fontes citadas divergem em relação ao número de navios. Laet indica "23 navios grandes e três iates". Netscher fala de "25 navios e três iates". Wätjen, mais impreciso, cita "23 navios e al-

guns iates". Preferiu-se adotar a soma das embarcações enumeradas por Laet, a fonte mais coetânea aos fatos.

7. Ibid.

8. "Relatório dos delegados dos diretores da Companhia das Índias Ocidentais, entregue à Assembleia dos Altos e Poderosos Senhores Estados Gerais a 31 de agosto de 1624". In: Rodolfo Garcia (Org.), *Documentos holandeses*, v. 1, pp. 7-8.

9. Jacob Willekens foi retratado em Amsterdam por Govert Flinck — um dos principais artistas neerlandeses da época —, em meio a um grupo da Guarda Cívica dos Arquebuseiros. A imagem pode ser vista no portal do Rijksmuseum, de Amsterdam: <https://www.rijksmuseum.nl/en/rijksstudio/artists/govert-flinck/objects#/SK--C-370,4>. Acesso em: 25 ago. 2020. Para mais referências sobre Willekens, ver: <http://dbpedia.org/page/Jacob_Willekens>.

10. Robert F. Marx, *The Capture of the Treasure Fleet: The Story of Piet Heyn*. Timothy R. Walton, *The Spanish Treasure Fleets*, p. 120.

11. Joannes de Laet, op. cit., p. 42; Pieter Marinus Netscher, op. cit., p. 58; Hermann Wätjen, op. cit., pp. 88-9; Charles Ralph Boxer, op. cit., pp. 29-30.

12. Lucy Maffei Hutter, op. cit., pp. 70, 84 e 90.

13. Joannes de Laet, op. cit., p. 42; Pieter Marinus Netscher, op. cit., p. 58; Hermann Wätjen, op. cit., pp. 88-9; Charles Ralph Boxer, op. cit., pp. 29-30.

14. Ibid.

15. Lucy Maffei Hutter, op. cit., pp. 78-80.

16. Joannes de Laet, op. cit., p. 42; Pieter Marinus Netscher, op. cit., p. 58; Hermann Wätjen, op. cit., pp. 88-9; Charles Ralph Boxer, op. cit., pp. 29-30.

17. Ibid.

18. Jan Andries Moerbeeck, "Motivos por que a Companhia das Índias Ocidentais deve tentar tirar ao rei da Espanha a terra do Brasil, e isto quanto antes". *Os holandeses no Brasil*, pp. 25-43.

19. Ibid.

20. Ibid.

21. Ibid.

22. Ibid.

23. Ibid.

24. Ibid.

25. Ibid.

26. Ibid.

27. Ibid.

28. Ibid.

29. Ibid.

30. Ibid.

31. Ibid.

32. Ibid.

33. Ibid.

34. Benjamin Nicolas Teensma, "O diário de Rodolfo Baro (1647) como monumento aos índios Tarairiu do Rio Grande do Norte". In: Luís Sávio de Almeida, Marcos Galindo, Juliana Lopes Elias (Orgs.), *Índios do Nordeste: Temas e problemas 2*, pp. 81-99.

35. Dierick Ruiters, "A tocha da navegação", *Revista do Instituto Histórico e Geográfico Brasileiro*, Rio de Janeiro, v. 269, p. 84, 1965.

36. Ibid.

37. Arnold Wiznitzer, *Os judeus no Brasil colonial*, p. 42.

38. Benjamin Nicolas Teensma, op. cit., p. 82. Organizado pelo mesmo autor, cf. *Dois manuscritos portugueses sobre a conquista neerlandesa (1624) e Reconquista luso-espanhola de Salvador da Bahia no Brasil (1625)*, p. 41.

39. Dierick Ruiters, op. cit., p. 80.

40. Marcos Teixeira, "Livro das denunciações que se fizerão na visitação do Santo Ofício à cidade de Salvador da Bahia de Todos os Santos do Estado do Brasil, no anno de 1618". "Miguel de Abreu contra Fernão Mendes, Duarte Fernandes, Antônio Mendes Beiju e Luis Alvares", pp. 125-8. "Matheus Mendes Roxo contra Fernão Mendes, Luis Álvares e Duarte Álvares", *Annaes da Bibliotheca Nacional do Rio de Janeiro*, v. XLIX, 1927, pp. 119-22.

41. Ibid., "Melchior de Bragança contra Manuel Rodrigues Sanches, Luís Álvares, Gonçalo Nunes de Lisboa, Pascoal e Diniz Bravo, Diogo de Albuquerque, Francisco Lopes Brandão, Diogo Lopes Franco, Domingos Alvares de Serpa e Simão Nunes de Mattos", pp. 128-32.

42. Ibid., "Bernardo de Aguirre contra o licenciado Filipe Thomaz de Miranda, Luís Álvares, Antônio Rodrigues e Bento Corrêa, o Calambauzinho", pp. 159-61.

43. Ver nota 35.

44. Dierick Ruiters, op. cit., p. 36.

45. A afirmação é de J. Sousa Leão, tradutor dos excertos publicados nos *Annaes da Bibliotheca Nacional do Rio de Janeiro*. Ver nota 35.

46. Michiel van Groesen, "Dierick Ruiter's Manuscript Maps and the Birth of the Dutch Atlantic".

47. Dierick Ruiters, op. cit., pp. 51-2.

48. Ibid., p. 80.

7. "SÃO TIDOS ENTRE NÓS COMO INFAMES" (1624) [pp. 120-32]

1. É o que se depreende da leitura da carta rubricada por Filipe IV ao Conselho de Estado, em maio de 1923. *Documentação ultramarina portuguesa*, vol. II, pp. 498-500.

2. Sobre Juan de Ciriza, cf. José Antonio Escudero, *Los secretarios de Estado y del Despacho (1474-1724)*, v. 1, pp. 241-3.

3. Ver nota 1.

4. *Documentação ultramarina portuguesa II*, pp. 498-500.

5. Ibid., p. 498.

6. Hermann Wätjen, *Das Judentum und die Anfänge der modernen Kolonisation*, p. 32. Arnold Wiznitzer, *Os judeus no Brasil Colonial*, p. 41. José Antônio Gonsalves de Mello, *Gente da nação*, pp. 207-8.

7. Marcos Teixeira, "Livro das denunciações que se fizerão na visitação do Santo Ofício à cidade de Salvador da Bahia de Todos os Santos do Estado do Brasil, no anno de 1618", *Annaes da Bibliotheca Nacional do Rio de Janeiro*, v. XLIX (1927), pp. 75-198. Para as acusações contra os judeus de ter facilitado a invasão da Bahia, cf. Eduardo d'Oliveira França, "Um problema: A traição dos cristãos-novos em 1624".

8. Janaína Guimarães da Fonseca e Silva, *Cristãos-novos nos negócios da capitania de Pernambuco: Relacionamentos, continuidades e rupturas nas redes de comércio entre os anos de 1580 e 1630*, pp. 92-3. José Antônio Gonsalves de Mello, "Os Livros das Saídas das Urcas do Porto do Recife, 1595-1605", *Revista do Instituto Arqueológico, Histórico e Geográfico Pernambucano*, Recife, v. 58, pp. 21-145, 1993.

9. Jonathan I. Israel, *Empires and Entrepots: The Dutch, the Spanish Monarchy and the Jews (1585-1713)*, pp. 362-4.

10. Ibid, pp. 364-6.

11. Ibid., pp. 362-4. "Relación sumaria de los avisos que ha avido en razón de las pretenciones que se hacian en Olanda para el Brasil". *Documentação ultramarina portuguesa*, v. II, pp. 498-500.

12. *Refranes o proverbios en romance, que coligio y glossó el Comendador Hernan Nuñez, professor de Retorica y Griego, en la Universidad de Salamanca*, f. 117v.

13. C. F. de Freitas Casanovas, *Provérbios e frases proverbiais do século XVI*, p. 132.

14. Joannes de Laet, "Historia ou annaes dos feitos da Companhia Privilegiada das Índias Ocidentais desde o seu começo até o fim do anno de 1636", *Annaes da Bibliotheca Nacional do Rio de Janeiro*, v. XXX, pp. 45-6, 1908.

15. Ibid., p. 46. "Relatório dos delegados dos diretores da Companhia das Índias Ocidentais, entregue à Assembleia dos Altos e Poderosos Senhores Estados Gerais a 31 de agosto de 1624". In: Rodolfo Garcia (Org.), *Documentos holandeses*, v. 1, p. 9. Os autores divergem no número de canhões que protegiam o forte do Mar. A informação de que eram onze — "oito peças de bronze e duas ou três de ferro" — é de Laet. O relatório dos delegados da WIC fala de "duas peças de metal e duas de ferro".

16. Ibid.

17. Ibid. Charles Ralph Boxer, *Os holandeses no Brasil*, p. 31.

18. Ibid. Antônio Vieira, "Ao Geral da Companhia de Jesus". *Cartas do Padre António Vieira coordenadas e anotadas por J. Lúcio de Azevedo*, tomo 1, 1928, p. 16.

19. Ibid. Pieter Marinus Netscher, *Os holandeses no Brasil*, p. 59.

20. Ibid.

21. Ibid.

22. Ibid.

23. Ibid.

24. Ibid.

25. Antônio Vieira, op. cit., p. 15.

26. Ibid., p. 17.

27. Ibid., pp. 17-8.

28. Ibid., p. 19.

29. Ibid.

30. Ibid., p. 21.

31. "Relatório dos delegados dos diretores da Companhia das Índias Ocidentais, entregue à Assembleia dos Altos e Poderosos Senhores Estados Gerais a 31 de agosto de 1624". In: Rodolfo Garcia (Org.), *Documentos holandeses*, v. 1.

32. O quadro *De Grote Vergadering van 1651* pode ser visualizado em: <http://hdl.handle.net/10934/RM0001.COLLECT.11858>. Acesso em: 25 ago. 2020.

33. Ver nota 31.

34. Ibid., pp. 10-1.

35. Ibid.

36. Ibid.

37. Luís da Câmara Cascudo, *Geografia do Brasil Holandês*, p. 117. Robert Southey, *História do Brasil*, v. 1, p. 425.

38. Joannes de Laet, op. cit., p. 49.

39. Antônio Vieira, op. cit., p. 20.

40. Don Thomas Tamaio de Vargas, *Restauración de la ciudad del Salvador i Baía de Todos-Sanctos por las armas de Don Philippe IV El Grande, Rei Catholico de las Españas i Indias & c.*, f. 147v.

41. Juan de Valencia y Guzmán, "Compendio historial de la jornada del Brasil y sucesos della". In: Marques de Miraflores e Miguel Salva (Orgs.), *Colección de documentos inéditos para la historia de España*, p. 72.

42. Lope de Vega, *El Brasil restituido*. Versão digital bilíngue disponível em: <http://www.cervantesvirtual.com/obra/el-brasil-restituido-de-lope-de-vega-y-la--perdida-y-restauracion-de-la-bahia-de-todos-los-santos-de-juan-antonio-correa--historia-emblematica/>. Acesso em: 25 ago. 2020.

43. Tradução livre. No original em espanhol: *"Poca novedad me hicieron/ los que ingratos me vendieron,/ estando seguro yo/ que este achaque les quedó/ desde que a Cristo vendieron"*.

44. Juan de Valencia y Guzmán, "De uma carta que escribió um hereje predicante de los rendidos al auditor general de las armadas y ejército". In: Marques de Miraflores e Miguel Salva (Orgs.), op. cit. pp. 177-8.

45. Ibid.

8. "NINGUÉM SE ATREVA A PERTURBÁ-LOS" (1625-29) [pp. 133-46]

1. Steven Nadler, *Menasseh ben Israel: Rabbi of Amsterdam*, p. 38. Cecil Roth, *A Life of Menasseh ben Israel*, p. 67.

2. Steven Nadler, op. cit., pp. 38-9.

3. Helmer Helmers, "Cartography, War Correspondence and News Publishing: The Early Career of Nicolaes van Geelkercken, 1610-1630". In: Joad Raymond; Noah Moxham, *News Networks in Early Modern Europe*, pp. 350-74. Mark Meuwese, *Brothers in Arms, Partners in Trade: Dutch-Indigenous Alliances in the Atlantic World (1595-1674)*, p. 33. Benjamin Nicolas Teensma, "Os roteiros manuscritos brasileiros". In: Marianne L. Wiesebron (Org.), *O Brasil em arquivos neerlandeses (1624-1654)*, v. 2P, pp. 48-9.

4. Andrew Pettegree; Arthur der Weduwen, *The Bookshop of the World: Making and Trading Books in The Dutch Golden Age* (e-book).

5. Benjamin Nicolas Teensma, op. cit., pp. 50-1.

6. Andrew Pettegree, Arthur der Weduwen, op. cit.

7. Ibid. Para o trabalho intelectual no início do mercado editorial, cf. Lucien Febvre, Henri-Jean Martin, *O aparecimento do livro*.

8. Andrew Pettegree, Arthur der Weduwen, op. cit.

9. Steven Nadler, op. cit., pp. 39-45.

10. Ibid.

11. Sobre o início do comércio de importação e exportação de títulos, cf. Lucien Febvre; Henri-Jean Martin, op. cit., pp. 309-19.

12. Steven Nadler, op. cit., pp. 39-45.

13. Lucien Febvre; Henri-Jean Martin, op. cit., pp. 320-9.

14. Lajb Fuks; Renate G. Fuks-Mansfield, *Hebrew and Judaic Manuscripts in Amsterdam Public Collections*, v. 1, pp. 120-2. Steven Nadler, op. cit., pp. 39-45.

15. Lucien Febvre; Henri-Jean Martin, op. cit., pp. 114-26.

16. Ibid.

17. Lajb Fuks; Renate G. Fuks-Mansfield, "The Financiers of Menasseh Ben Israel's Printing House in Amsterdam, 1627-1655", citado por Steve Nadler, op. cit., p. 51.

18. Joseph Shalom Galego, *Sefer imrey no'am*. Isaac Uziel, *Ma'aneh lashon*.

19. Raphael Bluteau, *Vocabulario portuguez e latino*. Verbetes "aperceber", "aperceber-se" e "apercebido", p. 422.

20. Gaspar Barléu, *História dos feitos recentemente praticados durante oito anos no Brasil e noutras partes sob o governo do ilustríssimo João Maurício, conde de Nassau etc. ora governador de Wesel, tenente-geral da Cavalaria das Províncias Unidas sob o príncipe de Orange*, pp. 16-7.

21. Johann Gregor Aldenburgk, *Relação da conquista e perda da cidade do Salvador pelos holandeses em 1624-1625*. São Paulo: Revista dos Tribunais, 1961, pp. 200-1 (Coleção Brasiliensia Documenta, v. 1).

22. "A Plaine and True Relation of the Going Forth of a Holland Fleete the Ele-

venth of November 1623, to the Coast of Brasile", citado por Gabriel Gurian, "Quebrantados, na ociosidade e na intemperança": Devassidão, bebedeira e indisciplina entre os holandeses durante sua conquista de Salvador (1624-5). *Brasiliana: Journal for Brazilian Studies*, v. 6, n.1, pp. 229-49, dez. 2017.

23. Joannes de Laet, "Historia ou annaes dos feitos da Companhia Privilegiada das Índias Ocidentais desde o seu começo até o fim de 1636", *Annaes da Bibliotheca Nacional do Rio de Janeiro*, v. xxx, 1908, p. 53. Charles Ralph Boxer, *Os holandeses no Brasil*, p. 35. Pieter Marinus Netscher, *Os holandeses no Brasil*, pp. 62-3.

24. Francisco Adolfo de Varnhagen, *História das lutas com os holandeses no Brasil*, pp. 66-70. Para a narrativa encomiástica da conquista, Bartolomeu Guerreiro, *Jornada dos vassalos da Coroa de Portugal pera se recuperar, na Bahya de Todos os Santos, tomada pollos Olandezes, a oito de Mayo de 1624 & recuperada ao primeiro de Mayo de 1625.*

25. Pieter Marinus Netscher, op. cit., p. 69.

26. Arnold Wiznitzer, *Os judeus no Brasil colonial*, p. 47.

27. Ibid. Pieter Marinus Netscher, op. cit., p. 69.

28. Ibid.

29. Ibid.

30. *Sefer ha-yirah*, Amsterdam, 1627. Sobre Jonah Gerondi, cf. Ronald L. Eisenberg, *Essential Figures in Jewish Scholarship*, pp. 73-4.

31. *Humas de Parasioth y Aftharoth*, Amsterdam, 1627. *Sefer peney rabah*, Amsterdam, 1628.

32. Verbete "Delmedigo, Joseph Solomon", *Jewish Encyclopedia*. Isaac Barzilay, *Yoseph Shlomo Delmedigo, Yashar of Candia: His Life, Works and Times*.

33. Ibid.

34. Citado por Moacyr Scliar, *Da Bíblia à psicanálise: Saúde, doença e medicina na cultura judaica*, p. 83.

35. Lajb Fuks; Renate G. Fuks-Mansfield, *Hebrew Typography in the Northern Netherlands, 1585-1815*, v. 1, p. 104. J. d'Ancona, "Delmedigo, Menasseh ben Israel en Spinoza", *Bijdragen en Mededelingen van het Genootschap voor de Joodse Wetenschap in Nederland*. Citado por Steven Nadler, op. cit., pp. 54-7.

36. Joseph Solomon Delmedigo, *Sefer Elim*.

37. Jeremy Brown, *New Heavens and a New Earth: The Jewish Reception of Copernican Thought*. Steven Nadler, op. cit., p. 55.

38. Steven Nadler, op. cit., pp. 54-7.

39. O retrato foi publicado na segunda parte do livro. Pode ser visualizado no seguinte endereço eletrônico: <http://cf.uba.uva.nl/en/collections/rosenthaliana/menasseh/19f4/opening/089.GIF>. Acesso em: 25 ago. 2020.

40. Steven Nadler, op. cit., pp. 54-7.

41. Ibid.

42. Ibid.

43. Ibid., p. 54.

44. Arnold Wiznitzer, op. cit., pp. 48-50.

45. Ibid.

9. "PARECIA UM DIA DO JUÍZO" (1630-31) [pp. 147-59]

1. Ambrosio Richshoffer, *Diário de um soldado da Companhia das Índias Ocidentais (1629-1632)*, pp. 52-3.

2. Ibid., pp. 1 e 55.

3. Ibid., pp. 2-3.

4. Ibid., pp. 3-4.

5. Ibid, pp. 5-8.

6. Ibid., p. 8.

7. Ibid., pp. 4-12.

8. Ibid., p. 44.

9. Ibid., p. 32.

10. Ibid., p. 41.

11. Ibid., pp. 48-50.

12. Ibid., p. 16.

13. Ibid., pp. 50-1.

14. Ibid., p. 51.

15. Ibid., p. 52.

16. Ibid.

17. Joannes Baers, *Olinda conquistada*, pp. 61-2.

18. Pieter Marinus Netscher, *Os holandeses no Brasil*, pp. 98-9.

19. Joannes Baers, op. cit., p. 64.

20. Frei Manuel Calado, *O valeroso Lucideno e Triunfo da liberdade*, v. I, p. 43.

21. Ibid., p. 44.

22. Ibid., p. 40.

23. Ibid.

24. Ibid., p. 41.

25. Ibid., p. 40.

26. Duarte de Albuquerque Coelho, *Memórias diárias da guerra do Brasil*, p. 32.

27. Arnold Wiznitzer, *Os judeus no Brasil colonial*, pp. 48-52.

28. Ibid.

29. Citado por Benjamin Nicolaas Teensma, "Descrição da costa do Brasil na região de Pernambuco". In: Marcos Galindo (Org.), *Viver e morrer no Brasil holandês*, p. 195.

30. Kees Zandvliet, *Maps, Plans, and Topographic Paintings and Their Role in Dutch Overseas Expansion during the 16th and 17th Centuries*, p. 191. Citado por Benjamin Nicolaas Teensma, op. cit., p. 181.

31. Benjamin Nicolaas Teensma, op. cit., p. 214.

32. Ibid., p. 216.

33. Joannes Baers, op. cit., p. 66.

34. Ambrosio Richshoffer, op. cit., pp. 56-7.

35. Ibid., p. 57.

36. Ibid., p. 73.

37. Ambrosio Richshoffer, op. cit., pp. 57-8.

38. Frei Manuel Calado, op. cit., pp. 44-6.

39. Ibid.

40. Ambrosio Richshoffer, op. cit., p. 59.

41. Frei Manuel Calado, op. cit., p. 45.

42. Charles Ralph Boxer, *Os holandeses no Brasil*, pp. 56-7.

43. Para a biografia de Manuel de Morais, cf. Ronaldo Vainfas, *Traição: Um jesuíta a serviço do Brasil holandês processado pela Inquisição*.

44. Ibid.

45. "Missiva do coronel D. van Waerdenburch, em Pernambuco, aos Estados Gerais". In: Rodolfo Garcia, *Documentos holandeses*, v. 1, pp. 33-5.

46. José Antônio Gonsalves de Mello, *Gente da nação*, pp. 221-2.

47. Ibid.

48. Ibid. Ver também Stuart B. Schwartz, *Segredos internos: Engenhos e escravos na sociedade colonial (1500-1835)*, p. 226.

49. Herman Pris Salomon, "Saul Levi Mortera: O homem, a obra, a época". Introdução a Saul Levi Mortera, *Tratado da verdade da Lei de Moisés escrito pelo seu próprio punho em português em Amesterdão (1659-1660)*, pp. LV-LX.

10. "ASSIM ARDEU A INFELIZ OLINDA" (1631-36) [pp. 160-72]

1. Herman Pris Salomon, "Saul Levi Mortera: O homem, a obra, a época". Introdução a Saul Levi Mortera, *Tratado da verdade da Lei de Moisés escrito pelo seu próprio punho em português em Amesterdão (1659-1660)*, pp. LV-LX.

2. Ibid.

3. Ibid.

4. Carlos Francisco de Freitas Casanovas, *Provérbios e frases proverbiais do século XVI*, p. 148.

5. Herman Pris Salomon, op. cit., pp. LV-LX.

6. Ibid. Steven Nadler, *Menasseh ben Israel: Rabbi of Amsterdam*, pp. 79-80.

7. Marilena Chauí, *Espinosa: Uma filosofia da liberdade*, p. 21.

8. Ibid.

9. Ibid.

10. José Antônio Gonsalves de Mello, *Gente da nação*, pp. 217-8.

11. Ibid.

12. Frei Manuel Calado, *O valeroso Lucideno e Triunfo da liberdade*, v. I, p. 46.

13. Cuthbert Pudsey, *Diário de uma estada no Brasil*, p. 59.

14. Charles Ralph Boxer, *Os holandeses no Brasil (1624-1654)*, p. 58.

15. Ambrosio Richshoffer, *Diário de um soldado da Companhia das Índias Ocidentais (1629-1632)*, p. 74.

16. Duarte de Albuquerque Coelho, *Memórias diárias da guerra do Brasil*, p. 64.

17. Ambrosio Richshoffer, op. cit., p. 68.

18. Ibid., p. 80.

19. Ibid., p. 87.

20. Duarte de Albuquerque Coelho, op. cit., p. 107.

21. Evaldo Cabral de Mello, *O Brasil holandês*, pp. 82-3.

22. Ambrosio Richshoffer, op. cit., p. 106.

23. "Missiva do governador D. van Waerdenburch, em Antônio Vaz, aos Estados Gerais". In: Rodolfo Garcia, *Documentos holandeses*, v. 1, pp. 85-8.

24. Diogo Lopes Santiago, *História da guerra de Pernambuco*, p. 49.

25. Duarte de Albuquerque Coelho, op. cit., p. 83.

26. "Missiva do governador D. van Waerdenburch, em Antônio Vaz, aos Estados Gerais", op. cit., pp. 101-6.

27. Duarte de Albuquerque Coelho, op. cit., p. 100.

28. Cuthbert Pudsey, op. cit., p. 69.

29. Ronaldo Vainfas, *Traição: Um jesuíta a serviço do Brasil holandês processado pela Inquisição*, pp. 68-85.

30. Ibid.

31. Ibid., p. 85.

32. Para os termos completos da rendição, cf. Johan de Laet, *História ou Anais dos feitos da Companhia Privilegiada das Índias Ocidentais*, pp. 517-8.

33. Duarte de Albuquerque Coelho, op. cit., p. 232.

34. Frei Manuel Calado, op. cit., p. 64.

35. Charles Ralph Boxer, op. cit., p. 93. Pieter Marinus Netscher, *Os holandeses no Brasil*, pp. 147-8.

36. Menasseh ben Israel, *Conciliador o de la conveniencia de los lugares de la S. Escriptura que repugnantes entre si parecen*, I (1632), II (1641), III (1650) e IV (1651).

37. As informações sobre a gênese e a repercussão da obra foram baseadas principalmente no capítulo 4 do livro de Steven Nadler, op. cit. pp. 58-92.

38. Menasseh ben Israel, "Al lector", op. cit., v. 1.

39. Ibid.

40. Steven Nadler, op. cit. pp. 58-92.

41. *Bíblia hebraica*, salmo 85,11.

42. Steven Nadler, op. cit., pp. 47-8 e 74-5.

43. Ibid., pp. 81-2 e 89-91.

44. Ibid., pp. 85-8.

45. Ibid.

46. Menasseh ben Israel, *De resurrectione mortuorum*.

47. Steven Nadler, op. cit., p. 80.

48. Ibid., p. 84.

49. Para os baús com livros, cf. Harm den Boer, *La literatura sefardí de Amsterdam*, p. 56.

11. "SEM ESCRAVOS NÃO SE FAZ COISA ALGUMA NO BRASIL" (1636-40) [pp. 173-89]

1. "Cartas nassovianas", *Revista do Instituto Arqueológico, Histórico e Geográfico Pernambucano*, LVI, pp. 23-4, 1902.

2. Evaldo Cabral de Mello, *Nassau*, p. 53.

3. A frase de Banning é citada por Evaldo Cabral de Mello, op. cit., p. 53. Para a nomenclatura oficial do cargo, cf. Pieter Marinus Netscher, *Os holandeses no Brasil*, p. 151.

4. Para uma análise do quadro, cf. José Luiz Mota Menezes, "O Recife espelho de Maurício". In: Maria Lúcia Montes, José Luiz Mota Menezes, Marcos Galindo, *Eu, Maurício: Os espelhos de Nassau*, p. 69. O óleo de Miereveld está sob a guarda do Siegerlandmuseum, em Siegen.

5. Evaldo Cabral de Mello, op. cit., pp. 21-34.

6. Ibid, pp. 35-9.

7. Adelheid Rech, "Constantijn Huygens, Lord of Zuilichem (1596-1687)". Disponível em: <http://www.essentialvermeer.com/history/huygens.html#.wJFHs1xhDIU>. Acesso em: 26 ago. 2020. A informação de que Huygens teria sugerido o nome de Nassau está em Evaldo Cabral de Mello, op. cit., pp. 49-50.

8. George Rembrandt Gutlich, *Arcádia nassoviana: Natureza e imaginário no Brasil Holandês*.

9. Evaldo Cabral de Mello, op. cit., pp. 39-42.

10. Charles Ralph Boxer, *Os holandeses no Brasil*, pp. 96-7.

11. Fernanda Trindade Luciani, *Munícipes e escabinos: Poder local e guerra de restauração no Brasil Holandês (1630-1654)*, pp. 111-4.

12. Hermann Wätjen, *O domínio colonial holandês no Brasil*, pp. 142-5.

13. Carta de Crestofle d'Artischau Arciszewski a João Maurício de Nassau, 24 jul. 1637. *Revista do Instituto Arqueológico, Histórico e Geográfico Pernambucano*, XXXV, pp. 7-8. Citado por Evaldo Cabral de Mello, op. cit., p. 157.

14. Pieter Marinus Netscher, op. cit., pp. 154-5. "Cartas nassovianas", *Revista do Instituto Arqueológico, Histórico e Geográfico Pernambucano*, LVI, pp. 23-4.

15. Charles Ralph Boxer, op. cit., p. 99.

16. Carta de Maurício de Nassau ao príncipe de Orange. Transcrita em Gaspar Barléu, *História dos feitos recentemente praticados durante oito anos no Brasil*, pp. 44-6.

17. Ibid.

18. José Antônio Gonsalves de Mello, *Gente da nação*, p. 223.

19. Citado por Hermann Wätjen, op. cit., p. 381.

20. "Cartas nassovianas", *Revista do Instituto Arqueológico, Histórico e Geográfico Pernambucano*, LVI, pp. 32-4. Citado por Evaldo Cabral de Mello, *O Brasil holandês*, p. 185.

21. José Antônio Gonsalves de Mello, op. cit., pp. 224 e 416-9.

22. Ibid.

23. Evaldo Cabral de Mello, *Olinda restaurada: Guerra e açúcar no Nordeste: 1630-1654*, p. 322.

24. José Antônio Gonsalves de Mello, op. cit., pp. 224 e 416-9. José Alexandre Ribemboim, *Senhores de engenho: Judeus em Pernambuco colonial (1542-1654)*, pp. 91-5.

25. José Antônio Gonsalves de Mello, op. cit., pp. 226 e 495-6. José Alexandre Ribemboim, op. cit., pp. 95-9 e 139-44.

26. Evaldo Cabral de Mello, *Nassau*, p. 56.

27. José Luiz Mota Menezes, *A recriação do Paraíso: Judeus e cristãos-novos em Olinda e no Recife nos séculos XVI e XVII*, pp. 84-8 e 100-11.

28. Citado por José Antônio Gonsalves de Mello, *Tempo dos flamengos*, p. 82.

29. Citado por Leonardo Dantas Silva, "Sociedade e vida privada no Brasil holandês". In: Vera Lúcia Bottrel Tostes, Sarah Fassa Benchetrit, Aline Montenegro Magalhães, *A presença holandesa no Brasil: Memória e imaginário*, p. 232.

30. Carta de Gerardus Vossius a Hugo Grotius, 11 jan. 1640. Conforme citada de Steven Nadler, *Menasseh ben Israel: Rabbi of Amsterdam*, p. 100. A transcrição da carta original, escrita em latim, está disponível em: <http://ckcc.huygens.knaw.nl/epistolarium/letter.html?id=groo001/4464>. Acesso em: 26 ago. 2020.

31. Carta de Hugo Grotius a Gerardus Vossius, 2 fev. 1640. Conforme citada de Steven Nadler, op. cit., p. 100. A transcrição da carta original, escrita em latim, está disponível em: <http://ckcc.huygens.knaw.nl/epistolarium/letter.html?id=groo001/4499>. Acesso em: 26 ago. 2020.

32. Steven Nadler, op. cit., p. 101.

33. Ibid.

34. J. Mendes dos Remédios, *Os judeus portugueses em Amsterdam*, pp. 13-8 e 192-3.

35. Ibid, p. 195.

36. Herman Prins Salomon, "Saul Levi Mortera: O homem a obra, a época". Introdução a Saul Levi Mortera, *Tratado da verdade da Lei de Moisés escrito pelo seu próprio punho em português em Amesterdão (1659-1660)*, p. LXV.

37. Menasseh ben Israel, *De termino vitae*. Steven Nadler, op. cit., pp. 97-9.

38. J. Mendes dos Remédios, op. cit., p. 101.

39. "Resolução que os senhores do *mahamad* tomaram sobre o que fez Menasseh ben Israel na congregação e em presença dos ditos senhores". Livro de registros da

congregação Talmud Torá. *Inventaris van het Archief van de Portugees-Israëlietische Gemeente*. Amsterdam Stadsarchief, 19, f. 59.

40. Steven Nadler, op. cit., pp. 102-6.

41. Ver nota 39.

42. Ibid.

43. Ibid.

44. Luiz Felipe de Alencastro, *O trato dos viventes: Formação do Brasil no Atlântico Sul*, pp. 210-5.

45. "Breve discurso sobre o estado das quatro capitanias conquistadas no Brasil pelos holandeses, 14 de janeiro de 1638". In: José Antônio Gonsalves de Mello, *Fontes para a história do Brasil holandês*. v. 1: *A economia açucareira*, p. 106.

46. "Carta do Conselho dos XIX ao Conselho Político de Pernambuco", 7 set. 1630. Citada por José Antônio Gonsalves de Mello, *Tempo dos flamengos*, p. 176.

47. "Carta do Conselho dos XIX ao Conselho Político de Pernambuco", 19 abr. 1635. Citada por José Antônio Gonsalves de Mello, op. cit., p. 189.

48. José Antônio Gonsalves de Mello, op. cit., p. 191.

49. Citado por Ronaldo Vainfas, *Antônio Vieira*, p. 57.

50. Ibid., p. 58.

51. Gênesis 9,20-7. Sobre a tentativa de fundamentar a escravidão no relato bíblico, cf. Alberto da Costa e Silva, *A manilha e o libambo* (consultado em e-book).

52. José Antônio Gonsalves de Mello, op. cit., p. 186.

53. Ronaldo Vainfas, *Jerusalém colonial* (consultado em e-book).

54. José Antônio Gonsalves de Mello, *Gente da nação*, pp. 233-4. Arnold Wiznitzer, *Os judeus no Brasil colonial*, p. 62.

55. José Luiz Mota Menezes, op. cit., p. 87.

56. José Antônio Gonsalves de Mello, op. cit., p. 226.

57. "A religião reformada no Brasil no século XVII". Trad. de Pedro Souto Maior. *Revista do Instituto Histórico e Geográfico Brasileiro*, tomo especial n. 1 do I Congresso Nacional de História, pp. 707-80, 1915.

58. Ibid.

59. Para o conceito de "judeus novíssimos", cf. Ronaldo Vainfas, op. cit.

60. Para o salário, cf. Y. David Weitman, *Bandeirantes espirituais do Brasil*, p. 161.

61. Menasseh ben Israel, *Segunda parte del Conciliador* ("Epístola dedicatória").

62. Arnold Wiznitzer, op. cit., pp. 73-5.

63. Idem nota 59.

12. "ELES SÃO UMA PESTE NESTE PAÍS" (1640-41) [pp. 190-206]

1. Frei Manuel Calado, *O valeroso Lucideno e Triunfo da liberdade*, v. 1, pp. 216-24.

2. Ibid.

3. Ibid.

4. António Borges Coelho, *Da restauração ao ouro do Brasil*, pp. 23-31.

5. Luis de Menezes, *História de Portugal restaurado: Offerecida ao sereníssimo príncipe Dom Pedro, nosso senhor*, tomo I, p. 102.

6. Frei Manuel Calado, op. cit., p. 219.

7. Ibid.

8. Ibid.

9. Ibid, pp. 221-4.

10. Ibid, p. 224.

11. James C. Boyajian, *Portuguese Bankers at the Court of Spain (1626-1650)*. Ana Hutz, *Homens de nação e de negócio: Redes comerciais no mundo ibérico (1580--1640)*, pp. 77-80.

12. Ronaldo Vainfas, *Jerusalém colonial* (e-book).

13. Evaldo Cabral de Mello, *O negócio do Brasil*, pp. 21-57.

14. Ibid.

15. Ronaldo Vainfas, *Traição: Um jesuíta a serviço do Brasil holandês processado pela Inquisição*, pp. 116-58.

16. Ibid.

17. Ibid.

18. Ibid.

19. Evaldo Cabral de Mello, *O negócio do Brasil*, pp. 21-57.

20. Ronaldo Vainfas, *Jerusalém colonial* (e-book). Para os reflexos da restauração portuguesa no Brasil, ver também Marcello Loureiro, "Em miserável estado: Portugal, as guerras de restauração e o governo do Império (1640-1654)". In: Paulo Possamai (Org.), *Conquistar e defender: Portugal, Países Baixos e Brasil*, pp. 195-214.

21. *Bíblia hebraica*, Provérbios, 16,18.

22. Citado por José Antônio Gonsalves de Mello, *Gente da nação*, pp. 261-5. O mesmo documento, com algumas pequenas variações de tradução, também aparece em outra obra de Mello, *Tempo dos flamengos*, pp. 256-7. Foram utilizadas aqui as duas variações.

23. Ibid.

24. Ibid.

25. Ibid.

26. Ibid.

27. Ibid.

28. Ibid.

29. Ibid.

30. José Antônio Gonsalves de Mello, *Gente da nação*, p. 266.

31. Evaldo Cabral de Mello, *Nassau*, pp. 93-104.

32. *Dagelijksche notulen* (Nótulas diárias dos Altos Conselhos no Recife), 28 out. 1638.

33. Carta de Nassau ao Conselho dos XIX, citada por José Antônio Gonsalves de Mello, *Tempo dos flamengos*, p. 79.

34. "Breve discurso sobre o estado das quatro capitanias conquistadas no Brasil pelos holandeses, 14 de janeiro de 1638". In: José Antônio Gonsalves de Mello, *Fontes para a história do Brasil holandês*, v. 1, pp. 108-9.

35. Carta de J. Grevingh, 1º set. 1643, citada por José Antônio Gonsalves de Mello, *Tempo dos flamengos*, p. 51.

36. Evaldo Cabral de Mello, *Brasil holandês*, p. 241.

37. Frei Manuel Calado, *O valeroso Lucideno e Triunfo da liberdade*, v. 1, pp. 119-20.

38. "Breve discurso...", op. cit., p. 118.

39. Gaspar Barléu, *História dos feitos recentemente praticados durante os oito anos no Brasil*, p. 149.

40. Evaldo Cabral de Mello, *Nassau*, p. 96.

41. Gaspar Barléu, op. cit., pp. 150-1.

42. Evaldo Cabral de Mello, op. cit., p. 137.

43. Frei Manuel Calado, op. cit., pp. 119-20.

44. Para o papel da comunidade judaica no desenvolvimento urbano do Recife holandês, ver Daniel Oliveira Breda, *Vicus judaeorum: Os judeus e o espaço urbano no Recife neerlandês (1630-1654)*. José Antônio Gonsalves de Mello, *Tempo dos flamengos*, pp. 92-6.

45. José Antônio Gonsalves de Mello, op. cit., p. 256.

46. Steven Nadler, *Menasseh ben Israel: Rabbi of Amsterdam*, p. 106.

47. Ibid.

48. José Antônio Gonsalves de Mello, *Gente da nação*, pp. 267-8 e 399.

49. Guilherme Faiguenboim; Paulo Valadares; Anna Rosa Campagnano, *Dicionário sefaradi de sobrenomes*.

50. José Antônio Gonsalves de Mello, op. cit., pp. 267-9 e 399.

51. Ibid.

52. Ronaldo Vainfas, op. cit. Frans Leonard Schalkwijk, *Igreja e Estado no Brasil holandês (1630-1654)*.

53. José Antônio Gonsalves de Mello, op. cit., pp. 267-9 e 399.

54. Ibid.

55. Ibid.

56. Ibid, p. 269.

57. Ibid.

58. Ibid., pp. 269-70.

59. Ibid.

60. Ibid.

61. Pieter Marinus Netscher, *Os holandeses no Brasil*, pp. 192-9.

62. Evaldo Cabral de Mello, *O negócio do Brasil*, pp. 44-5.

63. Para a tentativa frustrada da conquista da Bahia, ver Pieter Marinus Netscher, op. cit., pp. 164-6.

64. Citado por Ronaldo Vainfas, *Antônio Vieira*, p. 70.

65. Evaldo Cabral de Mello, op. cit., pp. 199.

66. Antônio Vieira, "Sermão pelo bom sucesso das armas de Portugal contra as de Holanda". In: Alfredo Bosi (Org.), *Essencial padre Antônio Vieira*, pp. 246-75.

67. José Antônio Gonsalves de Mello, op. cit., p. 287.

68. Ibid., p. 267.

13. "SUGAM O SANGUE DO POVO" (1642-43) [pp. 207-18]

1. Para a visita da rainha consorte à sinagoga, ver Marsha Keith Schuchard, *Restoring the Temple of Vision: Cabalistic Freemasonry and Stuart Culture*, pp. 453-4. Steven Nadler, *Menasseh ben Israel: Rabbi of Amsterdam*, pp. 108-10. Nicholas Hagger, *A história secreta do Ocidente* (e-book). Para as constipações e cefaleias, Cicely Veronica Wedgwood, *The King's War (1641-1647)*, p. 79. Sobre outros aspectos a respeito da personagem, ver ainda o conjunto de ensaios organizados por Erin Griffey, *Henrietta Maria: Piety, Politics and Patronage: Women and Gender in the Early Modern World*.

2. O jovem casal de nubentes foi retratado por Anthony van Dyck em 1641. O quadro pode ser visualizado no portal do Rijksmuseum: <https://www.rijksmuseum.nl/collectie/SK-A-102>. Acesso em: 27 ago. 2020.

3. Marsha Keith Schuchard, op. cit., pp. 453-4.

4. Ibid.

5. *Gratolação de Menasseh Ben Israel. Em nome de sua nação, ao celsissimo Principe de Orange Frederique Henrique, na sua vinda a nossa Synagoga de T. T. em companhia da serenissima Raynha Henrica Maria dignissima consorte do augustissimo Carlos Rey da grande Britannia, França e Hibernia.*

6. Ibid.

7. Steven Nadler, op. cit., p. 106.

8. Ibid., p. 108.

9. E. N. Adler, "A Letter of Menasseh ben Israel", *Jewish Quarterly Review*, v. 16, n. 3, abr. 1904, pp. 562-72.

10. Steven Nadler, op. cit., pp. 105-6.

11. Evaldo Cabral de Mello, *O Brasil holandês*, p. 298.

12. Joan Nieuhof, *Memorável viagem marítima e terrestre ao Brasil*, pp. 78-80.

13. Evaldo Cabral de Mello, op. cit., p. 298.

14. Joan Nieuhof, op. cit., pp. 78-80.

15. José Antônio Gonsalves de Mello, *No tempo dos flamengos*, pp. 92-7.

16. Ibid.

17. Citado por Evaldo Cabral de Mello, op. cit., p. 311.

18. Frei Manuel Calado, *O valeroso Lucideno e Triunfo da liberdade*, p. 135.

19. Ibid.

20. Evaldo Cabral de Mello, *Nassau*, pp. 163-8.

21. Ibid.

22. Ibid., p. 166.

23. Pieter Marinus Netscher, *Os holandeses no Brasil*, p. 205.

24. Evaldo Cabral de Mello, op. cit., p. 169.

25. Para o percentual correspondente à participação dos judeus na arrecadação de impostos em Pernambuco, cf. José Antônio Gonçalves de Mello, op. cit., p. 260. O índice refere-se ao ano de 1644.

26. O número de judeus no Brasil holandês é tema controverso. Egon e Frieda Wolff, em *Quantos judeus estiveram no Brasil holandês e outros ensaios*, p. 93, afirmam que eles não eram mais de 350. Arnold Wiznitzer, em *Os judeus no Brasil colonial*, pp. 113-5, estabelece o cálculo de que seriam 1450. José Antônio Gonsalves de Mello, em *Gente da nação*, p. 282, não chega a uma conclusão definitiva. Ronaldo Vainfas, em *Jerusalém colonial*, tende a concordar com Wiznitzer.

27. José Antônio Gonsalves de Mello, *Gente da nação*, pp. 282-3.

28. Cristina Ferrão; José Paulo Monteiro Soares (Orgs.), *Brasil holandês: Dezessete cartas de Vicente Joaquim Soler*, p. 74.

29. Frei Manuel Calado, op. cit., p. 121.

30. Gaspar Barléu, *História dos feitos recentemente praticados durante oito anos no Brasil*, p. 327.

31. Ibid., p. 326.

32. Evaldo Cabral de Mello, op. cit., p. 181.

33. Joan Nieuhof, op. cit., pp. 78-80.

34. Frei Manuel Calado, op. cit., pp. 299-300.

35. Para uma biografia do personagem, cf. Elias Lipner, *Izaque de Castro: O mancebo que veio preso ao Brasil*.

36. Ronaldo Vainfas, *Jerusalém colonial* [e-book].

37. Ibid.

38. Ibid.

39. Citado por José Antônio Gonsalves de Mello, *Gente da nação*, p. 296.

40. Meyer Kayserling, *História dos judeus em Portugal*, p. 355.

41. Bento de Siqueira, *Sermam, que pregou o Padre Mestre Bento de Siqueira no auto da fé, que se celebrou no Terreiro do Paço desta cidade de Lisboa em 6 de Abril do anno de 1642, presentes suas majestades os sereníssimos Reys de Portugal Dom João IIII & Dona Luiza, & suas Altezas o sereníssimo Principe Dom Theodosio, & sereníssimas senhoras infantas*.

42. Ronaldo Vainfas, *Traição: Um jesuíta a serviço do Brasil holandês processado pela Inquisição*, pp. 180-7.

43. Ibid. Para o "relaxamento em efígie", cf. Elias Lipiner, *Santa Inquisição: Terror e linguagem*, pp. 118-20.

44. Ronaldo Vainfas, op. cit., pp. 197-207.

45. Ibid.

14. "DESEJOSOS DE TORNAR AO REINO" (1641-44) [pp. 219-30]

1. A reconstituição da performance do padre jesuíta no púlpito foi feita com base nos relatos de seus biógrafos, em especial João Lúcio de Azevedo, autor de *História de Antônio Vieira*, e nas sugestões posteriores oferecidas por Ronaldo Vainfas, em *Antônio Vieira*, pp. 102-3.

2. Ibid.

3. Antônio Vieira, "Sermão da Sexagésima". In: Alfredo Bosi (Org.), *Essencial padre Antônio Vieira*, pp. 149-50.

4. Ronaldo Vainfas, op. cit., pp. 86-7.

5. Ibid.

6. Ibid.

7. Ibid.

8. Ibid.

9. Ibid., p. 97.

10. Antônio Vieira, "Sermão dos bons anos". In: Alfredo Bosi (Org.), op. cit., pp. 276-304.

11. Ibid.

12. Ibid.

13. Existem várias versões do documento — e do título. Utilizou-se o texto conforme transcrição e adaptação proposta por José Carlos Lopes de Miranda, João Pedro Cambado e Miguel Monteiro em *Padre Antônio Vieira: Escritos sobre os judeus e a Inquisição*, pp. 31-46.

14. Ibid.

15. Ibid.

16. Ibid.

17. Ibid.

18. Frei Antônio Calado, *O valeroso Lucideno*, pp. 260-1.

19. Ibid.

20. Ibid.

21. Pieter Marinus Netscher, *Os holandeses no Brasil*, p. 209.

22. Ibid., pp. 206-9.

23. Ibid.

24. "Memória e instrução de João Maurício, conde de Nassau, acerca do seu governo do Brasil". In: José Antônio Gonsalves de Mello, *Fontes para a história do Brasil holandês*, pp. 395-408.

25. Ibid.

26. Ibid.

27. Pieter Marinus Netscher, op. cit., 214.

28. Gaspar Barléu, *História dos feitos recentemente praticados durante os oito anos no Brasil*, pp. 328-30.

29. Evaldo Cabral de Mello, *Nassau*, p. 202.

30. Ibid., p. 211.

31. O episódio foi reconstituído com base no relato do próprio Antônio de Montesinos, reproduzido por Menasseh ben Israel, em *Esperança de Israel*, pp. 1-16.

32. Ibid.

33. Ibid.

34. Ibid.

35. Ibid.

36. Ibid.

37. Ibid.

38. Ibid.

39. Ibid.

40. Ibid.

15. "VEM E OLHA PARA TEU POVO" (1644-45) [pp. 231-45]

1. Menasseh ben Israel, *Esperança de Israel*, p. 42.

2. Ibid., p. 17.

3. Steven Nadler, *Menasseh ben Israel: Rabbi of Amsterdam*, pp. 130-43.

4. Menasseh ben Israel, op. cit., pp. 18-9. Para uma atualização do debate sobre a origem dos nativos brasileiros, cf. Marília Carvalho de Mello e Alvim, "Povoamento da América indígena: Questões controversas".

5. Menasseh ben Israel, op. cit., pp. 114-5.

6. *Bíblia hebraica*, Deuteronômio 32,26.

7. Menasseh ben Israel, op. cit., pp. 27-9.

8. Ibid., p. 29.

9. Ibid., pp. 35-6.

10. *Bíblia hebraica*, Jeremias 14,8.

11. Menasseh ben Israel, op. cit., p. 115.

12. José Antônio Gonsalves de Mello, *Gente da nação*, p. 300.

13. "Carta do Grande Conselho à Companhia das Índias Ocidentais". In: Joan Nieuhof, *Memorável viagem marítima e terrestre ao Brasil*, pp. 104-7.

14. Charles Ralph Boxer, *Os holandeses no Brasil*, p. 228.

15. Joan Nieuhof, *Memorável viagem marítima e terrestre ao Brasil*, p. 105.

16. Ibid., pp. 82-90.

17. Ibid.

18. "A Bolsa do Brasil, onde claramente se mostra a aplicação que teve o dinheiro dos acionistas da Companhia das Índias Ocidentais", *Revista do Instituto Arqueológico e Geográfico Pernambucano*, Recife, v. XXVIII, 1983. Citado por Evaldo Cabral de Mello, *O Brasil holandês*, pp. 334-7.

19. Charles Ralph Boxer, op. cit., p. 229.

20. Ibid., pp. 232-3.

21. José Antônio Gonsalves de Mello, op. cit., pp. 297-8. Joan Nieuhof, op. cit., pp. 108-10 e 114-5.

22. Ibid.

23. Ibid.

24. "Carta de informação ao Conselho", Joan Nieuhof, op. cit., pp. 108-10.

25. Ibid.

26. Ibid.

27. José Antônio Gonsalves de Mello, op. cit., pp. 297-8.

28. Joan Nieuhof, op. cit., p. 110.

29. Ibid., pp. 114-5.

30. Ibid., p. 111.

31. Frei Manuel Calado, *O valeroso Lucideno*, v. 2, p. 353.

32. Ibid., pp. 145-56. Diogo Lopes Santiago, *História da guerra de Pernambuco*, pp. 323-7.

33. Ibid.

34. Ibid.

35. Ibid.

36. Ibid.

37. Ibid.

38. Ibid.

39. Ibid.

40. Frei Manuel Calado, op. cit., pp. 112-6.

41. Ibid.

42. Ibid.

43. José Antônio Gonsalves de Mello, op. cit., p. 300.

44. Charles Ralph Boxer, op. cit., pp. 238-9.

45. José Antônio Gonsalves de Mello, op. cit., pp. 313-6.

46. Y. David Weitman, *Bandeirantes espirituais do Brasil*, p. 170.

47. Leonardo Dantas Silva, *Holandeses em Pernambuco*, pp. 283-6.

16. "GATOS E CACHORROS, FINOS PETISCOS" (1646-48) [pp. 246-64]

1. *Sermoens do P. Antonio Vieyra da Companhia de Iesu, visitador da provincia do Brasil, pregador de Sua Magestade, sexta parte*, pp. 117-8.

2. Ibid.

3. João Lúcio de Azevedo, *A história de António Vieira*, p. 139.

4. Evaldo Cabral de Mello, *O negócio do Brasil*, pp. 86-9.

5. Ibid., pp. 88-92. João Lúcio de Azevedo, op. cit., pp. 96-7. José Antônio Gonsalves de Mello, *João Fernandes Vieira: Mestre de campo do Terço de Infantaria de Pernambuco*, pp. 51-3. Charles Ralph Boxer, *Os holandeses no Brasil*, pp. 382-5.

6. José Antônio Gonsalves de Mello, op. cit., pp. 175-6.

7. Ibid., p. 176.

8. Evaldo Cabral de Mello, op. cit., pp. 88-9. A expressão "comprar as vontades" é de Antônio Vieira; ver João Lúcio de Azevedo, op. cit., p. 107.

9. Ibid.

10. João Lúcio de Azevedo, op. cit., pp. 108-9.

11. Ibid., p. 100.

12. "Carta vi aos judeus de Ruão". In: João Lúcio de Azevedo, *Cartas do padre Antônio Vieira (1925)*, pp. 92-3.

13. João Lúcio de Azevedo, *A história de António Vieira*, pp. 105-6. José Antônio Gonsalves de Mello, op. cit., pp. 178-9.

14. João Lúcio de Azevedo, op. cit., p. 97. Charles Boxer, op. cit., p. 384.

15. João Lúcio de Azevedo, op. cit., pp. 105-9.

16. Ibid.

17. Ibid., pp. 140-1. Ronaldo Vainfas, *Antônio Vieira* (e-book).

18. Para análise do encontro e da obra do jesuíta e rabino, ver Christopher Lund, "António Vieira e Menasseh ben Israel: Uma aproximação de dois hermeneutas", *Veredas*, n. 2, pp. 79-84, 1999. Disponível em: <https://www.revistaveredas.org/index.php/ver/article/view/217/216>. Acesso em: 15 set. 2020. Luis Filipe Silverio Lima. "Aproximações para uma história do conceito de Esperança nas expectativas milenaristas do século xvii: *Esperança de Israel, Esperanças de Portugal* e *Door of Hope*". *O que nos faz pensar*, Rio de Janeiro, v. 26, n. 41, pp. 75-106, fev. 2018. Disponível em: <http://www.oquenosfazpensar.fil.puc-rio.br/index.php/oqnfp/article/view/578>. Ambos acessados em ago. 2020.

19. José Eduardo Franco e Pedro Calafate (Org.), *Padre António Vieira: Escritos sobre os judeus e a Inquisição*, pp. 49-71.

20. Ibid.

21. Ibid., p. 69.

22. Hernâni Donato, *Dicionário das batalhas brasileiras*, p. 505. Maria Aparecida Schumaher, *Dicionário Mulheres do Brasil* (e-book).

23. Joan Nieuhof, *Memorável viagem marítima e terrestre ao Brasil*, p. 209. Hermann Wätjen, *O domínio colonial holandês no Brasil*, pp. 241-2.

24. Joan Nieuhof, op. cit., p. 255. Para a lista de proprietários e alimentos embargados, José Antônio Gonsalves de Mello, *Gente da nação*, pp. 306-8.

25. Joan Nieuhof, op. cit., p. 255.

26. Ibid.

27. Ibid.

28. Leonardo Dantas Silva, *Holandeses em Pernambuco*, pp. 283-6.

29. Joan Nieuhof, op. cit., p. 255.

30. Para o caso dos dez judeus feitos prisioneiros no Forte Maurício, ver Elias Lipiner, *Izaque de Castro: O mancebo que veio preso do Brasil*, pp. 33-43. José Antônio Gonsalves de Mello, op. cit., pp. 320-3. Ronaldo Vainfas, *Jerusalém colonial*, pp. 219-308.

31. Ibid.

32. Ibid.

33. Para a íntegra do regimento então em vigor, datado de 1640, ver José Eduardo Franco e Paulo de Assunção, *As metamorfoses de um polvo: Religião e política nos regimentos da Inquisição portuguesa (séc. XVI-XIX)*, pp. 229-418.

34. Ver nota 30.

35. Elias Lipiner, op. cit., pp. 37-9.

36. Ibid.

37. Ibid.

38. Ibid.

39. Ibid.

40. José Antônio Gonsalves de Mello, op. cit., pp. 320-1.

41. Ibid.

42. Ronaldo Vainfas, op. cit. (e-book).

43. José Antônio Gonsalves de Mello, op. cit., p. 321.

44. Ibid.

45. Ronaldo Vainfas, op. cit. (e-book).

46. Os processos dos três prisioneiros estão arquivados na Torre do Tombo, em Lisboa. São os seguintes: Gabriel Mendes, processo 11 312; João Nunes Velho, processo 11 575; Diogo Henriques, processo 11 770. Para breves perfis biográficos de cada um, ver José Antônio Gonsalves de Mello, op. cit., pp. 377-8; 513 e 370-1, respectivamente.

47. Ibid.

48. Ibid.

49. Ibid.

50. Elias Lipiner, op. cit., pp. 279-85.

51. Ronaldo Vainfas, *Traição: Um jesuíta a serviço do Brasil holandês processado pela Inquisição*, pp. 231-6.

52. Ibid., pp. 237-57.

53. Ibid.

54. Ibid., pp. 258-71.

55. Ibid., pp. 272-98.

56. Ibid., pp. 298-303.

57. Ibid.

58. Ibid., pp. 304-10.

59. Elias Lipiner, op. cit., pp. 77-8.

60. Ibid., pp. 93-105.

61. Ibid., pp. 145-59 e 193-201.

62. Ibid., p. 249.

63. Ibid., p. 215.

64. João Lúcio de Azevedo, op. cit., pp. 136-7.

65. Ibid., pp. 113-4.

66. Elias Lipiner, op. cit., p. 277.

67. Ibid., pp. 275 e 277.

68. Giuseppe Marcocci e José Pedro Paiva, *História da Inquisição portuguesa (1536-1821)*, p. 186.

69. Carta XVIII ao marquês de Nisa. In: João Lúcio de Azevedo, *Cartas do padre Antônio Vieira*, p. 138.

17. "O ETERNO É O SENHOR DA GUERRA" (1646-54) [pp. 265-84]

1. Joan Nieuhof, *Memorável viagem marítima e terrestre ao Brasil*, pp. 255-6.
2. Ibid.
3. Leonardo Dantas Silva, *Holandeses em Pernambuco*, pp. 283-6.
4. Estatutos e atas da congregação Zur Israel do Recife. In: Y. David Weitman, *Bandeirantes espirituais do Brasil*, p. 39. Êxodo 15,3, *Bíblia hebraica*.
5. Joan Nieuhof, op. cit., p. 256.
6. Diogo Lopes Santiago, *História da guerra de Pernambuco*, pp. 423-31.
7. Ibid.
8. Charles Ralph Boxer, *Os holandeses no Brasil*, p. 260
9. Hermann Wätjen, *O domínio colonial holandês no Brasil*, p. 263.
10. Para um perfil biográfico do militar, ver introdução de José Antônio Gonsalves de Mello em *Testamento do general Francisco Barreto Menezes/ A cartografia holandesa do Recife/ A rendição dos holandeses no Recife (1654)*, pp. 24-36.
11. Hermann Wätjen, op. cit., p. 243.
12. Ibid., p. 254.
13. Diogo Lopes Santiago, op. cit., pp. 471-8.
14. Charles Ralph Boxer, op. cit., pp. 263-4.
15. Hermann Wätjen, op. cit., p. 261. Charles Ralph Boxer, op. cit., pp. 263-4. Pieter Marinus Netscher, *Os holandeses no Brasil*, p. 238.
16. Charles Ralph Boxer, op. cit., p. 273.
17. José Antônio Gonsalves de Mello, *Gente da nação*, pp. 328-31.
18. Ibid., p. 331.
19. Ibid., p. 349.
20. Ata da congregação Zur Israel, 1º de Nissan de 5409 (14 mar. 1649). In: Y. David Weitman, op. cit., p. 55.
21. Ibid.
22. Estatutos da congregação Zur Israel do Recife. In: Y. David Weitman, op. cit., p. 31.
23. As fontes são conflitantes em relação ao número exato de homens envolvidos na batalha. Pieter Marinus Netscher (op. cit., p. 241) afirma que as forças neerlandesas contavam o total de 4500 homens, o mesmo número indicado por Hermann Wätjen, op. cit., p. 264. Charles Boxer (op. cit., p. 275) fala em "5 mil homens, mais ou menos". Diogo Lopes Santiago (op. cit., p. 483), que narrou o conflito pelo lado luso-brasileiro,

diz que eram 7400. Os índios carregadores são citados por Cláudio Moreira Bento, *As batalhas dos Guararapes: Descrição e análise militar*, p. 60.

24. A reconstituição da marcha e da batalha foi feita com base nas fontes citadas na nota acima, além de F. H. Varnhagen, *História das lutas contra os holandeses no Brasil desde 1624 a 1654*, pp. 344-54.

25. Diogo Lopes Santiago diz que 47 homens foram enforcados, op. cit., pp. 487-8. Varnhagen, que "degolaram a muitos", op. cit., p. 345.

26. Cláudio Moreira Bento, op. cit., p. 77.

27. Diogo Lopes Santiago, op. cit., p. 491.

28. Cláudio Moreira Bento, op. cit., pp. 71-2 e 100.

29. A frase está em Charles Boxer, op. cit., p. 276.

30. Cláudio Moreira Bento, op. cit., pp. 74-5.

31. Ibid., pp. 82-7.

32. "Memória do que se passou desde 19 de abril até 20 seguinte", citado em Evaldo Cabral de Mello, *Brasil holandês*, pp. 441-6. Diogo Lopes Santiago, p. 499.

33. Ibid.

34. Cláudio Moreira Bento, op. cit., pp. 88-90.

35. João Lúcio de Azevedo, *História de António Vieira*, p. 146.

36. Para a referência aos "valentões", carta IV ao marquês de Nisa. In: João Lúcio de Azevedo, *Cartas do Padre Antônio Vieira (1925)*, pp. 85-9.

37. João Lúcio de Azevedo, op. cit., p. 104.

38. Ibid., p. 162.

39. "Papel que fez o padre Antônio Vieira a favor da entrega de Pernambuco aos holandeses". In: *Padre Antônio Vieira: Escritos históricos e políticos*, pp. 309-68.

40. Ibid, p. 310.

41. Ibid., p. 314.

42. Ibid., p. 316.

43. Ibid., pp. 322-3.

44. João Lúcio de Azevedo, op. cit., pp. 160-3.

45. Charles Ralph Boxer, op. cit., p. 284.

46. João Lúcio de Azevedo, op. cit., pp. 160-3.

47. Ronaldo Vainfas, *Antônio Vieira*, p. 170.

48. João Lúcio de Azevedo, op. cit., p. 163.

49. Ibid., pp. 165-6.

50. "Relatório de Michiel van Goch", citado em Evaldo Cabral de Mello, *Brasil holandês*, pp. 458-9.

51. Ibid.

52. Ibid., pp. 452-7.

53. Para a descrição geral da batalha, ver Cláudio Moreira Bento, op. cit., pp. 117-24.

54. Evaldo Cabral de Mello, op. cit., p. 457.

55. Joan Nieuhof, op. cit., p. 282.

56. Charles Ralph Boxer, p. 316.

57. Ibid., p. 320.

58. Para uma análise dos impactos da guerra anglo-neerlandesa na questão brasileira, ver Evaldo Cabral de Mello, *O negócio do Brasil*, pp. 175-7.

59. Frans Leonard Schalkwijk, *Igreja e Estado no Brasil holandês*, p. 94. Hermann Wätjen, op. cit., p. 276.

60. "Diário de Hendrick Haecxs", citado em Evaldo Cabral de Mello, op. cit., pp. 468-75.

61. Ibid.

62. Ibid, p. 469.

63. Diogo Lopes Santiago, op. cit., pp. 575-80.

64. "Relação diária do sítio, e tomada da forte praça do Recife". In: José Antônio Gonsalves de Mello, *Testamento do general Francisco Barreto de Menezes/ A cartografia holandesa do Recife/ A rendição dos holandeses no Recife (1654)*, p. 346.

65. Charles Ralph Boxer, pp. 338-40.

66. "Condições gerais do acordo". In: José Antônio Gonsalves de Mello, op. cit., p. 190.

67. Ibid., pp. 196-203.

68. Ibid, pp. 201-2.

69. Ibid.

70. José Antônio Gonsalves de Mello, *Gente da nação*, p. 355.

71. Arnold Wiznitzer, *Os judeus no Brasil colonial*, p. 124.

18. "ONDE A TERRA EMANA LEITE E MEL" (1654-64) [pp. 285-97]

1. Lucy Maffei Hutter, *Navegação nos séculos XVII e XVIII: Rumo: Brasil*, pp. 55-165.

2. Para uma narrativa sobre a prática da pirataria e da navegação de corso em mares brasileiros, Jean Marcel Carvalho França e Sheila Hue, *Piratas no Brasil: As incríveis histórias dos ladrões dos mares que pilharam nosso litoral*.

3. Samuel Oppenheim, *The Early History of the Jews in New York, 1654-1664*, pp. 39-42.

4. Ibid.

5. Arnold Wiznitzer, "The Exodus from Brazil and Arrival in New Amsterdam of the Jewish Pilgrim Fathers, 1654". *American Jewish Historical Society*, Baltimore, v. 44, n. 2, pp. 80-97, dez. 1954. Howard B. Rock, *Haven of Liberty: New York Jews in the New World, 1654-1865*, pp. 9-14.

6. Ibid., p. 95.

7. Ibid., pp. 86-9.

8. Jaap Jacobs, *New Netherland: A Dutch Colony in Seventeenth-Century America*.

9. Adriaen van der Donck, *Description of New Netherland*, pp. 17-65.

10. Ibid.

11. Howard B. Rock, op. cit., p. 5.

12. Levítico, 20,24.

13. John S. C. Abbott, *Peter Stuyvesant, the Last Dutch Governor of New Amsterdam*, pp. 58-67.

14. Edward Robb Ellis, *The Epic of New York City: A Narrative History*, p. 46.

15. Ibid., p. 41.

16. Ibid., p. 42. John S. C. Abbott, op. cit., p. 59.

17. John S. C. Abbott, op. cit., p. 61.

18. Russell Shorto, *The Island of the Center of the World*, pp. 265-6.

19. John S. C. Abbott, op. cit., pp. 58-61.

20. Berthold Fernow (Org.), *The Records of New Amsterdam from 1653 to 1674 Anno Domini. v. 1: Minutes of the Court of Burgomasters and Schepens: 1653-1655*, pp. 240-1.

21. Ibid.

22. Ibid.

23. Samuel Oppenheim, op. cit., pp. 4-5.

24. Berthold Fernow, op. cit., p. 259.

25. Samuel Oppenheim, op. cit., pp. 9-11.

26. Ibid., pp. 73-4.

27. Ibid.

28. Ibid., p. 8.

29. Ibid.

30. Leo Hershkowitz, "New Amsterdam's Twenty-Three Jews: Myth or Reality?". In: Shalon Goldman (Org.), *Hebrew and the Bible in America: The First Two Centuries*, pp. 171-85.

31. Ibid., pp. 178-9.

32. Samuel Oppenheim, op. cit., pp. 75-6.

33. Max J. Kohler, "Beginnings of New York Jewish History", *American Jewish Historical Society*, Nova York, n. 1, p. 47, 1893.

34. Howard B. Rock, op. cit., p. 17.

35. Samuel Oppenheim, op. cit., p. 23.

36. John S. C. Abbott, op. cit., pp. 68-78. Edward Robb Ellis, op. cit., pp. 71-2.

37. Howard M. Sachar, *A History of the Jews in America*.

PÓS-ESCRITO [pp. 307-17]

1. Saul Levi Mortera, *Tratado da verdade da lei de Moisés*, pp. 28-9.

2. Samuel Oppenheim, *The Early History of the Jews in New York, 1654-1664*, pp. 39-40.

3. New Amsterdam Records. NYC: Department of Records & Information Services. Visualização dos documentos originais disponível em: <http://nycma.lunaimaging. com/luna/servlet/NYCMA~12~12>. Acesso em: 9 set. 2020.

4. Berthold Fernow (Org.), *The Records of New Amsterdam from 1653 to 1674 Anno Domini.* v. 1: *Minutes of the Court of Burgomasters and Schepens: 1653-1655*, pp. 240-1. Cit. por Samuel Oppenheim, op. cit., pp. 68-9.

5. Ibid., pp. 70-1.

6. Charles P. Daly, *The Settlement of the Jews in North America.*

7. Berthold Fernow, op. cit.

8. Max J. Kohler, "Beginnings of New York Jewish History", *American Jewish Society*, n. 1, pp. 41-8, 1893. Max J. Kohler, "Civil Status of the Jews in Colonial New York", *American Jewish Society*, n. 6, pp. 81-106, 1897. Leon Hühner, "Whence Came the First Jewish Settlers of New York?", *American Jewish Society*, n. 9, pp. 75-85, 1901. Joseph Krauskopf, "The Jewish Pilgrim Fathers", *American Jewish Society*, n. 14, pp. 121-30, 1906.

9. Samuel Oppenheim, *The Early History of the Jews in New York, 1654-1664.*

10. Arnold Wiznitzer, "The Exodus from Brazil and Arrival in New Amsterdam of the Jewish Pilgrim Fathers, 1654", *American Jewish Historical Society*, v. 44, n. 2, pp. 80-97, dez. 1954.

11. Para a publicação do texto em português, cf. Egon e Frieda Wolff, *Fatos históricos e mitos da história dos judeus no Brasil: Ensaios, conferências, artigos.*

12. Leo Hershkowitz, "New Amsterdam's Twenty-Three Jews: Myth or Reality?". In: Shalom Goldman (Org.), *Hebrew and the Bible in America*, pp. 171-85.

13. Presidential Proclamation — Jewish American Heritage Month, 2012. Disponível em: <https://obamawhitehouse.archives.gov/the-press-office/2012 /05/01/ presidential-proclamation-jewish-american-heritage-month-2012>. Acesso em: 9 set. 2020.

14. Halimah Abdullah, "Takedown: How the Media Almost Blew Obama's Secret Trip to Afghanistan", CNN, 2 maio 2012. Disponível em: <https://edition.cnn.com/ 2012/05/02/politics/obama-media-afghanistan/index.html>. Acesso em: 9 set. 2020.

Fontes

1. PRIMÁRIAS

a. Manuscritas

Colecção de listas impressas e manuscriptas dos autos de fé públicos e particulares da Inquisição de Lisboa (Évora, Coimbra e Goa), corrigida e annotada por Ant.o Joaq.m Moreira, 863. 4 v. Biblioteca Nacional de Portugal.

Dagelijkse Notulen der Horge Regeering in Brazilie [Nótulas Diárias do Alto Governo Neerlandês no Brasil]. Manuscritos da Coleção José Hygino e traduções de Pablo Galindo, Judith de Jong e Anne Brockland. Laboratório Liber de Tecnologia para o Conhecimento da Universidade Federal de Pernambuco, Recife.

Decisão do Colégio de Rabinos e do Mahamad (Comitê Executivo) da congregação Talmude Torá de Veneza em uma disputa na congregação de Bet Jacob. *Inventaris van het Archief van de Portugees-Israëlietische Gemeente.* Stadsarchief Amsterdam, Amsterdam, 5379 [1618].

Denunciação de Feliciano Dourado. Tribunal do Santo Ofício, Inquisição de Lisboa. Cadernos do Promotor n. 19, livro 220. Código de referência: PT/TT/TSO-IL /030/0220. Torre do Tombo (ANTT), Lisboa.

Livro de Bet Haim do Kahal Kados de Bet Yahacob. Registro contendo regulamentos, decisões e declarações de receita e despesa do cemitério Bet Haim em Ouderkerk de Amstel, também servindo como livro de enterro e registro de funeral. *Inventaris van het Archief van de Portugees-Israëlietische Gemeente.* Stadsarchief Amsterdam, Amsterdam, 5374-90 [1614-30].

Processo de Filipa Rodrigues. Tribunal do Santo Ofício, Inquisição de Lisboa. Proc.

2203. Código de referência: PT/TT/TSO-IL/028/02203. Torre do Tombo (ANTT), Lisboa.

Processo de Gaspar Rodrigues. Tribunal do Santo Ofício, Inquisição de Lisboa. Proc. 12 832. Código de referência: PT/TT/TSO-IL/028/12832. Torre do Tombo (ANTT), Lisboa.

Resolução que os Srs. do *mahamad* tomaram sobre o que fez Menasseh ben Israel na congregação e em presença dos ditos Srs. Livro de registros da congregação Talmude Torá. *Inventaris van het Archief van de Portugees-Israëlietische Gemeente.* Stadsarchief Amsterdam, Amsterdam, 5379 (1640).

Sapha Berura. Labia Clara da grammatica hebrea composto por s.or hacham Menasse ben Israel. Talmid Selomo de Oliveira em Amsterdam 5407 [1647]. Ets Haim/ Livraria Montezinos (Manuscripts), Amsterdam.

b. Impressas

BLUTEAU, Raphael. *Vocabulario portuguez & latino.* Lisboa: Officina de Pascoal da Sylva, 1716.

DELMEDIGO, Joseph Solomon. *Sefer Elim.* Amsterdam: Menasseh ben Israel, 5389 [1629].

GALLEGO, Joseph Shalom ben Shalom. *Sefer imrey no'am.* Amsterdam: Menasseh ben Israel, 5387 [1627].

GERONDI, Jona. *Sefer ha-yirah.* Amsterdam: Menasseh ben Israel, 5387 [1627].

GUERREIRO, Bartolomeu. *Jornada dos Vassalos da Coroa de Portugal, pera se recuperar a Cidade do Salvador, na Bahya de Todos os Santos, tomada pollos Olandezes, a oito de Mayo de 1624 & recuperada ao primeiro de Mayo de 1625.* Lisboa: Matheus Pinheiro/Francisco Alvarez Pinheiro, 1625.

IMPRENSA OFICIAL DE PERNAMBUCO. *Inventário das armas e petrechos bélicos que os holandeses deixaram em Pernambuco e dos prédios edificados ou reparados até 1654.* Recife, 1940.

ISRAEL, Menasseh ben. *Sefer peney rabah.* Amsterdam: Menasseh ben Israel, 5388 [1628].

_____. *Conciliador o de la conveniencia de los lugares de la S. Escriptura que repugnantes entre si parecen.* Amsterdam: Nic. de Ravensteyn/ Semuel ben Israel Soeiro, s/d [1632?]/ 5401[1641]/ 5410[1650]/ 5411 [1651]. 4 v.

_____. *De termino vitae.* Amsterdam: Menasseh ben Israel, 1639.

_____. *De creatione problemata XXX: cum summarijs singulorum problematum, & indice locorum Scripturae, quae hoc opere explicantur.* Amsterdam: Typis & Sumptibus Auctoris, 1635.

_____. *De resurrectione mortuorum.* Amsterdam: Menasseh ben Israel, 1636.

_____. *Gratulaçao em nome de sua naçaõ, ao celsissimo Principe de Orange Frederique Henrique, na sua vinda a nossa Synagoga de T. T. em companhia da serenissima Raynha Henrica Maria dignissima consorte do augustissimo Carlos Rey da grande Britannia, França, e Hibernia.* Amsterdam, 1642.

ISRAEL, Menasseh ben. *Miqveh Yisra'el, Esto es, Esperança de Israel.* Amsterdam: Samuel ben Israel Soeiro, 1650.

_____. *Esperança de Israel.* Amsterdam: Menasseh ben Israel, 5410 [1650].

MENEZES, Dom Luis (conde da Ericeira). *História de Portugal restaurado offerecida ao sereníssimo príncipe Dom Pedro, nosso senhor.* Lisboa: Officina de João Galrão, 1679. t. 1.

NUÑEZ, Hernán. *Refranes o Proverbios en romance que coligio, y glossò el Comendador Hernan Nuñez, professor de Retorica, y Griego, en la Universidad de Salamanca. Y la Filosofia Vulgar de Ivan de Mal Lara, en mil refranes glossados, que son todos los que hasta aora en castellano andan impressos.* Lerida: Luys Manescal Mercader, 1621.

SILVA, Samuel da. *Tratado da immortalidade da alma composto pelo doutor Semuel da Silva, em que também se mostra a ignorancia de certo contrariador de nosso tempo que entre outros muytos erros deu neste delirio de ter para si e publicar que a alma do homem acaba juntamente com o corpo.* Amsterdam: Paulo de Ravesteyn, 5383 [1623].

SIQUEIRA, Bento de. *Sermam, que pregou o Padre Mestre Bento de Siqueira no auto da fé, que se celebrou no Terreiro do Paço desta cidade de Lisboa em 6 de Abril do anno de 1642. Presentes suas majestades os serenissimos Reys de Portugal Dom João III & Dona Luiza, & suas Altezas o serenissimo Principe Dom Theodosio & serenissimas senhoras infantas.* Lisboa: Domingos Lopes Rosa, 1642.

UZIEL, Isaac. *Ma'aneh lashon.* Amsterdam: Menasseh ben Israel, 5387 [1627].

VARGAS, Don Thomas Tamaio. *Restauracion de la ciudad del Salvador i Baía de Todos--Sanctos, en la provincia del Brasil, por las armas de Don Philippe IV El Grande, rei catholico de las Españas i Indias.* Madri: Por la viuda de Alonso Martin, 1628.

VIEIRA, António. *Sermoens do P. Antonio Vieira da Companhia de Iesu, pregador de Sua Alteza. Primeyra parte.* Lisboa: Officina de Ioam da Costa, 1679.

_____. *Sermoens do P. Antonio Vieira da Companhia de Iesu, pregador de Sua Magestade. Sexta parte.* Lisboa: A custa de Antonio Leyte Pereira, 1690.

2. SECUNDÁRIAS

a. Eletrônicas

American Historical Review (<https://academic.oup.com/ahr>)
American Jewish Archives (<http://americanjewisharchives.org/collections/>)
Archives Portal Europe (<http://www.archivesportaleurope.net/pt>)
Arquivo Histórico Ultramarino (<http://ahu.dglab.gov.pt/>)
Arquivo Nacional da Torre do Tombo (<http://antt.dglab.gov.pt/>)
Biblioteca Brasiliana Guita e José Midlin (<https://www.bbm.usp.br/pt-br/>)
Biblioteca Digital de Castilla y León (<https://bibliotecadigital.jcyl.es>)
Biblioteca Digital Luso-Brasileira (<https://bdlb.bn.gov.br/>)

Biblioteca Digital Mundial (<https://www.wdl.org/pt/>)

Caminos de Sefarard — Red de Juderías de España (<https://redjuderias.org/>)

Cátedra de Estudos Sefarditas Alberto Benveniste (<http://www.catedra-alberto-benveniste.org>)

Center for Jewish History (<https://www.cjh.org/>)

Circulation of Knowledge and Learned Practices in the 17th-century Dutch Republic (<http://ckcc.huygens.knaw.nl/>)

Digital Bodleian (<https://digital.bodleian.ox.ac.uk/>)

Eindverslag Menasseh Ben Israel (<http://cf.uba.uva.nl/en/collections/rosenthaliana/menasseh/books.html>)

Ets Haim Bibliotheek — Manuscripts (<http://etshaimmanuscripts.nl/manuscripts/>)

Fondo Antiguo de la Universidad de Sevilla (<https://archive.org/details/bibliotecauniversitariadesevilla>)

From Mauritsstad to New Amsterdam (<http://www.siger.org/mauritsstadnewamsterdam/>)

Geemente Amsterdam Stadsarchief (<https://www.amsterdam.nl/stadsarchief>)

Guia do Brasil Holandês (<http://maturicomunicacao.com/testes/job/brasil-holandes/>)

Het Geheugen (<https://geheugen.delpher.nl/nl>)

Instituto de Estudos Brasileiros (<http://www.ieb.usp.br/>)

Instituto Histórico e Geográfico Brasileiro (<https://ihgb.org.br/>)

Jewish Encyclopedia (<http://www.jewishencyclopedia.com/>)

Jewish History (<https://www.springer.com/journal/10835>)

John Carter Brown Library (<https://jcb.lunaimaging.com>)

JSTOR (<https://www.jstor.org/>)

Morashá (<http://www.morasha.com.br/home.html>)

New Amsterdam History Center (<http://newamsterdamhistorycenter.org/>)

New Amsterdam Records (<http://nycma.lunaimaging.com/luna/servlet/NYC MA~12~12)>

NYC Department of Records & Information Services (<https://www.archives.nyc/>)

Portal Português de Arquivos (<https://portal.arquivos.pt/>)

Rede Memória (<http://acervo.redememoria.bn.br>)

Rijks Studio (<https://www.rijksmuseum.nl/en/rijksstudio>)

Studia Rosenthaliana (<https://poj.peeters-leuven.be/content.php?url=journal&journal_code=SR>)

WIC: Overgekomen brieven en papieren Brazilië (<https://www.nationaalarchief.nl/onderzoeken/index/nt00359?searchTerm=>)

b. Impressas

ABBOT, John S. C. *Peter Stuyvesant, the Last Duch Governor of New Amsterdam*. Teddington: The Eco Library, 2006.

366

ADLER, Elkan Nathan. *Documents sur les Marranes d'Espagne et Portugal sous Phillippe IV*. Paris: A. Durlacher, 1904.

_____. "A Letter of Menasseh ben Israel". *Jewish Quarterly Review*, Filadélfia, v. 16, n. 3, pp. 562-72, abr. 1904.

ALBUQUERQUE, Roberto Chacon de. "A Companhia das Índias Ocidentais: Uma sociedade anônima?". *Revista da Faculdade de Direito da Universidade de São Paulo*, São Paulo, v. 5, 2010.

ALDENBURGK, Johann Gregor. *Relação da conquista e perda da cidade do Salvador pelos holandeses em 1624-1625*. Trad. de Alfredo de Carvalho. São Paulo: Revista dos Tribunais, 1961.

ALENCASTRO, Luiz Felipe de. *O trato dos viventes: Formação do Brasil no Atlântico Sul*. São Paulo: Companhia das Letras, 2000.

ALVIM, Marília Carvalho de Mello. "Povoamento da América indígena: Questões controversas", *Clio*, UFPE, Recife, v. 1, n. 11, 1995-6. (Série Arqueológica).

ANBINDER, Tyler. *City of Dreams: The 400-Year Epic History of Immigrant New York*. Nova York: Mariner, 2016.

ASSOR, Miriam. *Judeus ilustres de Portugal*. Lisboa: A Esfera dos Livros, 2014.

AZEVEDO, Carlos A. Moreira. *Ministros do diabo: Os seis sermões de autos da fé (1586--1595) de Afonso de Castelo Branco, bispo de Coimbra*. Lisboa: Círculo de Leitores, 2018.

AZEVEDO, João Lúcio de. "Judeus portugueses na Dispersão". *Revista de História*, Porto, n. 14, pp. 105-7, 1915.

_____. *História de Antonio Vieira*. Lisboa: Clássica, 1918. 2 v.

_____. *A história dos cristãos-novos portugueses*. 3. ed. Lisboa: Clássica, 1989.

BAERS, Joannes. *Olinda conquistada*. Trad. de Alfredo de Carvalho. São Paulo: Ibrasa; Brasília: INL, 1978.

BAIÃO, António. *A Inquisição em Portugal e no Brasil: Subsídios para a sua história*. Lisboa: Arquivo Histórico Português, 1921.

_____. *Episódios dramáticos da Inquisição portuguesa*. Lisboa: Clássica, 1921.

BAIGENT, Michael; LEIGH, Richard. *A Inquisição*. Trad. de Marcos Santarrita. Rio de Janeiro: Imago, 2001.

BARLÉU, Gaspar. *História dos feitos recentemente praticados durante oito anos no Brasil*. Trad. de Cláudio Brandão. Belo Horizonte: Itatiaia; São Paulo: USP, 1974.

BARZILAY, Isaac. *Yoseph Shlomo Delmedigo, Yashar of Candia: His Life, Works and Times*. Leiden: Brill, 1974.

BENBASSA, Esther. *The Jews of France: A History from Antiquity to the Present*. Princeton: Princeton University Press, 1999.

BENTO, Cláudio Moreira. *As batalhas dos Guararapes: Descrição e análise militar*. Barra Mansa: Irmãos Drumond, 2018.

BERKVENS-STEVELINCK, Christiane (Org.). *Le Magasin de l'Univers: The Dutch Republic as the Centre of the European Book Trade*. Leiden: Brill, 1992.

BESSA-LUÍS, Agustina. *Um bicho da terra*. Lisboa: Guimarães, 1984.

BETHENCOURT, Francisco. *História das Inquisições: Portugal, Espanha e Itália*. Lisboa: Círculo de Leitores, 1994.

BODIAN, Miriam. *Hebrews of the Portuguese Nation: Conversos and Community in Early Modern Amsterdam*. Indianapolis: Indiana University Press, 1997.

BOER, Harm Den. *La literatura sefardí de Amsterdam*. Alcalá: Instituto Internacional de Estudios Sefardíes y Andalusíes/ Universidad de Alcalá, 1996.

BONTEKOE, Willem Ysbrantsz. *Memorable Description of the East Indian Voyage (1618--25)*. Londres: Routledge, 2015.

BORGER, Hans. *Uma história do povo judeu*. São Paulo: Sêfer, 1999. 2 v.

BOSI, Alfredo (Org.). *Essencial Padre Antônio Vieira*. São Paulo: Penguin Classics Companhia das Letras, 2011.

BOXER, Charles Ralph. *Os holandeses no Brasil*. Trad. de Olivério M. de Oliveira Pinto. São Paulo: Companhia Editora Nacional, 1961.

_____. *Salvador de Sá e a luta pelo Brasil e Angola (1602-1686)*. Trad. de Olivério M. de Oliveira Pinto. São Paulo: Editora Nacional, Universidade de São Paulo, 1975.

BOYAJIAN, James C. *Portuguese Bankers at the Court of Spain, 1626-1650*. New Brunswick: Rutgers University Press, 1983.

BRAGA, Isabel M. R. Mendes Drumond. "Representação, poder e espetáculo: O auto da fé". In: SILVA, Carlos Guardado da (Coord.). *Histórias das festas*. Lisboa: Colibri; Câmara Municipal de Torres Vedras, Universidade de Lisboa, 2006. pp. 177-85.

_____. *Entre duas maneiras de adorar a Deus: Os reduzidos em Portugal no século XVII*. Lisboa: Colibri, 2010.

_____. *Viver e morrer nos cárceres do Santo Ofício*. Lisboa: A Esfera dos Livros, 2015.

BRENNER, Michael. *Breve história dos judeus*. Trad. para o inglês de Jeremiah Riemer. Trad. para o português de Marcelo Brandão Cipolla. São Paulo: Martins Fontes, 2013.

BREDA, Daniel Oliveira. *Vicus Judaeorum: Os judeus e o espaço urbano no Recife neerlandês (1630-1654)*. Natal: Universidade Federal do Rio Grande do Norte, 2007. Dissertação (Mestrado em História).

BROTTON, Jerry. *História do mundo em 12 mapas*. Trad. de Jaime Araújo. Lisboa: Edições 70, 2019.

BROWN, Jeremy. *New Heavens and a New Earth: The Jewish Reception of Copernican Trough*. Oxford: Oxford University Press, 2013.

BRUNI, Flavia; PETTEGREE, Andrew. *Lost Books: Reconstructing the Print World of Pre--Industrial Europe*. Leiden: Brill, 2016.

BURKE, Peter. *Venecia y Amsterdam: Estudios sobre las elites del siglo XVII*. Trad. de Alberto L. Bixio. Barcelona, Gedisa, 1994.

_____. *Perdas e ganhos: Exilados e expatriados na história do conhecimento na Europa e nas Américas, 1500-2000*. Trad. de Renato Prelorentzou. São Paulo: Editora Unesp, 2017.

BURROWS, Edwin G.; WALLACE, Mike. *Gotham: A History of New York City to 1898*. Nova York: Oxford University Press, 1999.

CALADO, Frei Manuel. *O valeroso Lucideno e Triunfo da liberdade*. São Paulo: Cultura, 1945. 2 v.

CAMERON, Euan (Org.). *The New Cambridge History of the Bible from 1450 to 1750*. Cambridge: Cambridge University Press, 2016.

CAMÕES, Luis de. *Obras completas, correctas e emendadas pelo cuidado e diligência do Dr. José Victorino Barreto Feio e José Gomes Monteiro*. Lisboa; Paris: Baudry, 1843.

CARNEIRO, Maria Luiza Tucci. *Dez mitos sobre os judeus*. São Paulo: Ateliê, 2014.

CARTAS NASSOVIANAS. "Correspondência do conde João Maurício de Nassau, Governador do Brasil Hollandez, com os Estados Gerais (1637-1646)". Trad. de Alfredo de Carvalho. *Revista do Instituto Archeologico e Geographico Pernambucano*, Recife, 1902. v. LVI.

CASANOVAS, C. F. de Freitas. *Provérbios e frases proverbiais do século XVI*. Brasília: Ministério da Educação e Cultura/ Instituto Nacional do Livro, 1973.

CASCUDO, Luís da Câmara. *Geografia do Brasil holandês*. Rio de Janeiro: José Olympio, 1956.

_____. *Mouros, franceses e judeus: Três presenças no Brasil*. São Paulo: Global, 2001.

CHANTAL, Suzanne. *A vida quotidiana em Portugal ao tempo do terramoto*. Lisboa: Livros do Brasil, 2005.

CHAUI, Marilena. *Espinosa: Uma filosofia da liberdade*. 2. ed. São Paulo: Moderna, 2005.

COELHO, António Borges. *Clérigos, mercadores, "judeus" e fidalgos*. Lisboa: Caminho, 1994.

_____. *Cristãos-novos judeus e os novos argonautas*. Lisboa: Caminho, 1998.

_____. *Inquisição de Évora: Dos primórdios a 1688*. Lisboa: Caminho, 1987. 2 v.

_____. *História de Portugal: Da restauração ao ouro do Brasil*. Lisboa: Caminho, 2017. v. 4.

COELHO, Duarte de Albuquerque. *Memórias diárias da guerra do Brasil*. São Paulo: Beca, 2003.

COHEN, Robert. "Memoria para os siglos futuros: Myth and Memory on the Beginnings of the Amsterdam Sephardi Community". *Jewish History*, v. 2, n. 1, primavera 1987. Disponível em: <https://link.springer.com/journal/10835/2/1>. Acesso em: 14 set. 2020.

CORRSIN, D. Stephen; SEIGEL, Amanda; BENSON, Kenneth C. *Jews in America: From New Amsterdam to the Yiddish Stage*. Nova York: New York Public Library, 2012.

COSTA, Regina de Carvalho Ribeiro da. *Ambivalências brasílicas em face do domínio holandês nas capitanias do Norte (1630-1654)*. Niterói: PPGH-UFF, 2018. Tese (Doutorado em História).

COSTA, Uriel da. *Examination of Pharisaic Traditions*. Trad., notas e introdução de Herman Prins Salomon e I. S. D. Sassoon. Leiden: Brill, 1993.

COSTA E SILVA, Alberto da. *A manilha e o libambo: A África e a escravidão de 1500 a 1770*. Rio de Janeiro: Nova Fronteira, 2011.

DALY, Charles P. *The Settlement of the Jews in North America*. Nova York: P. Cowen, 1893.

DESCARTES, René. *The Philosophical Writings of Descartes*. Cambridge: Cambridge University Press, 1991. v. III: *The Correspondence*.

DIÁRIO ou breve discurso acerca da rebelião e dos pérfidos desígnios dos portugueses do Brasil, descobertos em julho de 1645, e do mais que se passou até 28 de abril de 1647. Anônimo. Recife: *Revista do Instituto Arqueológico, Histórico e Geográfico Pernambucano*, Recife, v. 4, n. 32, pp. 121-225, 1887.

DINES, Alberto. *O baú de Abravanel: Uma crônica de sete séculos até Silvio Santos*. 2. ed. São Paulo: Companhia das Letras, 1990.

_____. *Vínculos do fogo*. São Paulo: Companhia das Letras, 1992.

DOCUMENTAÇÃO ULTRAMARINA PORTUGUESA. Lisboa: Centro de Estudos Históricos Ultramarinos, 1962. v. 2.

DONATO, Hernâni. *Dicionário das batalhas brasileiras: Dos conflitos com indígenas às guerrilhas políticas urbanas e rurais*. São Paulo, 1987.

DONCK, Adriaen van der. *A Description of New Netherland*. Lincoln: University of Nebraska Press, 2008.

DUARTE, Cláudia Sofia Nunes. "Judeus portugueses em Amesterdão no século XVII: Fluxos de emigração e níveis da integração". In: Encontros de Primavera, 2018, Porto. *Omni Tempore: Atas Encontros de Primavera 2018*. Porto: Faculdade de Letras da Universidade do Porto, 2019. p. 265.

EISENBERG, Ronald L. *Essential Figures in Jewish Scholarship*. Maryland: Jason Aronson, 2014.

ELLIS, Edward Robb. *The Epic of New York City*. Nova York: Basic, 2005.

EMÉRICO, Nicolau. *O manual dos inquisidores*. Trad. de Manuel João Gomes. Lisboa: Afrodite, 1972.

ESCUDERO, José Antonio. *Los secretários de Estado y del Despacho (1474-1724)*. Madri: Instituto de Estudios Administrativos, 1976. 4 v.

FAIGUENBOIM, Guilherme; VALADARES, Paulo; CAMPAGNANO, Anna Rosa. *Dicionário sefaradi de sobrenomes: Inclusive cristãos-novos, conversos, marranos, italianos, berberes e sua história na Espanha, Portugal e Itália*. São Paulo: Fraiha, 2003.

FLABEL, Nachman. *Judeus no Brasil: Estudos e notas*. São Paulo: Edusp, 2008.

FARINHA, Maria do Carmo Jasmins Dias. *Os arquivos da Inquisição*. Lisboa: Arquivo Nacional da Torre do Tombo, 1990.

FEBVRE, Lucien. *O aparecimento do livro*. Trad. de Fulvia M. L. Moretto; Guacira Marcondes Machado. São Paulo: Edusp, 2017.

FERNANDES, Joaquim. *O grande livro dos portugueses esquecidos*. Lisboa: Círculo de Leitores; Temas e Debates, 2008.

FERNOW, Berthold (Org.). *The Records of New Amsterdam from 1653 to 1674 Anno Domini*. Nova York: Knickerbocker, 1897. v. 1: *Minutes of the Court of Burgomasters and Schepens: 1653-1655)*.

FERRÃO, Cristina; SOARES, José Paulo Monteiro (Orgs.). *Brasil holandês: Dezessete cartas de Vicente Joaquim Soler*. Rio de Janeiro: Index, 1999.

FONER, Philip S. *The Jews in American History*. Nova York: International, 1945.

FONTES, João Luís Inglês et al. (Coords.). *Lisboa medieval: Gentes, espaços e poderes.* Lisboa: Instituto de Estudos Medievais, 2017.

FRADE, Florbela Veiga. "Formas de vida e religiosidade na diáspora: As esnogas ou casas de culto: Antuérpia, Roterdão e Hamburgo (séculos XVI e XVII)", *Cadernos de Estudos Sefarditas*, Lisboa, n. 7, pp. 185-219, 2007.

FRANÇA, Eduardo d'Oliveira. "Um problema: A traição dos cristãos-novos em 1624". *Revista de História*, São Paulo: USP, v. 41, n. 83, pp. 21-71, 1970.

FRANÇA, Jean Marcel Carvalho; HUE, Sheila. *Piratas no Brasil: As incríveis histórias dos ladrões dos mares que pilharam nosso litoral.* São Paulo: Globo, 2014.

FRANCO, José Eduardo; ASSUNÇÃO, Paulo de. *As metamorfoses de um polvo: Religião e política nos regimentos da Inquisição portuguesa (séc. XVI-XIX).* Lisboa: Prefácio, 2004.

_____; CALAFATE, Pedro (Dir.). *Padre António Vieira: Escritos sobre os judeus e a Inquisição.* Lisboa: Temas e Debates, 2015.

FREIRE, Francisco de Brito. *Nova Lusitânia: História da guerra brasílica.* São Paulo: Beca, 2001.

FUKS, Lajb; FUKS-MANSFIELD, Renate G. *Hebrew Typography in the Northern Netherlands (1585-1815).* Leiden: Brill, 1987.

GALINDO, Marcos (Org.). *Viver e morrer no Brasil holandês.* Recife: Fundação Joaquim Nabuco; Massangana, 2007.

GARCIA, Rodolfo (Org.). *Documentos holandeses.* Brasília: Ministério da Educação e Saúde, 1945. v. 1.

GAUKROGER, Stephen. *Descartes: Uma biografia intelectual.* Trad. de Vera Ribeiro. Rio de Janeiro: Contraponto, Eduerj, 1999.

GEBHARDT, Carl. *Die Schriften des Uriel da Costa.* Amsterdam: M. Hertzberger, 1922.

GIEBELS, Daniel Norte. *A Inquisição de Lisboa (1537-1579).* Lisboa: Gradiva, 2018.

GINZBURG, Carlo. *O fio e os rastros: Verdadeiro, falso, fictício.* Trad. de Rosa Freire d'Aguiar e Eduardo Brandão. São Paulo: Companhia das Letras, 2007.

_____. *O queijo e os vermes: O cotidiano e as ideias de um moleiro perseguido pela Inquisição.* Trad. de Maria Betânia Amoroso. São Paulo: Companhia das Letras, 2006.

GODDARD, Ives. "The Origin and Meaning of the Name Manhattan", *The New York History*, Nova York, v. 92, n. 4, pp. 277-93, outono 2010.

GOLDMAN, Shalom (Org.). *Hebrew and the Bible in America: The First Two Centuries.* Londres; Hanover: University of New England Press, 1993.

GOUDRIAN, Aza; LIEBURG, Fred van. *Revisiting the Synod of Dordt (1618-1619).* Leiden: Brill, 2011.

GRAETZ, Heinrich. *History of the Jews.* Nova York: Cosimo, 2009. v. IV: *From the Rise of the Kabbala (1270 C.E.) to the Permanent Settlement of the Marranos in Holland (1618 C.E.).*

GRIFFEY, Erin (Org.). *Henrietta Maria: Piety, Politics and Patronage. Women and Gender in the Early Modern World.* Aldershot: Ashgate, 2008.

GROESEN, Michiel van. "Dierick Ruiters's Manuscript Maps and the Birth of the Dutch Atlantic", *Imago Mundi*, Londres, v. 71, n. 1, pp. 34-50, 2019.

GURIAN, Gabriel. "'Quebrantados, na ociosidade e na intemperança': Devassidão, bebedeira e indisciplina entre os holandeses durante sua conquista de Salvador (1624--1625). *Brasiliana: Journal for Brazilian Studies*, v. 6, n. 1, dez. 2017.

GUTLICH, George Rembrandt. *Arcádia nassoviana: Natureza e imaginário no Brasil holandês*. São Paulo: Annablume, 2005.

GUTZKOW, Karl. *Uriel Acosta*. Londres: Kegan Paul, Trench & Company, 1885.

HAGGER, Nicholas. *A história secreta do Ocidente: A influência das organizações secretas, a história ocidental da Renascença ao século XX*. Trad. de Carlos Salum e Ana L. Franco. São Paulo: Cultrix, 2010.

HAJSTRUP, Peter Hansen. *Viagem ao Brasil (1644-1654): Diário de um soldado dinamarquês a serviço da Companhia das Índias Ocidentais*. Trad. de Benjamin Nicolaas Teensma. Recife: Cepe, 2016.

HALDANE, Elizabeth S. *Descartes: His Life and Times*. Londres: Murray, 1905.

HARLINE, Craig E. *Pamphlets, Printing, and Political Culture in the Early Dutch Republic*. Boston: Martinus Nijhoff, 1987.

HERCULANO, Alexandre. *História da origem e estabelecimento da Inquisição em Portugal*. Lisboa: Bertrand, 1975. 3 v.

HERSHKOWITZ, Leo. "New Amsterdam's Twenty-Three Jews: Myth or Reality?". In: GOLDMAN, Shalom (Org.). *Hebrew and the Bible in America*. Hanover, Londres: University of New England Press, 1993. pp. 171-85.

HOBSBAWM, Eric; RANGER, Terence. *A invenção das tradições*. Trad. de Celina Cardim Cavalcante. Rio de Janeiro: Paz e Terra, 1983.

HOMBERGER. Eric. *The Historical Atlas of New York City: A Visual Celebration of Nearly 400 Years of New York City's History*. Nova York: Holt Paperbacks, 2005.

HÜHNER, Leon. "Whence Came the First Jewish Settlers of New York?". *Publications of the American Jewish Historical Society*, Nova York, n. 9, pp. 75-85, 1901.

HUTTER, Lucy Maffei. *Navegação nos séculos XVII e XVIII: Rumo: Brasil*. São Paulo: Edusp, 2005.

HUTZ, Ana. *Homens de nação e de negócio: Redes comerciais no mundo ibérico (1580--1640)*. São Paulo: FFLCH-USP, 2014. Tese (Doutorado em História).

ISRAEL, Jonathan I. *Empires and Entrepots: The Dutch, the Spanish Monarchy and the Jews (1585-1713)*. Londres: Hambledon, 1990.

_____. *The Dutch Republic: Its Rise, Greatness, and Fall (1477-1806)*. Nova York: Clarendon, 1995.

JACOBS, Jaap. *The Colony of New Netherland: A Dutch Settlement in Seventeenth-Century America*. Ithaca: Cornell University Press, 2009.

JAMESON, John Franklin. *Narratives of New Netherland 1609-1664*. Nova York: Charles Scribner's Sons, 1909.

JOFFE, Lawrence. *A história épica do povo judeu*. Trad. de Monica Rosemberg. São Paulo: M. Books, 2017.

JORDAN-GSCHWEND, Annemarie; LOWE, K. J. P. *A cidade global: Lisboa no Renascimento*. Lisboa: Casa da Moeda, 2017.

JOURDIN, Michel Mollat du. *A Europa e o mar*. Trad. de Maria Cândida Bulhões. Lisboa: Presença, 1995.

KAMEN, Henry. *A Inquisição na Espanha*. Trad. de Leônidas Gontijo de Carvalho. Rio de Janeiro: Civilização Brasileira, 1966.

KAUFMAN, Tânia Neumann. *A presença judaica em Pernambuco*. Recife: Edição do autor, 2001.

KAPLAN, Paul M. *Jewish New York: A History and Guide to Neighborhoods, Synagogues, and Eateries*. Gretna: Pelican, 2015.

KAPLAN, Yosef; MÉCHOULAN, Henry; POPKIN, Richard H (Orgs.). *Menasseh ben Israel and his World*. Leiden: E. J. Brill, 1989.

_____. *Judíos nuevos em Amsterdam: Estudio sobre la historia social e intelectual del judaísmo sefardí en el siglo XVII*. Barcelona: Gedisa, 1966.

_____. *Religious Changes and Cultural Transformations in the Early Modern Western Sephardic Communities*. Leiden: Brill, 2019.

_____. *The Dutch Intersection: The Jews and the Netherlands in Modern History*. Leiden: Brill, 2008.

KAYSERLING, Meyer. *Biblioteca española-portugueza-judaica: Dictionnaire bibliographique des auteurs juifs, de leurs ouvrages espagnols et portugais et des oeuvres sur et contre les Juifs et le Judaïsme*. Estrasburgo: Charles J. Trubner, 1890.

_____. *História dos judeus em Portugal*. Trad. de Gabriele Borchardt Corrêa da Silva e Anita Novinsky. São Paulo: Perspectiva, 2009.

KLOOSTER, Win. *The Dutch Moment: War, Trade, and Settlement in The Seventeenth--Century Atlantic World*. Ithaca: Cornell University Press, 2016.

KOHLER, Max J. "Beginnings of New York Jewish History". *Publications of the American Jewish Historical Society*, Nova York, n. 1, pp. 41-8, 1893.

_____. "Civil Status of the Jews in Colonial New York". *Publications of the American Jewish Historical Society*, Nova York, n. 6, pp. 81-106, 1897.

KRAUSKOPF, Joseph. "The Jewish Pilgrim Fathers". *Publications of the American Jewish Historical Society*, n. 14, pp. 121-30, 1906.

KROMHOUT, David; OFFENBERG, Adri. *Hugo Grotius's Remonstrantie of 1615: Facsimile, Transliteration, Modern Translations and Analysis*. Leiden: Brill, 2019.

LAET, Joannes de. "Historia ou annaes dos feitos da Companhia Privilegiada das Índias Ocidentais desde o seu começo até o fim de 1636". *Annaes da Bibliotheca Nacional do Rio de Janeiro*, Rio de Janeiro, v. xxx, pp. 1-165, 1908.

_____. *Roteiro de um Brasil desconhecido*. Trad. de B. N. Teensma. Petrópolis: Kapa, 2007.

LEIVA, Jesús Galisteo. *El Concilio de Elvira: El cristianismo primitivo hispano a través de sus cánones*. Córdoba: Almuzara, 2018.

LEVI, Joseph Abraham, "Peregrinações sefarditas: Intercâmbios culturais: 1492-1919". Lisboa: Curso de verão Universidade de Lisboa, 16 jun./16 jul. 2003. Disponível em: <https://www.researchgate.net/publication/286626020>. Acesso em: 15 set. 2020.

LEVY, Daniela. *De Recife para Manhattan: Os judeus na formação de Nova York*. São Paulo: Planeta, 2018.

LEVY, Mishel. *Em ladino*. São Paulo: Edicon, 1993.

LEVY, Solomon. "Menasseh Ben Israel's Marriage Banns". *Transactions of the Jewish Historical Society of England*, Londres, v. 10, pp. 254-7, 1924.

LIMA, Luis Filipe Silverio. "Aproximações para uma história do conceito de esperança nas expectativas milenaristas do século XVII: Esperança de Israel, Esperanças de Portugal e Door of Hope". *O que nos faz pensar*, Rio de Janeiro: PUC-RIO, v. 26, n. 41, pp. 75-106, fev. 2018.

LINS, André Gustavo da Silva Bezerra. *Representações de identidades da Cidade Necessária (modelos e configurações urbanas distintas) na iconografia do Recife colonial*. São Paulo: FAU-USP, 2011. Tese (Doutorado em Arquitetura e Urbanismo).

LIPINER, Elias. *Santa Inquisição: Terror e linguagem*. Rio de Janeiro: Documentário, 1977.

_____. *O tempo dos judeus segundo as ordenações do reino*. São Paulo: Secretaria de Estado da Cultura; Nobel, 1982.

_____. *Izaque de Castro: O mancebo que veio preso do Brasil*. Recife: Massangana, 1992.

LUCIANI, Fernanda Trindade. *Munícipes e escabinos: Poder local e guerra de restauração no Brasil holandês (1630-54)*. São Paulo: Alameda, 2012.

LUND, Christopher. "António Vieira e Menasseh ben Israel: Uma aproximação entre dois hermeneutas". *Veredas*, Coimbra, Universidade de Coimbra, n. 2, pp. 79-84, 1999.

MARCOCCI, Giuseppe; PAIVA, José Pedro. *História da Inquisição portuguesa*. 2. ed. Lisboa: A Esfera dos Livros, 2016.

MARCUS, Jacob Rader. *The Periodization of American Jewish History*. Cincinnati: American Jewish Archives, 1958.

MARTINS, Guilherme d'Oliveira; PAIVA, José Pedro; PINHO, Joana Balsa de (Orgs.). *Padre Antônio Vieira: Escritos sobre os judeus e a Inquisição*. Lisboa: Temas e Debates, 2015.

MARX, Robert F. *The Capture of the Treasure Fleet: The Story of Piet Heyn*. Nova York: McKay, 1977.

MATTOS, Yllan de. *A Inquisição contestada: Críticos e críticas ao Santo Ofício português (1605-1681)*. Rio de Janeiro: Mauad; Faperj, 2014.

MATTOSO, José (Dir.); MONTEIRO, Nuno Gonçalo. *História da vida privada em Portugal*. *A Idade Moderna*. Lisboa: Círculo de Leitores, 2011.

_____. (Dir.); SOUSA, Bernardo Vasconcelos e. *História da vida privada em Portugal: A Idade Média*. 2. ed. Lisboa: Círculo de Leitores, 2011.

MELAMMED, Renée Levine. *A Question of Identity: Iberian Conversos in Historical Perspective*. Nova York: Oxford University Press, 2004.

MELLO, Evaldo Cabral de. *O Brasil holandês*. São Paulo: Companhia das Letras, 2016.

_____. *Nassau*. São Paulo: Companhia das Letras, 2006.

_____. *Olinda restaurada: Guerra e açúcar no Nordeste (1630-1654)*. 3. ed. São Paulo: Ed. 34, 2007.

_____. *Rubro veio: O imaginário da restauração pernambucana*. 3. ed. São Paulo: Alameda, 2008.

_____. *O nome e o sangue*. São Paulo: Companhia das Letras, 2009.

_____. *O bagaço da cana*. São Paulo: Companhia das Letras, 2012.

_____. *A educação pela guerra*. São Paulo: Penguin Companhia das Letras, 2014.

_____. *O negócio do Brasil: Portugal, os Países Baixos e o Nordeste (1641-1669)*. Rio de Janeiro: Capivara, 2015.

MELLO, Francisco Manuel de. *Restauração de Pernambuco: Epanáfora triunfante e outros escritos*. Recife: Secretaria do Interior, 1944.

MELLO, José Antônio Gonsalves de (Org.). *Confissões de Pernambuco, 1594-95: Primeira visitação do Santo Ofício às partes do Brasil*. Recife: UFPE, 1970.

_____. *Tempo dos flamengos: Influência da ocupação holandesa na vida e na cultura do Norte do Brasil*. Recife: Banco do Nordeste, 1979.

_____ (Org.). *Fontes para a história do Brasil holandês*. Recife: Cepe, Parque Histórico Nacional dos Guararapes, 1981. 2 v.

_____. *Gente da nação: Cristãos-novos e judeus em Pernambuco, 1542-1654*. Recife: Massangana, 1990.

_____. "Os livros das saídas das urcas do porto do Recife, 1595-1605". *Revista do Instituto Arqueológico, Histórico e Geográfico Pernambucano*, Recife, n. 58, pp. 21-143, 1993.

_____. *João Fernandes Vieira: Mestre de campo do Terço de Infantaria de Pernambuco*. Lisboa: CEHA, 2000.

_____. *Testamento do general Francisco Barreto de Menezes/ A cartografia holandesa do Recife/ A rendição dos holandeses no Recife (1654)*. Recife: Cepe, 2017.

MENDES, David Franco. *Memórias do estabelecimento e progresso dos judeus portugueses e espanhóis nesta famosa cidade de Amsterdam*. Ed. fac-sim. Lisboa: Távola Redonda, 1990.

MENDES, Maria Lucia; MENEZES, José Luiz Mota; GALINDO, Marco. *Eu, Maurício: Os espelhos de Nassau*. Recife: Instituto Cultural Bandepe, 2004.

MENEZES, José Luiz da Mota. *Atlas histórico cartográfico do Recife*. Recife: Fundação Joaquim Nabuco, 1988.

_____. *A recriação do Paraíso: Judeus e cristãos-novos em Olinda e no Recife nos séculos XVI e XVII*. Recife: Cepe, 2015.

MEUWESE, Mark. *Brothers in Arms, Partners in Trade: Dutch-Indigenous Alliances in the Atlantic World, 1595-1674*. Leiden: Brill, 2012.

MICHEL, Émile; CHARLES, Victoria. *The Brueghels*. Nova York: Parkstone, 2012.

MIERT, Dirck van. *Humanism in an Age of Science: The Amsterdam Athenaeum in the Golden Age (1632-1704)*. Leiden: Brill, 2009.

MOLHUYSEN, Philip Christiaan; BLOK, Petrus Johannes. *Nieuw Nederlandsch biografisch woordenboek*. Leiden: AW Sijthoff, 1911-37.

MOREAU, Pierre; BARO, Roulox. *História das últimas lutas no Brasil entre holandeses e portugueses e Relação da viagem ao país dos tapuias*. Trad. de Lêda Boechat Rodrigues. Belo Horizonte: Itatiaia; São Paulo: Edusp, 1979.

MOREIRA, António Joaquim. *História dos principais actos e procedimentos da Inquisição portuguesa*. Lisboa: Imprensa Nacional, 1980.

MORTERA, Saul Levi. *Tratado da verdade da Lei de Moisés escrito pelo seu próprio punho em português em Amesterdão (1659-1660)*. Ed. fac-sim. do autógrafo (1959). Introd. e notas de Herman Prins Salomon. Coimbra: Universidade de Coimbra, 1988.

MUCZNIK, Lúcia Liba et al. *Dicionário do judaísmo português*. Lisboa: Presença, 2009.

MUHANA, Adma. *Uriel da Costa e a nação portuguesa: Edição diplomática e estudo do Exame das tradições fariseias*. São Paulo: Humanitas, Fapesp, 2016.

MUHLSTEIN, Anka. *A ilha prometida: A história de Nova York do século XVII aos nossos dias*. Trad. de Júlio Castañon Guimarães. São Paulo: Companhia das Letras, 1991.

NADLER, Steven. *Menasseh ben Israel: Rabbi of Amsterdam*. Londres: Yale University Press, 2018.

NAVARRETE, Martín Fernández de; CAMACHO, Juan Francisco; MONTALBAN, Juan Manuel. *Colección de documentos inéditos para la historia de España*. Madri, 1842-4.

NELLEN, Henk. *Hugo Grotius: A Lifelong Struggle for Peace in Church and State (1583--1644)*. Leiden: Brill, 2014.

NEME, Mário. *Fórmulas políticas no Brasil holandês*. São Paulo: Edusp, 1971.

NETANYAHU, Benzion. *Dom Isaac Abravanel: Estadista e filósofo*. Trad. de Isaías Hipólito. Coimbra: Tenacitas, 2012.

NETSCHER, Pieter Marinus. *Os holandeses no Brasil*. Trad. de Mário Sette. São Paulo: Companhia Editora Nacional, 1942.

NIEUHOF, Joan. *Memorável viagem marítima e terrestre ao Brasil*. Trad. de Moacir N. Vasconcelos. São Paulo: Martins, 1942.

NOVINSKY, Anita Waingort et al. *Os judeus que construíram o Brasil: Fontes inéditas para uma nova visão da história*. São Paulo: Planeta, 2015.

_____. *Inquisição: Prisioneiros do Brasil*. São Paulo: Perspectiva, 2009.

_____. *Viver nos tempos da Inquisição*. São Paulo: Perspectiva, 2018.

OPPENHEIM, Samuel. "The Early History of the Jews in New York, 1654-1664". *Publications of the American Jewish Historical Society*, Nova York, n. 18, pp. 1-91, 1909.

ORFALI, Moisés. *Isaac Aboab da Fonseca: Jewish Leadership in the New World*. Brigthon: Sussex Academic Press, 2010.

OSIER, Jean-Pierre. *D'Uriel da Costa à Spinoza*. Paris: Berg International, 1983.

PEREIRA, Isaías da Rosa. "Notas sobre a Inquisição em Portugal no século XVI". *Lusitania Sacra*, Lisboa, v. 10, pp. 259-300, 1978.

_____. "O que era um auto da fé: Revisão de um problema histórico. *Anais da Academia Portuguesa de História*, Lisboa, v. 33, pp. 283-316, 1993. (2. série).

PEREIRA, Isaías da Rosa. *A Inquisição em Portugal. Séculos XVI-XVII. Período filipino.* Lisboa: Vega, 1993.

PETTEGREE, Andrew; WEDUWEN, Arthur der. *The Bookshop of the World: Making and Trading Books in the Dutch Golden Age.* Londres: Yale University Press, 2019.

PISO, Guilherme. *História natural e médica da Índia Ocidental.* Trad. de Mario Lobo Leal. Rio de Janeiro: MEC, 1957.

POOL, Tamar de Sola. *An Old Faith in the New World: Portrait of Shearith Israel, 1654--1954.* Nova York: Columbia University Press, 1955.

POSSAMAI, Paulo César (Org.). *Conquistar e defender: Portugal, Países Baixos e Brasil.* São Leopoldo: Oikos, 2012.

PROIETTI, Omero. *Uriel da Cosa e l'Exemplar humanae vitae.* Macerata: Quodlibet, 2005.

PUDSEY, Cuthbert. *Diário de uma estada no Brasil.* Trad. de Nelson Papavero e Dante Martins Teixeira. Petrópolis: Index, 2001.

RAYMOND, Joad; MOXHAM, Noah. *News Networks in Early Modern Europe.* Leiden: Brill, 2016.

RECH, Adelheid. "Constantijn Huygens, Lord of Zuilichem". *Essential Vermeer.* Disponível em: <http://www.essentialvermeer.com/history/huygens.html>. Acesso em: 15 set. 2020.

REMÉDIOS, J. Mendes dos. "Costumes judaicos descritos por um converso". *Biblos*, Coimbra, v. III, pp. 18-29, 1927.

_____. *Os judeus portugueses em Amsterdam.* Coimbra: F. França Amado, 1911.

RIBEMBOIM, José Alexandre. *Senhores de engenho: Judeus em Pernambuco colonial (1542-1654).* Recife: Edição do autor, 2000.

RICHSHOFFER, Ambrosio. *Diário de um soldado da Companhia das Índias Ocidentais.* Trad. de Alfredo de Carvalho. Recife: Laemmert, 1897.

RIJO, Delminda Maria Miguéns. "Palácio dos Estaus de Hospedaria Real a Palácio da Inquisição e Tribunal do Santo Ofício". *Cadernos do Arquivo Municipal*, Lisboa, v. 2, n. 5, pp. 19-49, jun. 2016.

ROCK, Howard B. *Haven of Liberty: New York Jews in the New World, 1654-1865.* Nova York: NYU Press, 2015.

RODRIGUES, José Honório; RIBEIRO, Joaquim. *Civilização holandesa no Brasil.* São Paulo: Companhia Editora Nacional, 1940.

ROTH, Cecil. *A History of the Marranos.* Skokie: Varda, 2001.

ROWEN, Herbert H. *The Princes of Orange: The Stadholders in the Dutch Republic.* Nova York: Cambridge University Press, 1988.

RUITERS, Dierick. "A tocha da navegação". Trad. de J. de Sousa Leão Filho. *Revista do Instituto Histórico e Geográfico Brasileiro*, Rio de Janeiro, n. 269, pp. 3-84, 1965.

SACHAR, Howard M. *A History of the Jews in America.* Nova York: Vintage, 1992.

SALOMON, Herman Prins. "La Vraie excommunication de Spinoza". *Forum Litteratum*, Amsterdam, n. 28, pp. 181-99, 1984.

_____. "The Portuguese Background of Menasseh Ben Israel's Parents as Revealed through the Inquisitorial Archive at Lisbon". *Studia Rosenthaliana*, Assen, v. 17, n. 2, pp. 105-46, jul. 1983.

SALOMON, Herman Prins. *Os primeiros portugueses de Amesterdão: Documentos do Arquivo Nacional da Torre do Tombo, 1595-1606*. Lisboa: Barbosa & Xavier, 1983.

SANTIAGO, Diogo Lopes. *História da guerra de Pernambuco*. Recife: Cepe, 2004.

SAPERSTEIN, Marc. *Exile in Amsterdam: Saul Levi Morteira's Sermons to a Congregation of "New Jews"*. Detroit: Hebrew Union College, 2005.

SARAIVA, António José. *Inquisição e cristãos-novos*. 3. ed. Porto: Inova, 1969.

SCHALKWIJK, Frans Leonard. *Igreja e Estado no Brasil holandês*. Recife: Fundarpe, 1986.

SCHAMA, Simon. *A história dos judeus: À procura das palavras (1000 a.C.-1492 d.C.)*. Trad. de Donaldson M. Garschagen. São Paulo: Companhia das Letras, 2015.

_____. *A história dos judeus: Pertença (1492-1900)*. Trad. de Pedro Garcia Rosado. Lisboa: Círculo de Leitores, Temas e Debates, 2018.

_____. *O desconforto da riqueza: A cultura holandesa na Época de Ouro*. Trad. de Hildegard Feist. São Paulo: Companhia das Letras, 1992.

SCHEINDLIN, Raymond P. *História ilustrada do povo judeu*. Trad. de Miriam Groeger. Rio de Janeiro: Ediouro, 2003.

SCHIAPPA, Bruno. *A dimensão teatral do auto da fé*. Lisboa: Colibri, 2018.

SCHREUDER, Yda. *Amsterdam's Sephardic Merchants and the Atlantic Sugar Trade in the Seventeenth Century*. Newark: University of Delaware Press, 2019.

SCHUCHARD, Marsha Keith. *Restoring the Temple of Vision: Cabalistic Freemasonry and Stuart Culture*. Leiden: Brill, 2002.

SCHUMAHER, Maria Aparecida. *Dicionário mulheres do Brasil: De 1500 até a atualidade*. São Paulo: Zahar, 2000.

SCHWARTZ, Stuart B. *Segredos internos: Engenhos e escravos na sociedade colonial (1550-1835)*. Trad. de Laura Teixeira Mota. São Paulo: Companhia das Letras, 1988.

SCLIAR, Moacyr. *Da Bíblia à psicanálise: Saúde, doença e medicina na cultura judaica*. Rio de Janeiro: ENSP-Fiocruz, 1999. Tese (Doutorado em Saúde Pública).

SHORTO, Russell. *The Island at the Center of the World: The Epic Story of Dutch Manhattan and the Forgotten Colony That Shaped America*. Nova York: Vintage, 2004.

SILVA, Janaína Guimarães da Fonseca. *Cristãos-novos no negócio da capitania de Pernambuco: Relacionamentos, continuidades e rupturas nas redes de comércio entre os anos de 1580 e 1630*. Recife: CFCH: Uepe, 2012. Tese (Doutorado em História).

SILVA, Kleber Clementino da. *Política e historiografia nas narrativas luso-castelhanas seiscentistas da guerra holandesa no Atlântico Sul*. Recife: CFCH: UEPE, 2016. Tese (Doutorado em História).

SILVA, Leonardo Dantas. *Holandeses em Pernambuco*. 2. ed. Recife: Caleidoscópio, 2011.

_____. "O misterioso Jacob Tirado de Amsterdã". *Diário de Pernambuco*, Recife: 23 de jul. 2020. Disponível em: <https://www.diariodepernambuco.com.br/noticia/

opiniao/2020/07/o-misterioso-jacob-tirado-de-amsterda.html>. Acesso em: 14 set. 2020.

SILVA, Marco Antônio Nunes da. *O Brasil holandês nos Cadernos do promotor: Inquisição de Lisboa, século XVII.* São Paulo: FFLCH, 2003. Tese (Doutorado em História).

SILVA, Renán. *Lugar de dúvidas: Sobre a prática da análise histórica, Breviário de inseguranças.* Trad. de Cristina Antunes. Belo Horizonte: Autêntica, 2015.

SILVA, Samuel da. *Tratado da imortalidade da alma.* Fix. do texto, pref. e notas de Pinharanda Gomes. Lisboa: Imprensa Nacional, Casa da Moeda, 1982.

SMITH, Stephen A. *Freedom of Religion: Foundational Documents and Historical Arguments.* Oxford, Cambridge, Fayetteville: Oxbridge Research Associates, 2017.

SOMBART, Werner. *Os judeus e a vida econômica.* Trad. de Nélio Schneider. São Paulo: Editora Unesp, 2014.

SOUSA, Rogério. *Talmud: A tradição dos anciãos.* Goiânia: Edição do autor, 2013.

SOUTHEY, Robert. *História do Brasil.* Trad. de Luís Joaquim de Oliveira e Castro. Brasília: Senado Federal, 2010. v. 1.

SOYER, François. *A perseguição aos judeus e muçulmanos de Portugal: D. Manuel I e o fim da tolerância religiosa (1496-1497).* Trad. Jaime Araújo. Lisboa: Edições 70, 2013.

STEINBERG, Ted. *Gotham Unbound: An Ecological History of Greater New York.* Nova York: Simon & Schuster, 2014.

SWETSCHINSKI, Daniel M. *Reluctant Cosmopolitans: The Portuguese Jews of Seventeenth-Century Amsterdam.* Londres: Littman Library of Jewish Civilization, 2000.

TAVARES, Maria José Ferro. *Os judeus em Portugal no século XIV.* Lisboa: Guimarães, 2000.

TEENSMA, Benjamin Nicolaas. "O Diário de Rodolfo Baro (1647) como monumento aos índios Tarairiú do Rio Grande do Norte". In: ALMEIDA, Luiz Sávio de; GALINDO, Marcos; ELIAS, Juliana Lopes (Orgs.). *Índios do Nordeste: Temas e problemas II.* Maceió: Edufal, 2000. pp. 81-99.

_____. *Brasil holandês: Dois manuscritos portugueses sobre a conquista neerlandesa (1624) e a reconquista luso-espanhola (1625) de Salvador da Bahia no Brasil.* Rio de Janeiro: Index, 1999.

TEIXEIRA, Marcos. "Livro das denunciações que se fizerão na visitação do Santo Ofício à cidade de Salvador da Bahia de Todos os Santos do Estado do Brasil, no anno de 1618". *Annaes da Bibliotheca Nacional do Rio de Janeiro*, v. XLIX, pp. 75-198, 1927.

TOSI, Renzo. *Dicionário de sentenças gregas e latinas.* Trad. de Ivone Castilho Benedetti. São Paulo: Martins Fontes, 1996.

TOSTES, Vera Lúcia Bottrel; BENCHETRIT, Sarah Fassa; MAGALHÃES, Aline Montenegro (Orgs.). *A presença holandesa no Brasil: Memória e imaginário.* Rio de Janeiro: Museu Histórico Nacional, 2004.

TRIVELLATO, Francesca. *The Promise and Peril of Credit: What a Forgotten Legend about Jews and Finance Tells Us about the Making of European Commercial Society*. Princeton/Oxford: Princeton University Press, 2019.

UNTERMAN, Alan. *Dicionário judaico de lendas e tradições*. Trad. de Paulo Geiger. Rio de Janeiro: Jorge Zahar, 1992.

VAINFAS, Ronaldo (Dir.). *Dicionário do Brasil colonial (1500-1808)*. Rio de Janeiro: Objetiva, 2000.

_____. *Traição: Um jesuíta a serviço do Brasil holandês processado pela Inquisição*. São Paulo: Companhia das Letras, 2008.

_____. *Jerusalém colonial*. Rio de Janeiro: Civilização Brasileira, 2010.

_____. *Antônio Vieira*. São Paulo: Companhia das Letras, 2011.

VARNHAGEN, Francisco Adolfo de. *Os holandeses no Brasil*. São Paulo: Cultura, 1943.

_____. *História das lutas com os holandeses no Brasil: Desde 1624 a 1654*. Salvador: Progresso, 1955.

VASCONCELLOS, Carolina Michaëlis de. *Uriel da Costa: Notas relativas à sua vida e às suas obras*. Coimbra: Imprensa da Universidade, 1922.

VEGA, Lope de. *El Brasil restituído*. Brasília: Consejería de Educación de la Embajada de España, 2010.

VERNEY, Luís António. *Cartas italianas*. Trad. de Ana Lúcia Curado e Manuel Curado. Lisboa: Sílabo, 2008.

WEITMAN, Y. David. *Bandeirantes espirituais do Brasil*. São Paulo: Imprensa Oficial, 2004.

WHITEHEAD, P. J. P; BOESEMAN, M. *Um retrato do Brasil holandês do século XVII: Animais, planta e gente pelos artistas de Johan Maurits de Nassau*. Trad. de Edmond Jorge. Rio de Janeiro: Kosmos, 1989.

WIESEBRON, Marianne (Org.). *O Brasil em arquivos neerlandeses*. Leiden: CNWS, 2004/2005/2008/2011/2013. 5 v.

WIZNITZER, Arnold. "The Exodus from Brazil and Arrival in New Amsterdam of the Jewish Pilgrim Fathers, 1654". *Publications of the American Jewish Historical Society*, Nova York, v. 44, n. 2, pp. 80-97, dez. 1954.

_____. *Os judeus no Brasil colonial*. Trad. de Olivia Krähenbühl. São Paulo: Pioneira, 1966.

WOLFF, Egon e Frieda. *A odisseia dos judeus de Recife*. São Paulo: USP, 1979.

_____. *Fatos históricos e mitos da história dos judeus no Brasil (ensaios, conferências, artigos)*. Rio de Janeiro: Xenon, 1996.

Créditos das imagens

CADERNO 1

p. 1, acima: Autor desconhecido, século XVII, água-forte aquarelada, 35,8 cm × 48,4 cm. Biblioteca Nacional de Portugal, Lisboa.

p. 1, abaixo: George Matthaus Seutter, *Lisabona magnificentissima Regia Sedes Portugalliae et florentissimum Emporium*, *c.* 1730, água-forte aquarelada, 52 cm × 61 cm. Biblioteca Nacional de Portugal, Lisboa.

p. 2, acima: Autor desconhecido, *Chafariz d'el Rey*, *c.* 1570, óleo sobre madeira, 93 cm × 163 cm. Coleção Berardo, Lisboa.

p. 2, abaixo: Jaime Martins Barata, *Rua Nova dos Ferros no século XVI*, 1947, têmpera sobre tela, 50 cm × 40 cm. Museu de Lisboa, Lisboa.

p. 3: Processos de Gaspar Fernandes e Filipa Rodrigues, *c.* 1595. Arquivo Nacional Torre do Tombo, Lisboa.

p. 4, acima: Antíonio Cândido Cordeiro Pinheiro Furtado, *A faustissima e Memoravel Reunião dos Illustrissimos Membros da Junta Provisional*, *c.* 1820, 56 cm × 83 cm. Museu de Lisboa, Lisboa.

p. 4, abaixo: Domenico Beccafumi, *Le supplice de l'estrapade*, desenho sobre papel, 24 cm × 31 cm. Museu do Louvre, Paris.

p. 5, acima: Autor desconhecido, *Vue de la grande Prossession de Lo to da fé ou l'on voit les Criminels*, século XVIII, gravura, 30 cm × 44 cm. Museu de Lisboa, Lisboa.

p. 5, abaixo: Juan Alvarez de Colmenar, *Diverses fugures de ceux qui sont conduits aux Autos da Fé*, 1707, gravura, 16,5 cm × 18,5 cm. Museu de Lisboa, Lisboa.

p. 6, acima: Autor desconhecido, *Procession des disciplinans*, gravura sobre papel, 25 cm × 30 cm. Biblioteca Nacional de Portugal, Lisboa.

p. 6, abaixo: Autor desconhecido, *Execution des criminels condamnées par l'Inquisition*, século XVIII, gravura sobre papel, 30 cm × 45 cm. Museu de Lisboa, Lisboa.

p. 7, acima: Hendricksz. Schut, *Vier plattegronden van Amsterdam vanaf 1400 tot 1612, c.* 1680, gravura sobre papel, 55,6 cm × 64 cm. Rijksmuseum, Amsterdam.

p. 7, abaixo: Oene de Jongh, *An Amsterdam canal with the Mozes and Aaron church beyond*, óleo sobre tela.

p. 8, acima: Bartholomeus van Bassen, *The Great Assembly of 1651*, 1651, óleo sobre tela e metal, 52 cm × 66 cm. Rijksmuseum, Amsterdam.

p. 8, abaixo: Govert Flinck, *Four Governors of the Arquebusiers' Civic Guard*, 1642, óleo sobre tela, 203 cm × 278 cm. Rijksmuseum, Amsterdam.

p. 9, acima: Aelbert Cuyp, *Portrait of a Senior Merchant of the Dutch East India Company in Batavia, c.* 1650, óleo sobre tela, 137,3 cm × 206,5 cm, Rijksmuseum, Amsterdam.

p. 9, abaixo: Jan Havicksz Steen, *The merry family*, 1668, óleo sobre tela, 110,5 cm × 141 cm. Rijksmuseum, Amsterdam.

p. 10, acima: Johannes Willemsz Munnickhuysen, *Neptunus en Cybele naast een globe, c.* 1740, gravura sobre papel, 46,5 cm × 29,8 cm. Rijksmuseum, Amsterdam.

p. 10, abaixo: Jan Veenhuysen, *La Maison des Indes Occidentales*, 1665, gravura sobre papel, 11,8 cm × 13,9 cm. Rijksmuseum, Amsterdam.

p. 11, acima: Hendrik Cornelisz Vroom, *The Return to Amsterdam of the Second Expedition to the East Indies*, 1599, óleo sobre tela, 99,5 cm × 216 cm. Rijksmuseum, Amsterdam.

p. 11, abaixo: Jan Brandes, *West-Indiëvaarder onder zeil, c.* 1780, aquarela sobre papel, 19,5 cm × 15,5 cm. Rijksmuseum, Amsterdam.

p. 12, acima à esquerda: Salomon Italia, *Portret van Menasseh Ben Israël, c.* 1640, gravura sobre papel, 18,8 cm × 12,9 cm. Rijksmuseum, Amsterdam.

p. 12, acima à direita: Acervo do autor

p. 12, abaixo: Romeyn de Hooghe, *Trekschuit bij Portugees-Joodse begraafplaats Beth Haim te Ouderkerk aan de Amstel, c.* 1695, 23,7 cm × 28,5 cm. Rijksmuseum, Amsterdam.

p. 13, acima: Rembrandt van Rijn, *Isaac and Rebecca, Known as "The Jewish Bride"*, *c*.1665, óleo sobre tela, 121,5 cm × 166,5 cm. Rijksmuseum, Amsterdam.

p. 13, abaixo à esquerda: Ary de Vois, Portrait of a Rabbi, *c*. 1720, óleo sobre papel, 24 cm × 20 cm. Rijksmuseum, Amsterdam.

p. 13, abaixo à direita: Rembrandt van Rijn, *Portrait of Ephraim Bueno, c*. 1645, óleo sobre tela, 19 cm × 15 cm. Rijksmuseum, Amsterdam.

p. 14, acima: Rembrandt van Rijn, *Jews in the synagogue*, 1648, gravura sobre papel, 7 cm × 13 cm. Rijksmuseum, Amsterdam.

p. 14, abaixo: Rembrandt van Rijn, *The circumcision: Small plate, c*. 1630, gravura sobre papel, 9 cm × 6 cm. Rijksmuseum, Amsterdam.

p. 15: Gemeente Amsterdam Stadsarchief, Amsterdam.

p. 16: Emanuel de Witte, *Interior of the Portuguese Synagogue in Amsterdam*, 1680, óleo sobre tela, 110 cm × 99 cm. Rijksmuseum, Amsterdam.

Caderno 2

p. 1: Caspari Barlaei, *Rerum per octennium in Brasilia*, 1647. Acervo Fundação Biblioteca Nacional, Rio de Janeiro

p. 2, acima: Claes Janszoon Visscher (II), *Verovering van San Salvador in Brazilië door admiraal Jacob Willekes*, 1624, gravura sobre papel, 27,5 cm × 36,6 cm. Rijksmuseum, Amsterdam.

p. 2, abaixo: João Teixeira Albernaz, *Planta da restituição da Bahia*, 1631.

p. 3, acima: Nicolaas Visscher, *c*.1640.

p. 3, abaixo: Autor desconhecido, *Portrait of Johan Maurits, Count of Nassau--Siegen, Governor of Brazil, c*. 1660, óleo sobre tela, 84 cm × 65 cm. Rijksmuseum, Amsterdam.

p. 4, acima: Frans Post, *Vista da Cidade Maurícia e Recife*, 1657, óleo sobre madeira, 46 cm × 83 cm, coleção particular.

p. 4: Albert Eckhout, *Dança dos Tapuias*, óleo sobre tela, 172 cm × 295 cm. Nationalmuseet, Copenhague.

p. 5, acima: Acervo do autor.

p. 5, abaixo: Zacharias Wagener, *Mercado de escravos na rua dos Judeus no Recife, c*. 1640.

p. 6: Acervo do autor.

p. 7, acima: René Aubert de Vertot, *Histoire des revolutions de Portugal*, 1729. Biblioteca Nazionale Vittorio Emanuele III, Nápoles.

p. 7, abaixo: Anthony van Dyck, *William II, Prince of Orange, and his Bride, Mary Stuart*, 1641, óleo sobre tela, 180 cm × 132,2 cm. Rijksmuseum, Amsterdam.

p. 8, acima: Autor desconhecido, *Ex-voto* (*Batalha dos Guararapes*), 1758, óleo sobre tela, 122 cm × 217 cm. Museu Histórico Nacional, Rio de Janeiro.

p. 8, abaixo à esquerda: Aernout Naghtegael, *Portret van Isaac Aboab da Fonseca*, 1686, gravura sobre papel, 28,5 cm × 18,5 cm. Rijksmuseum, Amsterdam.

p. 9: John Wolcott Adams, *Redraft of the Castello Plan of New Amsterdam in 1660*, 1916, aquarela sobre papel, 31 cm × 40 cm. New York Historical Society, Nova York.

p. 10, acima: Acervo do autor.

p. 10, abaixo: Autor desconhecido, *Nieuw Amsterdam ofte nue Nieuw Iorx opt't Eylant Man*, c. 1660, aquarela sobre papel, 43,5 cm × 64,5 cm. Rijksmuseum, Amsterdam.

p. 11, acima: Autor desconhecido, *Nieu Amsterdam*, século XVII, gravura sobre papel, 18,8 cm × 24,9 cm. The New York Public Library, Nova York.

p. 11, abaixo: Autor desconhecido, *Nieuw Amsterdam op t eylant Manhattans*, c. 1670, gravura sobre papel, 10 cm × 32 cm. Library of Congress, Washington.

p. 12, acima: Autor desconhecido, *Peter Stuyvesant*. The New York Public Library, Nova York.

p. 12, abaixo: Jean Leon Gerome Ferris, *The fall of New Amsterdam*, 1932. Library of Congress, Washington.

p. 13, acima: Karl R. Free, *Arrival of mail in New Amsterdam*, 1938, mural, 213 cm × 411 cm. Reprodução fotográfica de Carol Highsmith. Library of Congress, Washington.

p. 13, abaixo: Charles X. Harris, *The Surrender of Nieuw Amsterdam in 1664*, 1908, gravura sobre papel. Library of Congress, Washington.

p. 15, acima: Aldert Meijer, *Nieu Amsterdam at New York*, c. 1700, 22,2 cm × 27,8 cm. The New York Public Library, Nova York.

p. 15, abaixo: H. J. Köhler e Adrianus Kok, *Het schip van Henry Hudson op de Hudson rivier, 1609*, 1909, 53 cm × 43,9 cm. Rijksmuseum, Amsterdam.

p. 16: Acervo do autor.

Índice remissivo

iv Concílio de Latrão (1215), 27

"23 imigrantes israelitas de Nova Amsterdam, Os" (Egon e Frieda Wolff), 314

"23 judeus de Nova York: mito ou realidade?, Os" (Hershkowitz), 314

23 judeus em Manhattan, desembarque dos, 288-90, 307-17

Abendana, Moisés, 204

Aboab da Fonseca, Isaac, 70-1, 82, 145, 161-2, 172, 183, 201-3, 209, 244-5, 253, 266, 269, 299-300

Abraão (patriarca), 229-30

Abrantes, Diego Lopes de, 131, 141

Abravanel, d. Isaac, 90-2

Abravanel, família, 90, 92

Abravanel, Jonah, 90, 93, 181, 183, 210

Abravanel, Joseph (Luís Gomez de Medeiros), 90

Abravanel, Rachel, 90, 133

Abreu, Miguel de, 115

açúcar/economia açucareira, 59-60, 66, 77, 83, 110-1, 116, 122, 134, 140, 146, 152-3, 157, 159, 163, 166, 168-9, 176,

178, 180-1, 183-4, 186, 193, 196-8, 204, 209-10, 215-6, 227, 236, 242, 244, 247-8, 266, 274, 276, 284-5, 303

Adão e Eva, 232

Afeganistão, 316-7

Afonso II, rei de Nápoles, 92

África, 26, 56, 67, 83, 106, 111, 186, 193, 200

Agostinho, Santo, 91

Aguilar, Moisés de, 217

Alagoas, 168, 176, 240

Al-Andalus, califado de (Córdoba), 26-7

Albuquerque, Matias de, 121, 157

Albuquerque Coelho, Duarte de, 153, 157, 164, 166-7

Alemanha, 109, 132, 223, 268, 302

Alentejo (Portugal), 25, 152, 222, 267

Algarve (Portugal), 25, 66

Álvares, Leonor, 35

Álvares, Luís, 116

Álvares, Melquior, 225

Álvares Tavares, Manuel, padre, 32, 39-42, 47-54

Amália de Solms-Braunfels, princesa de Orange, 140-1
amantes de Maurício de Nassau, 212
Amazônia, 228, 230-1
Ambrosius, Moses, 291-2, 313
American Geographical Society, 310
American Jewish Historical Society (revista), 311, 313
Américas, 83, 119, 121, 199-200, 232-3, 245, 312; *ver também* Novo Mundo
ameríndios israelitas, 229-34
Amós, profeta, 7, 297
Amsterdam (Holanda), 57-60, 62-7, 69-70, 72-8, 81-2, 84-6, 90, 92-5, 98-101, 105, 109, 120-3, 132, 134-8, 142-3, 145-6, 154-5, 158-9, 162-3, 169-72, 178-82, 188-9, 195-6, 201-3, 207-8, 210, 214, 227, 229, 231, 236, 246-7, 250, 255-8, 261-3, 269, 283, 286, 288, 295, 299-303, 308-9
Andes, 228, 230
Angola, 111, 116, 140, 205, 213, 274
Angra dos Reis (RJ), 113, 116
Ano Bom, ilha do (África), 205
Antigo Testamento, 13, 24
Antiguidade, 25, 101
antissemitismo, 25, 27, 65, 74, 121, 131-2, 153, 171-2, 196-7, 208, 224, 263, 292-3
Antônio, d. (prior do Crato), 111
Antônio, santo, 205, 237
Antônio Vaz, ilha de (PE), 199, 201, 214, 312
Antuérpia (Bélgica), 56, 58
árabes, 41, 142, 170
Aragão, reino de, 27-8, 91
Arciszewski, Crestofle d'Artischau, 176
Arco dos Pregos (Lisboa), 19, 31, 45
Argentina, 226
Aristóteles, 144
arminianos, 63, 75, 82, 171, 183, 302
Armínio, Jacob, 75
Arraial do Bom Jesus (PE), 157, 163, 167-8, 176, 259, 267, 269

árvores plantadas na Cidade Maurícia, 200
Ásia, 106, 193, 200, 233
asquenazes, judeus, 73, 136, 161, 254, 257, 286, 291, 304, 315
Astúrias (Espanha), 27
Atlântico, oceano, 106, 108, 112, 134, 148, 150, 179-80, 198, 210, 212, 231, 269, 285, 287, 292
Atlas maior (Willem e Joan Blaeu), 94
"Ato de Navegação" (Inglaterra, 1651), 280
autos de fé, 21-2, 43, 50-2, 76, 161, 217, 258-9, 261-2, 301; *ver também* fogueira, condenação à

B'nai Jeshurun (sinagoga de Nova York), 304
Baal (deus cananeu), 69
Baers, Joannes, 151-2, 155-6
Bagnuolo, conde de (Giovanni Vincenzo di San Felice), 177
Bahia, 109, 113-6, 121-2, 128, 132, 134-5, 139, 146, 152, 177, 191, 205, 217, 220, 235, 237-8, 241-2, 249, 254, 261-2, 266, 270, 276, 311
Bar mitsvá, cerimônia do, 71
Barléu, Gaspar, 227
Baro, Rodolfo, 113
Barsimon, Jacob, 293, 315
Basileia (Suíça), 136, 174
Batalha de Alcácer-Quibir (Marrocos, 1578), 21, 194
batismo compulsório de judeus, 29-30
Beatriz (angolana), 259
Beberibe, rio (PE), 180, 198-9
Bélgica, 57-8
Ben Israel, Joseph *ver* Rodrigues Nunes, Gaspar
Ben Israel, Menasseh *ver* Soeiro, Manuel Dias (filho de Gaspar e Antônia)
Ben Natan, Zerach, 143
Benguela (Angola), 205
Bering, estreito de, 233

386

Beth Haim (cemitério de Ouderkerk), 67, 73

Beth Israel (sinagoga de Amsterdam), 74, 98

Beth Jacob (sinagoga de Amsterdam), 65-7, 72-4, 81, 98, 159, 161

Bíblia, 41, 64, 94, 97, 169, 171, 232, 299

Biden, Joe, 316

Bikur Holim (instituição holandesa de amparo aos enfermos), 67

Bin Laden, Osama, 317

Blaeu, Joan, 94

Blaeu, Willem, 94

Blauwe Zeeu, De (navio mercante), 113-4

"boi voador", encenação do (Recife, 1644), 224-5

Bolsa de Valores de Nova York, 304

Bordeaux (França), 56

Bornéu, 193

Bragança, duque de (séc. XV), 91, 191

Bragança, Melchior de, 115

Brasil holandês, 18, 84, 158, 163, 174, 176, 188, 196, 205, 214, 226, 308, 313, 316; *ver também* "Cidade Maurícia" (Mauritstadt, PE); Companhia das Índias Ocidentais (West-Indische Compagnie, WIC); Nova Holanda; Pernambuco; Recife

Brasil restituido, El (Lope de Vega), 131

Bravo, Dinis, 141

Bravo, Pascoal, 141

Brederode (navio holandês), 279

Brereton, William, 60

Briot, Nicolas, 137

British Library (Londres), 309

Broadway (Nova York), 15

Broughton, Hugh, 72

Bruegel, o Velho, Pieter, 61

Büchergasse (Frankfurt), 137

Bueno, Efraim, 138

Bueno de Mesquita, Benjamin, 297, 303

Bueno de Mesquita, Joseph, 303

Buenos Aires (Argentina), 226

Burgh, Albert, 172

cabala (misticismo judaico), 143, 161-2, 171, 201, 232

Cabo de Santo Agostinho (PE), 163, 168, 180, 202, 244, 267, 270, 280

Cabo de Santo Antônio (Cuba), 311

Cabo Verde, 106-7, 111, 150

Cabul (Afeganistão), 316-7

Cáceres, Daniel de, 183

Calabar, Domingos Fernandes, 167-8

Calebe (personagem bíblico), 100

calvinismo/calvinistas, 60, 63, 74-6, 82, 123, 131-2, 135, 151, 153, 155, 158, 168, 172, 183, 185, 187, 193, 195-6, 198, 201, 214-5, 218, 226, 234, 259, 275, 280, 286, 289-90, 293, 301, 312; *ver também* protestantismo/protestantes

Calvino, João, 75, 183, 224, 260

Cam (filho de Noé), 186

Câmara dos Escabinos (magistrados do Brasil holandês), 203-4, 239, 252, 290

Camarão, Antônio Felipe, 157, 163, 237, 240, 244, 272-3

câmaras das capitanias da Nova Holanda, 206

Camboja, 193

Camões, Luís Vaz de, 89

Canaã (filho de Cam), 186

Canaã (Terra Prometida), 100

Canadá, 83

Canárias, ilhas, 106

Capibaribe, rio (PE), 66, 157, 179, 199, 201, 211, 214, 224, 237, 239, 267, 271

caraísmo (ramificação do judaísmo), 80, 101, 142-3

Cardozo, Benjamin Nathan, 304

Caribe, 83, 140, 286, 303, 315

Carlos I, rei da Inglaterra, 207, 279

Carlos II, rei da Inglaterra, 280, 295, 300

Carlos VIII, rei da França, 92

carocha, 22

Cartagena das Índias (Colômbia), 227-8

Carvalho, Sebastião de, 238, 240

Casa de Elsevier (editora holandesa), 135

Casa de Menasseh ben Israel (editora holandesa), 136-9, 145, 169, 182

Casa do Tormento (sala de tortura da Inquisição), 33, 36, 46, 50

Castanho, Isaac, 189

Castela, reino de, 27-8, 48, 91, 209, 221, 223, 274

castelhano, idioma, 70, 136

Castelo Branco, d. Afonso de, 20

Castilho, d. Pedro de, 56

Castro, d. Francisco de (inquisidor-geral), 193, 256, 277

Castro, Isaac de (Tomás Luís), 216, 261-3

Catarina, infanta portuguesa, 217

catolicismo ver Igreja católica

Ceará, 205, 225, 282

chérem (excomunhão judaica), 77, 80, 99, 182-4, 299

Chile, 225

Cícero, 91

"Cidade Maurícia" (Mauritstadt, PE), 199, 201, 210, 215, 217, 225, 239-40, 252, 269, 282, 312

Ciriza y Balanza, Juan de, 120

Clemente VIII, papa, 43

Clemente X, papa, 301

Cohen, Abraão, 240

Coimbra (Portugal), 20, 72, 78, 95, 101, 301

Colômbia, 227

Colombo, Cristóvão, 232

Comentários ao Livro de Josué (Isaac Abravanel), 91

Companhia das Índias Ocidentais (West-Indische Compagnie, WIC), 83-4, 104-6, 108-12, 118, 120-1, 124, 129-30, 134, 140, 145, 147, 154, 158, 162-3, 166, 168-9, 172-3, 175-6, 178, 180, 185-6, 188, 193-4, 197-8, 202-3, 210-1, 214-5, 218, 225-6, 235-6, 238, 240, 247, 249, 252-3, 259, 265, 269, 274, 277, 282, 287, 289-95

Companhia das Índias Orientais (Vere-

enigde Oost-Indische Compagnie, VOC), 83-4, 93, 193

Companhia de Jesus, 22, 157, 218, 246; ver também jesuítas

Companhia Geral do Comércio do Brasil, 276-7, 280

"Compêndio histórico da jornada do Brasil" (Valencia y Guzmán), 131

Conciliador ou Da adequação dos trechos da Santa Escritura que parecem contraditórios entre si, O (Menasseh ben Israel), 169-70, 172, 188, 238, 251

Concílio de Elvira (Hispânia, séc. IV), 25

Connecticut, estado de (EUA), 288

Constantinopla, 66, 71

Copérnico, Nicolau, 144

coqueiros da Cidade Maurícia, 200

Córdoba (Espanha), 26

Coroa espanhola, 177, 192

Coroa portuguesa, 90

corsários, 15, 104, 269, 276, 285

Cortés, Hernán, 232

Costa, Gaspar Francisco da, 201

Costa, Jaime Lopes da (Jacob Tirado), 65

Costa, João da, 78, 101

Costa, Maria da, 78

Costa, Miguel da, 78, 101

Costa, Uriel da, 77-81, 85-9, 95-102, 136, 145, 172, 302

Costa Brandão, Bento da, 77

costumes judaicos na cultura popular nordestina, 304

Coutinho, d. Fernando, 30

Coutinho, Francisco de Sousa, 250, 256

criptojudeus, 24, 26, 36-7, 56-7, 65, 153, 277, 304

cristãos-novos, 30, 34, 43, 48, 51, 53, 56, 59, 64-5, 70, 73, 111, 121, 123, 131, 141, 153, 159-61, 186, 188, 192, 216, 223-4, 234, 247, 251, 254, 257-8, 261-3, 276-7, 283, 286, 304

cristianismo, 25, 28, 30, 64, 72, 86-7, 121, 170-1, 197, 217, 251, 259, 275; ver também Igreja católica; protestantismo/protestantes

388

Cristo *ver* Jesus Cristo
Cromwell, Oliver, 279-80, 300
Cruz de santo André, 22, 50, 259
Cuba, 311
Cunha, Moisés da, 239

D'Acosta, Joseph, 294, 315-6
Daly, Charles P., 310-1
Daniel, Livro de, 88
Davi, rei, 72, 92, 133, 234
De creatione problemata xxx (Menasseh ben Israel), 170
De Haarlem, Rouy Jansz, 155
De Hooch, Pieter, 61
"De onde vieram os primeiros colonos judaicos de Nova York?" (Hühner), 311
De ressurrectione mortuorum (Menasseh ben Israel), 172
De termino vitae (Menasseh ben Israel), 183
De With, Witte Corneliszoon, 268, 279
Delaware, estado de (EUA), 288
Delft (Holanda), 62
Delícias da Holanda, contendo uma descrição exata do país, costumes e hábitos dos habitantes, As (Parival), 61
Delmedigo, Joseph Salomon, 142-5
Descartes, René, 59-60, 135, 174
Descrição da Nova Holanda, Uma (Van der Donck), 288
desenvolvimento urbano no Brasil holandês, 198
Deuteronômio, Livro de, 64, 80, 162, 229, 233
Dias, Abraão Israel, 217
Dias, Álvaro, 45
Dias, Henrique, 237, 240, 244, 273
Dias, Inês, 48
Dias, Manuel (confeiteiro), 45
Dias, Manuel (primo de Gaspar), 48
Dias Ferreira, Gaspar, 247-9
diáspora judaica, 24, 62, 74, 84, 223, 248, 255, 277
Dictionariolum nominum & verborum

linguae Brasiliensibus maxime communis (Manuel de Morais), 194
Diego de la Encarnación, frei, 159-60
Directorium inquisitorum [Manual dos inquisidores], 21, 24, 33, 39, 43
Direito da guerra e da paz, O (Grotius), 63, 171
Donne, John, 174
Duby, Georges, 7

Eckhout, Albert, 175
Eclesiastes, Livro do, 88
editora de Menasseh *ver* Casa de Menasseh ben Israel (editora holandesa)
Eduardo I, rei da Inglaterra, 208
Efraim (filho de Gaspar e Antônia), 63, 85, 181, 210
Egito, êxodo israelita do, 144
Elias, profeta, 69
Elim, oásis de (cenário bíblico), 143-4
Elizabeth (navio holandês), 265-6
Elsevier, Lodewijk, 135
Elvas (Portugal), 20, 37, 46, 54
Emília de Nassau, princesa de Orange, 111-2
Engenho Madalena (PE), 179
Escolas Gerais (Lisboa), 44, 51-2
escorbuto, 107, 149, 285
escravos, 26, 29, 83, 111, 141, 168, 173, 179, 184-7, 202, 204-5, 210-1, 215, 225, 237, 239, 247-8, 259, 270, 284; *ver também* negros no Brasil
Espanha, 25, 28-9, 57, 60, 66, 75, 83-4, 91-2, 108-9, 111-3, 115, 120-2, 129, 131-2, 135, 157, 160, 191-2, 195, 220, 222-3, 251, 255, 273-4, 287
especiarias, comércio de, 59, 84, 193
Esperança de Israel (Menasseh ben Israel), 232, 234, 250
Esperança de Portugal (Padre Vieira), 250
Espírito Santo, 35, 52
Estados Unidos, 12, 16, 303-4, 309, 311, 316; *ver também* Nova York
Estartenius, Henoc, 132

"Este é o Éden, onde a terra emana leite e mel" (Steendam), 288

Ester (filha de Gaspar e Antônia), 55-6, 62, 85, 90, 93

estrela de Davi, 16, 25

Ets Haim (sinagoga de Amsterdam), 73, 209

Europa, 56, 59, 66, 73, 78, 93, 112, 122, 137, 142, 169, 172, 179, 193, 198, 200, 212, 222-3, 226, 235, 247, 259, 268, 274, 282, 296, 309

Evangelhos, 32, 40, 43, 46, 72, 261

Exame das tradições farisaicas conferidas com a Lei escrita, por Uriel jurista hebreu, com resposta a um Samuel da Silva, que faz ofício de médico, seu falso caluniador (Uriel da Costa), 100

Exemplar humanae vitae (Limborch), 302

"Êxodo do Brasil e a chegada a Nova Amsterdam dos peregrinos pioneiros judeus, O" (Wiznitzer), 313

Êxodo, Livro do, 64, 266

Fame, De (navio holandês), 151

fariseus, 88, 101

Faro, David Israel, 313

Farrar, David (Francisco Lopes Henriques), 72-3, 76-7

fenícios, 24, 233

Ferdinando III, imperador romano-germânico, 302

Fernandes, Antônio, padre, 52-3

Fernando II, rei de Aragão, 28-9, 92

Ferrante I, rei de Nápoles, 92

Ferrara (Itália), 56

Ferreira, Francisco, padre, 22

Fez (Marrocos), 56, 66, 68

Figueiredo, Manuel de, 117

filactérios, 79

Filipe II, rei da Espanha, 21, 111

Filipe III, rei da Espanha, 57

Filipe IV, rei da Espanha, 112, 120-1, 192, 221, 287

Flandres (Bélgica), 116, 223, 255

Flórida (EUA), 308

fogueira, condenação à, 22, 36, 43, 50, 52, 57, 84, 101, 122, 161, 217-8, 254, 260-1, 263; *ver também* autos de fé

Fonseca, Baltasar da, 201, 211

Fonseca, Bartolomeu da, padre, 32, 44, 46-7, 49

Formosa (Ásia), 193

Formoso, rio (PE), 166

Forte de Axim (Guiné), 205

Forte de Santo Antônio (Salvador, BA), 124, 126-7

Forte do Mar (Salvador, BA), 124-7

Forte Maurício (Penedo, AL), 177, 241, 254, 258, 261-2

Forte Nazaré (Cabo de Santo Agostinho, PE), 163, 168

Forte Orange (Ilha de Itamaracá, PE), 166

França, 56, 73-4, 109, 208, 216, 222-3, 249, 255, 258, 261, 277, 286, 302

Francisco (índio), 228-9

Frankfurt, Feira de (Alemanha), 137, 148, 170

Fransz, Pieter, 58

Frederico Henrique, príncipe de Orange, 174, 207, 209, 212

Freire, Francisco de Brito, 281

Frísia (Países Baixos), 57, 104

"Fúria Espanhola" (tomada do porto de Antuérpia, 1576), 58

Furtado, Diogo de Mendonça, 121, 124, 127, 130

Furtado, Tristão de Mendonça, 193-4

Gabilho, Daniel, 202-3

Galileu Galilei, 135, 142

"Gamoniké", 310, 312, 315

Gelderland (navio holandês), 279

Genebra (Suíça), 174

Gênesis, Livro de, 64, 88, 92

gengibre, 110, 157, 169

geocentrismo, 144

Gerondi, Jonah, 142

Gomarus, Franciscus, 75
Gomes, Violante, 111
Gomez, Daniel, 303
goyim (não judeus), 78, 183
Grã-Bretanha, 24, 303
Gracia (Hannah, filha de Menasseh ben Israel e Rachel Abravanel), 133
Granada, queda de (1492), 27, 91
Grande, ilha (Angra dos Reis, RJ), 113-4
Groningen (Países Baixos), 57
Grotius, Hugo, 63-4, 75, 171, 181
Gueldres (Países Baixos), 57
Guerra Civil dos Estados Unidos (1861-5), 311
Guerra Civil Inglesa (1642-51), 279
Guerra de Independência dos Estados Unidos (1775-83), 309
Guerra dos Oitenta Anos (1568-1648), 57, 268, 273
Guez de Balzac, Jean-Louis, 59
Guia de viagem do rico Brasil (Van Geelkercken), 134
Guilherme, príncipe de Orange, 208
Guiné (África), 111, 116, 186, 205
Guzmán, d. Gaspar de (conde-duque de Olivares), 192

Habsburgo, dinastia dos, 57, 112, 140
Haecxs, Hendrick, 281
Haia (Holanda), 76, 108, 112, 123, 128, 146, 174-5, 193, 195, 205, 208, 225, 227, 249-50, 256, 273-4
Hals, Frans, 61
Hamburgo (Alemanha), 56, 78-80, 85-6, 95, 98-100, 122, 202, 255, 258
Há-Meassef (revista hebraica), 309, 312
Hannah (filha de Menasseh ben Israel e Rachel Abravanel), 133
hebraico, 12, 25, 28, 54, 64, 67, 70, 74, 79, 82, 95, 97, 115, 133, 136-7, 142, 170-1, 229, 232, 253, 266, 280, 293
Henriques, Bento, 202
Henriques, Diogo (Abraão Bueno), 258
Henriques, Jacob Cohen, 295, 316
hereges, 19, 22-4, 36, 39, 42-3, 50-1, 80,

99, 101, 123, 142, 153, 168, 172, 215, 218, 224, 228, 237, 243, 255, 260-1, 267, 275, 286
Hershkowitz, Leo, 314-5
Heyn, Piet, 105, 107, 124, 140, 151
higiene nos navios holandeses, condições de, 149
Hipócrates, 144
Hispânia (província romana), 25; *ver também* Espanha; Península Ibérica
Historia brasiliensis (Manuel de Morais), 194
História da guerra de Pernambuco (Santiago), 267
História natural do Brasil (Piso e Markgraf), 175
História ou Anais dos feitos da Companhia Privilegiada das Índias Ocidentais (Manuel de Morais), 194
Holanda (Países Baixos), 16, 57-9, 61, 63, 70, 74, 76, 111, 116, 121-3, 132, 135, 150, 153, 155, 158-9, 161, 163, 168, 179, 188-9, 193, 196, 198, 207-9, 212-3, 215-6, 218, 223, 225, 227, 235, 243-4, 246, 249-51, 255-6, 258-60, 262, 270, 274, 279, 283, 287-8, 291-4, 300, 308, 312, 314
Holandês Voador (navio), lenda do, 106-7
Holandia (navio), 107
"Horas breves de meu contentamento" (Camões), 89-90
Hudson, Henry, 287
Hudson, rio (Nova York), 15, 287
Hühner, Leon, 311
Huygens, Constantijn, 174

idolatria, 35, 56, 63, 69, 159-60
Igarassu (PE), 167
Igreja católica, 20, 23-4, 26, 30, 34, 40, 42-3, 70, 75, 78, 158, 161, 179, 224, 243, 254, 258-9, 261, 283, 301, 304
Igreja Reformada, 187, 214, 293
imortalidade da alma humana, doutrina da, 87, 89, 95-8, 100, 172
Império Romano, 24-5

impostos, judeus como coletores de, 214

indígenas, 15, 113, 157, 163-6, 168, 193, 218, 225, 227, 232-3, 237, 259, 267, 270, 278, 288, 293-4, 301

Inglaterra, 106, 109, 207-9, 279-80, 295-6, 300, 302-3, 316

Inquisição, 17, 19-21, 30-3, 38, 41, 45, 49-50, 52, 54, 56-7, 63, 70-1, 84, 110, 114, 123, 136, 154, 158, 161, 189, 203, 218, 223-4, 242, 251, 254, 256-7, 262, 277, 283, 286-7, 301; ver também Tribunal do Santo Ofício

Instituto Histórico e Geográfico Brasileiro, 314

Instituto Judaico Brasileiro de Pesquisa Histórica, 313

Isaac (patriarca), 229

Isabel (tia de Filipa), 43, 48

Isabel I, rainha de Castela, 28-9, 92

islã ver muçulmanos

Israel, Abraham, 291, 313

Israel, David, 291-2, 313

Israel, tribos de, 12, 24, 81, 230-4

Itamaracá, ilha de (PE), 166, 243, 266, 282, 312

Itaparica, ilha de (BA), 267

Jacó (patriarca), 12, 65, 229-30, 234

Jafé (filho de Noé), 186

Jamaica, 286-7, 310-2

jardim zoobotânico da Cidade Maurícia, 201

Jerônimo, São, 91

Jerusalém, 24, 66, 84, 88, 211

"Jerusalém do Norte", Amsterdam como, 62, 137, 146

"Jerusalém dos Trópicos", Brasil holandês como, 146, 201, 235, 269

jesuítas, 41, 127-8, 155-7, 164, 168, 193, 205, 218-9, 221, 248, 251, 259, 262-3, 273-5, 277, 301

Jesus Cristo, 33, 35, 49, 64, 72, 115-6, 130, 243, 250, 261

Joana, infanta portuguesa, 217

João (irmão de Filipa), 48

João II, d. (rei de Portugal), 91-2

João III, d. (rei de Portugal), 30

João IV, d. (rei de Portugal), 191-2, 194-5, 205, 213, 217-8, 220-2, 235, 247-51, 256-7, 263-4, 267, 273, 276, 281, 301

Joaquín Soler, Vicente, 214

Jodenstraat (rua dos Judeus, Recife), 180, 187, 202, 244, 266, 269

Jogos infantis (tela de Pieter Bruegel, o Velho), 61

Jorge, Catarina, 45

Joris, Gerhard, 149

Joseph (filho de Menasseh ben Israel e Rachel Abravanel), 133

judaísmo, 12, 16, 19, 22-7, 29-30, 34-5, 41, 48, 51, 64-6, 73, 77-80, 86, 88, 116, 122, 137, 143, 159-62, 170-1, 179, 186, 188, 201, 214, 229, 231, 234, 251, 258, 261-2, 283, 286, 295, 302, 304, 311, 314

judiarias (guetos ibéricos), 27, 62, 77

Juízo Final, 23, 89

Karzai, Hamid, 316-7

kashrut (regras alimentares judaicas), 72, 305

La Rochelle (França), 56-7, 78

Laet, Joannes de, 83, 130, 135, 194

latim, 41, 64, 72, 101, 170-2, 194, 209, 232, 259, 261, 302

Leão, reino de, 27

Leeven, Assar, 310, 313

Lei de Moisés, 22-4, 26, 28, 30, 35, 37, 48, 62-3, 65, 73, 116, 137, 153, 161, 196, 201, 214, 224, 243, 257, 261, 292; ver também Torá

Leiden (Holanda), 61, 135, 137, 173, 181, 193-4, 216, 259, 288

Leitão, Francisco de Andrade, 218

Leon de Modena (rabino), 73, 76, 79-80, 144

Levítico, Livro de, 64, 288

Levy, Asher, 313, 315

392

Levy, Benjamin, 313
liberdade religiosa na Holanda, 59, 63
Limborch, Philipp, 302
Lisboa (Portugal), 19, 21, 29, 32, 40, 42, 49, 51, 53-7, 66-7, 90, 116, 120, 122, 127, 189, 191, 195, 219-22, 254, 256, 258, 260-2, 274, 276, 281-2, 301-2, 304
Lituânia, 142-3
livre-arbítrio (doutrina arminiana), 75
livros e livrarias em Amsterdam, 135-8
Lonck, Hendrick, 151, 154
Londres (Inglaterra), 208, 300, 303, 309, 316
Lope de Vega y Carpio, Félix, 131
Lopes, Fernão, 36
López de Mendoza, Iñigo, 91
Lucena, Abraham de, 294-5, 315
Lucena, Francisco de ("Mãozinha") *ver* Ruiters, Dierick
Luís, d. (infante), 111
Luísa, d. (rainha consorte de Portugal), 217
Lumbroso, Mose, 313
Lusitânia (província romana), 25; *ver também* Península Ibérica; Portugal
Lutero, Martinho, 224
Lyon (França), 56, 136

Maaneh lashon (Isaac Uziel), 70
Macedônia, 56
Madeira, ilha da, 56-7, 239
Madri (Espanha), 21, 111, 120, 124, 131, 160, 193, 195, 220, 303
Magalhães, Pedro Jaques de, 281
Magen Abraham (sinagoga de Recife), 214, 217, 269
Magen ve-sina (Leon de Modena), 79
mahamadot (junta diretiva das sinagogas), 98-9, 142, 144-5, 182-4, 270
Maimônides, Moisés, 95, 144
Malaca (Malásia), 127
Manhattan, ilha de, 12, 14-7, 287-8, 293-4, 303, 307, 309, 313, 316; *ver também* Nova Amsterdam (futura Nova York); Nova York

Manuel Calado, frei ("Manuel dos Óculos"), 152-3, 156-7, 164, 169, 192, 212, 214-6, 225, 242-3
Manuel de Portugal, príncipe, 111-2
Manuel I, d. (rei de Portugal), 28-30, 111, 123, 191
Maomé, profeta, 26
Maranhão, 205, 213, 225
Maria (prima de Filipa), 43, 48
Maria, rainha consorte da Inglaterra, 207-8
Maria Henriqueta, princesa inglesa, 207-8
Maria de Médici, rainha regente da França, 73, 208
Marinho, Manuel, 40
Markgraf, George, 175
Marques, Branca, 32-3, 36
Marques, Sebastião, 45
marranos, 30, 34, 69, 71, 131, 192
Marrocos, 21, 69, 194
Martinica, ilha de, 286-7
Mascarenhas, d. Fernando de, 220
Mascarenhas, d. Jorge de (marquês de Montalvão), 191, 220
Mateus, Evangelho de, 72
Maurício de Orange-Nassau, príncipe, 75, 83, 108, 112-3, 120, 174
Mauritstadt ("Cidade Maurícia", PE), 199, 201, 210, 215, 217, 225, 239-40, 252, 269, 282, 312
Medeiros, Francisco Mendes (Isaac Franco), 66
Megapolensis, Johannes, 293, 312
Memorável viagem marítima e terrestre ao Brasil (Nieuhof), 252
"Memória e instrução de João Maurício, conde de Nassau, acerca do seu governo do Brasil" (documento), 226
Mendes, Beatriz, 34
Mendes, David Franco, 309, 312
Mendes, Fernão, 115
Mendes, Gabriel (Abraão), 257-8

393

Mendes, Moisés, 243
Mendes Seixas, Benjamin Nathan, 303-4
Mendes Seixas, Gershom, 303-4
Mendonça, Manuel Saraiva de, 179
Meneses, Francisco Barreto de, 267, 273, 281-3, 308
Menezes, d. Luís de (conde da Ericeira), 191
menorá, 25
Mercado, Abraão de, 189, 238, 240
Mercado, Judite, 313
Mereda, Judicq de, 291, 313
Mês da Herança Judaica Americana, 317
Messias, o, 72, 88, 92, 234, 250, 300
Meulemans, Pieter, 163
México, 233
mezuzá, 304
migrações de judeus europeus para Nova York, 304
Mill Street (Nova York), 296
Mocata, Jacob, 189
Moerbeeck, Jan Andries, 109-13, 120
mohawks, indígenas, 288
moicanos, indígenas, 288
Molucas, 93, 193
Montalto, Elias Rodrigues, 73, 208
Montesinos, Antônio de (Aaron Levi), 227-9, 231, 234
Morais, Francisco de, 193
Morais, Manuel de, 157, 163-4, 168, 193-4, 218, 259-62, 301
Mortera, Saul Levi, 73-4, 77, 81, 85, 98, 145, 159-62, 172, 182, 300-1, 308-9
Moshe (congregado da Zur Israel), 313
Mosteiro de São Bento (Salvador, BA), 126, 131
"Motivos por que a Companhia das Índias Ocidentais deve tentar tirar ao rei da Espanha a terra do Brasil, e isto quanto antes" (Moerbeeck), 108, 120, 135
Motte, Jacques de la, 287, 290, 292, 310
mouros, 21, 27, 91, 221
muçulmanos, 26-7, 66
mulheres holandesas, liberdade das, 60-1

Nabucodonosor II, imperador babilônico, 24
Nápoles, 57, 92, 140
Nassau, Maurício de, conde, 173-4, 176, 178, 185-7, 190-1, 195, 197-201, 203-6, 211-3, 217, 224, 226-7, 235-6, 247, 252, 268, 302
Navarra, reino de, 27
Navarro, Moisés, 179, 184, 186, 269
navios negreiros, 111, 140
nazismo, 314
necromancia, 88
negros no Brasil, 142, 164, 176, 185, 187, 237, 239, 252, 273, 278
Neptunus (navio holandês), 106
Neve Shalom (sinagoga de Amsterdam), 65-8, 71, 82, 84-5, 90, 98, 133, 183
New York Post (jornal), 317
Nicarágua, 233
Nieuhof, Joan, 210-1, 252-3, 265, 279
Noé (personagem bíblico), 24, 152, 186
Nordeste brasileiro, litoral do, 205
Noronha, Antônio de Matos de, d., 20, 54
Nossa Senhora da Imaculada Conceição, imagem de, 276
Nova Amsterdam (futura Nova York), 16, 287, 289-94, 296, 303, 310-3, 315-6
Nova Espanha, ilhas da, 49
Nova Holanda (Brasil holandês), 181, 199, 205-6, 211, 213, 215, 235-8, 266, 268, 278
Nova Holanda (EUA), 287, 290, 294-6, 308-9
Nova Jersey, estado de (EUA), 288
Nova York (NY), 11, 16, 18, 296, 300, 303-4, 307, 309-11, 314-6
Nova York, estado de (EUA), 288
Novo Mundo, 59, 117, 126, 134, 175, 188, 201, 210, 227, 232
Novo Mundo ou Descrição das Índias Ocidentais (Laet), 135, 194
Números, Livro de, 64
Nunes, Rycke, 310, 313, 315

394

Obama, Barack, 316-7
Oldenbarnevelt, Johan van, 75-6, 83-4
Olinda (PE), 147, 151, 153-8, 160, 163, 165-7, 180, 199, 281
Oliveira, Salomon de, 82
"onzeneiros" (agiotas), 66
Oppenheim, Samuel, 312, 314
Orange, dinastia de, 174, 176, 265, 302
Oriente Médio, 56, 67
Osório, Bento, 121
Ouderkerk (Holanda), 67, 73, 85, 214, 299-300
ouro, 110-1
Overijssel (Países Baixos), 57

Pais de Azevedo, Ana Gonçalves, 212, 244
Países Baixos, 18, 57-9, 61, 66, 83, 93, 103-5, 108-14, 120-2, 129, 134-5, 139-40, 148, 158, 163, 166, 170, 174-5, 191, 193-5, 197, 202, 205, 208, 210, 212, 216, 223, 225, 227, 236, 248, 255-6, 258, 263, 265, 268, 273-4, 277, 280, 282, 292, 296, 302
Paixão de Cristo, 23, 185, 206
Palacete Mauritshuis (Haia), 227
Palache, Samuel, 66, 68
Palácio Binnenhof (Haia), 129
Palácio dos Estaus (Lisboa), 20, 31-2, 34, 39, 254, 256-7, 260-1, 263, 277
Palácio Schoonzit (Ilha de Antônio Vaz, PE), 201
Palácio Vrijburg (Cidade Maurícia, PE), 200-1
Palestina, 56
Palmares, quilombos dos (PE), 186, 225
Paparrobalos, Antônio Dias, 153-4
Paraíba, 123, 163, 166, 168, 176, 226, 259-60, 266, 282
Pardo, David, 66, 182
Pardo, Joseph, 66, 71-4, 76
Paris (França), 73-4, 76, 171, 181, 274
Parival, Jean-Nicolas de, 61
Pau Amarelo, praia do (PE), 147, 151, 154-5, 243

pau-brasil, 110, 157, 169, 178, 200, 218, 244, 248, 259, 276
Peartree (navio holandês), 291, 293, 315
pecado original, doutrina do, 232
"Pedra de Mértola" (fragmento de inscrição tumular), 25
Peixoto, Antônio Mendes (Joshua Cohen), 154
Peixoto, Diogo (Moses Cohen), 154
Penedo (AL), 177, 241, 254, 258
Península Ibérica, 13, 17, 24-6, 41, 56, 63, 65, 73, 76, 112, 122, 136, 159-62, 168
Pensilvânia, estado da, 288
Pentateuco, 64, 142; *ver também* Torá
Pereira, irmãos (Abraão e Isaac), 209
Pernambuco, 66, 109, 113, 117, 121, 147, 150-4, 157-9, 167-8, 173-4, 176, 179-80, 186-7, 189, 192, 194-6, 201-2, 210, 212-4, 218, 226, 234-7, 239-40, 242-5, 256, 259, 264-8, 275-6, 278-9, 282-4, 287, 292-3, 299, 301, 308, 311, 313
Peru, 228, 233, 285
peste negra, 28, 37, 96
Peter Minuit Plaza (Nova York), 15-6
Pietersen, Solomon, 291-3, 310, 315
Pimentel, Luís Vaz (Elias Israel), 122-3
Pina, Manuel de, 301
Pinheiro, João Álvares, 44, 53
pintores holandeses, 61
piratas, 15, 104, 114, 269, 276, 285-6, 291, 312
Piso, Willem, 175
Pitágoras, 144
Pizarro, Francisco, 232
Plantino, Cristóbal, 137
Platão, 144
polé (instrumento de tortura), 47, 50, 261
Polhemius, Joannes, 293, 312
Pombero, Francisco, 141
ponte do Capibaribe, construção da (PE), 201, 211, 224-5
população de Nova York, 309

população do Brasil holandês, 214
Porto (Portugal), 65, 77, 95, 167, 179
Porto Calvo (AL), 168, 176
Portugal, 21-2, 25, 27-30, 54-5, 57-8, 65,
   70-1, 78, 92, 112, 115, 121-3, 128,
   131, 158, 160, 179, 190-5, 205, 209-
   10, 212-3, 217, 220-3, 235, 244, 247,
   250-1, 254-6, 260, 262,-4, 273-7,
   282, 301, 304
português, idioma, 70-1, 81-2, 136, 174
Post, Frans, 175, 199
Post, Pieter, 199
potiguaras, indígenas, 157
predestinação (doutrina calvinista), 75,
   183, 221
*Primeira história dos judeus em Nova
   York: Algumas novas considerações
   sobre o assunto, A* (Oppenheim),
   312
Proietti, Omero, 302
Propostas contra a tradição (Uriel da
   Costa), 78-80, 302
proselitismo religioso, 64, 187
prostíbulos no Brasil holandês, 180-1
protestantismo/protestantes, 59, 63, 72,
   74, 89, 171-2, 174, 182, 186, 195,
   203, 207, 214-5, 224, 237; *ver também* calvinismo/calvinistas
Provérbios, Livro dos, 85
Ptolomeu, 144
Pudsey, Cuthbert, 164, 167-8

Quaresma, 40, 116, 206
Queens College (Nova York), 314
Quijada de Solórzano, d. Gerónimo, 141
quilombos, 186
Quinto Império, profecias do, 250, 301
Quito (Equador), 228

Rachel (segunda esposa de Gaspar) *ver*
   Soeira, Antônia
Raphelengius, Franciscus, 137
Ravesteyn, Paulus Aertsz van, 93-6, 99-
   100, 102, 136
Reael, Laurens, 172

Recife (PE), 66, 109, 111-2, 120, 151,
   155, 157, 162-3, 165-6, 173, 175,
   178-81, 184, 186-7, 189, 191-2, 195-
   204, 206, 210, 212-8, 224-6, 235,
   237-40, 242-4, 247, 252, 261-3, 265-
   70, 277, 279-83, 286-8, 302-4, 307-9,
   311-3, 315-7
"Reconquista" ibérica, 27
Reforma Protestante, 60; *ver também*
   protestantismo/protestantes
*Refrões e provérbios em romance coligi-
   dos pelo comendador Hernán Núñez*
   (séc. XVI), 123
Reijsboeck van het rijcke Brasiliën (Van
   Geelkercken), 134
Reis Católicos *ver* Fernando II, rei de
   Aragão; Isabel I, rainha de Castela
Reis, Livro dos, 69, 189
Rembrandt van Rijn, 61, 174
ressurreição dos corpos, doutrina da, 87,
   89, 172
Ribafria, Luís Gonçalves de, 32
Ribeiro, Duarte Álvares, 141
Richshoffer, Ambrosius, 147-51, 154,
   156-7, 164-6
Rio de Janeiro (RJ), 113, 118
Rio Grande do Norte, 166, 168, 176,
   206, 282
Rodrigues Nunes, Gaspar (Joseph ben
   Israel), 19-20, 23, 31, 37-57, 62-3,
   65, 67, 84
Rodrigues, Afonso, 44
Rodrigues, Álvaro (filho de Gaspar), 32
Rodrigues, Álvaro (pai de Gaspar), 31-3,
   36-7, 48, 52
Rodrigues, Catarina, 32
Rodrigues, Ester (esposa de Mortera), 74
Rodrigues, Filipa (esposa de Gaspar),
   32-7, 43-6, 48, 52-5
Rodrigues, Filipa (sobrinha), 32, 36, 48
Rodrigues, Manuel (meio-irmão de Gas-
   par), 48
Rodrigues, Mor (madrasta de Gaspar),
   37, 48
Rodrigues, Violante, 32

Roma, 20, 43, 132, 223, 301
Romênia, 142
Romez, Adam *ver* Costa, Uriel da
Rosado, Antônio, padre, 153
Rosh Yeshivá (academia holandesa de estudos talmúdicos), 299
Roteiros de Portugal para o Brasil, Rio do Prata, Guiné, São Tomé, Angola e Índias de Portugal e Castela (Figueiredo), 117
Rouen (França), 56, 58, 249-50
Rozen, Guilherme, 255
rua dos Judeus *ver* Jodenstraat (Recife)
Rubem (filho de Jacó), 230
Ruiters, Dierick, 113-8, 124, 126, 134, 141
Rússia, 93
Russon, Isaac, 243

Sacro Império Romano-Germânico, 57, 302
Safah berurá (Menasseh ben Israel), 81
Saint-Jean-de-Luz (França), 56, 70
Salamander, De (navio holandês), 147-8, 150
Salão Gótico dos Cavaleiros (Palácio Binnenhof, Haia), 129
Salmos, Livro dos, 171
Salomão, rei, 24, 85
Salônica (Macedônia), 56, 66
Salvador (BA), 108-9, 111-2, 114-5, 118, 120, 123, 126-7, 131, 141-2, 153, 176, 191, 217, 220, 235, 242, 261, 26-8, 301
sambenitos, 19, 22, 43-4, 50, 52-5, 57, 161, 259, 261-2, 301
Samuel (filho de Menasseh ben Israel e Rachel Abravanel), 133, 300
Samuel, Livro de, 88
Sanches, Manuel Rodrigues, 114-6, 141
Sansão e Dalila (história bíblica), 222
Santa Companhia para Dotar Órfãs e Donzelas Pobres (Holanda), 67, 74
Santa Sé, 27
Santiago, Diogo Lopes de, 167, 267
São Francisco, rio, 177, 240-2, 254

São Jorge da Mina (África), 186, 193
São Lourenço de Tejucopapo (PE), 252
São Luís (MA), 225
São Miguel de Muçuí (PE), 157
São Paulo de Luanda (Angola), 140, 205
São Tomé, ilha de (África), 205, 213
São Vicente, ilha de, 106-7
Sarphati, Aaron, 183
Saul, rei de Israel, 88
Schouten, irmãos (Allert e Willem), 140
Sebastião, d. (rei de Portugal), 21, 111, 194, 221
Seder tefilot (ou *Sidur*, livro de orações hebraicas), 138
Sefarad (Península Ibérica), 13
sefarditas, judeus, 13, 34, 56, 63, 66, 70, 73, 82, 84, 136, 142, 144, 161, 170-1, 180, 186, 188, 196-7, 202-3, 208-9, 211, 214, 223, 238, 250, 258, 276, 296, 300-1, 303-4, 315
Sefer Elim (Delmedigo), 143
Sefer ha-yirah (Gerondi), 142
Sem (filho de Noé), 186
Sêneca, 91
Senior Coronel, David, 178-80, 184, 186-9, 202-3, 217, 260, 262
Sergipe, 177, 213, 237, 240
Serra da Barriga (PE), 186
Serra, Francisco (Jacob), 154
Settlement of the Jews in North America, The (Daly), 310
Setúbal (Portugal), 24
Shabat, 187, 266
Shearith Israel (sinagoga de Nova York), 12, 296-7, 300, 303-4
Shemá Yisrael, recitação do, 229
Silva, Antônio Teles da, 235, 237, 249
Silva, d. Pedro da, 217
Silva, Duarte da, 262-3, 277
Silva, Samuel da, 95-100, 136
Silva e Sampaio, d. Pedro da, 242, 254
Silves (Portugal), 25
Siqueira, Bento de, padre, 218
Sisebuto, rei visigodo, 25-6
Smetz, Adriana, 193

Soeira, Antônia (Rachel, segunda esposa de Gaspar), 55-6, 62, 85

Soeiro, Manuel Dias (Menasseh ben Israel, filho de Gaspar e Antônia), 56, 63, 68-71, 81, 84-5, 90, 93, 98, 101, 133, 135-9, 142-5, 169-72, 181-4, 188-9, 201, 208-10, 231-4, 238, 250-1, 300, 316

Soeiro, Pero Nunes, 55-6

Spinoza, Baruch, 299-300

St. Catherine (ou *St. Charles*, fragata francesa), 310, 312-3, 315

St. James Place (Nova York), 11, 13, 17, 295, 297, 303

Steendam, Jacob, 288

Stuart, Jaime (duque de York), 295-6

Studia Rosenthaliana (revista), 314

Stuyvesant, Peter, 289-91, 293-6

Suíça, 136, 174

Suprema Corte dos Estados Unidos, 304

tabaco, 60, 110, 157, 169, 180, 209, 227, 276, 285, 303

tabajaras, indígenas, 157, 234

Talmude (conjunto da sabedoria rabínica), 70, 72, 78, 80-1, 100, 143

Talmude Torá (escola religiosa holandesa), 67-71, 82, 182

Talmude Torá (sinagoga em Amsterdam), 184, 195, 201-3, 207, 250, 256, 283, 292-4, 299, 301, 308

Tamayo de Vargas, Tomás, 131

tapuias, indígenas, 165-6, 225, 227, 270, 278

Társis, porto de, 24

Te Deum laudamus (cântico), 21

Teixeira, Marcos, padre, 115, 128

Teodósio, príncipe de Portugal, 217

Terra Nova (Canadá), 83

Texel, porto de (Holanda), 104, 147, 150, 173, 202

tipografias holandesas, 137

Tirado, Jacob, 65

Tito (comandante romano, futuro imperador), 24

Tocha da Navegação (Ruiters), 116, 118, 134

Toledo (Espanha), 26, 91

Toledo Osório, d. Fradique de, 140

Tolner, Johan Carl, 213, 217

Tomás de Aquino, São, 91

Torá, 12, 64, 66, 78-80, 143, 161-2, 295, 305; *ver também* Lei de Moisés

Torre de Belém (Lisboa), 193, 256

Torre do Tombo (Lisboa), 54, 304

tortura, 33, 36-7, 47, 141, 160, 165, 203, 261, 271

Toulouse (França), 56

Tourlon Jr., Charles de, 212

tráfico de escravos africanos, 83, 186, 193

Trancoso, Bartolomeu Mendes, 122-3

Tratado da imortalidade da alma (Samuel da Silva), 95-6, 99

Tratado da verdade da Lei de Moisés (Mortera), 301, 308-9

Tratado de Haia (1641), 195, 205, 256

Tratado do Teshuvá (Maimônides), 95

travessia atlântica, 150, 158, 173, 232, 308

Tribunal do Santo Ofício, 20, 23, 31-2, 42-4, 46, 49-50, 52-3, 55-6, 66, 114-6, 122, 128, 131, 141, 153-4, 161, 195, 228, 251, 254, 256, 260, 262-3, 276-7, 287, 301, 304; *ver também* Inquisição

Trinity Church (Nova York), 15

Tubal (neto de Noé), 24

tupi, idioma, 194

tupis, indígenas, 157, 166

Turquia, 56

União Ibérica, 21, 75, 83, 109, 111, 113, 123, 190-1, 195, 210, 220-1, 274

Universidade de Coimbra, 72, 78, 95, 101

Universidade de Leiden, 61, 135, 137, 173, 181, 194, 216, 259, 288

Universidade de Pádua, 143
Universidade de Salamanca, 115
Universidade de Utrecht, 171
usura, 66, 196, 197
Utrecht (Países Baixos), 57, 59, 171
Uziel, Isaac, 68-70, 72, 81-2, 84, 138
Uziel, Judá, 68

Vale, Fernando, 201, 238
Valencia y Guzmán, Juan de, 131
Valk (navio holandês), 265-6, 284, 286-7, 291
Van Bassen, Bartholomeus, 129
Van Beverwijck, Johan, 182
Van Ceullen, Mathias, 185
Van Dehait, Margarida, 193
Van der Donck, Adriaen, 288
Van der Dussen, Adriaen, 185
Van Dorth, Johan, 107
Van Geelkercken, Nicolaas, 134
Van Koin, Hans, 186
Van Miereveld, Michiel Jansz, 173-4
Van Schoonenborch, Walter, 267
Van Waerdenburch, Diederik, 151, 153-6, 158, 166-7
Vasconcelos, Damião Mendes de, 31
Vaticano, 223
Vega, Judá, 66, 71
Velho, João Nunes (Samuel), 257-8
Veneza, 56, 66, 73-4, 76, 79-80, 84, 92, 98-100, 142, 144, 162, 223
Verdonck, Adriaen, 165
Vereenigde Oost-Indische Compagnie (voc) *ver* Companhia das Índias Orientais
Vermeer, Johannes, 61
Vermelho, rio (BA), 128
Vespasiano, imperador romano, 24
Vespúcio, Américo, 232
Vick Jonge, Matheus de, 163

Vidal de Negreiros, André, 235, 243, 268, 273, 281
Vieira, Antônio, padre, 127-8, 130, 185, 205-6, 219-21, 224, 246-51, 262-4, 273-6, 301-2
Vieira, João Fernandes, 239-40, 259-60, 268, 272-3, 281-2
Viera, Antônio, padre, 223
Virgem Maria, 34-5, 261
visigodos, 25-6
Visscher, Claes Janszoon, 76
vitamina C (contra o escorbuto), 107
Vlooienburg (Amsterdam), 62, 90, 93
Voetius, Gisbertus, 171
Vossius, Gerardus, 181-2, 194

Wagener, Zacharias, 187
Wall Street (Nova York), 15, 294
Washington, D.C., 316
Water Street (Nova York), 14-5
West-Indische Compagnie (wic) *ver* Companhia das Índias Ocidentais
Willekens, Jacob, 105, 107-8, 113, 118, 123, 125, 140
Willems, Catharyna, 114
Wiznitzer, Arnold, 313-4
Wolffm, Egon e Frieda, 314

Yehiel (nome em inscrição arqueológica), 25
Ysrael de Piza, Abraham (ou Ysrael Dias), 313

Zeeland (navio holandês), 244
Zelândia (Países Baixos), 57, 113, 269, 276
Zur Israel (sinagoga de Recife), 189, 201-2, 206, 253, 266, 269, 282, 303, 313
Zutphen (nau capitânia holandesa), 173

1ª EDIÇÃO [2021] 2 reimpressões

ESTA OBRA FOI COMPOSTA EM MINION PELO ESTÚDIO O.L.M. / FLAVIO PERALTA
E IMPRESSA EM OFSETE PELA LIS GRÁFICA SOBRE PAPEL PÓLEN SOFT
DA SUZANO S.A. PARA A EDITORA SCHWARCZ EM MARÇO DE 2022

A marca FSC® é a garantia de que a madeira utilizada na fabricação do papel deste livro provém de florestas que foram gerenciadas de maneira ambientalmente correta, socialmente justa e economicamente viável, além de outras fontes de origem controlada.